贵州省老艺术家委员会 编

黔岭星空

——贵州老艺术家剪影

（第二辑）

贵州民族出版社

感谢王呐同志等艺术家对贵州文化事业的无私奉献，敬祝各位老艺术家青春永驻，福寿绵长。

丙戌年春

王朝文 书

目 录

黔岭星空　群星灿烂(序一)

王朝文

继《黔岭星空——贵州老艺术家剪影(第一辑)》之后,该书的第二辑又行将出版了。我省老艺术家委员会的同志们送来书稿,约我写篇序言。这是命题作文,我也就权且交上一份答卷。

我对老艺术家们说,20世纪50年代我还在团省委工作时,就与大家建立了深厚的感情。你们的创作和演出曾经感染过包括我在内的一大批年轻人,影响不小。那时还没有“追星族”一说,但你们也就是当年被年轻人追的“星”。时间过得真快,转眼间,我们都是银发一族了。自然规律不可抗拒,往事依然历历在目。美好的回忆永远年轻,源于生活、高于生活的艺术之树永远常绿。

我们贵州由于历史和地理的种种原因,经济社会的发展滞后于沿海发达地区。但我们的文学艺术,特别是民族民间艺术并不落后。我们有许多艺术瑰宝,有许多丰富的原生态文化,足以自豪。近年来,一系列“多彩贵州”的活动和演出,不就享誉全国以至海外吗?不就让世人对我们贵州刮目相看吗?我们的苗家飞歌,侗族大歌,布依族民歌,以及各兄弟民族多彩多姿的文化艺术,给黔中大地增光添彩。早年我就听过阿旺唱的歌,看过罗星芳、阿略跳的舞。她们是金嗓子、是舞蹈家,从家乡一直唱到北京,跳到北京,受到过毛主席、周总理等老一辈无产阶级革命家的称赞,让苗族、布依族露脸,给贵州人争光。众多的老艺术家们在贵州这片热土上几十年如一日，辛勤耕耘，为贵州的艺术事业作出了卓越的无私奉献，我想，贵州各族人民永远是不会忘记的。

我翻阅了这部书稿，继第一辑所列入的37位老艺术家之后，这一辑又收录了36位老艺术家的经历和事迹。此中有不少同志是我早就熟悉的好演员，也是好朋友，如罗江禹、卢小玉等等。我始终认为，我们贵州是大有人才的。过去几十年的岁月里，在京、川、评、越、黔、花灯、话剧、歌舞、曲艺、杂技、影视等各个艺术门类的台前幕后，都涌现了不少艺术人才。浏览书稿，我对老艺术家们有了更多的了解。他们的才华造诣让人赞叹，他们的道德为人使人敬佩。比如，宋可兼从部队到地方后，有机会去上海深造，学习结束本可留在当地发展，但她却不留恋大上海，毅然回到贵州，而且还带来了一位难得的人才——她的夫君王呐，共同致力于我省的话剧事业。又如，任岷清苦一生，甘为我省的曲艺事业作奉献，身患癌症依旧痴心不改……老艺术家们德艺双馨，值得今天的年轻人，特别是百花艺苑的后来人作为学习的榜样。

我有幸在贵州省省长的位置上为全省各族人民服务过。在职期间，我一直关注着我省的文化建设。但我们贵州是穷省，财政靠中央补贴过日子，文化建设经费十分有限，当年搞一次大型活动，只能请大家吃点夜宵，啃馒头，喝稀饭而已，自然也就没有什么出场费了。但大家无怨无悔，越干越好。这就是我们这一代老艺术家的敬业精神和职业操守！我自从退下来后，"官"当得似乎更多了。这些年来，担任了不少学会、协会和民间社团的名誉职务。我笑言，如今我是无职、无权、无钱，却承蒙各方的厚爱和抬举。虽然多种社会职务占去了我不少的时间和精力，但我之所以尽力而为，是因为这是大家对我的信任与需要。我尚可发挥点余热，在力所能及的范围内为大家办点事。我看到王呐、赵谦等同志退下来后，成立老艺术家委员会，团结大家继续发光发热，很是赞赏。我对李嘉琪同志说过，你从文化领导岗位上退下来了，如今大家需要你，可以出点力，你本身也是艺术家嘛，当年就曾组织和参与过不少大型文化活动的策划和美术设计。我始终认为，当个一官半职是有时间性的，到时间就得退下来，而为群众办实事谋利益是永远的，这一辈子能干多少算多少，这样的人生才有意义。

老艺术家委员会所要做的，就是艺术界的老年工作。我想，我们这些所谓为“官”退下来的人民公仆，都应该关心老年工作。人总会老的，是需要有人关心的。老年人是社会的宝贵财富，一个文明和谐的社会是不应该忘记老年人曾经作出过的贡献的。而且，尊老爱幼也是我们中华民族的传统美德。

老艺术家委员会团结大家，克服困难，开展了不少有益于社会主义精神文明建设的工作和活动。编辑出版这套为我省老艺术家存传的丛书，不仅保留了宝贵的艺术史料，也是为“多彩贵州”记录了绚丽的一笔。感谢全省老艺术家们为贵州文化建设作出过的卓越贡献，黔岭星空，群星灿烂。谨祝老艺术家们健康长寿，后继有人。

2006年7月30日于贵阳

（作者系贵州省老艺术家委员会总顾问，原贵州省省长、全国人大民族委员会主任委员）

群星灿烂耀黔地(序二)

涂 圻

贵州省老艺术家委员会编辑的《黔岭星空——贵州老艺术家剪影》第二辑,即将付梓,要我作序。就我而言,虽说在文化厅长岗位上时间不长,却是义不容辞的。我欣然同意,因为这是一种义务,一种责任,一种对老艺术家的崇敬的由衷之情。

这部书的第一辑,早于2004年10月已经出版。时隔两年,第二辑的书稿又呈现在我们面前。翻阅了这36位老艺术家的传略,使我心潮翻涌,感慨万千,油然生敬。如果加上先期第一辑记述的37位,将近80位老艺术家,真可谓群星璀璨,光耀黔地上空了。这第二辑所载的武光瑞、孙仲、罗江禹、阿略、汪华琦、沈敏、卢小玉、任岷、张中笑等等,我都耳熟或知名,有的还曾交往过。然而,真正地了解他们,还是当我读了书稿之后,才清晰地看到了他们生命的轨迹,窥视了他们丰富的内心世界,领略到他们不同凡响的艺术人生。

他们多是在20世纪曾经活跃于我省话剧、歌舞、京剧、川剧、评剧、黔剧、花灯剧、越剧、豫剧、杂技、曲艺和影视等方面的表演艺术家、演奏家,以及编剧、导演、音乐、舞美、戏剧评论等戏剧艺术各门类、各专业的佼佼者。他们才华横溢、建树颇多,曾是我省文化艺术界的典范与楷模,广为观众所熟悉,所热爱。民族舞蹈艺术家阿略,过去是台江施洞苗寨一个打猪草、挖野菜、放牛、砍柴的穷苦女孩，1950年贵州刚解放，省里派民族干部去她家乡挑选几位能歌善舞的苗族姑娘，组建西南少数民族观礼文工团，赴北京参加国庆观礼和演出。她幸运地被选上，从此走出了大山，改变了自己的一生。她没有忘记，当时第一站先到西南军区驻地重庆组团，给邓小平、刘伯承等首长汇报演出。小平同志发给他们每人一套黑色的呢衣裤，把他们打扮起来，才送他们出发去北京。她没有忘记那年10月3日，她和西藏、云南的兄弟姐妹们一道，去怀仁堂给毛泽东主席等中央领导人作献礼演出。她向毛主席敬献了苗衣和围腰，毛主席回赠了他们每人一套呢衣服，还有一些药品。从此她沐浴在党的阳光下不断成长，最终成就为新中国第一代苗族舞蹈家。曾参加赴朝慰问团，还出访过巴拿马、委内瑞拉、厄瓜多尔等许多国家。曾当选为全国人大代表，担任了中国舞蹈家协会理事，中国少数民族舞蹈学会副会长，贵州省舞蹈家协会副主席。享受国务院特殊津贴的国家一级演员，花灯表演艺术家罗家禹，是我省花灯剧第一代"歌后"，声音高亢而甜润，情感细腻而粗犷，主演过《七妹与蛇郎》、《哑姑泉》、《平凡的岗位》、《打舅娘》等许多大型剧目，被誉为"贵州郭兰英"。当年中央歌剧院曾商调她去北京工作，但她由于难舍贵州花灯情结，毅然留在家乡，从艺四十余年，为我省花灯艺术奉献了毕生精力，作出了巨大贡献。话剧表演艺术家宋可兼，十六岁参加中国人民解放军文工团，随军西进到贵州，转业下地方后曾考取上海戏剧学院深造。1958年在毕业剧目莎士比亚名著《无事生非》中扮演女主角希萝，深得专家和观众好评，周恩来总理多次观看了该剧，还特调晋京公演，并安排进怀仁堂为中央领导演出。周总理在接见演员时亲切地握着宋可兼的手问道："你是从哪里来学习的？"宋可兼回答："贵州，欢迎总理到贵州去！"总理说："要去，一定会去。"当时记者拍下了这珍贵的时刻，这张照片至今还挂在她家的客厅里。1960年4月末5月初，周总理果然来贵州视察，在省委举行的联欢会上，应黔剧主要演员刘玉珍（现省老艺术家委员会副主席)请求,总理在她的笔记本上题词,写道:"黔剧演出团的同志们:望你们在党的领导下,高举总路线的旗帜,坚持毛主席的文艺方针,发扬黔剧的自己风格,吸收其他剧种优点,融会贯通,推陈出新,为创造新黔剧而奋斗。"这个四十多年前的题词,一直激励着我省戏剧艺术工作者,为发展和繁荣我省本土文化,不懈地努力奋斗,创作出如《秦娘美》、《奢香夫人》等一大批优秀经典剧目。

本书收录的老艺术家们,不仅有良好的艺德,而且有深厚的艺术修养。他们在自己的岗位上,兢兢业业地工作,踏踏实实地奋进,默默地做出了令人瞩目的艺术成就。读了《倾情赞美家乡的歌者》一文,才知道传唱了40余年,经久不衰,让贵州几代人耳熟能详的原创歌曲《我爱贵州》,是新中国贵州培养的第一代大学生,20世纪50年代前期毕业于东北鲁艺(前身为延安鲁迅文艺学院)作曲系的孙承禧。他毕生从事音乐研究与作曲,创作歌曲200多首,不少作品由著名歌唱家演唱,灌制唱片和录制音乐光碟,如今年愈古稀仍然笔耕不辍,最近还参加了我省举办的"多彩贵州歌曲大赛",荣登榜首,被誉为"唱出贵州人民心声的民族音乐家"。我还从《贵州电视剧市场运作开拓者》一文中,了解到曾先后演出了十一部电影,导演过近百部(集)电视剧,荣获贵州"十佳"电视艺术工作者殊荣的国家一级导演贾盛云,竟然不在广播电视系统,而是省话剧团的一名演员。他与时俱进在市场经济大潮中,依托省话剧团,独立创建了"贵州省文化影视艺术中心",不要国家编制和经费,创造了社会效益和经济效益的双丰收,开创了贵州影视艺术走向市场的先河。这种精神十分难能可贵,也是值得借鉴和肯定的。

列入《黔岭星空》第二辑的艺术家们,有许多还是贵州戏剧舞台艺术某方面的奠基人和创业者。比如《不懈的苦学者》中记述的武光瑞;《老骥伏枥》中记述的孙仲;《我心中的崇拜者》中记述的马利云等等,不仅是贵州戏剧艺术某方面的探索者和先行者,而且是这方面的领导者或组织者。不仅本身德艺双馨，还在其从事的这些领域发现和培养了一大批人才。他们的功劳与贡献是不可磨灭的。当人们看到今天贵州戏剧舞台艺术的发展与繁荣时，是不应当忘记他们的。

《黔岭星空》的出版，对我省文艺界而言，意义是非常重大而深远的。正如老领导龙志毅同志曾在第一辑序中所说，“记录和出版我省老艺术家们的业绩，不仅是为他们立简史，而且是对他们的一种褒扬，一种纪念和怀念。”此外，我认为它还有一种存史的作用，树立典范的作用，继承和发扬光荣传统，优良作风的作用。这部书的编辑者是省老艺术家委员会，他们在第一辑后记中，如是说，“贵州这片沃土，养育了无数的先贤和当代英才，他们创造了灿烂的文化。这是贵州的骄傲，也是贵州人的财富，亟待搜集、整理、出版、传承”。然而编辑出版这样一部书，又谈何容易？并非一件简单的事，更何况老艺术家委员会只是一个自愿结合的群众组织。按他们自己的话说“这是一个曾经在贵州的这块热土上奉献了青春，创造过辉煌的文艺精英们的群体，他们既无权也无钱，却有一腔火热的为祖国和贵州的文艺事业奋斗终身的情怀。”（第一辑《后记》）可以想像，他们为了做好这件事，不知付出了多少难以想像的艰辛。同时也由此，使我们被他们这种精神所感动，所折服。他们离退休以后，老有所乐，老有所为，不思索取，奉献余热，这几年做了许多有益于贵州文艺事业的事情，一件件都影响深远，口碑甚佳。记得今年五月下旬，他们举办了一个纪念毛主席《在延安文艺座谈会上的讲话》发表64周年暨祝贺省话剧团、省歌舞团、省花灯剧团和省群众艺术馆“三团一馆”成立50周年文艺联欢演出活动，我和文化厅班子的同志们都应邀参加了。老艺术家们不但把庆典仪式办得隆重、热烈，而且排演了一台十分精彩的文艺节目。那天我按捺不住内心的喜悦与激动，曾在开始和结束两次即席讲话，赞扬了老艺术家们宝刀不老，风采依旧的大家风范。当我了解到这个老艺术家委员会本该归属于文化厅，后来却挂靠到省文联去了，多少有些遗憾。但是，因为其成员绝大多数是从文化系统离退休的，他们的根始终在文化系统。所以，文化厅是不能等闲视之的，并要主动与省文联配合，把老艺术家委员会这个工作做好，要保证给老艺术家们尽可能地提供关心，在保证大家身体健康、精神愉快的前提下，尽量把他们过去的艺术成就继续展现出来，把他们身怀的不凡技艺传承下去，发扬光大。同时又要尽可能地为他们服好务，做一些力所能及的工作，帮助他们解决一些实际困难。

《黔岭星空》第二辑将要出版了，这是一部系列丛书，也是我省文化艺术方面一份宝贵的精神财富。希望它能逐渐形成一项系统工程，延绵不断地继续编辑出版下去，记载历史，告慰先人，传诸后世，使其成为教育青年一代文艺工作者的生动教材。

2006年7月于贵州省文化厅

（作者系贵州省文化厅党组书记、厅长）

功德无量的一件善事(序三)

——就《黔岭星空》出版给王呐、可兼的信

汪德荣

王呐、可兼同志:

昨天下午收到您们给我寄来的《黔岭星空》第一辑,这本书给了我许多许多的回忆、感慨和激动,弄得我一整夜失去了睡意。今天白天,我又把书反复翻看很久,只觉内心深处不住地翻腾,真是寝食不安,什么心肠也没有了。因为这本书里的许多人都是我的朋友,我和他们之间有着很深很深的友谊。对于书中的记述,有很多是知道的,也有很多我不知道,这就使我不能放下这本书,看了还想看,边看边回忆我和他们在一起的那些岁月。我无限怀念这些老朋友,对他们的逝去以及所遭受的苦难,我有着说不出的哀痛……

在《黔岭星空》记述的老艺术家中,尤其是罗军、范里、肖家驹等老人,更勾起我许多许多的回忆和怀念。1950年,我和范里在军区文化部住在富水路兵政礼堂的时候,几乎三天两头和罗军在一起,那时候他手里还有几文钱,总是请我们去大十字附近几个四川小饭馆吃毛肚火锅、喝点酒,天上地下地摆谈一阵子,那就是最幸福最愉快的时光。罗军还曾多次表示要把他在南明堂那处小花

园和房子让给我，白去住，不要我的钱。我那时在军区当科长，每月薪金十元左右，是不敢奢望买什么房子的。虽对那个幽美的居住环境确也喜欢，但我还是不能掠人之美答应他那诚挚的要求。我和罗军的交往，缘于那时我和他同时受申云浦同志的委托，参与筹建贵州省剧协，所以接触较多，通过相互了解建立了较深的友情。读了王呐在《黔岭星空》中写的罗军生平，感到基本反映了他这个老戏剧家的面貌，但也总还感到不很满足，没有足够地写出他豪迈的个性，尤其是他那忠于戏剧事业的痴情。在这些方面，我认为有必要再多作些叙述。关于罗军，有两件事我想略作补充：

一是罗军似乎是曾参加过俄罗斯名剧《大雷雨》的演出，罗军演什么角色记不清了。我记得看过一本苏联时代出版的专刊，登载有该剧演出的情况，演员表上有罗军的名字。最近我在医院遇到王丹华、段虹夫妇，我们谈起罗军的事。他们和罗军较熟。他们说罗军曾在香港演戏、拍电影，被称为中国的“保罗·泰华硬派小生”。（想不到不久之后，王丹华同志就逝世了。）

二是罗军在解放前后如果认真经营，他的药店完全不会倒闭，不仅衣食无虑，还可过较好的生活。然而他的心思决不在当个药店老板，而是始终醉心于他热爱的戏剧事业。正因为这样，一解放他就主动放弃药店生意全身心地投入戏剧工作。因此，谈及药店的倒闭，决不是他无能，经营不了药店生意，而是他不想这样做。戏剧是他的一切，这就是罗军。

20 世纪 60 年代以后我离开贵阳，天各一方，再加上连续的政治运动，“文革”大灾难接踵而来，我们都成了“运动员”，就没办法再与罗军取得联系了，但他给我的真情我永远不会忘记。想到如今再也无法和他共话，实在令人伤感。

另一个是范里。我和范里一见如故，而且一块在“三反”中受难。当时我的情况还较过得去，他却坐了几年牢。80年代中期，我到贵阳去看过他，他在黔剧团，陋室小床。留我喝酒，令我欣然，并祝他健康。范里在舞台艺术方面造诣很高，贵州文化界少有。

《黔岭星空》向读者介绍的金匡民、李鸿韵是我在军区文化部工作时的老友，我对他们的表演艺术十分赞赏，而且他们的人品又那么高尚！书中介绍的另一些名演员，像魏香庭、马骏骅、周瑞华、林薇、黄跃庭、欧少久……都是我当年十分熟悉的难得的表演艺术家，并多次被他们的表演艺术打动过。还有东丹甘同志，现在是贵州著名的老艺术家，当年也都是我们文工团的成员。

遗憾的是我虽然很早就知道王呐这个名字，但却没有看过您演的戏。这是因为您从上海调来贵州，我已离开去昆明的原故。

总之，读了《黔岭星空》，深感此书的出版确是一件功德无量的大善事。您们几位同志立志发起做这件事极为可贵，至于为做好这件事付出各种各样的艰辛努力更是令我十分钦佩，并在此向您们表示诚挚的谢意！如果不是您们，谁会来为这些德艺双馨的老艺术家们立传？而后人又怎么能知道贵州的艺术发展历史？此举真是善莫大焉！

我希望您们将这一善举继续下去，继续为贵州众多的老艺术家们剪影立传。在这方面我尽力帮助您们做点事，比如提供一点有关崔永昌同志、潘中亮等同志的材料。另外，我建议写作的同志除了写他们的艺术经历和艺术成就之外，也要注意写他们的人品、人格。我认为所谓“德艺双馨”，“德”应该是他们的人格和道德风貌而不仅仅是单纯的政治面目，“艺”则是很应看重的。因为我觉得艺术的作用在于精神，在于民族文化的传承，诸如李叔同、张大千及丰子恺等艺术大家，他们没有说出为人民服务的词句，但他们的艺术都为千万人所喜爱所尊崇，实际上也就是为人民服务了。

我的这个意见仅供参考，不当之处请您们指正。

谨祝

《黔岭星空》出版成功！

汪德荣

2005年3月8日于昆明

（作者原为昆明军区文化部副部长，曾在贵州省军区工作多年。）

马利云

我心中的崇拜者

申镇声

光阴荏苒，日月如梭。贵州省德艺双馨的京剧音乐艺术家、著名琴师，我们的老团长马利云先生，因患肺癌医治无效，于 1996 年 12 月 10 日与世长辞，至今已近 10 个年头了。尽管他作古黄泉的时日已远，但是，他的高超技艺，他的卓越成就，他的人格魅力，他的崇高风范，却永远铭刻在我的心中。

马利云先生生前，曾经荣获过许多有关艺术门类的头衔。他作为一名中共党员，第四、第五届政协委员，除了担任贵州省京剧团业务副团长和主管团长的职务长达10年有余之外，他还是中国戏剧家协会会员，贵州省剧协理事，贵州省音乐家协会会员，贵州省文化艺术表演系列高级职称的评委。他的这些让人钦羡的荣誉和桂冠，是他高超技艺的结晶，是他聪明才智的反映，是他工作业绩的回报，是他兢兢业业、恪尽职守、大公无私、呕心沥血、努力为发展与繁荣贵州省文化艺术事业之后，应得应份的殊荣。

马利云先生在京剧音乐艺术专业上的技能，是多方面的，其才华的展现，可从伴奏、教学以及京剧音乐唱腔设计中去寻觅与发现。第一，先说他的伴奏。他的伴奏，其水平之高超，其技艺之精湛，是业内人士有口皆碑的。他操琴伴奏时的那种投入、那种风彩、那种神韵、那种激情，至今回想起来还是这般的栩栩如生。他对京剧唱腔艺术中的各个行当、各个流派的演唱风格，使转特点，可谓是谙熟于心。特别是对“旦行”的唱腔技巧和艺术特征，更是把握精确，研究到位。他能达到如此高的艺术领悟和艺术再现，当溯源于他的扎实基功、名师指点、博学广闻，以及他的苦心研习和长年积累。用马利云先生自己的话说：“想拉好琴，没有扎实的基本功不行，没有名师指点也不行。我从15岁(1936年)正式拜蔡玉卿先生学琴开始，每天练琴的时间不少于10个小时。记谱、背谱，连晚上说梦话都是谱。冬天在露天的院子里练琴，手指头冻得肿疼，夏天在太阳地里练琴，热得汗流浃背，说不苦是瞎话。冬练三九、夏练三伏，其目的就是想当一个好琴师。1945年有幸拜在周昌华先生门下为徒(周昌华先生是四大名旦之一的程砚秋大师的琴师)，有了这样德高望重的好师傅，我不玩儿命(指刻苦练琴，潜心钻研)，那不是跟自己过不去吗?”马利云先生正因为具备了“基功扎实”和“名师指点”，再加上善于变通，其演奏技艺突飞猛进。之后，又得到许多著名演员，如：张少楼、李蔷华、言慧珠、李玉茹、高萃、郑冰如、关正明、王少楼、戎伯铭等人青睐，经常相邀马利云先生为其调嗓、对腔以及演出伴奏。在与这些著名演员的合作中，马利云先生博采众长，受益匪浅。记得在20世纪50～60年代，他为我团著名演员雪又琴、舒昌玉、刘映华、诸效兰、卢小玉、周百穗、朱云鹏、史彤、曹剑文……等等旦行演员与生行演员伴奏时，每个流派、每场演出，无一处不光彩照人。他在“色腔”、“托腔”、“过门”、“垫头”上，所产生的张弛有度、抑扬顿挫、刚柔兼济的艺术效果，真是令人痴迷陶醉。或听、或看他的伴奏，不能不让你为之所动，其艺术感染力之强烈，真是词语难以表述矣！不胜遗憾的是，他已作古。我个人认为，通观贵州省京剧界的京胡琴师，就目前而言，当无一人可与其比肩者也！马利云先生曾经对京胡的伴奏下过这样的定义：“京胡伴奏，除了在技能上的展现之外，更主要的是符合人物心态，服从剧情发展，在入情合理的伴奏下，才能产生艺术效果，才能打动观众的心。说白了，京胡是为演员服务的，演员是为剧情服务的，剧情是为观众服务的。通过艺术渲染，达到高台教化才是目的。”正因为马利云先生对京胡伴奏认识的准确，才能在演出中获得沁人心脾、感人至深的艺术效果。第二，谈谈马利云先生在辅导与教学方面的业绩。在贵州省，除了业内人士众所周知之外，凡是热爱京剧艺术的票友和观众都知道著名琴师姚宝兴、武德斌、马不金等等的名字，都知道刘映华、诸效兰、卢小玉、周百穗、曹剑文等等著名演员的大号。在这些著名的琴师和著名的演员获得盛誉的背后，都渗透着马利云先生辛勤教学和热情辅导的功劳。他们的成功和著名，是与马利云先生的悉心传授息息相关的。马利云先生的付出，为他们的成功打下了坚实的基础。马利云先生在教授操琴的过程中，可以称得上是“诲人不倦”的，每个“弓头”(包括长弓、短弓、顿弓、断弓)，每个“指法”(包括压指、滑指、揉弦、换把)，每个“入腔”、“行腔”、“收腔”等等方法与技巧的妙用，都能够耐心示范，认真指教。“指法、弓头不对，再来！”“劲头、节奏不准，再来！”“拉得不到位，不准确，就别想收功！”这就是马利云先生教学的态度。真可谓“严师出高徒矣”！另外，就演唱艺术的技巧而言，马利云先生在辅导演员（特别是流派唱腔）的过程中，更是一丝不苟，从严要求。他除了向你详尽地阐述流派的演唱特征和演唱神韵之外，更重要的是，教你如何吞字、咬字、运气、行腔、归韵。“梅派”唱腔的华贵雍荣、“尚派”唱腔的高亢脆亮、“程派”唱腔的低回婉转、“荀派”唱腔的妩媚姣甜、“张派”唱腔的华丽婀娜、“马派”唱腔的潇洒飘逸、“余派”唱腔的严谨细腻等等……经马利云先生辅导之后，的确是各具风采，各显神韵。

为了教学和辅导，马利云先生经常“犯没有时间概念的错误”。如果没人催，他会忘记吃饭的钟点，如果没人喊，他会忘记睡觉的时刻。记得那是1962年，我们省艺校京剧班小生行的几个同学，被借到省京剧团协助演出。有一天，在人民剧场排练结束后，吃过中午饭，专等下午继续排练的空隙，我无处可走，便信步走到团部办公室旁，隔着窗户，看见马利云先生正在和主要演员刘映华老师对程派名剧《锁麟囊》的唱腔。只见马利云先生一边对腔，一边在屋里不停地转悠。刘映华老师奇怪地问道：“老马，你干嘛哪？转来转去的没完，也不嫌累？是不是饿了？”马利云先生无奈地说：“饿倒是不饿，我……我这是‘内急’，能不转悠吗？”“那就快去吧！”“这不是唱腔还没对完嘛。明天就要演出了，腔不对准怎么行？只要这腔对准了，就是尿裤子也认！……”听来是个小笑话儿，可是在这小笑话儿的背后，我不难品味出马利云先生对工作的态度，也不难理解到马利云先生对艺术的追求。

第三，便是马利云先生在音乐唱腔方面的卓越成就。马利云先生在京剧音乐和唱腔设计方面，称得上是一位多产的高手，他所编创的京剧音乐和唱腔，无一段不给人以美听的享受。他凭借着自己对京剧流派唱腔艺术的娴熟，凭借着自己丰富的舞台经验，凭借着自己博学广闻的见识，每创一腔，皆有新意。在严守京剧皮簧调式的同时，可以揉入地方或民族的音乐原素。人物的个性、环境的特征，均能在和谐的音符中表述，均能在流畅的旋律中展现。贵州省京剧团自1959年元月建团之后，自创或改编的大型剧目将近20台，马利云先生所设计的音乐唱腔占80%以上。不论是新编历史剧，还是现代戏，都有他超乎寻常的大手笔。我记忆最深、余音在耳的唱段就有：《满江红》岳飞的“怒发冲冠”、“见屠苏想起了黄龙病饮”，岳夫人的“云儿呀……你是我岳家好儿孙”，《向阳商店》刘春秀、崔玉海的和声“压尾”的“流水”轮唱，付桂香、潘有财二人揉入京韵大鼓旋律的唱段，《首战平型关》护士小萍的“八路军和国民党绝不一般”，敌师长孙福源“昨夜晚患感冒骨软筋苏”，《通天关》石铁林的“盐菜汤、历历往事话沧桑”等等……

特别值得一提的是，市京剧团1964年参加全国现代戏会演的自创剧目《苗岭风雷》，其音乐唱腔设计也是出自马利云先生之手，剧中人物岩松和腊梅的“飞歌”对唱，堪称一绝。这段唱腔既有浓厚的京剧韵味，又有贵州苗族地方的民族气息。演出中，得到中央领导、有关专家以及广大观众的高度评价。（《苗岭风雷》于1972年由四川峨嵋电影制片厂拍摄成戏曲艺术片，在全国各地放映。其艺术的成功，音乐唱腔设计起到了极其重要的作用）

马利云先生平时的性情是温良与谦和的，但逢创作时期，他的性情会变得怪癖，而且容易冲动。用他夫人白淑云女士的话说：“老马只要一进行创作，脾气就见长。你跟他说话，他会烦，你叫他吃饭，他会发火。菜饭做好之后，久等未吃，冷了热，热了冷。他在家闷头编腔，成天不出门，你还不敢惊动他。大半夜了，都不知道闲，好不容易上床了，躺着还在哼腔，他不睡，你也别想睡。跟他说，要注意休息，他反塞你一句‘我休息，你来编腔?’真拿他没办法，他就这么个——工作狂!”马利云先生的大女儿马安琪同志曾感叹地告诉我说：“我家老爷子活着的时候，经常为了赶任务而搞创作。他一编起腔来，饭可以不吃，觉可以不睡，但是，茶叶不能少，香烟更是不能少的。每次我趁他的空闲去收拾房间，烟头总是一大堆，至少有五十个。让他少抽点烟，他说：抽烟能提神，抽烟能解困。唉！他肺上的毛病，肯定跟他创作时抽烟太多有关。为了编出高质量的耐人品味的唱腔，他真是在玩儿命！……”诚然，马利云先生的“抽烟能提神，抽烟能解困”的观点，是不宜提倡的。但是，他为了创作高质量的艺术精品，所付出的超负荷辛劳，所付出的极沉重代价，不能不让人肃然起敬。如此敬业的精神，一直是我工作的楷模，始终是我学习的榜样。

我对马利云先生的崇敬是多方面的，除了尊崇他在专业上的学识渊博、技艺精湛之外，我更尊崇他的人品。他的人品，犹如国画大师齐白石先生咏兰诗中所写的：“移入室中须坐久，自闻香气胜群花。”他身上的这种如同兰蕙的香气，是我在长期的生活中品察出来的。下面列举二三事，以示我对他的深刻缅怀。

一、马利云先生出生于 1921 年 12 月，因为命运的不可选择，他诞生在湖南省长沙市八角亭路一个珠宝玉器的商贾家庭。“文化大革命”运动中，他被冠以“金店少爷”和“反动学术权威”、“走资派”的头衔，成为革命的主要对象。在那个人人自危、朝不保夕、极“左”成疯的岁月里，他受到了残酷的批判斗争。尽管恐怖的乌云终朝萦绕着心地善良、胆小怕事的马利云先生，尽管他曾遭到不可言状的人生侮辱（挂黑牌、批判、游斗、挨打、剃牛鬼蛇神头、罚跪……），尽管他无时无刻不在遭受威逼利诱。但是，他从来不胡说八道，他从来不乱咬乱攀，他从来不文过饰非。他始终维护着做人的道德，保持着做人的良知，“实事求是”乃是他恪守的信条。平素性情温顺而谦和的他，在恶势力面前，却表现得如此刚毅坚强。铮铮铁骨一硬汉的姿态，的确令人由衷地感佩。

二、1978 年，马利云先生正是担任贵州省京剧团团长主持全团工作的时期，此时，正逢他的小女儿马英琪毕业于贵州省戏曲学校京剧班，要按一般“常理”，大权在握的他，完全可以以一位为发展和繁荣贵州省文化艺术事业有着卓越贡献的老艺术家的名分，动用手中的权力，通过各种渠道，把自己最疼爱的小女儿留在省京剧团工作。可是，马利云先生并没有以权谋私。面对难舍的亲情和组织决定发生矛盾的时刻，他毅然决然地把马英琪送到了遵义市京剧团工作。（当时马英琪这批毕业生，组织决定是全部分配下专州）就这件事而言，曾有人对马利云先生说：“马团长，就凭您的职务权力，就凭您的位份面子，留妹子（马英琪）在团里工作是毫无问题的，谁都不会有意见。有权不用，过期作废呀！真是不可思议。”马利云先生的回答是：“戏校的毕业生又不只是一个马英琪，我留下马英琪不难，可我怎么面对其他的毕业生？我宁愿‘有权不用，过期作废’，也不愿别人擢我的脊梁骨。我是中共党员，带头执行组织决定不应该含糊。”就目前的社会风气而论，马利云先生如此对待公与私，如此对待个人利益和组织原则的态度，不能不发人深省。

三、贵州省京剧团的前身，是广州军区所辖的南海京剧团，该团于 1958 年 9 月，奉中国人民解放军总政治部和中华人民共和国文化部的命令调入贵州。由沿海发达地区向贫困山区搬迁，对于个人来说，乃是一个决定今后事业发展的困难选择。在当时，有部分主要的演职人员，为了逃避山区的艰苦，便离开了该团而另谋“高就”去了。就马利云先生其时的专业水平而言，就马利云先生其时在梨园界的交际而言（他与李慕良先生——著名京剧表演艺术家马连良先生的琴师，他与郭根森先生——著名京剧表演艺术家张君秋先生的琴师等等高人，乃是莫逆之交，感情深厚，在专业技艺上，各有千秋），他不来贵州，而要寻觅一个大城市，参加一个大剧团工作，可以说是轻而易举的事情。但是，他并没有因为工资待遇低微，他并没有顾及事业发展有限而离团远去。他以“支边”为荣，他深刻地领悟到“祖国处处都是春天”歌词的深层内涵。他怀着一个“贵州更需要我”的信念，无怨无悔地服从上级命令，携家带口来到贵州。他心安理得地在贵州扎根，在省京剧团工作了38年，直至生命的结束。这样的精神，是何等的难能可贵啊！

四、1978年初，我是剧团里一名普通的演员。有一次，随团到六盘水地区巡回演出，在此期间，我原来的妻子急性阑尾炎发作，住进市人民医院开刀治疗。因为演出工作需要，加之路途遥远，我一时不能回家照料病人。马利云先生得知职工家属有困难的消息，便私人掏钱买了营养品，急急忙忙地赶到医院，除了表示组织的关心和慰问之外，还屈尊守护，细心照料病人，端水送药……无微无至。等我演出归来，病人已然康复。当我得悉马利云先生如此关怀和体恤下情的事迹后，的确教我感激涕零。马利云先生作为一团之长，而且又是前辈长者，能作出“不计尊卑、不计长幼”的崇高姿态，一时间我不知如何酬谢是好。我来到马利云先生身边，“谢”字尚未出唇，就听他说：“你参加演出，是你的工作，是你的分内。我伺候病人，是我的工作，也是我的份内。组织关心下属的疾苦是应该的。关心的目的，就是希望你今后能更加努力地工作！”话虽不多，情却深长。之后，他的那番语重情长的话，的确成为我努力工作的动因。马利云先生“施恩不图报、播惠不计名”的慈行善举，何止我之一例乎？……

五、“工作几十年，辛苦一辈子，到了退休年龄，就该享受清闲之福！”这种观点，是很具有普遍性的。可是，在马利云先生身上，却找不到这种“普遍”的痕迹。他的退休与不退休，就工作的量化而言，似乎没有什么区别。为省京剧团新编历史剧《倾国恨》设计音乐唱腔，为英语京剧剧组的演出操琴伴奏，参加贵州省文化艺术系列高级职称评委会议……等等工作，仍然是那样的废寝忘食、日以继夜。据我所知，那时的他，肺癌疾患已然开始发作，咳嗽、胸闷、失眠……的症状愈发明显，他经常被病魔折磨得痛苦难耐。可是他，仍然在努力为党工作。他这种由高尚情操演化出的顽强毅力与拼搏精神，是平常人无法理会，更是无法做到的。

六、马利云先生在肺癌病患恶化中，住进了贵阳市人民医院。由于病情严重，难进饮食，免疫力极其低下，就在这“人命危浅、朝不保夕”的时刻，医生为他开出了“营养液”，他却毅然地拒绝了医生的临床处理。他拒绝注射“营养液”的理由听起来很简单，可是其中却蕴含着极为深刻的情愫。用马利云先生的话说：“我知道我的病情，看来没有必要浪费贵重药品。更何况剧团的经费太紧张，太困难，能省的，就省了吧……”

马利云先生就这样地走了！他走得是这样的坦荡，他走得是这样的从容，他走得是这样的潇洒！他走得是这样的教人叹之、惜之、敬之、爱之！！虽然他的享年仅是 76 岁，但是，他这一生没有白活！此刻，让我想起文天祥《过零丁洋》中的两句诗：“人生自古谁无死，留取丹心照汗青。”

尊敬的马利云先生，您的精神不死，您的风范永存！您对贵州省文化艺术事业所做出的卓越贡献和巨大成就，将永载史册，留芳千秋！！

2006 年 3 月 23 日于贵阳

孙仲

老骥伏枥……

奔众

本文所要记述的，是贵州省著名戏剧艺术家，国家一级导演孙仲。

孙仲生于1923年，河北唐山臻子镇孙家庄人。少时随做火车司机的父亲住在山东兖州，“七七事变”后随父母逃亡西安，随及辗转于湖南岳阳、衡阳、郴州等地，及长，在桂林做过铁路站务司事，在昆明做过铁路列车长，在重庆做过汽车押运员、马车站售票员。1943年，在重庆考进国民党军委政治部由张治中将军创办的军中文化工作研究班，在著名戏剧家洪深主持的戏剧系学习。一年半后被安排在第五战区(李宗仁部)政治部演剧队。1948年，转入国防部人民服务第二总队下属的“民间演剧队”任副队长。1949年8月，同“民间演剧队”队长范里一起，率演剧队一行26人逃到贵阳。贵阳解放时，被解放军二野五兵团十七军文工团接收，编入该团戏剧队，任正营级副队长。尔后半个多世纪的岁月，他先后从业于贵州省公安京剧团、省话剧团和省歌舞团，成功地导演了33部作品(其中话剧14部，歌剧8部，戏曲11部)，在省级以上报刊发表理论及评论文章10多篇。他，为贵州戏剧事业的繁荣发展作出了应有的贡献。

一

也许是一种天赋，抑或是受到环境的熏陶，孙仲从小就爱好艺术。30年代初期，他就读于一所名为“扶轮”的铁路职工学校时，就常常参加学校组织的一些演出。学校附近，是铁路工人俱乐部。他常常跑到俱乐部里，听戏听歌，听人说书。有人唱“中国工人志气红，顶天立地做苦工，铁铲铲出平等路，钢锤锤出自由钟，阶级消灭、世界大同……”，他很快记住了，而且会唱了，有人唱“我的家在东北松花江上”，他和很多成年人一样，流着眼泪跟着唱，小小心灵刻上了“九一八”那个悲惨的时候的阴影；有人讲《三国演义》，他记住了刘、关、张“桃园三结义”，有人讲《水浒》，他记住了鲁达拳打镇关西，记住了武松打虎……这些文学作品中的人物都给他留下了深刻的印象，他说，那时并不完全懂得其中的深刻意义，但知道刘、关、张、赵子龙、鲁智深、武松等等都是讲义气明是非的好人，是自己心目中的英雄。俱乐部里，很多人喜欢唱京剧，孙仲也常常跟着哼，也常常是哼了几次就会唱。一次，俱乐部演出京剧《空城计》，他主动要求在其中演了一个老军的角色。这大概就是孙仲的“处女作”，一个极其次要的角色，简单的几句台词、几个动作，但它却触动了孙仲的艺术神经，从此他对戏曲更加热爱，私下里开始学吊嗓、练武打，若非客观条件限制，他也许后来就走进了戏曲的行列，说不准还会成为一个正宗的戏曲科班演员哩！

然而，命运似乎注定孙仲要和戏剧打一辈子交道，记得那是1942年末，他在重庆当汽车押运员不久，就被“裁”了下来，无可奈何，只得在一个马车站去做售票员，以维持生计。一天，他忽然在报纸上看到国民党军委政治部军中文化工作研究班招生的消息，便抱着试一试的心态，假以高中同等学力前去报考戏剧系，没想到还真就考上了。更为幸运的是，在戏剧系近两年的学习时间里，他接触了不少戏剧界的知名人物，仅就给他们上过课的老师来说，就有洪深、阳翰笙、马彦祥、陈白尘、曹禺、宋之的、焦菊隐、郑君里、谷剑臣等，这些艺术家都是当时戏剧界、电影界的领军人物，他们都给孙仲后来的导演之路以不同程度的影响。还有电影艺术家罗军，也是那时认识的，这为孙仲后来在贵州的发展起到了重要的作用。

给孙仲以最为深刻的影响的，当数洪深。洪教授师从美国著名戏剧家贝克，知识渊博，学贯中西，尤其在戏剧艺术方面造诣深厚。在短短一年多时间里，洪先生不仅为他的学生们讲授戏剧理论，还为他们示范导演了三个剧目：一个是反映回汉民族团结抗日的《国家至上》(老舍、宋之的编剧)，一个是写一个懒妇人的外国喜剧《寄生草》(洪深翻译并改编)，还有一个是曹禺先生的名著《北京人》。这三部戏，前两部作为教学实践，后一部则是学生的毕业重点剧目。每次排演，都是由洪先生一个段落一个段落地言传身教。但因洪先生家住北碚，离学生住地较远，加之他又在复旦大学任教，很忙，不可能时时到场，就只好在他每排完一个段落后，交由剧务按他的要求领着大家复排和熟练。孙仲很得洪先生赏识，在作为演员的同时，他被指定为剧务，从而得到了更多的锻炼。

洪深先生思想进步，为人正直，在戏剧和电影界可谓德高望重。郭沫若送给他的条幅是“拼命文章放胆酒，无腔曲调断肠诗”。媒体上给他的评价是“剧坛上的黑旋风”。他教给学生的不仅是如何演、如何“导”，更重要的是如何做人。他常对学生们说，演员要演好戏，导演要导好戏，重要的前提是要做好人；做人就是要灵魂干净……孙仲作为洪先生的学生，他对老师的话始终奉为圭臬，他说，从艺几十年，不敢奢望过高的评价，但在“认认真真演戏、清清白白做人”这一点上，起码是问心无愧的。

戏剧班结业，是孙仲人生的新起点。按老师洪深的意思，孙仲们是要被留下，参加实验演剧队的，然而上命不可违，全班学员还是被分配出去了。1945 年初，孙仲带着洪深亲笔写给李宗仁的信，同另两位同学一起，一路跋涉来到了湖北老河口第五战区，被安排在政治大队演剧队工作。名为演剧队，实际上并未进行演出，只是有时被派往前线采访，写一些战况报道。孙仲记得，有一次他到了即将失守的老河口前线采访，亲眼看到日本人被打败后一个个往河里跳的情景，回来写了一篇报道，大家看了都非常开心。直到 1945 年 8 月日本投降后，第五战区开往河南时，演剧队才在河南漯河演出了《草木皆兵》和《妬误》(法国名剧)两出戏。能有演出，孙仲自然是很高兴的，可惜好景不长，蒋介石发动的向解放区的进攻，又将战争的灾难强加于全国人民的头上。孙仲尽管只是一名“文艺兵”，但他毕竟是国民党部队一员，内战既然打起来了，他能逃得了干系吗？于是他“请长假”到了武汉，后来又到了南通，在公路站当了一名售票员。直到 1948 年，由于洪深先生的推荐，才又回到郑州导演《风雪夜归人》。这是孙仲第一次导戏，没想到会大受欢迎。获得成功，其心情自然就倍感激动与兴奋。然而又是“好景不长”，很快传来了郑州即将“沦陷”的消息，孙仲只好又回到武汉，应范里之邀参加了“民间演剧队”。郑州“沦陷”，武汉自然“吃紧”，此时原属国防部人民服务第二总队的“民间演剧队”早已同总队失去联系，生活无着，俨然一支逃难的难民队伍。这样一来，他们只好一路南下，到了长沙，转而西进，一路全靠演出小型歌舞挣点饭钱。这段经历给孙仲留下的印象太深了！他还记得，在湖南官庄，他们这支仅有几件演出服装和道具的队伍，居然还遭到了土匪的抢劫！他更没有忘记，在湖南芷江，他同队长范里一起，是在低三下四地求助当地一霸——一个土匪头子后，才得以演出几场歌舞，挣得几文路费和饭钱的。就这样，到了1949年7月，他们终于逃到了贵州贵定，可是此时已经是揭不开锅了，下车后的第一顿饭是向一个北方馆子赊的白饭，菜是别的客人吃剩下后倒在大桶里的“折罗菜”……

二

有道是“山重水复疑无路，柳暗花明又一村”，正当孙仲和范里面对自己和26个成员（其中包括一名婴儿）的生存问题一筹莫展，有的队员提出解散队伍，各谋生路的时候，有人提醒他们去找该县的参议长凌宵，说他当年是同盟会会员，跟着孙中山闹过革命，一定会帮助解决问题的。几经努力，孙仲、范里终于找到这位参议长，得以允许在贵定演出几场，还了饭债。值得庆幸的是，在演出中，一位观众建议他们到贵阳演出，并从这位观众的口中，他们知道罗军先生在贵阳。对于这位主演过《日本间谍》等多部抗日电影的大名鼎鼎的电影艺术家，孙仲不仅知道，而且当年在重庆学习时由洪深先生介绍见过面，他给孙仲留下的最深印象是对人热情、诚恳。孙仲想：“罗军未必还记得起我，但只要提起洪深教授当年带给他的那批学生，他肯定会对我们给予帮助。”就这样，孙仲一行满怀希望来到了贵阳。他们混杂在国民党军队所住的贵阳师院礼堂(今省黔剧团)内,并向先期到达贵阳的演剧十三队借了200斤大米和一些光洋,开起了伙。稍事安顿,便前往南明堂河畔造访罗军先生,果然受到罗先生的热情接待,很快便在罗军帮助下结识了一些戏剧界朋友,如陈宝华、叶慕莉等。在罗军和这些戏剧界朋友的帮助下,他们打通了种种"关节",住进了国民党联勤部所辖的太慈桥仓库,并获准有限制地进行一些演出。是年9月,经贵州省绥靖公署政工处批准,在贵阳小十字国民党省党部礼堂演出了音乐舞蹈晚会,节目有《古怪歌》、《扛起锄头上山岗》、《小舞步曲》、《朱大嫂送鸡蛋》、《王大娘补缸》等等。按照当局的指令,对节目中一些唱词不得不作了某些改动,但由于这些节目几乎全是进步作家的进步作品,演出仍然受到文化艺术界、新闻界及广大市民的欢迎,"民间演剧队"也因此而在贵阳立住了脚。此间,"演剧队"还奉国民党联勤部贵州供应局之命,在供应局内部演出了一场《升官图》。孙仲说:"《升官图》是陈白尘老师的力作,是讽刺国民党官场的戏,供应局为什么点这出戏,其内情当时我们不知道,至今仍感到不解。"10月上旬,孙仲导演的《桃花扇》在民教剧场(今省歌舞团内)上演。吸取上述演出的"经验",孙仲违心地在演出说明书前面加了几句"勘乱"之类的话语,从而顺利地通过了"审查"。孙仲当然明白,这些话语与这出戏本身是风马牛不相及的。但是,至今想起来,仍感到愧疚不已。他说,虽是为了通过审查,当时不得不这样做,但"这白纸黑字的历史责任只能全由我个人自取了。"《桃花扇》演出后,观众反响强烈,接着孙仲们还准备排《钗头凤》,结果未获批准,只得作罢。10月下旬,传说八路军到了龙里,国民党官员和守城部队跑的跑、散的散,一片混乱。忽然有一天,在震天的锣鼓声中,中国人民解放军不费一枪一弹就进了贵阳城——贵阳解放了,贵阳全城沸腾了!就在当天下午,二野五兵团十七军宣传部长夏川风尘仆仆赶到民教剧场找到了孙仲、范里,伸出双臂将他们紧紧拥抱，夏川说："在芷江看到你们演出的海报，就一直追你们，你们没有走没有散，这很好，我们接收你们！"接着夏川在剧场后台接见了演剧队全体人员，并宣布接收大家参加工作。从此，这伙"无娘的孩子"找到了归宿，获得了解放，走向了新生！

孙仲被安排在戏剧队，任副营级副队长。十七军文工团政委王传安还宣布"由孙仲同志执行导演大型历史剧《李闯王》"。从国民党军队的演剧队到共产党军队的文工团，并赋以导演的重任，这一身份的转换，让孙仲兴奋不已！他深深感到党对旧人员参加革命后在使用方面是既有职又有权的，"党对我这么放心，如此信任，我能不努力工作，争取进步吗？"于是，他努力学习社会发展史，学习《毛泽东选集》和刘少奇的论党员修养的文章，他积极下乡参加"五大任务"，组织农民演"翻身戏"，还写了一篇《文艺在农村》的文章在《贵州文艺》上发表。此时的孙仲，已经感觉到了几分做国家主人的自豪，他甚至很快就向军文工团的王政委表示了入党的要求，还参加了几次党小组的学习活动。然而令孙仲没有想到的是，1952 年 4 月 23 日，他被莫名其妙地送到了劳改农场，在这里，白白耗去了他近三年的光阴。直到快要"刑满"时，他才偶然从自己的档案里发现"可能是文化特务"的罪名。原来这是一个在艺术上同他有着不同观点，经常发生争论和矛盾的队领导亲笔写上去的，真可谓欲加之罪，何患无词！

从劳改农场出来后，孙仲被安排在省公安京剧团，在这里当了一年左右的导演，成功地排演了《屈原》、《十五贯》和《三座山》。1956 年，文化局长邢立斌和省话剧团罗军团长、著名演员林薇、电影导演翟强又把他调到了省话剧团。在话剧团呆了整整六年时间，他导演了曹禺的《日出》、《雷雨》等名剧，还有《青春之歌》、《无名岛》、《智取威虎山》三部现代话剧。到 1963 年，因工作需要，他又被调到省歌舞团任专职导演。众所周知，1961 年，周恩来总理在文艺工作者座谈会和故事片创作会议上作了重要讲话，1962

年，中央又下达了“文艺八条”，文艺的政治环境从此变得比较宽松。此时的孙仲，同所有艺术家一样，感到前所未有的“自由”，他的艺术才能也因此而得到了尽情的挥洒。省歌舞团当年演出的《春雷》、《红珊瑚》、《夺印》、《红梅岭》、《江姐》、《洪湖赤卫队》、《货郎与小姐》等大型歌剧，都是他亲手执导演出的。如果说当年的省歌舞团在省内外享有较高的知名度，那么自不待言，作为该团歌剧导演的孙仲，也应有其一份不可抹煞的功劳。

遗憾的是，正当孙仲步入“不惑之年”，创作上臻于成熟且成就愈渐突出时，“史无前例”的“文化大革命”开始了，这一“革”就是整整十年，作为“旧军官”又被“劳改”过的他，当然就是“革”的对象，就是理应“横扫”的“牛鬼蛇神”，其所遭受的磨难，是不言自明的。但作为一个艺术家，孙仲爱的毕竟是艺术，戏剧就是他的生命之重。因此“文革”刚一结束，他的创作热情又来了，1977 年他为省歌舞团导演了现代剧《啊，樱花》，1982 年，他又应邀为昆明话剧团导演了三幕现代剧《她》……

三

之后，他年届花甲，退休了。名义上退休，实际上退而未休。改革开放带来的经济的发展、社会的安定、政治的清明和文艺的繁荣，特别是邓小平同志在第四次全国文代会上的祝词，激励着他那永不泯灭的艺术之心。他打定主意，只要为了戏剧，为了艺术，哪里需要就到哪里，而且和退休前一样的认真，一样的严谨，一样的不辞辛劳甚至不计报酬。从此，他不仅仅是省歌舞团的专职歌剧导演，还成了一个足迹遍及多个文艺团体、多个剧种的“特聘”导演。

1984 年，为了抢救民族文化遗产，他奔波于黔西南州的兴义、册亨、贞丰、安龙、望谟、晴隆、普安和黔东南州的榕江、黎平、从江等县，对布依戏和侗戏的源流、剧目等作了深入的考察，而后与冯景林同志一起排出了布依戏《罗细杏》，与榕江县的张勇同志一起排出了侗戏《丁郎龙女》。这两个少数民族戏剧于1984年底参加全国少数民族戏剧会演，均获孔雀杯奖。在排这两个戏时，他特别"注意把民族戏剧独具的风格和中国传统戏曲的艺术美有机地结合在一起，得到了各方面的好评"（罗醒仁《子规声声》）。

1986年8月，铜仁地区文化局和文工团派专人前来，请他去重排话剧《小桥流水》。这事，他先是感到有些为难，因为此前他曾应邀去铜仁看过此戏的连排，"总的印象是戏很乱，好像戏没出来，舞美设计也不行，人物特别不准"（见孙仲"导演记实"），因此一旦重排，就得作较大的改动，甚至连整个戏的风格都得变，这就势必与原导演出现分歧，甚至还可能得罪编剧和有关演职员，怎么办？是去还是不去？思来想去的结果，他决定从事业出发，去！他说："搞一个戏太难了，假如让这个戏夭折在初生之际，岂不可惜！"就这样，他怀着强烈的艺术责任感，顶着八月炎热的气候，到了铜仁，立即与该剧组的同仁们展开"浴汗苦战"：同编剧张西铭同志一起讨论，对剧本作了必要的修改，同郑芳璞同志合作，重新设计舞台，并做好有关演员的思想工作，顺利地更换了剧中两个主要角色的演员。在排练中，他特别要求两个主要演员要从"人"的高度去重新认识和把握剧中两个主要角色，认真体验特定环境中特定人物的特定心境……通过他的精心调整与严格排练，全剧的风格由原来的"喜剧"变成了悲喜剧，剧中人物鲜活起来了，戏也有看头了。有评论家说，经过孙导之手，"这座'小桥'变得更有韵味，这湾'流水'变得更富诗意"（罗醒仁《子规声声》），从而不仅得到省地有关领导和广大观众的认可，也得到了文化部有关专家的好评，高占祥、李超、欧阳山尊、马少波、郭汉城、游默、夏淳等京城文化界、戏剧界权威人士为之赋诗题词，高度赞赏。1988年11月，该剧被选为首届中国戏剧节重点剧目赴京，在全国话剧的最高殿堂北京人民艺术剧院连演 4 天,影响很大,还获了奖。

1989 年,省话剧团编剧犹学忠写成了反映当代大学生暑期社会实践生活的无场次话剧《谋生》,但此剧在省话剧团排不上队。孙仲看了本子,认为很有现代感,"直觉一股朴实新鲜的气息扑面而来"(见孙仲"导演纪实"),于是他到处游说,决心把这个本子尽快搬上舞台。他的努力很快得到当时的贵阳市文工团话剧队的支持,并请他任导演,将此剧作为第六届"花溪之夏"艺术节的参赛剧目进行排练。就这样,他又开始了一个新剧目的攻关。人们也许不知道,当时的贵阳市文工团话剧队,是一支组建不久的年轻队伍,演员普遍缺乏话剧演出经验,甚至连一个戏剧院校表演专业毕业的也没有,加之经费很少,要在较短时间内排出这样一台戏,其困难是可想而知的。然而真所谓世上无难事,只怕有心人,就在半个月左右的时间里,在极其简陋的场地,这位白发苍苍的老人成天同年轻的演员们泡在一起,不仅把这台戏排了出来,而且以较高的演出水平同观众见面,不仅在 1990 年"花溪之夏"艺术节中获奖,还于同年 11 月在首届西南地区话剧节上大出风头,为贵阳市文工团抱回了六个金灿灿的奖杯。在谈到此戏的排练时,孙老不无感慨也不无自豪地说,《谋生》这朵花,是他和演员们一起用汗水共同浇开的。事情确乎如此,排练经费有些困难,租不起演出场地,他们就八方求援,最后在贵阳二中借到一间堆满桌椅的旧教室,将其腾出半间,解决了排练场地;时间紧迫,他就同年轻人们一起夜以继日,加班加点以致废寝忘食;演员缺乏经验,他就像当年洪深先生教他那样,煞费苦心给演员诠释剧本,分析人物,并努力以自身的激情和对剧本中人物的见解去引发这些年轻演员的热情和兴味,逐步缩小他们同剧中人物的心理距离,激发他们的创作灵感和创作冲动。孙老说:"这样做,苦是苦一点,累是累一点,但每当看到演员们对所演人物的性格理解得一次比一次准确,排演中身心一次比一次更加投入,一次比一次更加到位,特别是在成都舞台上，年轻人们的表演潜能出现了一次前所未有的释放，演出大为成功时，我的激动是无法形容的，一切的疲惫，一切的烦恼统统抛之九宵。此时，自己感到的，只是一种欣喜，由衷的欣喜，还有一种‘心慰’，作为导演特有的心灵的感慰。”

话剧《谋生》的成功，从艺术上讲，同导演手法的新颖有着极为密切的关系，正如《戏剧电影报》1991 年 1 月 27 日头版头条文章《站在人生的天平上》所言：“导演孙仲兼取影视时空自由与戏曲虚实相生的艺术手法”，让剧中人物的活动“在虚拟象征的戏剧环境里交错进行”，“这在很大程度上体现出一种舞台演出的假定性……以虚带实，在舞台上形成三度时空……以一个个逼真于生活情境的场面，描写构建全剧的整体框架，以局部的连接组合，铸造出一个完整的戏剧作品，既保持了浓郁的生活实感，又能较为自如地跳跃分切，加快戏剧节奏，传达丰富的信息量，增强话剧演出的观赏效果”。此外在《成都晚报》、《贵阳晚报》等省内外媒体的报道和评论文章中，也对该剧导演的创新意识和艺术手法的探索给予了高度的赞扬。

孙仲在退休之后，还为贵阳市评剧团导演了现代评剧《豹子湾战斗》，为贵州省京剧团导演了现代京剧《峨嵋刺》，为贵州省黔剧团导演了历史黔剧《奢香夫人》（任导演组长），为贵州省话剧团导演了话剧《任尔东西南北风》、《十五的月亮》，为驼铃剧社导演了话剧《不知秋思在谁家》，为遵义文工团导演了黔剧《山旮旯女儿家》，为凤冈县导演了黔剧《征婚启事》等等。此外，他还在《今日文坛》、《贵州剧作》、《中国文化报》等省内外刊物上发表了不少有关戏剧研究的文章，其中《戏曲艺术发展的思考》一文被中国人民大学资料复印专刊《戏曲研究》全文转载。在这篇文章中，他从文学剧本、舞台设计等方面深入分析传统戏曲的艺术特点和规律，认为传统戏曲中包含着两种因素，一种属于普遍的、永久的稳定因素，另一种属于局部的暂时的可变因素，从而认定，戏曲改革只能改革那些局部的暂时的可变因素，不能改掉那些普遍的永久的稳定因素，如果改掉它们那就不叫戏曲了。思考独到，观点新颖，为传统戏曲的改革提供了一些可供借鉴的思路，在学界产生了一定的影响。

在贵州戏剧界，像孙仲这样耄耋之年的老艺术家、老导演，于今已是凤毛麟角。眼前的孙老，精神矍铄，谈笑风生，且能在必要时参加一些有关的活动。认识他的人，特别是熟悉他的人，无不为他高兴，为他祝福。记得在他八十寿辰之时，贵州省老艺术家委员会还为他和另外几名年届八十的老艺术家举行了祝寿活动。曹操《龟虽寿》有云："老骥伏枥，志在千里，烈士暮年，壮心不已。盈缩之期，不但在天，养怡之福，可得永年。"此言颇得人生之真谛，谨此献给孙老，祝他精神长乐，健康长寿！

郭定臣

笑声常伴的人

戴亚雄

筑城君子巷54号楼内，住着一位年逾八旬的老人，只要天气放晴，他总喜欢逛逛大街，走走小巷，慢慢看看改革开放后贵阳变化的景象。一路上不管是遇上熟识的大人孩子，还是一面之交的小商小贩，他都会拉拉家常，聊聊闲篇儿。大大咧咧是情趣，笑笑呵呵是本性，这就是贵州著名丑角评剧演员郭定臣如今难得的心境。

谈起旧事，他那乐天派的脸上也掠过一丝酸楚的回忆：郭定臣，小号小定子，大号定臣，艺名筱一乐。1924 年冬天，郭定臣出身在保定一个江湖艺人的家里。其父以算命卖草药，或弹三弦唱大鼓书为生。一家五口过着饱一顿饥一顿的日子。小定子排行老大，5 岁刚满，就天天来往于小店铺送饭。每当他路过杂巴地，喧闹的人群就叫他眼花缭乱，街头上各种民间艺术从小就在他的心上播下了种子。

当日寇占领“东北三省”的时候，小定子父亲离家去“闯关东”，从此断了音信。全家生活靠母亲洗洗缝缝和他拣煤渣度日。这时，保定东城有个唱曲艺、变戏法的艺人赵春亭看中了小定子这块“材料”，收为徒弟。从此他就跟着师父学“反正话”、“双簧”、京韵大鼓和相声段子。不到两个月，他就学会了《探清水河》、《出塞》等节目。跟着师父白天摆地摊，夜晚串巷子卖艺赚钱。不久，有个评戏班子在保定演出，他一看又着了迷，便只身搭班学习评剧。成了评剧艺人王永德的徒弟，立下了八年学戏帖子，随师走南闯北唱丑角。后因忍受不了常常挨打受骂之苦，毅然离开了这个班子，到唐山找生路。谁知唐山是唱东路评剧，而他学的是西路评剧，唱腔剧目不一样，有活来不了。于是他又随李兰芳、李宝顺等去锦州加入“三合水”(京、评、梆子戏合演)戏班。郭定臣时年 16 岁，这班子的名角京剧有张云溪，评剧有李兰芳、梆子有云河天等等。郭定臣在这个戏班先来零活，后上二路。同名角配戏同台演出，使他受益颇多，学了不少技艺。随着表演艺术的不断提高，他有时也单独当角儿了。后来他又去了吉林，戏院老板看中他的丑角才能，专门为其取艺名“筱一乐”，此时的郭定臣年龄小名气却很大，但他虚心好学。他拜文明戏丑角李少舫为师，取其之长，补己之短。不久“筱一乐”在东北各地演出丑角戏名声大震。由于他有着扎实的念白说唱基本功，只要在舞台上一张口就能吸引住观众。在兵荒马乱的年月里，小定子为了求生存，开始了“跑江湖”的生活。为了温饱，他学会了多种本领，丫环、彩女、旗、锣、伞、报样样能演，还学会了“打双跨”——即一个人同时打大锣、小锣、梆子和钹。但是，他仍未以此为满足，每到一地，凡有好角演戏，他都要偷看偷听，从中吸取营养，充实自己。并拜京剧丑角演员为师，学会了京剧丑行大活儿《盗书》中的蒋干，《审头刺汤》中的汤勤，《法门寺》中的贾桂，小活儿《打渔杀家》中的教师爷，《拾玉镯》中的媒婆。当时沈阳大关茶院有个评剧名丑，外号叫羊蹄子，在当地红得发紫。小定子看了几场戏，心领神会，学了不少东西，后来他演出《贱骨头》的母老虎，《苏三起解》的崇公道，把别人长处变成自己长处，在当地就一下子出了名。

1948 年，小定子因演《八宝公主》中的反王，唱了一段新词，被伪 8 军政治处主任视为异党嫌疑，要监察审问，幸亏师兄弟们的相帮，他才得以脱身。

小定子一家从东北流浪到了贵阳，白天卖油炸粑，晚上还得演戏，眼看着一家人就拖不下去了，幸而不久贵阳解放，共产党拯救了小定子一家。

解放后，小定子焕发了青春，使用了郭定臣这个大名，成了贵州省“艺人训练班”的首批学员。当他捧着训练班结业证书时，泪水模糊了眼睛。他心里只有一个愿望：跟着共产党和毛主席革命一辈子。从此，他在 50～60 年代红极一时的贵阳市评剧团主演了许多传统戏和现代戏，塑造了许多不同性格的人物，如《借女冲喜》的县官、《唐知县审诰命》的知县、《乔太守上轿》的乔太守、《万花楼》的白来、《五女哭坟》的傻小子、《女教师》的余大扯、《一个明星的遭遇》的王常春等。在丑行中，尤其是北方地方戏评剧界，像郭定臣这样长于道白又唱功独特是很少见的。

由于郭定臣一心扑在艺术事业上，他对演唱方面的革新有了更高的追求。注意了唱腔的人物化，人物的性格化，例如他在评剧《白毛女》中扮演穆仁志，一上场撩了撩长衫，举着“黄记”灯笼念道：“讨租！讨租！要账！要账！一炷香，一杆枪，见了东家就烧香，见了佃户就开枪……”这几句念白入木三分的勾画出捧上压下，鱼肉乡里的狗腿子丑恶嘴脸。演出时会激起观众的愤怒要冲到台口打他。

在传统戏《保龙山》中，他扮演县官随合人。由于他抓住了人物心理特征，把个小角色演活了、演绝了。每到县官出场，不但观众喜欢看，就连剧团的演职人员也争着撩起幕帘观看，大伙感到这是一种艺术享受。

郭定臣的演唱特点是悠闲自然，动听俏皮，抑扬顿挫，音色脆美。演唱中注意人物个性，一旦出口，犹如石子投入平静的湖水，既有声响又有余音。

1953 年至 1965 年，郭定臣演唱艺术达到极盛时期。他不但摘掉了文盲帽子，还能为自己扮演的一些角色创腔，记谱。他在现代评剧《苦菜花》中扮演宫少尼，自己设计了“王官庄上当教员”这段唱腔，采用了不常见的“掏黑板、落红板”的手法，大掏大让，时弱时强，低中见高，高中有低。在现代评剧《生活的凯歌》中，他扮演潘有才一角，一上场先给人一种无精打采的感觉，然后才慢慢唱出“潘有才，卖韭菜，我好像一颗明珠在土里埋。”这段唱腔俏、诡、轻，吸收了京韵大鼓的精华，揉得自然，改得巧妙。把个小业主此时此地的心情，刻画得恰到好处。

通过几十年的艺术实践，郭定臣丑角艺术逐渐形成了自己的风格。他扮演的角色，不论是古装戏里的丑角，还是现代戏里的反面人物或喜剧人物，都是既不“空”也不“过”。他常说：“创造角色自己不能烦自己，更不能让观众烦自己。”到如今时过境迁，酸楚又甜蜜的回忆，记录着过去的笑声，笑声也将留给后人。

周素兰

路是人走出来的

刘斯奇

周素兰这个名字，对20世纪50～60年代贵阳市的广大观众来说，是非常熟悉的。这不仅因为那时在贵阳市演出的海报中，这个名字出现的频率非常高，更重要的是这个名字具有相当的吸引力。在那个戏剧一统天下的年代，一些喜欢周素兰的戏迷，为了买到一张她演出的拿手好戏的好座票，曾不惜抬着凳子、抱着被子去排队等上长长的几个小时甚至更长的时间。时至今日，在年岁较大的观众中，只要一提起周素兰这个名字，他们仍然兴致勃勃地回味着那宽厚、甜美的嗓子和曾使许多人难以忘怀的精彩表演。

在那二十多年的时间里，周素兰用她的艺术，用她的青春，在《玉堂春》、《凤还巢》、《生死恨》、《宇宙锋》、《秦香莲》、《孔雀东南飞》、《白蛇传》、《谢瑶环》、《刘胡兰》、《红松林》、《南海长城》、《柯山红日》、《红灯记》、《沙家浜》……等剧目中，塑造了众多的各具特色的艺术形象。她把自己的青春和才华，留给了贵州，留给了观众，留给了我们的京剧艺术。

在广大观众的记忆里，周素兰留下的，是美的形象，美的艺术，是美的旋律，美的回忆。可是有多少观众知道，在这美的后边……

1933 年，以京剧为业的周兰轩、赵紫云夫妻俩，在湖北宜昌一家公馆唱堂会。演唱间，他们无意中发现一个六七岁的小女孩在一个角落里聚精会神地看他们的演出，小女孩穿着虽然破旧，但却挡不住那一身天然的清秀与可爱，一对大眼睛似乎闪烁着一种渴求的目光。周兰轩、赵紫云以一种不自觉的职业眼光打量着这个小女孩，他们感到这个小女孩身上透着一种艺术的灵气……

小女孩不知道自己姓什么，周围的人都叫她杏子。

堂会结束了，周兰轩、赵紫云夫妇抱起了这个无依无靠的小女孩……

一直在流浪的杏子，终于有了一个可以遮风避雨的依靠，终于有了一个可以称之为家的地方。

周兰轩以拉京胡为业，赵紫云则是个颇有才气的旦角演员，这对夫妻虽然已经有了两个儿子，但杏子的到来，还是为这个梨园世家增添了一股别样的活力。

杏子进入这个家庭后，周兰轩夫妇便在杏子的名字前加了个周字，杏子从此有了自己的全名：周杏子。

周杏子的艺术人生也由此开始。

热爱是最好的老师。这话应该是千真万确的。

六岁的小杏子，还处在天真的孩提时代，谈不上理想，也谈不上刻苦发奋，但她喜欢舞台，喜欢舞台上所发生的一切。所以，小小年纪的她每天天不亮，就自觉的随着家里人一起起床，然后学着喊嗓子，跟着大家练功，别人排戏演戏，她就在旁一边认真地看，一边学着模仿，看累了，练困了，就随便往哪儿一躺，做着自己童年的美梦。在那段期间，喊嗓、练功、看戏，成了杏子生活的全部内容。

周兰轩十几岁的大儿子周少轩在父母的熏陶下，虽然小小年纪，其时已经是个崭露头角的小老生了。杏子嗓子好，周兰轩夫妇便让她跟周少轩学老生。

两年后，八岁的杏子在武汉登台演出，她平生扮演的第一个角色是《汾河湾》中的薛丁山。

那时的艺人，过的是"戏文难唱年年唱，处处无家处处家"的日子。在武汉没住多久，杏子便随着这个家庭，沿着县乡小镇向南迁移。由于不停的搭班演戏，给杏子带来了许多的实践机会，终于，杏子的第一出挑梁的折子戏《法场换子》上演了，杏子以她洪亮并富有韵味的童嗓及老练中显露着天真的表演，赢得了观众的喜爱，也受到了家里人的赞扬。

关键的一步迈出去了，而且迈得很坚实。

从此以后，杏子垫开锣戏的机会日渐增多，《上天台》、《鱼藏剑》、《骂殿》、《梅龙镇》……等成了杏子经常上演的剧目。

杏子人虽小，在艺术上却是个有心人。她每天除了继续练功和学老生戏以外，对演出中其他行当的角色，也进行认真的观察和学习。也就是说，杏子她"偷"戏不单"偷"老生的，而且还"偷"其他行当的。就在那段偷师学艺的时间里发生的一个小故事，给杏子留下了深深的印象。

赵紫云是个很有表演才能的旦角演员，一次演《杀子报》，她的表演使得台下看戏的一位军官从腰里拔出了手枪就要朝她射击，亏得旁边人及时发现拦住，才未酿成大祸。

之后，赵紫云在杏子的心目中便成了崇拜的偶像，每逢赵紫云演出，不论是唱，是念，她都特别的留意，然后背着人就去模仿。杏子的这种长进，并没有为家里人所发现。

偶然常常是必然的结果，这是事物发展中一个带有规律性的现象。

1939 年在湖南辰溪，一次极偶然的机会，仅仅几分钟的时间，便改变了杏子一生的艺术道路。

一天晚上，戏班演出《武家坡》，当台上的薛平贵唱完“一马离了西凉界”这段西皮原板后，向后台问道：“大嫂请了。”这时，后台负责“搭架子”的演员不知到哪里去了，没有人“搭架子”，戏便无法往下唱。这时，杏子正在台边看戏，她稍微犹豫了一下，便张口答道：“请了，军爷敢是失迷路途……”，这个架子一问一答前后有二十来句台词，杏子一字不差的对答如流，架子答完后，整个后台都轰动了，人们不仅惊异杏子的临场应变能力，更惊异杏子竟然有这么一条又甜又脆的小嗓和这么一口富有韵味的念白。

“这嗓子不唱青衣太可惜。”这是杏子搭完架子后留给赵紫云和戏班里所有人的印象。

从这以后的第二天起，杏子在赵紫云的指导下，开始从老生转攻旦角。几个月后，一出《贺后骂殿》打响了，紧接着，《花田错》、《女起解》、《南天门》、《三娘教子》……相继在辰溪演出并受到欢迎。

到离开辰溪时，杏子留给观众的印象，已不是小老生，而是小青衣了。

在辰溪的那些日子，杏子的生活并不像演出的戏文那样充满诗情画意，抗日战火的硝烟其时早已弥漫在辰溪的上空。那时，为了躲避敌机的轰炸，杏子一家从城里搬到了城外的山上。白天，在山上练功学戏，晚上下山演出。由于生活的拮据，杏子每天还要上山割草，以解决生活所需的燃料。即便是这样，杏子也没有放松自己，在割草途中，逢平地，不是练练台步，就是跑跑圆场，因此，在辰溪那一年多的时间里，杏子的业务有了很快的长进，到离开辰溪到湖南晃县时，杏子已经挑起了演出的大梁。

四十年代初，周兰轩一家从湖南进入到贵州遵义。

遵义，是杏子除贵阳外住的时间最长的地方，同时，也是杏子艺术走向成熟的重要阶段。

杏子到遵义搭班演出时，已经是落落出众的大姑娘了。

是杏子这个名字过于稚气的缘故，还是为了适应世道的潮流，在遵义演出时，周杏子改为了周香艳。

随着年龄的增长，香艳对艺术的追求也更加的自觉和深入了。在学《拾玉镯》时，剧中有个从地上拾起玉镯的动作，为了使这个动作更自然，更美，香艳便在地上撒一把豆子，然后按剧中角色所需要的动作，把豆一粒一粒的拾起来。从这个小例子中可以看出香艳对艺术与生活之间关系的理解与感悟，虽然没有高深理论的指导，但她已经朴素地接触到了艺术的真谛。

为了更好的领悟唱腔的韵味和掌握气口，香艳把学习拉京二胡提到了自己的议事日程，她不识字，也不识简谱，当然就更谈不上乐理知识，凭着一点执著、一点勤奋，终于学会拉京二胡了，这门技巧的掌握，为香艳唱腔艺术的提高起到了不小的作用。

在遵义，香艳主演了《玉堂春》、《凤还巢》、《北汉王》、《虹霓关》、《宇宙锋》、《李十娘》等戏，渐渐成为遵义观众眼中的红人。

随着战事的吃紧，戏班终于解散了。

香艳一家一方面给人教戏，以免艺术的生疏，同时，为了维持起码的温饱，香艳摆起了卖香烟的小摊。大概是香艳已经颇有点名气的缘故，人们都愿光顾她的生意，很快，香艳得到了一个说不上是让人欣慰还是让人心酸的绰号：周香烟。

这个绰号虽然借用了“烟”和“艳”的谐音，多少有一点调侃的喜剧因素在里面，但这也从一个侧面说明了那个年代艺人生计的艰难。

抗战胜利的第二年，香艳一家应邀来到贵阳新声戏院搭班演出，也就在那时，周香艳改名为周素兰。

以此为契机，周素兰的表演艺术开始走向高峰时期。

周香艳虽然在遵义颇有名气，但周素兰这个名字在贵阳却少为人知。因此，在三天的打炮戏演出之前，老板对周素兰虽不是处处冷眼，但也够为难人的，要借点演出的道具和生活用品都是推三推四。

也许，在我们的社会中这种现象并不鲜见：当你的价值没被展示前，你面对的，多是鄙视和冷眼，一旦你的价值得以承认以后，身价、地位便会立即改变，尽管促成这种改变的动机不一定相同。

周素兰在贵阳三天的打炮戏是《玉堂春》、《凤还巢》、《北汉王》。三天的演出结束后，观众热烈的叫好声和争相买票的情景，使老板意识到这个旦角的潜在力量和未来不可限量的票房价值。

是呀，在贵阳搭班唱戏的演员来来去去的并不少，可是能有几个人的嗓子在那宁静的夜晚能从新声戏院里一直清楚地传送到戏院以外的街上？老板不仅佩服周素兰的好嗓子，而且也欣赏她那富有感染力的表演，何况那时的周素兰刚刚迈过二九年华，正是艺术青春的黄金时期。

包银立即改变了，冷眼也换成了笑脸。

《碧玉簪》、《四郎探母》、《六月雪》、《临江驿》、《秦香莲》、《孟丽君》、《狸猫换太子》等一出接一出的拿手好戏在新声戏院上演了，周素兰成了戏班里挑梁的旦角。

1949 年 11 月，贵阳解放了，政府接管了新声戏院，周素兰所在的班社也改名为黔光京剧社。从此，周素兰的历史也翻开了新的一页。

1950年，周素兰与京剧社、评剧社的部分艺人加入清匪反霸工作队，深入到边远山区村寨，为农民演出《九件衣》、《仇深似海》、《一贯害人道》等现代剧目。这次不同寻常的演出，不仅提高了周素兰的政治觉悟，在艺术上也使她迈出了具有历史意义的一步——开始了对京剧现代戏的演出实践。

之后，《刘胡兰》、《红松林》、《柯山红日》、《苗岭风雷》、《南海长城》、《芦荡火种》、《红灯记》……在解放后的岁月中，每一个历史阶段的现代戏都留下了周素兰的足迹。

周素兰由于从小就搭班演戏，没有机会进行文化的学习，解放后开展扫盲运动时，周素兰担负的演出任务比较重，为了摘掉文盲的帽子，在她下后台化妆时，扫盲的老师也跟着到后台找机会教她识字。经过扫盲运动，文盲的帽子虽然摘掉了，但周素兰的文化知识仍然不够用，特别是遇到排演现代戏和新编历史戏时，困难就更大了。那时剧团排戏的时间都很短，识字的同事可以拿着剧本随时背台词，而周素兰却不行，她要靠别人读给她听，然后再背下来，因此，她必须付出比别人更多的劳动才能跟上工作的进度，为此，周素兰回到家里后，便常常让她的大女儿周百穗做她的台词文化老师，靠着多年来积累下来的口传心授、死记硬背的功夫，保证了团里排练工作的进程。

在那个时期，除了现代戏以外，周素兰还演出了《孔雀东南飞》、《荒山泪》、《生死恨》、《白蛇传》、《杨八姐游春》、《春香传》、《猎虎记》……等剧。周素兰主演的《谢瑶环》，在贵阳市连续演出了三个多月之久，直到现在，当年的那些老戏迷们只要提起这出戏，依然还会激动不已。

由于周素兰在京剧艺术上取得的成就和对京剧事业的贡献，曾先后当选为贵州省人大代表和贵州省青年联合会会员。

从一个当年流浪街头的小姑娘成长为省人大代表，并参加对国家大事的讨论，这种人生的变化对周素兰来说是深刻而巨大的。

但这种变化不仅属于周素兰，而更重要的是它从一个侧面反映出时代的变迁，反映出京剧从业人员在社会主义新中国所受到的尊重及其前所未有的社会地位。

从前面对周素兰从艺经历的简约回顾中可以看到，在她成长的历程中，没有得到过正规系统的学习与训练，由于不识字，她连通过书本间接学习的渠道也被堵断了，面对这些不利的因素，周素兰没有气馁，没有妥协，凭着坚韧，凭着努力，凭着对京剧艺术的执著与热爱，终于在荆棘丛生的荒野中踏出了一条通往艺术圣殿的光明大道，最终成为了贵州京剧界著名的表演艺术家。

张璞真

筑城评剧名角

戴亚雄

20 世纪 50～60 年代，贵阳戏曲舞台上，外来剧种评剧也曾红极一时，每逢好戏推出，观众天不亮排队买票的情景有过，托人求票的事情发生过。这在当时社会文化生活的背景下，也是少有的现象。史料称：评剧产生于河北省东部滦县、迁安、玉田、三河及宝坻(今天津市)一带农村,大约 1910 年形成于唐山,是以民间说唱文艺“莲花落”的调子为基础,与当地类似秧歌的“蹦蹦”相结合形成的。

1945 年,中国人民取得了抗日战争的胜利,但疮痍满目的国土又遭受“内战”之苦。为了生存,部分评剧艺人,逐日南迁。时遇驻守贵州桐梓的国民党炮兵 54 团所属的“三好剧团”(也叫松山工作队)相邀,在桐梓、遵义、都匀等地与京剧艺人合台演出,同时也把评剧这一土生土长的北方剧种引进贵州高原。张璞真是解放初期黔明评剧社从西安方向接来的新角儿,她一生和评剧再也没有分开过。

张璞真 1927 年出生于一个评书艺人的家庭。家庭虽没有给她带来任何幸福,但却使她与表演艺术结下了不解之缘。她家居住的艺伶杂院,有唱京剧的,说大鼓的,拉胡琴的……从小便受到这些叔叔、大爷们的熏陶。她六七岁时为了糊口不得不跟着父亲到茶馆去说书。每当收不上钱的时候,她便搬个小凳子,站在上面,为客人清唱几句《马寡妇开店》、《花魁女》、《杜十娘》等小段,以清脆甜美的嗓子,幼稚可爱的表演,博得满堂彩声的同时,也增加一点微薄的收入。她父亲眼见身穿带襟花褂子、扎着冲天小辫的女儿,小小的年纪竟成了维持家庭生活的帮手,老脸上经常挂着微笑的辛酸泪花。

抗战之后,张璞真随父亲到了西安。这时她虽然生得矮小纤弱,但已是一个大姑娘了。不久,她搭进了一个评剧班,开始跑丫环彩女,演娃娃生。后来在《空谷兰》中演过梁燕,《五女哭坟》中演过五凤,《七人贤》中演过金童。老板为了赚钱,看上了张璞真的好嗓子,每晚总要她额外加唱一段京剧“嘎”调。当时西北有位评剧名角赵玉兰,与张璞真同住在一个大院里。赵玉兰学戏刻苦,演出认真,为人善良,对张璞真影响很大。据她自己回忆说:“赵没有名角的架子,对底下人很好。她没有上过学,全靠自己学的文化,还学外语呢。我有时对唱词不理解，半夜敲着窗子去请教她，她都耐心地指教我。”赵玉兰对张璞真起着潜移默化的吸引作用。两人亲如姊妹，在唱腔、气口、韵味、表演上对璞真都认真指点，严格要求。“她真是我忘不了的良师益友。”后来在艺术道路上分手了……

当五星红旗插遍祖国大好河山的时候，张璞真刚二十出头。她如梦初醒，带着新奇的眼光，怀着激动的心情，寻觅艺术的新路。她在贵阳参加了黔明评剧社（即今贵阳市评剧团）。三天“打炮戏”，就博得了贵阳观众的好评。在党的雨露滋润下，这位饱经风霜的青年演员，又在钰灵芝、张彩兰、周翠兰、柴桂芬、安翠兰、任凤英等师友帮助下，开始展露才华。

1955 年至 1966 年，张璞真演了很多戏，塑造了几十个生动可爱、有血有肉的艺术形象，给贵阳观众留下了深刻的印象。这里值得一提的是在她演出的神话剧《牛郎织女》和现代戏《女教师》中，不论是表演上还是唱腔上均有较大的突破。《牛》剧“离别”一场中，有一大段“反调”，是非常功夫化的，她却唱得字正腔圆、句句动听、声情并茂，情景交融，每唱完这一段时，台下总是一片欷歔声叹，令人难忘。《女教师》这出现代戏，她接受剧本之后，便决心在表演上作进一步改革实验，她废寝忘食地钻研角色，深入生活，琢磨人物的心理活动。她以优美的唱腔，朴实的表情，在舞台上塑造了一个既可亲又可敬、既朴实又感人的乡村女教师的形象，激励着广大观众。在这出戏里，笔者有幸被选中扮演剧中因贫困而失学的铁牛一角。年纪才 12 岁的铁牛成功表演并受到领导和观众的一致肯定，是和张璞真扮演的乡村女教师那种朴实真诚的人物形象分不开的。至今我还记得当年贵阳召开教师代表会，《女教师》在省府礼堂演出大受欢迎的情景。后来有观众写信给张璞真，表示要向戏中的女主人公学习，要为农村教育事业献出终身。

张璞真对艺术是认真负责的。她一个戏接着一个戏的演，很少有休息的机会。因为劳累过度，在一次演出中她突然口吐鲜血。

同台演员都为她十分焦急，台下的观众更是担心，可张璞真表现了可贵的艺术责任感，她紧咬牙关，忍着疼痛，带着重病坚持演完了下半场戏，保持了这出戏的艺术完整性。接着几天，她高烧四十度仍然不下舞台，边打针边演出。这种对观众负责，对艺术负责的精神，在贵阳观众心中留下了很深的印象。

粉碎“四人帮”以后，张璞真虽然因身体多病舞台实践机会少了，但没有过早告别评剧舞台。她除了在《小女婿》、《秦香莲》等剧中扮演角色外，还主动教新学员。进团不久的学员不懂评剧韵仄，她就口传心授，反复讲解，并采取各种方式丰富学员的戏剧知识。《绣鞋记》中扮演赵素琴的青年演员，经过张璞真细心培养，表演和唱腔都有明显提高，在汇演中荣获二等奖。

20 世纪 80 年代初，张璞真参加省、市人代会，政协、妇代会，社会活动频繁。但她仍然和部分热心的老师担任了新的教学任务。她渴望着评剧后继有人，戏曲事业有大的发展和进步。

武光瑞

不懈的苦学者

段春林

1979年5月，大地春潮涌动、气象万千。伴随春天来到的，还有文艺的春天，这是粉碎“四人帮”后的第三个年头，“文化大革命”的重灾区——贵州省文学艺术界联合会在这一年全面恢复。中国戏剧家协会贵州分会第一次代表大会的隆重召开，为多彩的五月又抹上浓浓的一笔，出席剧代会的代表均为“文化大革命”前17年间名噪贵州省戏剧舞台的领军人物。武光瑞——这位后来被我们尊称为“武老”、有着儒雅学者风度的省委宣传部文艺处处长，被全体代表选为主席。说起武老与戏剧的结缘，还有着一段曲折的经历。

峥嵘岁月

武光瑞（1928～1998），山东省阳谷县人，笔名“戈止、童牧”。光瑞出生在一个农村知识分子家庭，祖父和大伯父均受过私塾教育，二伯父和父亲是后期师范毕业，均有较高的文化修养。1937年，铁蹄入侵，狼烟遍地，战火烧到他的家乡，武家兄弟毅然投入抗战工作，二伯父公开身份是阳谷县县长，而实际是我党地下工作者，担任党的机关联络员，父亲则在抗日中学任教员。他家在阳谷县是个有名的抗日家庭，他家的情况不幸被汉奸告密，日本鬼子一把火将他家房屋、场园、柴草烧成灰烬，全家二十余口四处逃亡。光瑞和两个妹妹在逃难途中染上伤寒（两个妹妹先后夭亡），光瑞被组织护送到抗日根据地得到及时救治而幸存下来。抗日根据地的生活与沦入敌手的家乡比较起来自是另一番景象，1942年春，未及束发之年的光瑞考入抗战中学（筑先学院）学习，筑先学院以抗大“团结、紧张、严肃、活泼”的校训为校训，学习生活紧张有序。这年，新民剧社到学校驻地演出话剧《暴风雨》，演出那天晚上，被两盏雪亮的大汽灯照得通明的广场上，部队、机关、学校数千人按单位席地而坐，各单位在开演前照例相互拉歌，歌声、掌声在广场上此起彼伏，场面异常热烈。演出开始，广场上鸦雀无声，观众均被带入了剧情。这是光瑞第一次看话剧，该剧反映了在抗战关头一个家庭发生的裂变。紧张的剧情和演员激情的表演，再加上舞台上雷鸣电闪的声光效果，使人如身临其境，每个观众都受到很大震撼。不久,学校又组织看了一场苏联的名剧《前线》,舞台上士兵冲锋陷阵、炮火连天的战斗场面仍然使他久久难以忘怀。艺术竟然如此伟大和奇妙,这是他原先从未体会到的,及至光瑞在37年后走上戏剧艺术的领导岗位,这更是当时才14岁的他想都不曾想到的事,此是后话。

1944年底,16岁的光瑞从抗战学院毕业,分配到昆山县财政科工作,当时的工作无非也就是在机关之间联络,送送公文、报表之类的事情。对于16岁的他,到处跑一跑却也适合年轻人活泼好动的性格,因此工作起来十分带劲,全身心充满阳光。次年(1945年8月),光瑞被调到冀鲁豫日报社工作,在报社,光瑞不再跑腿,正式上岗当了会计。光瑞在会计工作岗位上,不愧是个当家理财的好手,为粉碎敌人的封锁和包围,他协助会计股长王振江同志处处精打细算,节约开支,有效地缓解了报社在行政后勤工作中面临的困难。

1945年,抗战进入最后阶段,小日本已成为强弩之末,最后胜利必将属于中国人民,这已经是连日本鬼子自己也不怀疑的事情。随着根据地的日益扩大,和平气氛也越来越浓,看戏的机会也愈发多了起来。为配合当时的时局,战友剧社的京剧《陆文龙》、《贫女泪》、《风波亭》和大众剧社的河南梆子《血旧仇》等剧目在各部队巡回演出。这些戏让年轻的光瑞激动不已,尤其是大型歌剧《白毛女》的演出,更加深了光瑞对戏剧艺术的崇拜。《白毛女》——这部延安的艺术家们根据河北民间传说,采用民间艺术和传统手法创作的大型歌剧,是中国歌剧的开山之作,在解放区演出时引起了极大的轰动。《白毛女》在其他地方演出时的盛况,光瑞早有耳闻,今天要亲眼观看这出戏,怎不让他激动万分?晚饭后他迫不及待地搬着房东家的小板凳集队入场,正襟危坐。随着剧情的发展,容纳数千人的广场沸腾起来,观众再也控制不住自己的感情,高呼"打倒恶霸地主"、"为喜儿报仇"等口号。除了战士拉枪栓欲射杀地主的事没有发生外，其他地方发生的事这里都发生了，舞台上的黄世仁、穆仁智没少挨台下砸上来的鞋子、板凳、砖头。《白毛女》演出时的盛况，再一次深深地让光瑞感受到了艺术的伟大力量。

第一次改行

1949年，年方21岁的光瑞告别了快乐的单身生活，偕同后来被我们尊称为“胡阿姨”的新婚妻子胡冬梅随军南下到了江西上饶。光瑞此时在南下后才创刊的《赣东北日报》社从事行政工作，不过已升任为股长。解放战争以摧枯拉朽之势扫荡着国民党的残余部队，中国人民解放军二野五兵团奉命挥师直指大西南腹地——贵州。提起部队从江西经芷江再到贵州的战斗岁月，年逾古稀的胡阿姨至今仍唏嘘不已。她说：“当时我们跟着部队行军，前面是部队，我们走在后面，走到一个地方，突然枪声大作，山上很多土匪，部队组织奋勇还击，双方都有伤亡，死了不少人，部队边走边打，后边的队伍是从前面牺牲的战友身旁走过去的，想到这些，我们现在各方面都很满足，从不向组织伸手……”

1949年底，他们抵达贵阳，这个贵州省的省会城市，街市狭窄，房屋破旧，然而市民们洋溢着的笑脸却充分展现了这座城市获得新生的喜悦。光瑞到贵阳后便在新组建的《新黔日报》社工作。历任科长、副经理等职务。解放之初，国家还处于千疮百孔、百废待兴的时候，新生的政权带领全省人民如火如荼地开展土改、剿匪、军管、生产等工作，各条战线捷报频传，报纸——这个党的喉舌，充分发挥了宣传鼓动的作用。1956年为加强第一线的工作，报社领导从各行政部门抽调了七八位同志成立记者组。大概领导认为，报社的行政干部多年在报社工作，对新闻工作的若干套路看都看会了，没有吃过猪肉却都见过猪走路，启用他们总比找个门外汉快当和实用得多，用句时髦的话来说，叫“在战争中学习战争”，用光瑞自己的话来说，叫“赶鸭子上架”。在这个新成立的记者组，光瑞担任第一副组长，后升任为组长。

从行政工作转为新闻业务，是光瑞的第一次改行，这让从未采写过稿件的他感到了肩上担子的分量。担任记者组的组长，如果自己不能动手采写稿件，光靠嘴如何能够指挥别人？他深感自己文化底子薄，更缺乏新闻学的基本知识，怎么办？学！他决定下苦功学。他定下了两条学习途径，一条是在实践中向有经验的老同志学，一条是抓紧一切时间向书本学。他将朱德熙、吕叔湘的《语法修辞学》找来读，把《逻辑学》、《实践论》、《矛盾论》找来读，以提高自己的文字和理论水平。光瑞读书并非是泛泛的浏览，而是精研细读。笔者亲眼见识过光瑞读过的书，打开书页已经泛黄，出版于 1953 年 2 月的《毛泽东选集》第 1～4 卷，几乎每一页的书眉和空白处都写下许多批语，重要文句都画有直线。这些十几字、几十字的批语，或是他当时的感想，或是他对某问题抒发的见解。有的批语仅寥寥数字，如“有的放矢，实事求是”、“完全正确、好得很”、“大喝一声，出身冷汗”等。在《质问国民党》一文中，他在一处批道“嬉笑怒骂皆见字里行间，妙！”，在《改造我们的学习》中，他批“打倒主观主义！”，仿佛使我们听到了他发自肺腑的呐喊。在《学习与时局》的附录：《关于若干历史问题的决议》第五节中，他甚至将自己对小资产阶级思想的认识概括为一个公式，笔者不妨将这个公式照搬下来，以飨读者：

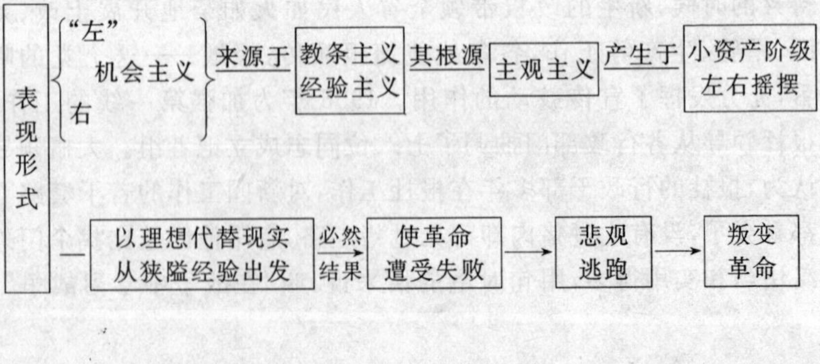

从以上批语中，读者一定和我一样感受到了光瑞积极思考、勤于钻研的读书精神。

掌握了一定的理论，接下来便是动手写作，他从五个W（新闻的五要素）开始学写新闻、写通讯、写评论……工作之余的闲暇时间几乎都用来读书、写作。谈到这里，胡阿姨有些揶揄地说："他为了党和人民的事业，家事都很少过问，家在他眼里，没有他读书、写文章重要，心思都放在工作上……"这番话语，有责备、有怜爱，恐怕更多的还是骄傲和自豪。很快，出自光瑞笔下的新闻、通讯、社论和报告文学陆续在报上发表。尤其是他采访了贵州工学院的教师罗绳武后，在报上发表的长篇通讯《罗绳武工程师》受到报社内外广泛好评。后来在江口农村采访，撰写发表的长篇通讯《油菜春秋》在社会上产生了较大影响。光瑞在不长的时间内从一个外行变成了行家里手，其苦学的过程不为人所知，而结果确乎使人有些瞠目结舌，从此，光瑞开始了他的记者编辑生涯。

记者这个职业，除具备过硬的业务水平外，还须具备一个重要的素质——社会责任感，光瑞为此吃够了苦头。职业的特殊性使光瑞能够更多地了解基层、了解社会。基层的工作情况、农民的生活状况，光瑞了解得太多了，在报道中，他对人民公社、大跃进及农村中"刮五风"等问题反映了一些实际情况，提出了一些不同看法，谁知在1959年反右倾斗争中，被定为右倾机会主义分子，受到撤消党内外一切职务的错误处分。这对光瑞不啻是沉重的一击，然而他并未消沉，一般事务性的工作却让他有了更多的时间来读书。粉碎"四人帮"以后，拨乱反正的旗帜在从中央到地方的各条战线高扬，1979年，组织上对他1959年的问题进行复查，对原结论全盘否定，予以彻底平反，使光瑞完全甩掉了重负的包袱。从问题提出到彻底平反，这其间整整经历了20年的时间，20年，历史长河中短暂的一瞬，却耗去了光瑞近三分之一的人生年华，20年间，光瑞没有气馁，而是抓紧时间学习，学问日日见长，只是青春不再、华发早生……

第二次改行

有道是："宝剑锋从磨砺出，梅花香自苦寒来。"1979 年，光瑞在贵州省第三次文代会上被选进省文联领导班子，开始了他在文艺界的领导工作。从新闻界转入文艺界，是光瑞的第二次改行，这个变化没有任何偶然因素可言，是他多年的艺术积淀为这个变化垫着底儿。

光瑞的艺术积淀从他酷爱看戏开始，早在阳谷县城读小学时，还是少年的他，就见一个穿灰布大褂的人常来他家，此人喊他父亲为老师，父亲也让他喊此人为申二叔。申二叔在父亲的京胡伴奏下唱京剧《武家坡》里薛平贵的唱段"一马离了西凉界……"嗓音高亢清亮，不同凡响。这是光瑞第一次接触京剧，只是懵懵懂懂，不知戏为何物。这位穿灰布大褂的申二叔，便是解放后在中共贵州省委任要职的申云浦。

1946 年，冀鲁豫日报社随晋冀鲁豫党委进驻菏泽县城，报社近旁有一家戏园，坐在办公室里就能听到锣鼓声，在这里演出的是后来名为"河南省京剧团"的前身——"民友"剧社。光瑞和报社的同事经常在下班后去看戏，剧团轮番上演三国戏、水浒戏、宫廷戏、折子戏、连本戏……真使他们应接不暇，大饱眼福。看戏不仅能得到艺术享受，还能学到若干历史知识，学到如何为人处事，看戏使他大获裨益。

解放战争开始后，报社随党委机关转移到山东莘县农村。战争年代的农村条件十分艰苦，夜幕降临，一片黑暗，什么事也不能做，这时，他们便拉起胡琴引颈高唱，自找乐趣。在这种环境影响下，光瑞也学会了《甘露寺》、《武家坡》、《空城计》、《借东风》等唱段，虽有时难免会走调，但却有板有眼，煞有介事。1948 年春节，报社排演了一个以真人真事创作、反映土地改革的戏，名《吕堤事件》。他在戏中扮演了一个反攻倒算的地主，唱了大段西皮倒板转原板的唱腔，演出时盛况空前，这出戏竟鬼使神差地使光瑞不自觉地从一个观众进入了“票友”的角色。

1949 年到贵州后，看戏的机会更多了，当时光瑞住在中华南路，隔壁就是黔光戏园，早已成为戏迷的光瑞，怎禁得这般诱惑，于是想方设法找机会看戏。评剧《桃花庵》、《花为媒》；马骏骅的《林冲夜奔》、周瑞华的《水帘洞》、周素兰的《红鬃烈马》、朱美英的《贵妃醉酒》等戏，都使他享受到了极丰盛的精神大餐。1956 年，光瑞主持《贵州日报》政治文化版的编辑工作之后，看戏不再是单纯地娱乐，而成了他的工作分内的事，道理很简单，有些戏涉及到宣传还是不宣传和怎样宣传的问题，用光瑞自己的话来说是“为工作看戏”。也活该光瑞与戏剧有缘，1958 年，贵州组建贵州省京剧团，光瑞的爱人胡冬梅阴差阳错调到该团工作。作为剧团职工的家属，光瑞当然地成了省京的座上常客。这期间他看过该团演出的不少戏，老生朱云鹏、武生楚尉秀、小生聂玉凌、青衣刘映华和诸效兰等人的戏都使他十分喜爱，过足了戏瘾。

20 世纪 60 年代前期，贵州与外省区文化交流频繁，外地剧团经常到贵阳演出，广西的彩调《刘三姐》；浙江周传英、王传淞主演的昆剧《十五贯》；云南关肃霜主演的京剧《黛诺》；北京魏喜奎主演的曲剧《杨乃武与小白菜》，新凤霞的评剧、尚小云的京剧……真是名家名段，让他大开眼界。

文章至此，可能有人会说，武光瑞尽管看过很多戏，充其量只算是个忠实观众或爱好者而已。且慢！常言说：“熟读唐诗三百首，不会作诗也会吟。”光瑞装了一肚子戏剧方面的学问，就像那积蓄已久的火山，岂有不喷发之理。他在 1958 年写的关于京剧《白毛女》的剧评，是他从事文艺工作的开始。

1958 年，贵阳市京剧团在大跃进浩大的声浪中排演了现代京剧《白毛女》,这时的京剧现代戏,远不如60年代中期那般大张旗鼓,更不及70年代沦为"四人帮"作为篡党夺权工具时那样炙手可热。它的出现,在当时是一个新事物,甚至有些难以让人理解,不知京剧如何演现代戏。他接受了总编室交下的任务,采访市京剧团,向公众回答这个问题。这天,光瑞看完戏,闯进后台找到正在卸装的导演兼主演陈少卿聊了起来。由于光瑞对京剧的表演形式和一些固定程式早已了然于胸,稍一琢磨,便产生了举一反三的功效。他写的剧评《关于京剧〈白毛女〉的演出》对贵阳市京剧团进行的探索作了充分的肯定,对不足之处提出了中肯的意见和建议。这篇剧评在《贵州日报》上发表后,获得了较好反映。不久,黔西县文琴剧团到贵阳演出文琴戏《三难新郎》,他写了剧评《看文琴戏〈三难新郎〉》发在《贵州日报》上。两篇文章的发表,使他对写剧评兴趣大增,从此一发而不可收,接连写出了《黔剧〈半把剪刀〉观后感》等若干剧评和戏剧理论文章,正式将脚跨进了文艺的大门。

1962年,光瑞调到省广播电台任总编室主任,分管文艺广播,又跨入了一个新的领域,这期间,他以"童牧"的笔名创作了广播剧《赏罚分明》,在1963年《山花》第6期上发表之后,又在电台录音播出。1979年,该剧又被选入代表贵州戏剧创作具有里程碑意义的《贵州三十年戏剧选》。而光瑞领导大型话剧《四渡赤水》的创作,使他文艺家的身份获得了广泛的社会认同。

那是粉碎"四人帮"后的1977年,贵州省文化厅领导提出文艺创作的工作构想,拟组织一支包括各艺术门类的创作队伍,沿着红军长征的路线采风,创作一批长征题材的文艺作品。为尽量减少艺术家的思想束缚,此项工作提倡创作自由,对创作的题材、形式、内容均不设限。经过一番动员之后,最后一落实,能够成行的却只有戏剧界的王呐和赵谦二人。原本以为跟着大部队可潜心采访、搜集资料的王呐、赵谦顿时傻了眼,这意味着如果按计划行动,整个组织工作包括路上的吃、住、行都得由他们二人自行解决,这就为采访增加了较多的麻烦，感觉失去了主心骨的王呐陷入了莫名的焦躁之中。这天，王呐在屋里无助地踱着步，忽听有人敲门，开门一看，来者却是光瑞。光瑞此时已在省委宣传部文艺处任处长，刚从北京开会回来，在北京看了一场陕西话剧院的话剧《西安事变》。光瑞向王呐通报了这个消息，兴冲冲地说："人家搞了这个戏，在北京很受欢迎，我们省长征题材这么丰富，为何不搞一戏？"王呐眼睛一亮，便将面临的工作和困难向光瑞和盘托出，光瑞听后异常兴奋，激动地说："这事好啊，我们一块干！"真是英雄所见，不谋而合，两人一商量，决定以展现毛泽东军事指挥才能的"四渡赤水"之战为题材，创作一个大型话剧，剧名就叫《四渡赤水》。翌日，光瑞将此动议向省委宣传部作了汇报，部长徐挹江同志十分重视，当即拍板将此事列入省委宣传部的工作计划，交由文艺处领导。为增强创作力量，又抽调省军区梁正贵、市文工团陈光余及一个年轻人冷卫，加上王呐、赵谦、光瑞共 6 人组成了创作组，由光瑞挂帅任组长。

班子建立起来了，立即投入工作，他们沿着红军的行军路线走村串寨、深入群众，访问当年的老红军、老赤卫队员，追寻逝去的往事。光瑞和大家一样爬山流汗、挑灯夜战，这期间，无论是什么事，遇到什么困难，只要跟光瑞一说，他当即表态，勇于承担，为工作提供了许多方便。在创作中，大家采取集中商讨剧情，分头撰写剧本的方式进行。光瑞承担了其中的一场戏，写好后大家一讨论，对他的这场戏提出了否定意见，光瑞二话没说，推翻了自己的原稿，重新结构剧情，数次修改，直至成功。作为省委宣传部文艺处和创作组的领导，他表现出的虚心和大度不仅为大家所称道，也鼓舞了大家的斗志。王呐、赵谦二老提起这段生活仍津津乐道，他们说："那时大家在一起不分彼此、无拘无束、相互依存，心情舒畅，同志间建立了一种良好友善的关系，至今让人难忘！"在创作过程中，他跟几位专家学到了结构戏剧、组织矛盾、塑造人物、舞台调度等方面的知识，懂得了戏剧创作的一些诀窍。这出戏搞了一年多，几易其稿，演出之后好评如潮，被评为全省戏剧创作二等奖。这时，光瑞已经是个名副其实的戏剧艺术家了，直到1979年当选为贵州省文联副主席、省剧协主席。这条路，是他用辛勤和汗水铺筑的成功之路。

壮心不已

在文艺界当领导，用光瑞自己的话来说，他有些诚惶诚恐，一则因为文艺界乃人才荟萃之地，文艺界开会，领导都要讲话，讲话就要讲出道理，而不能乱开黄腔；再则当领导须自己有作品或文章方能服众。光瑞从20世纪50年代初开始搞新闻，20多年来虽学习了哲学、语法、逻辑等知识，但仍感觉缺乏文艺的专业知识，对文艺理论、美学知识知之不多，外国文学和戏剧作品读得太少，中国古典文学的知识也还欠缺，要补的课还很多很多……光瑞又发起了他的狠劲，仍然是一个字——“学”。他利用一切可利用的时间读书，读莎士比亚、托尔斯泰、巴尔扎克、肖洛霍夫等名家的文学著作；读马克思、列宁、毛泽东论文艺的著作以及王朝闻等文艺理论家的作品，即使是躺在医院的病床上，他仍然手不释卷，遇到难解的问题，便在毛泽东的《在延安文艺座谈会上的讲话》里找答案。他说，他是一手拿《讲话》，一手抱着毛主席著作跨入文艺界的。

20世纪80年代初，文艺家们在遭受了10年的重创和冷落之后，压抑了多年的热情一旦迸发，便形成了一股挡也挡不住的激流，文艺生产的积极性空前高涨。摆在光瑞面前的是组织创作、讨论剧本、观看演出、组织座谈、创办刊物……大量的工作都需要足够的精力去抓好抓实。这一时期，戏剧创作掀起了一个新的高潮，揭批“四人帮”题材的话剧《挡不住的车轮》、《难忘的年代》；历史题材的黔剧《汉宫女皇》、京剧《小刀会》、《汉宫春梦》；评剧《春草闯堂》;豫剧《双廉吏》等一批又一批新创重排剧目频频上演。舞台上的景象兴旺,文联、剧协的景象也兴旺,终日人来人往、门庭若市。

千头万绪的工作十分繁忙,许多事情都需要他拍板,拿主意,他不管有多忙,都会挤出时间读书、写文章。他写文章,能学着运用唯物辩证法的观点来解释、分析和观察文艺现象。在《戏剧的辩证法》一文中,他对戏剧人物、剧情都用辩证法来加以分析,《红楼梦》里的宝钗、黛玉、迎春、探春等人物,都具有封建社会恪守妇道、恪守"三从四德"准则的共性,但他们又有着鲜明的个性特征;而京剧《花田错》里的春兰和《西厢记》里的红娘,虽都是活泼热情的丫环,但红娘老练成熟,而春兰却幼稚粗心。这就是唯物辩证法里的共性和个性的关系。正是这些人物的个性特征,才使得角色性格鲜明,剧情妙趣横生。而在《群英会》这出戏中,曹操和孙刘联盟的主要矛盾与周瑜、孔明的次要矛盾交织在一起,运用《矛盾论》的方法一解释便清晰了,曹操、孙刘联盟的主要矛盾与周瑜、孔明次要矛盾的交织才使得戏剧冲突更强烈,更引人入胜,扣人心弦。其他如《红楼二尤》、《玉堂春》、《破洪洲》、《三打祝家庄》等戏,他都以"现象和本质"、"必然和偶然"、"量变和质变"等辩证法予以分析、解释。他提倡,演员应学习一些辩证法,学习辩证法有利于表演艺术,演员如果不懂得其中的道理就等于不会演戏。

随着文联工作的不断发展,光瑞分管的部门也逐渐多了起来,剧协、曲协、杂协、文研室、《银屏舞台》均在他的领导之下,这其中,许多工作出现矛盾的解决也耗尽了他大量的心血。《银屏舞台》是省文联办的戏剧、影视综合性刊物,一度反映极好,市场销售前景可人,但却遭到某主管部门的责难,以种种理由为刊物设限,认为这些刊物在市场竞争中"有可能会出问题",为了"安全起见",欲将刊物砍掉。为了保住刊物,作为该刊主编的光瑞与"有关单位"据理力争,但终未能保住这个刊物,同时被砍的刊物还有漫画画刊《刺藜》,这两个刊物的被封杀,文艺界有识之士无不为之扼腕。

光瑞凡事均身先士卒，他对文研室的同志提出的要求是“读书看报写文章”，他自己也手不释卷、笔耕不辍，不断以“童牧”的笔名在省报和晚报发表文章，谈文说艺，见解独到。随着工作的日益深化，他将这项工作的方针作了调整，在“读书看报写文章”之外，还加上了解情况，研究问题，否则“文研室”就有名无实。其实，光瑞早在 20 世纪 80 年代初即研究文艺问题，这期间是贵州戏剧创作的黄金时期，但他发现，贵州戏剧凸显出一个尖锐问题，即创作的剧目虽有一定质量，但和全国的精品相比，仍存在较大差距，暴露了贵州省戏剧创作在一度和二度方面的不足。经分析研究，他认为是由于贵州信息不灵，山地意识严重，作者创作思想狭隘所致。为解决这一问题，他采取派出去和请进来的办法提高全省戏剧创作水平，他先后派出几批人到北京、上海等地观摩学习，同时聘请剧作家吴祖光、马少波，戏剧理论家范钧宏、孟昭燕、陈贻亮、曲六乙等来筑讲学，专家们从选择题材、挖掘主题、组织矛盾到戏曲的格律、戏曲的行当、曲牌、板腔等专业知识进行讲授，深入浅出、见解精辟，使贵州的剧作家们获益匪浅。孰料，进入八十年代仅两三年的时间，戏剧在城市渐渐萧条下来，观众的急剧失落让剧团措手不及，许多剧团不得不停演，有的剧团为取悦观众甚至排演一些低俗的剧目，这种情况遍及全国，情势每况愈下。针对这种情况，光瑞指示剧协组织召开会议，寻找出路，他也积极思考、寻求对策，先后写出了《贵州地方戏的现状与发展》、《把注意力放在农村》、《民间戏剧大有可为》等文章，提出了“戏剧的希望在民间”的真知灼见。然而，怀揣勃勃雄心的光瑞却难以抵挡疾病的侵扰，每到冬季，哮喘必发，使他倍受折磨。1997 年初冬，光瑞在即将远赴海南养病前夕，还分别召见了剧协、曲协、杂协的住会负责人，勉励他们和全省艺术家一道努力工作，用真情唤回戏曲的春天。然而光瑞未能等到这一天的到来，便溘然离我们而去。

光瑞一生力于奋斗、勤于苦学，在即将走完生命历程的最后时刻，仍念念不忘戏曲的振兴，拳拳赤子之心，令我辈肃然起敬。——“武老”！我轻唤着这个曾经惯用的称呼，脑际浮出曹孟德的千古名句：“老骥伏枥、志在千里，烈士暮年、壮心不已……

此文在写作过程中，得到胡冬梅、王呐、赵谦、郭青、宋可兼等老师的帮助，在此表示衷心感谢！

——作者

谢振东

他为贵州戏剧呕心沥血

人　跃

在贵州戏剧界，谢振东算得上是个多面手，全才。他不仅在戏剧评论、戏剧史研究、戏剧创作、民族民间戏剧发掘整理研究方面硕果累累，而且在戏剧演出方面吹、拉、弹、唱，生、旦、净、末样样在行。他是中国"傩"戏家学会副主席，中国戏剧家协会、中国少数民族戏剧学会理事，曾任贵州省戏剧家协会副主席（退休后任顾问），《贵州戏剧》副主编、副编审，贵州省地方戏、民族戏剧艺委会主任；他还是中国民间文学研究会、中国民间艺术协会、中国民俗协会会员，贵州省第六届政协委员、民盟贵州省委员、贵州省文史馆研究员。他因工作成绩突出，不仅受到中国戏剧家协会、贵州省政协、民盟贵州省委、贵州省文联等单位的多次表彰，还享受政府特殊津贴。

谢振东 1929 年 12 月生于南京。“八·一三惨案”后，8 岁多的他跟随其母亲、大姐、表姐妹从南京举家流亡，沿途经过鲁、豫、鄂、湘，生活过得举步维艰。为了能贴补一点家用，谢振东穿大街走小巷当报童叫卖报纸。几经艰难的流亡生活，于 1938 年定居贵州贵阳市，靠母亲做粉笔（小手工业）和一些杂活谋生。谢振东自小聪慧过人，读小学没几年就跳级至初中和高中。由于家境的贫寒，他在读书的那些年里，经常边读书还边帮家里卖粉笔；交不齐学费，就用粉笔作抵押，常常是寒冬腊月还穿草鞋上学。1946 年 9 月，他考入国立贵州大学历史系，除学习本专业课外，还利用业余时间钻研文学和戏剧艺术，曾受教于著名老作家蹇先艾、吕荧先生的门下。在贵州大学《国剧社》里，他作为主要成员之一扮演过《苏秦背剑》中苏秦、《秦香莲》中包公、《锁五龙》中单雄信、《恶虎村》中黄天霸、《长坂坡》中赵云、《反五关》中黄飞虎和《哪吒闹海》中哪吒等人物。他对中国民族乐器也爱不离手，12 岁自学拉京胡、京二胡、二胡、弹月琴、三弦琴、自学打击乐器等。他用二胡拉出的《二泉映月》、《空山鸟语》等曲目感人至深，惟妙惟肖，听众称赞他为金陵琴师绝也！他对琴、棋、诗、书画等中国传统文化也独有兴趣，绘画方面也有些天赋，曾拜著名花鸟画家王渔父、山水画家孟光涛先生为师。在读大四期间，就发表处女作《湘夫人》诗文，译（英文）于《离骚》杂志上。

1950 年 7 月谢振东大学毕业后，服从国家需要，来到吉林省吉林市政府文艺科工作。除经常参与慰问志愿军的文艺演出外，还具体参与接待梅兰芳等艺术家抗美援朝慰问演出工作和京剧、评剧、二人转、驴皮影、曲艺的“三改”工作。1953 年，谢振东调至吉林市文联任编辑工作，在当时吉林、沈阳报刊上发表《杨方卖粮》、《婚姻自由》等小戏。

1954 年，因母亲年迈无人照顾，经时任省委宣传部长宋振庭的批准，从吉林文联调至贵州省文化局戏曲部工作；1955 年，为普及贵州各县镇文化教育，他又被派往仁怀茅台镇辅导基层文化。由于当时贵州交通还较为落后，他几乎是靠双脚走过崇山峻岭、艰难跋涉地来到茅台镇的。在辅导当地的文化、文艺工作的同时，他还深入农村，搜集民歌、花灯等资料，并在《贵州日报》等报刊上发表了《堂屋点灯冷清清》等文艺作品；1957 年，又因工作需要，调回贵州省文化局戏曲研究室。正是在这一时期，他开始注意到贵州“傩面戏”这一地方民间戏种，很有远见地提出应该重视对傩戏的研究、挖掘、整理。记得在当时，贵州省文化系统已揪出 40 个“右派分子”，谢振东是作为“未戴帽的右派”留机关监督使用的，但他似乎不顾及自己的安危，仍然坚持经常深入农村少数民族和汉族地区，收集、整理贵州地方戏曲、民间戏剧、民族戏曲等资料。他曾四次下侗族地区，不辞艰辛地走过 25 个侗寨。为记录有关《秦娘美》等剧目和了解侗戏源流，他一天走过 160 多里山路，脚底全是血泡。这期间他还创作了贵州梆子《秦琼哭头》、《王英打山》、《三打王英》、《洛阳斩单》、《芦花荡》、《虎撵龙》等剧本，整理了《地戏专集》，发表了《老侗戏师梁绍华和他的珠郎——娘美》、《看贵州梆子戏与文琴戏的首次会演》、《谈王传松对娄阿鼠形象的创造》、《看周传瑛表演的况钟》、《评新编聊斋剧——陈云栖》等评论文章（见中央文化部《新文化报》、中国戏剧家协会《中国戏剧报》、《贵州日报》等刊物）。1958 年、1959 年他又写了《一株清新的艺术花朵》、《苗家有戏》、《开天辟地第一炮——记花灯剧〈女矿工排〉的创作编导体会》等文章，在《中国农村俱乐部》、《中国戏剧报》上发表。1959年至1960年，省委宣传部领导点名让他参与贵州大型黔剧《女矿工排》的出版和进京汇报演出工作。黔剧《女矿工排》的工作顺利结束后，又接着让他参与《女矿工排》大型花灯戏唱腔的改编工作。1961年，他被调贵州省戏剧艺术学校任剧目组长兼黔剧班班主任。在此期间创作了《双舟缘》、《猜休书》、《镜中猜》等黔剧，还编写创作发表了以社会主义新农村为背景的花灯小戏《春灯谜》、《闹元宵》、《唐二打铁》、《双推磨》、《幺妹打渡》、《绣罗帕》、《春萍送笠》等30多出，这些戏剧作品，语言流畅，诙谐多趣，短小活泼，寓教于嬉，很受欢迎。与此同时还发表了剧评《娄阿鼠形象创造》、《小白菜的苦楚》、《况钟三批斩条》等。1963年，他又有《看尚小云先生演出的梁红玉》等文章在《中国戏剧报》、《贵州日报》上发表。1965年创作发表以农村生活为题材的花灯戏《写榜》、《借耕牛》等；60年代后期，他作为第一执笔人参加了“四渡赤水”的创作。为了尊重历史，写好“四渡赤水”剧本，他与部分同志曾全国各地走访了许多老红军。但剧本写出来后，由于个别领导的不满，加上文化大革命“十年浩劫”，最终被有关方面否决。1970年，谢振东被扣上“准反革命”的帽子，由持枪“民兵”押往花溪青岩高坡劳改，1971年又“被逐入牛棚”。但即便在那种自己的命运随时都可被“运动”主宰的年代，他仍是个闲不住，“不安分”的人。在花溪，他亲自参与组建了一个大型的文艺宣传队和普及现代样板戏学习班，把一些父母被迫害关“牛棚”或家庭成分有“问题”的待业青年、下乡知识青年、回乡知识青年、少数民族农村青年、农村、工厂青年文艺骨干组织到宣传队和学习班，他还辅导几位苗族、侗族和布依族青年用汉语学习演唱现代京剧。据当时贵州人民广播电台专题报导介绍，伴奏琴师谢振东，不仅手把手地传教这些青年学会各种吹拉弹唱乐器，甚至京剧里的武打翻跟头动作，也由他亲自做示范，这个宣传队排练的现代京剧折子戏《智取威虎山——深山问苦》、《红灯记——痛说革命家史》、《沙家浜》等文艺节目在当地农村、厂矿分别演出了40多场。70年代初期，谢振东还以自己的亲身经历为素材，创作了一部电影——《一个教授的日记》，而且峨嵋电影厂审定通过后，还派了两位导演来到贵阳他的家中，商谈拍摄工作。遗憾的是，在送走两位导演没过多久，他又被扣上“5·16”分子的帽子，影片拍摄随之“泡汤”。此后谢振东调到贵阳师范学院(今贵州师范大学)中文系，任文艺写作、戏剧概论课讲师。当了教师，仍然兢兢业业，一心一意扑在教学工作上。学生反映，他讲的课内容丰富多彩，形式生动活泼，特别是讲到戏剧表演课时，他一人会同时把多个人物角色表演得活灵活现，无论是生、旦、净、末、丑，还是唱、唸、坐、打，他都很在行，因此很受学生欢迎。

1976年10月16日“文化大革命”宣告结束，“四人帮”被打倒。在那激动人心、欢欣鼓舞的时刻，谢振东犹如获得了新生。他怀着无比激动的心情，创作了《捷报频传》、《战鼓催春》等花灯戏，还撰写《人民的神力——风！雷！电！——重读郭沫若〈屈原〉的雷电颂》等文章发表。1978年底，为更好开展教学工作和学习深造，谢振东到了北京师范大学中文系，与国际知名的“民间文学之父”，著名教育家钟敬文先生、陈子艾女士(当时是北师大中文系书记)等共同编写全国高校教材《民间文学概论》(上海出版)。他执笔撰写的“中国民间小戏”专章，文笔条理清晰，深入浅出地论述了我国民间小戏的形成与发展过程及其思想内容，具有很强的艺术特色。1979年4月，他又撰写戏曲史论《秦腔入黔考》等文章，发表在1980年第3期《中国戏剧艺术论丛》上。由于他在北京师大期间工作和学习都很努力且成绩较为显著突出，加上1980年夏又结识了我国著名戏剧评论专家——中国戏剧出版社副总编兼编辑部主任曲六乙先生，两人在戏剧探索与研究上都有着很多共同点，常常是一拍即合，这样，他在曲先生荐举下又顺利地从北京师大来到了中国戏剧出版社编辑部，并与曲六乙先生建立了深厚的友谊，成为事业上的挚友甚至干亲家。在中国戏剧出版社工作期间，他主要是负责校注重评《施公案》(上中下3卷)，并与我国著名裘派京剧表演艺术家方荣翔先生共同编辑《裘盛戎唱腔集》；同时还担任《吴梅戏曲文集》和《史若虚戏曲教育论文集》的责任编辑。1981年谢振东在《人民戏剧》、《陕西戏剧》、《文汇报》、《戏剧艺术》、《戏剧研究》等刊物上发表流派艺术发展文论《邪流出新》、《弓箕治裘——谈民族戏曲的普及》、《爱情王子的床》(古希腊神话故事“普洛克拉斯提的床”)、《话剧舞台上的一面古镜》(与曲六乙合作)。在《北京艺术》、《陕西戏剧》、《上海戏剧》、《河北戏剧》、《北京晚报》等报刊上发表《话剧舞台上的一面镜子——评唐太宗与魏征》(与曲六乙合作)、《赋予苏三新的品格》(与曲六乙合作)、《俏也不争春——记荀令莱艺术活动》(与曲六乙合作)、《四郎探母》(与曲六乙合作)、《观梅神思》、《心空则形离(谈〈别姬〉二失)》、《四季名花尚远香——记尚小云先生在贵州讲学授艺》、《梨园界与革命领袖——黄兴》、《秦腔入苗山》、《功普一曲颂曹瞒——看北京人艺刁光覃的演出》等20余篇评论文章；特别是与曲六乙先生合编《中国京剧史》中的《荀慧生传》，在全国戏剧界颇有反响。在京期间，谢振东对梅兰芳、尚小云、荀慧生、周信芳、王传松、周传瑛、裘盛戎、方荣翔、张世麟、姜铁麟、吴素秋、刁光覃、杜近芳、关肃霜、厉慧良、吴纪敏、邹西池、李文韵等颇有了解或接触，写有多篇有关这些戏剧家的剧评和文章发表。20世纪80年代初，谢振东还撰写有长篇文章《中国戏曲长规》(收入中国戏剧出版社《当代论文专集》)，话剧散议《寒窗萤火——忆戏剧启蒙者美学、翻译家吕荧老师》(载入安徽省《清流》刊物)以及为探索研究古“傩面戏”艺术而撰写的《甲骨上神将》、《地戏田野考察》、《贵州傩戏三大源流》等文章。

1983年初，因落实政策和工作需要，谢振东被调回贵州省文联，参与组建贵州省第一份专业性戏剧杂志《贵州戏剧》。为使《贵州戏剧》内容丰富和更有学术价值，谢振东亲自采访了许多全国著名戏剧表演艺术家、评论家，并邀约部分专家写文章，如著名评剧表演艺术家新凤霞、著名剧作家吴祖光夫妇，已故全国著名京剧表演艺术家荀慧生之女“荀”派艺术传人荀令莱女士、著名裘派正宗铜锤花脸方荣翔先生、美国戏剧理论硕士——著名京剧“麒派”老生创始人周信芳先生三女儿周采芹女士、著名京剧表演艺术家关肃霜女士和空政话剧团著名影视演员肖雄女士(《蹉跎岁月》中的女主人公杜见春扮演者)等，都为该刊撰写过文章。同时谢振东也撰写了《采芹说艺——对美国戏剧理论硕士的专访》、《朴实、真实、感人，闪光的艺术——访杜见春扮演者肖雄》、《人心艺戏》、《笑声的音色是那样明亮——看铜仁地区小戏演出》、《贵州侗戏艺术与梁绍华的贡献》、《功谱一曲颂曹瞒——看北京人艺演出〈蔡文姬〉》、《黄钟大吕一豪侠——记裘派正宗铜锤花脸方荣翔数事》、《前村月落半江水——从卢晓玉演出看荀派艺术》、《难得的川剧新作〈陆逊拜将〉》、《柔泉罡风过山城——观吴素秋、姜铁麟演出》、《有趣的面具——贵州的古傩》、《黔剧漫谈》等文章在《贵州戏剧》等刊物上发表。1985 年，他在《贵州戏剧》、《银屏舞台》、《贵州日报》、《贵阳晚报》等报刊上分别发表的影视剧评论文章有《重听〈天涯歌女〉——观东方轻乐团演出》、《古陵十二钗〈新星〉词代评》、《把镜头伸进孩子心理》、《评〈霍元甲〉人物塑造之一失》、《街谈巷议　闻之有益——评峨眉电影厂〈峨眉飞盗〉为什么不开枪》、《甜酸苦辣千般味——初探影片〈人生〉》、《艺术作品改编必须别出心裁》等等。1986 年、1988 年，谢振东还两次受贵州省有关领导之重托，协助省市文化部门带领贵州省、市京剧团两次赴北京进中南海演出。当演出得到中央领导和专家肯定时，谢振东感到特别欣慰。

在撰写多种剧评的同时，谢振东又把目光投放在贵州少数民族戏剧和古代传统戏剧的研究上，率先组织和开展对贵州侗戏、布依戏、苗族戏的研究、发掘工作。他根据自己从 50 年代以来，深入考察所掌握的侗戏方面材料，撰写了《侗戏简史》，并卓有远见地支持和鼓励贵州傩戏、地戏的研究工作者，搞好和开展好这项工作，他的目的，是要使贵州傩戏、地戏、侗戏的研究在全国以及世界诸多国家产生巨大影响，使它形成一个具有活力的人文研究领域。功夫不负有心人，谢振东很快以自己的工作和研究成果，成了这一领域当之无愧的专家、学者。1990 年 10 月，美国、日本专家邀请他介绍贵州的傩戏、地戏的概况；1993 年，他应邀率贵州地戏艺术团赴台北、台中、台南、高雄、新竹、花莲、桃园等城市演出，在台湾艺术学院进行学术性的讲学，其论文《原生性田野表演与再化型舞台艺术的关系》在台湾专业刊物《表演艺术》上发表；同年夏天，他又赴法国巴黎塞文尼斯省——圣·依伯靳特城、阿维龙等地作艺术交流表演和讲学；1995 年 9 月，他再次率贵州傩戏团赴韩国汉城演出，并与韩国傩戏专家座谈讨论；此外 1994 年、1995 年他还分别两次赴香港观摩演出。

1994 年，谢振东退休了，但他始终舍不下自己一生挚爱的戏剧艺术事业，于是一个新的打算诞生了。他要编辑一套介绍贵州戏剧艺术界知名人士和贵州戏剧发展历史的书籍，经再三考虑，他向有关领导大胆提出了编撰《贵州戏曲大观——艺术家卷》、《贵州戏曲大观——剧种卷》、《贵州戏曲大观——剧目卷》三部书的设想和宏观计划，并很快得到领导的支持。他首先考虑的是《艺术家传》这一卷，这不仅自己要亲自动笔，还得同时动员组织全省同行参与。经过近一年的努力，这部由谢振东与贵州省文化厅长王恒富主编的《贵州戏曲大观——艺术家卷》(字数约 38 万)，于 1995 年底出版问世，得到社会及戏剧界的认可。该书共收集整理出贵州省 560 位戏剧工作者小传，其中黔剧 61 人、花灯剧 67 人、京剧 218 人、川剧 110 人、越剧 14 人、评剧 20 人、湘剧 6 人、侗戏 8 人、布依戏 4 人。戏剧音乐工作者 40 多人、舞台美术师 13 人、戏剧评论家 19 人、化妆师 3 人、剧本创作 45 人、票友 50 人。《中国戏剧》于 1996 年 2 月对该书的出版作了专门报道，高度评价“这是我国第一个以省的名义编辑出版的戏剧艺术家传”,台湾《黔人》杂志同时也发表了评论。

谢振东由于长期的伏案工作,活动量较少,在身体不太好的情况下(脑供血不足、高血压等),曾多次住进医院,但他仍以“孺子牛”的忘我精神,紧接着编撰《贵州戏曲大观——剧种卷》。此书仍由他与王恒富共同主编,由他拟定纲目,指定由专人撰写,然后由他进行修改,王恒富负责订正。1997年底,这部书由贵州人民出版社出版(约38万字)。此书概括了京剧、评剧、越剧、滇剧、湘剧、豫剧等剧种,还对贵州本土的傩戏、地戏、阳戏、侗戏、布依戏、苗族戏作了全面介绍。本书图文并茂,被评为编辑、版面设计二等奖。二卷书面世后,谢振东真是做到了他自己所说的“身虽退、心未歇、手尚书”,马不停蹄地开始了《贵州戏曲大观——剧目卷》的编撰工作,经过三年多的艰苦努力,终于在2000年底由中国戏剧出版社正式出版(约28万字)。《贵州戏曲大观》三卷系列书以省的名誉出版,这在全国来说是首例,堪称创先、超前,但是谢振东并不就此满足。他当时想到我省的戏曲志、文化志的编纂工作已提到日程上开始讨论研究,而戏剧这方面却还欠缺点史料性的东西,于是他决定编撰一部内外行都愿看的比较通俗一些的《贵州戏曲史》。这本史书仍由他和王恒富担任主编,约请中国艺术研究院副院长、戏曲专家郭汉城为封面题字,经过又是近三年的艰辛编撰写,于2004年5月由贵州人民出版社出版(约40万字)。这是谢振东退休后参与撰写并主编的第四本以编年体、通俗性和专业性的史书,也是他对贵州戏剧事业做出的、包含一生心血的又一贡献。

2003年6月,在贵州省委宣传部、贵州省文联领导的关心下,谢振东出版了个人著作戏剧评论专集——《未央集》一书,此书由贵州人民出版社出版,其中有10个大章节,共56篇文章,主要内容包括:经典风范、佳作鉴赏、贵州京坛、新作评励、昆川交流、地方戏曲、民族戏剧、傩面具戏、闲思掭笔、戏曲存亡等;该书主要是他自1950年参加工作以来至2003年止，在全国及省内所发表的各种戏剧文论和剧评中挑选出来的一部分精品力作，是他热血和汗水的结晶。谢振东退休后，被聘为贵州省文史研究馆馆员，除了他热爱的戏剧事业外，还积极参与投入贵州历史文献的整理工作，临终前还在为校点民国《贵州通志·风土志》忘我工作着(已捽跤)……

谢振东一生关心戏剧艺术事业的发展和未来，撰写了上百篇戏剧评论，编撰了近百万字的《贵州戏剧大观》(三部)，培养了不少戏曲人才，创作编导了近百个戏剧，诚如他的好友同乡王恒富、学生黑卫平(原贵阳市副市长)对他一生的评价:“浇花育苗，汗洒菊坛，评戏写史，情注梨园。”他聪慧过人，除戏曲而外，还在文学、绘画、书法乃至音乐舞蹈等方面都有相当的造诣，还会英、法两种外语，因此在戏剧界一些朋友中享有“全才”的美誉。他平易近人，在社会各界都有许多朋友；他艰苦朴素，从不在物质生活上有过高的追求……2004年10月，他在带病点校《贵州通志·风土志》初审工作中与世长辞。他默默地走了，但他为人民所做的一切，为贵州戏剧所写下的重重一笔，却将永远留在今人和后人的心里！

汪华琦

半个世纪的戏剧情结

贺祝平

两张微微泛黄的、20 世纪 50 年代的毕业证书映入我的眼帘："中原大学文艺学院戏剧系表演专业毕业"、"中央戏剧学院导演系五年本科毕业"。这是我进入汪华琦老师家进行的一次"特殊"学习的开头，忐忑不安的我一下子放松了紧张的情绪。

应贵州省老艺术家协会《黔岭星空》编委会的邀请——要我采写贵州省著名话剧艺术家汪华琦，于是我有幸进入汪老的戏剧人生世界。在我接受这个任务时，心想：有那么多汪老的学生弟子及扮演过汪老导演的话剧中角色的演员们，怎么把此项任务给我这么一个从未与汪老合作过的人呢？我担心完成不了这个任务，可一见汪老，一切顾虑都消失了，只有强烈的愿望：通过这次“特殊”的学习，在最短的时间内了解汪老，学习汪老。

汪老是安徽安庆人，出生于1931年10月23日，1949年8月参加革命工作，1960年中央戏剧学院毕业后，服从国家分配到了贵州省话剧团。从此，汪老把他的聪明才智奉献给了贵州的话剧舞台，把他的美好年华奉献给了贵州这块土地，无怨无悔……

走进汪老家，摊开在桌上的毕业文凭和汪老的论著、各个时期的演出海报，把我带入了半个世纪前的岁月。汪老像一位导游把我带进他那奇妙的戏剧世界，聆听他娓娓讲述每一件戏剧珍宝的故事……

首先，汪老摊开了那远在50年代中央戏剧学院的大门——带有儒者风范、年轻、帅气的汪华琦在经过严格的中原大学文艺学院表演系的学习后，由他当时所在的“中南人民艺术剧院”即现在的“武汉话剧院”推荐，前往中央戏剧学院参加导演专业本科生的考试。熟读了古今中外著名大师们的作品后的“小汪”胸有成竹地站在主考老师——世界著名表演大师斯坦尼的学生、莫斯科艺术剧院导演列斯里的面前。同时担任考官的还有中国戏剧界的大师欧阳予倩（时任中央戏剧学院院长）、曹禺、李伯钊等，担任翻译的则是列斯里的得意门生金山的夫人孙维世（周恩来的养女、时任中央实验话剧院院长）。当汪老把自己对苏联经典话剧《大雷雨》中女主人公卡捷林娜最后一段独白的那场戏的独特处理展示给大师们后，“哈拉索，哈拉索”（俄语音译“好！好！”）的赞扬声回荡考场，列斯里专家更是赞不绝口。进入复试后，列斯里似乎要在戏剧“风格”上进一步考察面前的学生，汪华琦则用自己对“风格”的理解在他以满分完成的小品中，做出了极具“风格”的诠释：小品《爱国一家》讲述了一群从大陆逃亡的国民党残余部队外逃的故事。其中一个老兵病重，将被排长活埋，老兵苦苦哀求——此处汪老采用了云南民歌“月亮出来亮汪汪”，歌声远远传进山林，老兵在歌声中挣扎着慢慢坐起来，慢慢爬到台口说：“山歌，我家乡的山歌。”士兵们跟了过去——此时连长上来，要马上埋掉老兵，而开始要执行活埋老兵任务的排长则到连长身后用枪托将他打倒并把他扔到山涧里。排长放走士兵们，从怀里拿出传单贴在树上，一束光照在传单上——“爱国一家”……

经过五年苏联专家主持的系统、严格、专业的学习，汪老完成了所有导演艺术理论、技巧、手法、世界导演艺术流派知识、中外戏剧史、音乐、舞美等大学本科课程，以优异成绩拿到了印有“院长欧阳予倩”大名的毕业文凭，开始了他长达五十多年的戏剧导演生涯，导演了六十多部剧目。

汪老带着我“穿梭”于这些剧目之中：为《黑奴恨》“汤姆被奴隶主活活烧死后”增加的“黑奴乔治的反抗和斗争”，体现了汪老坚持“辩证观点对剧本进行的创造性解释和处理”，并“使历史作品具有现实意义，历史作品更富时代气息”，让戏剧情景得以升华。汪老时而站在历史的高度纵观《西安事变》，在该剧中成就了一位日后闻名全国的扮演蒋介石的“专业户”演员孙飞虎；时而引领我驻足聆听《赤道战鼓》震撼人心的鼓声；时而探访《霓虹灯下哨兵》的南京路上好八连；时而仰望《大雁南归》飞过的雁阵；时而品尝醉人的《茅酒飘香》；时而在乍暖还寒的《二月天》里到布依山寨看贵州农村改革开放前后的变迁；时而在《枪与镯》中欣赏他绘制的“别具匠心的处理：具有鲜明的民族色彩和民族个性，给人以美的享受、具有开拓精神”（文化部领导对此剧的评价）的贵州风情画卷。《东进序曲》、《年青一代》、《基督山伯爵》、《哥俩好》、《雷锋》、《第二次握手》、《丰收之后》、《吝啬鬼》、《中国军人》、《花梨寨》、《萝细杏》、《招郎榜》、《春笋》、《建设时期游击队》、《如此孝顺》等等等等，琳琅满目，数不胜数，使我应接不暇。汪老引领着我重温每一部剧目的创作过程，回味每一次过戏瘾的滋味，甜蜜，幸福，难忘。

汪老从事专职导演工作以来，先后在中央戏剧学院、中国煤矿工会、湖北省话剧院、贵州省话剧团、贵州遵义、黔南、兴义、贵阳市话剧团导演过话剧、广播剧、电视剧。其导演的剧目根据不同的内容，创造出不同的艺术形式，悲剧、喜剧、正剧、情节剧甚至闹剧等等。它们的演出时间跨越了五十多年，演出地点涉及大中城市、农村、工矿、学校、部队。许多戏的演出超过五六十场甚至上百场。所导演的剧目获全国奖的有《萝细杏》(1984 年全国民族戏曲录像演出奖)、《招郎榜》(1985 年全国农民戏三等奖)、《春笋》(1981 年全国广播剧优秀奖)等等，以及参加全国范围演出的有《吝啬鬼》(1962 年在广州会议上演出)；《建设时期游击队》(1965 年西南话剧汇演)；《茅酒飘香》、《枪与镯》、《中国军人》(全国性调演预演)。《二月天》(贵州省著名编剧龙方老师创作的优秀剧目，1988 年参加贵州省戏剧节，1989 年参加西南片区全国戏剧节，1990 年应文化部、中国剧协、中国音协、中央民族委员会文化司邀请晋京演出)。其导演的《大雁南归》、《花梨寨》、《枪与镯》等剧目获省内多种奖项。汪老在学术论著方面也是硕果累累，在省内外专业、核心刊物上发表多篇论文、剧评、学术札记等，是一位名副其实的学者型导演。

原贵州省话剧团副团长、贵州省实力派表演艺术家王建华老师以及汪老师的学生、现活跃在贵州省的中青年编剧董渝，对汪老师的导演风格和人格魅力都有着深切的感受，他们有着共同的看法，认为汪老师在导演创作过程中，给演员和学生极大的创作空间，尊重他们的艺术创作个性，以启发式的方法，从不给他们做示范，充分发挥他们的创作灵感。汪老师对艺术有执著的追求，有独到的见解，有强烈的责任心，他认为艺术家应该服从于艺术规律而不应该服从于政治，他最希望的是营造一个比较艺术化的创作氛围和环境，汪老一生都在追求一种思想境界，用他的人格魅力影响着演员和学生。

20 世纪 80 年代末，汪老到了贵州艺术专科学校（贵州大学艺术学院前身），和那里的鲍辰飞老师、王庭芳老师以及话剧团的宋可兼老师、沈敏老师一起创建戏剧系，并担任系主任，为贵州培养了许多艺术人才，弟子遍及省内外及各市、地区文艺团体、文化系统、电视台、广播电台，可谓桃李满天下。

时间飞快地跑着，汪老也带着我在他的戏剧王国里遨游着。从 20 世纪 50 年代回到了现实，我在饱览了汪老的戏剧珍品后，不知不觉中夜色降临，虽是春天，可仍是寒气逼人。汪老带着我到了他们家下面的一个火锅店里，我们从精神享受中回到物质需求上——

在用晚餐时，汪老问及我现在的情况，我告诉他转行到贵州大学艺术学院担任教师，并请求汪老赐教于我。汪老以前辈的身份谆谆教导，向我谈了许多关于导演以及教学中应注意的问题。汪老说，做导演首先要重视导演构思，要勇于探索。导演构思也就是导演要告诉观众自己对剧中重要问题的理解。任何时代的艺术家，都是企图通过自己的作品来表达他（她）对生活中某些问题的看法和理解，并借以揭示其中的思想意义以作用于观众。导演对剧本的主题和重要内容不仅要有明晰深刻的解释，对演出应达到的社会效果有明确意图，而且要在构思中做出具体形象的处理方案，从构思中还可以看出导演所企图创造的未来演出形式的样式。汪老认为“没有导演构思的导演，不是真正的导演”。他的体会是：导演要以辩证的观点对剧本进行创造性的构思，同时这构思要以生活为依据，揭示生活本质，指出生活远景。并且这构思应当是探索的构思，创新的构思；是动作的、形象的构思。汪老热心地把他几十年积累的经验传给我，他说："从事导演工作，就是要'借题发挥'。"导演工作的对象是戏剧文学作品——剧本，首先要对剧中的人物、事件、冲突、人物的情感、性格了然于心，并将剧中形成的社会意义强烈地放大出来，说出我想说的话。对所执导的戏要有触动、冲动、愿望。他说"这是我的原则。"他理解的"风格"是：要说的话。要在特定的时代，说出符合时代，符合社会要求的话。这个"话"就是独特的"导演构思"。他告诉我做导演要抓事件、抓人物情感、性格，要强调戏剧冲突。他习惯用启发式的方法和演员沟通、共同创作。他认为创造角色要紧紧抓住四个特征：时代、心理、性格、形象。汪老还语重心长的对我说：当教师最重要的是启发、教育、引导学生完成学业，要多看学生的优点和进步，加以鼓励，培养有独立创造能力的演员。一定要给学生提供实践机会，实践出真知，只有实践才能提高，只有在观众的检验中学生才能提高。他还说当教师千万别妄自尊大，必须听我一人的，要有好的学术风气。在审美评议方面汪老还告诫我：发表评论要以客观、公正为评议标准，不能要求别人从符合我的角度去评议。汪老给我说了好多好多，使我这个做晚辈的受益匪浅——

小火锅欢快地咕嘟咕嘟地唱着，升腾的热气在汪老前面形成一道薄薄的雾帘，在柔和的灯光中，汪老的脸上洋溢着一种快乐，一种喜悦，他仍然沉浸在他的戏剧王国里。他喃喃地说着：话剧舞台之所以有诱惑力，是因为演员在舞台上，能够体验人物完整的情感生活，能够享受人物完整的情感生活，而导演却能够指挥演员去完成这一切——看着汪老，我好羡慕啊，汪老是富有的，他有着一生最宝贵的财富——拥有的六十多部剧目值得他珍藏、品味、观赏。六十多部剧目的成百上千位戏剧人物在他夕阳红的情感生活中慰藉着他、陪伴着他。作为一位话剧导演艺术家，汪老有着半个多世纪的戏剧情结，汪老是幸福的——

2006年4月1日星期六

赖汉培

情系舞台　乐此不疲

灯　言

赖汉培导演生于1933年2月，是重庆江津人。20世纪50年代初毕业于重庆西南人民艺术学院戏剧系，曾到由苏联戏剧专家库里涅夫主持授课的中央戏剧学院干部训练班进修。系中国戏剧家协会会员、贵州省曲艺家协会会员，曾任贵州省戏剧家协会表导演艺委会副主任，现任贵州省老艺术家委员会理事。

赖导演原在贵州省话剧团工作，1960年由于发展地方戏的需要，调贵州省花灯剧团工作直至1993年退休。在该团担任导演的三十多年时间里，曾先后执导或与人合作导演了《鸢飞鱼跃》、《哑姑泉》、《三里湾》、《丰收之后》、《小燕展翅》、《母子会》、《贫农的女儿》、《劈山曲》、《陆大用》、《女飞行员》、《平凡的岗位》、《张思德》、《雷锋》、《追报表》、《岗哨》、《前进路上》、《枫叶红了的时候》、《甜蜜的事业》、《俩厢情愿》、《议价爱情》、《几度重阳》、《她和他与第三者》、《信不信由你》、《乌江云·巴山雨》等大小花灯剧三十多出。这些剧目的演出，大多社会效益显著，且同时具有强烈的艺术魅力，故而深受广大观众的赏识和欢迎。其中，《平凡的岗位》是他1965年导演的大型花灯剧，这出戏把掏粪工人的生活搬上了舞台，讴歌了清洁工人在平凡工作中那闪光的精神境界，赞颂了“城市美容师”的美好心灵。贵州省花灯剧团以《平凡的岗位》参加1965年在成都举行的西南地区话剧、地方戏观摩演出大会获得极大成功，在文艺界专家、同行与广大观众的赞扬和喝彩声中，赢得了优秀剧目的殊荣。当时赴会观摩代表，中央歌剧舞剧院著名歌剧表演艺术家方晓天，在题为《喜看花灯剧〈平凡的岗位〉》一文中曾写道：“《平凡的岗位》是一出经过大胆创新的崭新的花灯剧。作为贵州花灯剧，保持传统的特色固然是重要的。可是，当这种年轻的艺术形式要反映新的革命生活内容时，必然会有所突破，有所创造和发展，从而形成新的艺术风格。”因而她对导演的艺术处理倍加赞赏：“这个戏的导演手法朴实、干净、利索，全剧的革命感情渗透在导演的艺术处理中。”

《平凡的岗位》的演出震动了蓉城，这是贵州花灯剧专业演出冲出贵州的起点。观摩演出结束后，这出戏又应成都市文化局和重庆市文化局的挽留与邀请，先后留在成都和前往重庆公演。在成、渝两地的演出，观众踊跃异常，场场爆满。这年冬天，该剧又作为西南区的优秀剧目，由文化部调进北京汇报演出。在首都演出又大获成功，当时《人民日报》、《光明日报》、《北京日报》、《戏剧报》

等全国性报刊均陆续发表多篇报道、评论和剧照，中央电视台也实况转播了演出。除在北京的广和剧场、首都剧场和青艺剧场先后上演外，文化部还安排该剧在中南海、人民大会堂小礼堂、政协礼堂、科学院礼堂等多处为中央首长和各界著名人士演出。这出戏在北京演出近两月，场场座无虚席，得到了广泛的好评和赞誉。在这期间，刘少奇主席、周恩来总理等中央领导同志还接见了剧组演职员，并合影留念。这出戏在北京演出之后，紧接着又先后到郑州、西安、延安、武汉、九江、南京等地巡回演出。所到之处，均受到当地领导、文艺界和广大观众的热烈欢迎，可谓享誉各地，开辟了贵州花灯剧冲出贵州、走向全国的崭新里程。

《平凡的岗位》在西安和武汉演出时，当地文化主管部门均为该剧的演出举办了盛大的座谈会。特别是当时的西北局领导，还特意把西北局所辖各省（区）一些剧种的重点剧团的编导和主要演员调到西安观摩该剧，并召开会议，邀请赖导在会上介绍《平凡的岗位》的导演构思和排演经验。《平凡的岗位》之所以取得丰硕的成果，其主要经验是什么呢？正如赖导演在该剧的艺术总结中所说："我对该剧的艺术处理是具体围绕戏曲如何反映现实生活，塑造时代新人这个'推陈出新'的核心，探索和实践了戏曲如何走向现代化；反映现代生活如何适宜戏曲表现；花灯剧的地方特色如何注入现代审美意识等关键问题，并在强调发挥戏剧艺术的综合优势，集中刻画鲜明角色形象方面效果明显，故而博得各地领导、文艺界专家和同行，以及广大观众的普遍赞许。"

提到艺术家，特别是导演，人们总会联想到口若悬河，谈笑风声，眉飞色舞，甚至还留着个大背头……然而，赖导演却普通得像一个乡村教师，那古铜色的面容总是那么和蔼可亲，是那么平易近人。赖导演不同于常人的惟有我们在排演厅看见的那双深邃而老辣的眼睛，只有在那双炯炯有神善于发现的眼睛里，才能感受到一种充满艺术灵气的光芒。那光芒里包含着他对艺术执著追求的信念。仿佛他的目光能透视出各种人物的灵魂，能把每个人物剥得精光裸露，从而找到其真善美或假丑恶。正是这双艺术家特有的眼睛，为一个个生活在舞台上的角色找到了行为的轨迹和心理脉络的走向。

相传，法国艺术大师佛郎士·奥古斯塔·罗丹在为文学巨匠巴尔扎克塑像时，就他的眼睛怎样处理，曾煞费了一番苦心，磨难思索了几年后，终于找到了地平线这个最佳的视点来作为雕塑人物的目光落点。的确，大地是世上万物的依托，同时也是艺术家创作的根基源泉之地。

艺术大师罗丹尚且为一个人物的眼光落点颇费周折，笔者当然也就无法用三言两语将赖导演勾画出来，只不过想说明，作为一个艺术家的赖导演，最可贵的就是他特有的艺术眼光，即对生活、对人生、对命运所独到的见解，以及他将生活转化到艺术，把人物命运转化到艺术形象的创作过程。

赖导演在他的艺术实践过程中有过这样的感慨："导演艺术是在观众的信息反馈中不断调整探索而建立的，因为戏剧是时代的产物，是社会的缩影。花灯有传统的表现形式及其内涵，却与当今审美情趣存在着很大的不适应或矛盾。我深信，花灯剧要赢得现代广大观众，就一定要锐意革新，经过多样化的实践，多途径的探索，达到新的和谐统一，这才是花灯剧发展的道路……"赖导演的这个观点难道仅限于花灯剧一个剧种吗？谈到剧种，就涉及要究其风格问题来谈几句，一个剧种的艺术个性的形成，是与这个剧种导演的追求，导演的艺术修养、生活积累，乃至导演的美学意识分不开的。换言之，导演对剧种艺术风格的形成有着极其重要的影响。

贵州花灯剧这种艺术表现形式，是基于民族的、地域特点的一种表现形式，又是全新的可变的艺术载体，她是能与时代审美坐标的移位而不断调整自己的表现形式。花灯剧这种艺术表现形式发展到今天，还能如此的自由而空阔，给艺术家留下了无限的艺术创造空间，应该说是一个可喜的前景。

赖导演在贵州省花灯剧团任导演三十多年，他满可以将花灯剧的表演进行程式化的归位，至少可以形成一定的约定俗成，把花灯剧的表演引入到一种沿袭程式固定的规范中去。然而他没这么做，而是尽可能地给花灯剧的艺术创造留下了广阔的天地。

赖导演接受过系统的戏剧理论学习，他从斯坦尼斯拉夫斯基、布莱希特、梅兰芳三大表演体系中汲取了不少艺术养料，因而，在他的艺术实践中，始终贯串着“古为今用”、“洋为中用”的美学追求，从而去展现他对戏曲革新的意愿。比如在贵州花灯剧的继承与发展这个“源”和“流”的问题上，他就在一篇文章中表明了自己的观点：

“戏曲的革新，一方面要在高层次上纵向继承传统的精华；另一方面，我们应该通过自己的开拓和创造，留给后人更多更珍贵的遗产。当后人在继承我们革新成果的时候，也能‘青出于蓝，而胜于蓝’。只有通过这样的‘创造——淘汰——再创造’，我们戏曲艺术的生命才能永葆青春，光彩夺目。我们的文化传统才会源远流长，代代相传。追溯花灯剧的形成和发展，它由‘跳花灯’那种情绪歌舞到表演剧情、刻画人物的‘灯夹戏’，实际上已有了很大的突破，它通过不断的借鉴，丰富了自己的表现功能，在综合繁衍中变化着‘花’的‘容颜’。那么，这种衍变并没有受到那时人民群众的遏制，相反，却广为流传。因此，今天的花灯剧，更不能受传统的束缚而拘泥于固有的一切，应该在变异中‘飞跃’，要随着时代的脉搏而跳动。清代戏曲理论家李渔说过：‘世道迁移，人心非旧，当日有当日之情态，今日有今日之情态’。齐白石也曾指出：‘学我者死，似我者生’。著名京剧演员杨春霞也颇有感慨地说：‘艺术大师梅兰芳，如果始终跟着他的爷爷梅巧玲亦步亦趋，就不成其为梅兰芳，也就不会有‘梅派’。‘四大名旦’之一的程砚秋，是从师梅兰芳门下的弟子，但他师承‘梅派’，又加上自己的表演风格，独创了‘程派’艺术。法国的雕塑家罗丹也说过，拙劣的艺术家，永远戴别人的眼镜。古今中外，各门类艺术家都在用他们切身的经验，阐明艺术发展、创新的客观规律和人的主观能动意向。因此，花灯剧‘姓’什么的问题，与过去‘象’与‘不象’的问题，应该是：‘象’的稳定状态是暂时的，相对的；‘不象’的可变状态是不断的，绝对的。这便是戏曲传统中稳定性与可变性相互间的辩证关系。所以，我认为：传统不是凝固僵化的艺术模式，传统应是既有联系而又变化着的融汇概念。”

赖导演认为：时代不同了，新的现实生活，新的美学观念，新的文化结构，新的文化市场，都要求花灯剧具备现代戏曲艺术的品格。纵观他所导演的戏，大多极具匠心、奇巧新颖、绚丽夺目，究其缘由：最大特色就是他善于“触类旁通”去发挥强化“综合”的优势。

赖导演理解戏曲发展的“基因”正是引进、吸收后的综合，他认为历代杰出的戏剧家不仅懂得兼收并蓄的效益，更勇于“广采百花酿好蜜”去“营养”自己。因而他主张贵州花灯剧就应该从姊妹艺术中引进表现手段，吸取艺术营养，为发展花灯剧所“综合运用”。为了避免在“综合运用”中造成了不伦不类、东鳞西爪的局面，他还特别说明：“综合也并非用外来的一切取代自己，而是‘我’中有‘你’。所谓‘你’——不是原型的‘你’；所谓‘我’——不是固有的旧‘我’，是更新换代的‘我’，是‘综合运用’呈现的‘我’——一出崭新的花灯剧。”实践证明，赖导演在纵向继承、横向借鉴前提下，注入当代艺术构思，去强化“综合”优势所创造的一些剧目，均显示出诱人的艺术魅力。这些戏上演后，通过观众反馈的信息表明，普遍得到认可、喜爱和欢迎。《议价爱情》和《乌江云·巴山雨》就是很明显的例证：

赖导演 1981 年把花灯喜剧《议价爱情》搬上了舞台。演出期间，观众购票踊跃，剧场门庭若市，既赢得了良好的社会效益和感人的艺术效果，也为花灯剧闯入文化市场占领了一席之地。《议价爱情》自首演以来，持续数年在省内各地巡回演出，有时还分队同时演出该剧，合计已达四百余场，创下了贵州省花灯剧团剧目演出场次的最高记录。

花灯剧《乌江云·巴山雨》是1993年搬上舞台的。这出戏由赖导演(与人合作)联合导演，于1993年9月赴成都参加全国戏曲交流演出(南方片)。该剧演出过程中，剧场气氛热烈，多次响起观众的掌声，在蓉城产生了轰动效应，博得观众、评委和全国各地观摩代表的惊喜和赞叹！都认为《乌江云·巴山雨》让人出乎意料，但又耳目一新，是一出值得推崇的新型花灯剧。这出戏荣获全国戏曲交流演出优秀演出奖。

《乌江云·巴山雨》的演出成功，得益于赖导演恰切、巧妙的艺术构思，现将他对该剧的导演意向节录于下：

一、“这出戏虽然以两代人情恋的合与离为导线，但其凝结的内核以及由此而产生的张力，已远远超越一个回肠九转的爱情故事。”

“由于剧作中既有钟玉兰和叶大川由真情实爱嬗变为移情别恋的铺设，还有私生女江云痛别养父和恋人探找生身父母行动的展开，所以采用美学规律中‘情节的一致’，以便驾驭贯串全剧行动的统一性和完整性。因为，我们围绕‘骨肉亲情与追求自我价值’的矛盾，以理想化的时代情操为导向，用人生哲理中道德规范的美为砝码，把剧中两代人坎坷命运中表现的是与非揭示在观众面前，目的在于赢得这出戏的社会效益：呼唤民族传统美德——人间应有的真情。”

二、“对这出乐曲和演唱量很重的戏如何在舞台上体现呢？不采用频繁的舞台调度，而主要追求画面式组接技法，构成观众视觉形象里的雕塑美。不采用随意性的形体动作，而要求演员把内心体验的角色情感，用强烈外化的凝聚式韵律感体现。这样，既可让演员在相对静止的情境中展现声情并茂的演唱，又可显示‘静’中传‘情’，依‘情’而‘变’的美学追求，还可满足观众听觉享受的审美兴趣，从而，吸引欣赏主体在视觉和听觉上双向接受，相辅相成地强化角色情感撞击观众的感染力，促成‘诗化’的意境，具备舞台形象的艺术性与故事内容的哲理性，使整个演出达到一定的文化品位。”

三、“对戏剧艺术来说，多门类的全面合成才能显出综合的优势。例如：要求舞美避免自然主义的堆砌，发挥戏曲装饰性、可变性的技巧，在舞台上设置一组既灵活，又便于适应传递寓意性信息的中性平台，采取传统惯用，且观众易于接受那种‘景随情迁’的审美定势，去完成这出戏时空转换自由的多功能需要。再如，舞台灯光不是采用一般介绍环境或表明生活中光源的自然投射，而是根据角色的心理感受或心境变化，运用光度的明与暗、光驱的大与小，以及色彩的调配和转换与特殊灯具的效果，造成淡入、淡出、特写等‘镜头’感，多样化地烘托舞台气氛，塑造剧中人物在特定心情控制下产生的独特感受。当然，这种舞台上的艺术处理，与生活中的真实相距甚远，但我们意料不会有人去追究，因为舞台假定性的感受会触发观众联想中的真实。总之，各部门要协调、统一在演出意向的总体构思之中，创造一个恰如盖叫天所讲的那种‘与生活相对照我本来是假的。何必怕假，有时还非假不可，非假不真，非假不美’的总体演出形象。”

赖导演凭着艺术家的眼光，为贵州花灯剧的发展作了不懈的努力。创新意识始终伴随着花灯这个剧种在成长，赖导演起到了不可漠视的作用。默守陈规容易，创新突破难，贵州花灯剧之所以没有画地为牢，这当然与赖导演所具备的艺术创新思想和开拓进取精神分不开。

在赖导演艺术实践中为什么能取得这样可喜的成就呢？最关键的一点就是他能不断地、敏锐地观察、思考、发现、研究观众的结果。这里，为了供人们了解形成他戏剧观的重要因素，不妨引用一段他所说的话：

“就戏剧演出的活动来看，观众是主要的组成部分，没有观众就没有戏剧的审美价值。所以要多层次全方位的研究我们观众的审美心理，尽量通过多类型的选择与多途径的渠道，拓展新的艺术思维，用多样化的艺术表现手段，给审美主体（观众）提供新的、美的欣赏客体（戏剧产品），用艺术的魅力去激发观众的共鸣，取得戏剧演出所要达到的社会效益。”

戏剧的兴衰史告诉我们，没有观众就没有戏剧。因而赖导演坚决主张戏剧能赢得观众是必不可少的。但是，观众中的情趣参差不齐，他反对为了“票房价值”而玩弄庸俗的“剧场效果”去招揽观众。

赖导演在一篇文章里这样写道：“一出戏的高与低，实际上取决于艺术家认识生活的深与浅，一出戏的好与差，实际上取决于艺术家表现能力（包括生活情趣）的高与低。”

赖导演在贵州省花灯剧团除专职从事导演工作外，先后曾担任过导演和教学研究组组长、编导组组长、艺委会副主任、艺术室主任等职。而且，他对剧团诸如演员培训、拟定剧本创作计划、选择上演剧目、实施演出计划、建立正常的艺术生产程序及培养良好的职业道德等方面均作了许多有益的工作，为剧团的业务建设取得了很好的成效。特别在演员培训方面，他不仅用以排（戏）代训（练）的方法，为剧团演员素质的提高尽心竭力，还担任过贵州省艺术学校 78 级花灯专业班的表演课教师，这个班的学生已于 1981 年毕业。而今，大多数成为贵州省花灯剧团的主要演员，其中，就有四位国家一级演员。而且国家一级演员严华萍由于在《乌江云·巴山雨》剧中的出色表演，荣获了 1993 年全国戏曲交流演出（南方片）优秀表演奖。

赖导演从 20 世纪 50 年代初期开始，从事戏剧工作五十多年，他除了导演团里的演出剧目外，还多次应邀为省内外艺术表演团体及业余演出单位，导演过大量的话剧、歌剧、黔剧、越剧、滑稽戏、广播剧，以及戏剧小品、配乐诗朗诵与曲艺节目。例如：参与中国歌剧舞剧院排演歌剧《打舅娘》、为重庆市越剧团导演越剧《平凡的岗位》、为贵州省话剧团导演话剧《幸福》和《枯木逢春》（与人合作）、为贵州省黔剧团导演黔剧《乌卡》、为贵阳市文工团导演歌剧《芳草心》、为贵阳市川剧团导演滑稽戏《花有几样红》、为贵阳市越剧团导演滑稽戏《爱的错位》、为贵阳市曲艺团导演滑稽戏《死要面子》及一批曲艺节目、参与铜仁文工团修排花灯剧《闹灯记》、为遵义文工团导演黔剧《红色娘子军》和《包拯还乡》、为黔南州歌舞剧团导演歌剧《芳草心》、为黔东南州话剧团导演话剧《将军泪》和《月堂新歌》、为贵阳市艺术中心导演话剧《息烽英烈》和《烽火不熄》、为贵州人民广播电台导演广播剧《错情》、为贵州大学艺术系导演歌剧《红霞》等。这些剧（节）目，有的还获得省级或全国比赛的奖项。其中，由赖导演（与人合作）为清镇文化馆辅导的儿童戏剧小品《早点纷争》，就夺得了全省电视小品大赛业余组一等奖，该小品又应邀赴天津参加“南开杯”全国电视小品邀请赛，获得三等奖，并已由中央电视台播出。

赖导演的足迹不仅遍布各地去导戏排节目，还为表、导演人才的培养付出了艰辛的劳动。

他担任过贵州省话剧团演员训练班的表演课教师，担任过安顺花灯剧团学员班的表演课教师，为贵州省艺术学校黔剧班开设的“表演讲座”授课、为黔南州歌舞剧团话剧队举办的培训班讲授表导演课、为遵义地区文化局在仁怀举办的文化馆干部培训班讲授表导演课、在贵阳市曲艺团演员培训班担任过表演课教师、在贵州省曲艺家协会开办的演员培训班讲授过表演课等。

赖导演虽已退休多年，但却“退而不休”。他除了为专业剧团导戏外，还为贵州武警部队文工团、省群众艺术馆、贵阳市公安局刑侦支队、安顺供电局、遵义邮电局等数十家单位执导过剧(节)目。其中,他为贵州省群众艺术馆导演的小品《母女之间》,荣获2000年举行的全国首届蒲公英奖暨全国新苗奖第四届少儿戏剧邀请赛小品类金奖。

赖导演排戏认真、负责、严格,与他合作过的演职员都无不折服和称道。他在把剧本上的文字变成舞台形象的整个二度创作过程中,都充满着艺术激情,用导演构思去统领剧组各职能部门的工作,达到戏剧这门综合艺术的完整、统一。甚至到剧场装台、对光、布景迁换都仔细和舞美人员酌定。综合排练(走台)时,他对大幕开、关的时间和节奏、音响的强弱、灯光的开启与转换、切光的节奏、字幕的配合等,都提出明确的规格,并要求舞台监督在演出过程中严格执行。赖导这种排戏的作风是一贯的,不管他在哪里执导,展现在观众面前都会是一出流畅、严谨,且质量得以保证的戏。

2001年举办的贵州省庆祝建党80周年优秀剧目展演和全省花灯调演,全省七台大戏中赖汉培就导演了三台。现将这三台戏分别简要介绍如下:

1. 方言喜剧《龙二哥的啼笑姻缘》,由贵阳市艺术中心演出,卜小贵、李珊两位国家一级演员主演。赖导演采取将人物心理活动强烈"夸张变形"的喜剧处理手法,塑造了可笑又可亲,可亲又可笑,可笑又可信的人物形象,达到了"异乎寻常"的喜剧艺术效果,得到了观众的喜爱和赞誉。这出戏荣获贵州省"五个一工程"奖。

2. 花灯歌舞剧《好花红》,由黔南州歌舞剧团、都匀市歌舞剧团、黔南州艺术学校联合演出,特邀贵州省花灯剧团国家一级演员严华萍主演。赖导演在排演这出戏时,与该剧的作曲、编舞、舞美设计进行了精心的研究和策划,在这些艺术家的配合下,通过把戏和歌舞融为一体的展现,揭示在改革开放的大好形势下,处在封闭山寨的布依人,正转变观念,走出山门,迎来幸福的今天,阔步迈向更加灿烂的明天。从而,塑造了剧中的典型人物——花红。这出戏荣获贵州省“五个一工程”奖。

花灯歌舞剧《好花红》的录像,已多次在中央电视台播出。

3. 花灯剧《月儿弯弯》,贵州省花灯剧团演出,由汪信山、严华萍、汤黔灵、张黔霞、邵志庆五位国家一级演员联合主演。这出戏反映的是:在“西部大开发”的号召下,海外学子返回家乡乌蒙山区,改变贫困落后面貌的故事。赖导演运用了“灯夹戏”的传统原理,在场与场之间注入“间离效果”式的现代歌舞,既能跨时空地承上启下串连剧情,又能为戏的观赏性增加色彩。这出戏的演出,受到了广大观众的好评。

赖导演为了不断给自己“充电”,长期以来,酷爱学习文艺理论,观摩戏剧演出,思考和研究一些戏剧艺术在实践中碰到的问题,因而,多年以来,在报刊上发表过很多篇戏剧评论和论文。其中,《时代与戏曲导演的主体选择意识》,由中国戏剧出版社编入1989年出版的《当代戏剧研究》论文集中。《戏剧与时代——戏曲革新的思考》,《贵州花灯剧发展对策刍议》,《关于戏剧面对市场经济的对话》,《现代戏剧美学思维断想》等文都发表在我省重要文艺理论刊物《今日文坛》、《艺文论丛》、《贵州剧坛》上,并在戏剧界引起一定反响。

在文化部和中国戏剧家协会主编的《中国戏剧家大辞典》里,赖汉培的艺术生涯及其创作实绩赫然名列其中——赖导“功成名就”了!但他并不满足,倒是有着某些遗憾和苦恼,他认为自己在贵州省花灯剧团干了几十年,导演了不少戏,但真正能保留下来的剧目不多,这不能不说是个缺憾,回想起来常常有几分堂吉诃德斗风车般的悲凉。因此尽管年逾古稀,他仍在不断探索和追求,用他自己的话说:“我期待,因为我热爱心中那奇妙的戏剧艺术;我憧憬,因为我深信戏剧会迎接繁荣的未来。”真可谓情系舞台,乐此不疲!

宋可兼

燃烧自己　照亮别人

劳　工

话剧在贵州具有悠久的历史，它和中国话剧同样诞生于新文化运动时期，在抗战期间，曾有大批著名话剧前辈在贵州进行过戏剧活动，留下了重大的影响。但在解放前，却一直没有专业话剧团体，更没有培养话剧人才的机构。建国后在贵州省民族歌舞剧团里设了一个话剧队，从此贵州有了专业话剧队伍，至1956年5月歌舞和话剧分离，各自独立成团。贵州省话剧团成立以后，连续上演了《春风吹到诺敏河》、《西望长安》、《无名英雄》、《万水千山》、《白日梦》等，由于话剧贴近生活、贴近现实、贴近群众的特点，深受观众欢迎。剧团领导深感人手不足，四处招募，可远水不解近渴，上海戏剧学院陆续分来一批大学生，真是如获至宝，但杯水车薪，实在无法满足工作需要，何况还有部分人并不安心在贵州工作，陆续“飞”走了不少。在这样形势下，只有自力更生。于是，一个新的措施——“团办校”（或叫“团带班”）诞生了，贵州省话剧团决定举办第一期演员培训班。它，是贵州戏剧教育的新领域，从此开创了贵州戏剧教育的新天地。其后多年来，业余培训班、专业艺术学校、直到贵州大学艺术学院应运而生，艺术教育蓬勃发展，蔚为大观。培养的人才数不胜数，遍及国内外，不少人成为各单位的骨干力量，有的获得了金鸡奖、百花奖、梅花奖，成为观众喜爱的明星。可是，当人们为贵州戏剧事业的繁荣景象而欢欣鼓舞，举头仰望着那耀眼闪烁的星空时，却往往忽略了一个为此呕心沥血，默默燃烧着自己的人？她，就是宋可兼。

宋可兼，女，浙江省松阳县人，1933 年农历正月十二生。生时不足月，是外婆把她揣在怀里用体温暖着，用羊奶喂活的。小时身体瘦弱，却异常聪慧，5 岁时陪 8 岁的表姐去报名上学，竟被老师一起录取了。她喜欢跳舞、唱歌、看书、讲故事，所以极讨人喜欢。小学时就参加过《放下你的鞭子》、《农村曲》、《军民进行曲》等抗战戏剧的演出。父亲是大地测绘工程师，她随父亲在福建建瓯读中学时，曾和一些进步同学组织“艺风社”，演出过《群猴》、《升官图》等进步戏剧。1949 年 5 月建瓯解放，她立即参军，入军大五分校学习，不久被十七军文工团挑走，随军西进贵州。这时她才 16 岁，又瘦又小，背上背包、米袋、手榴弹，还要背个腰鼓，全副装备遮住了她瘦小的身躯，几乎看不见人了，老同志们都很关心她，帮助她，她却极力谢绝，从江西到贵州，一路行军爬山决不落后。在那样艰苦的行军过程中，她居然一个人跑下河去学会了游泳。有次修路，她和男同志比着抬石头，造成脊椎骨折，也没哼一声。她事事要强，决不服输，你越说她不行，她越要干。因此，大家喊她宋可"犟"。进入贵州后，参加过剿匪和"五大任务"，一个人走夜路再晚也不要人陪，有一次，深夜回住处，中途下起雨来，而且越下越大，风雨交加，雷声隆隆，四周一片漆黑，什么都看不见，偶尔闪电划过，更增恐怖气氛，路是看不见了，方向也分不清了，既没有地方躲雨，又不能呆在荒野里任雨浇淋，只好凭着感觉往前走去。一路跌跌撞撞走了许久，前面发现了一点亮光，奔着亮光走去，原来是个卖豆腐的清早起来做豆腐，一打听，这里已经是另一个区了，等她赶回驻地已经天大亮了。

1951 年，十七军准备进藏，她因脊椎骨折而被留在了贵州军区文工团。1954 年转业下地方，到贵州省民族歌舞剧团话剧队当演员。这期间曾参演过《妇女代表》、《赵小兰》等。1956 年，话剧歌舞分家，贵州省话剧团成立，她也就随之成了话剧团的演员。

正当此时，宋可兼考入上海戏剧学院表演师资进修班。这个班是由苏联女专家叶·康·列普科夫斯卡娅主持教学的，生源是来自全国各专业剧团的专业演员，由于机会难得，各地都派出自己的尖子演员去应试，力争能得到这个学习机会，应试者数百人，录取名额却只有 15 个，其中女生只有 5 个，所以竞争十分激烈。而宋可兼，这个头上梳着两条长辫，脚穿军用大头皮鞋，又黑又瘦却一脸刚毅倔强的小姑娘，以她纯朴真挚的表演赢得了这个无比珍贵的十五分之一或者说是五分之一，成为了被正式录取的正式生。这是贵州多年来在多次苏联专家来华办的多次培训班中的第一个，也是惟一的一个。

经过两年艰苦的学习，宋可兼在毕业剧目莎士比亚著名喜剧《无事生非》中扮演女主角希萝，深得专家和观众的好评，周恩来总理多次观看了该剧的演出，特调该班到北京公演，并安排进怀仁堂为中央领导演出。总理在接见演员时亲切地握着宋可兼的手问她:“你是从哪里来学习的?”宋可兼急忙回答:“贵州。欢迎总理到贵州来!”总理说:“要来,一定来。”此时,记者拍下了这珍贵的时刻,这张照片至今挂在她客厅的墙上,激励她扎根贵州,为贵州的戏剧事业奉献着自己的一切。

1958年,学习结束时,学校要留她在学校教学,上海人民艺术剧院要调她到剧院工作,她都坚决谢绝了,她说:“是贵州送我出来学习的,我若不回去,对不起一千七百万贵州人民。”在她的坚持下,不仅自己回到了贵州省话剧团,还带来了她的新婚丈夫同班同学原上海人民艺术剧院演员王呐。

学成回团,一心想好好演几个戏,将学到的知识奉献给观众的时候,不料一个新任务、新课题摆在了她的面前,办演员培训班的事落到了她的头上。这是一个一般人都不愿意干的事,特别是年轻演员,都想自己多上台多实践,而不愿放弃舞台去作别人的“垫脚石”,尤其是年轻女演员,谁都想趁着年轻多演几个戏,青春是短暂的,几年教下来,自己也就完了。何况她刚刚从学校进修回来,正是摩拳擦掌跃跃欲试的时候。内心的矛盾痛苦深深地折磨着她,但革命需要高于一切,个人必须服从组织安排。她强忍着自己的情感承担了任务,并以最大的努力去完成它。

“团带班”是个新鲜事,团里没有经验,她个人更没有经验,一切都要摸索前进,既要有胆有识,又要胆大心细,不能马虎从事。她是表演教员,又是教研组长,事无巨细,都要想到做到,光招生就要跑批文、下专州、进学校宣传、到考生家家访,有时为了一个好苗子要反复跑好几趟。工作中既表现出她认真负责任劳任怨的高度责任感,又显示出她一丝不苟铁面无私的原则精神。那时虽没有请客送礼的风气,但有些家长要留吃饭或送点土特产的事却经常发生,而宋可兼总是一概严厉谢绝,在家访时连一杯茶都不喝,有人说:“你这也太过分了。”她却坚定不移地说:“这事不能马虎,我们是为党的事业选拔人才，演员又是个专业性很强的职业，招学员，必须认真挑选，看他是否具备素质？有没有发展前途？一点情面不能讲，稍有不慎，就无法坚持原则。”

招生的同时，还要制定教学计划，安排课程，做教案，做教具……做好一切开学准备。贵州省话剧团第一期演员培训班于1959年5月正式开学。从此，贵州省有了培训话剧以及电影电视演员的机构。这是贵州戏剧教育新篇章的开始。

1961年省话剧团又接着办了第二期培训班。其后因“四清”、“文革”等政治运动影响而停办，直到1973年才又办了第三期。1984年办了第四期。这四期学员班都由宋可兼主教表演，并任教研组长，成为这一新领域的开拓者和长期坚持辛勤耕耘的园丁。此间，省内相继成立了不少艺术院校或增设了艺术系表演专业课，而所有这些单位几乎都聘请宋可兼去任教，因为她是多年坚守在这岗位上的惟一一人。她曾先后兼任贵州大学艺术系、师范学院艺术系、贵州电大影视班、贵州高等艺术专科学校、贵州大学艺术学院、重庆大学美视电影学院等高等艺术院校的表演教师(客座教授)。同时也担任过一些中等艺术学校如省艺术学校、好花红艺术学校的表演教师。还从事过少儿艺术教育，担任过蒲公英少儿艺术学校、蓓蕾艺术学校、苗苗艺术学校、小花艺术学校的表演老师。还参加过全省艺术馆干部培训班和业余影视演员培训班的教学工作。并于1993年和1999年应邀到新加坡为他们的戏剧营及多所学校讲学授课、排演剧目。因而她也是贵州省涉面最广、学生最多的表演老师。

宋可兼虽然从事教学近50年，却因编制在剧团，所以没有被认可的“教龄”，因而也没有教师的职称。反之，因长期从事教学，很少有登台表演的机会，在观众中也没留下更多的印象。人们熟知她的某些学生，却不知有她。这是她从开始就预料到的。她今年已经73岁高龄，浑身是病，低血压、低血糖、脑供血不足、胆结石、胆囊炎、腰椎间盘突出、颈椎骨质增生、严重骨质疏松，经常头晕头昏，周身疼痛难忍。却依然在勤勤恳恳地辛勤耕耘着，忠实而执著地实现着一个共产党员的心愿："燃烧自己，照亮别人。"

宋可兼的教学极其严格，学生们偷偷叫她宋可"怕"。她是一个极端认真的人，自己做事一丝不苟，对学生的要求也是毫不放松，经常为辅导学生而加班加点，废寝忘食。在外边生龙活虎，回到家已筋疲力尽。在 1960～1963 年这段时间，国家处于困难时期，她怀孕了，不仅什么营养品也没有，连饭也吃不饱。当时演员的定量是 14.5 公斤，她做了教员，定量就成了 13.5 公斤，共产党员每月还要节约上缴 1 公斤，实际只有 12.5 公斤，她是饿着肚子还在坚持教学的。生产时连一个鸡蛋都没有吃到，就是吃着食堂的罐罐饭和清水煮牛皮菜坐满月子的。但她从不叫苦，在坚持教学的同时，还要为学生们管理生活，在那"困难时期"最困难的是帮他们管理饭票，稍一不慎，他们就会几天之内把一个月的定量吃光，为防止吃超了，每顿按定量发给个人。这不仅很麻烦，也是很痛苦的，因为这对那些吃长饭的孩子们来说是很难接受的，而对她来说就像看着自己怀里那嗷嗷待哺的孩子一样难受，她像爱护自己的孩子一样爱护自己的学生，耐心地说服他们要按计划吃，才能保证天天有的吃。为此，学生们从喊她"宋可怕"改成了"宋妈妈"。她对学生的严和爱是辩证统一的，为了教育学生她声色俱厉，为了保护学生她会不顾一切。1988 年在高等艺专，有两个喝醉酒的人闯进校园，手持刺刀追杀一个学生，在场的师生们都被惊呆了，正当危急时刻，只见一个瘦小的老太婆跑上去，拦在醉汉的前面大喝一声："干什么？"醉汉被这意外的喊声镇住了，一愣神间，那个被追杀的学生才得以脱身。这个老太婆就是宋可兼，为了保护学生她是不惜一切，甚至可以献出生命的。

宋可兼的教学是师从苏联专家（功勋艺术家）叶・康・列普科夫斯卡娅的。20 世纪 50 年代苏联专家来中国的教学是以斯坦尼斯拉夫斯基的现实主义表演体系为教学内容的，对中国的戏剧教育和戏剧事业的发展都起到了重大的推动作用。宋可兼以斯坦尼斯拉夫斯基的现实主义表演体系为主导，同时又不断地吸收借鉴其他学派的学说加以丰富和发展。在她严格的要求下，为学生打下了良好而又坚实的专业基础。如省内的王建华、张海玲、戴雯燕、孙庆昌、常晖等；广州的万叶、郝嘉陵、李舒、冷卫、芮旭华、傅杰等；福建的包国基、孔繁祥等，都是各地的骨干力量；聂远成为影视界的新秀，吴珊珊荣获“梅花”、“文华”、“白玉兰”三项大奖；宁静则成为著名的国际影星；还有向海外发展的如：去美国的曲永波、到新加坡的刘莉莎、刘启洲、刘勤等，都取得了很好的业绩。不少人想深造，也以优异的成绩考取了外省的高等艺术院校，并在学习中成为佼佼者，考进云南艺术学院导演系学导演的学生刘莉莎，不仅自己学习成绩优秀，还经常给同学们出些主意，同学们既佩服又羡慕地问她：“你怎么知道那么多？”她不由自主地深情说：“因为我有一个好老师，她教给我们的东西，够我受用一辈子。”

宋可兼的教学特别注重素质教育，要求学生要品学兼优。开学第一课，就是：“要学演戏，先学做人。”把斯坦尼的“要爱自己心中的艺术，不要爱艺术中的自己”和树立革命的人生观、世界观结合起来。我们的艺术是为人民服务、为社会主义服务的，必须是健康的，积极向上的。革命的文艺工作者，首先是一个革命者。必须把人民的利益放在首位，应该是热爱国家、热爱党、热爱社会主义、热爱人民、热爱科学、热爱艺术、热爱集体、热爱劳动的人。这一切不能只靠嘴巴讲，还要身体力行。她以自己的模范行动和她的人格魅力影响着学生们的成长，许多学生在不同的岗位上做出了优异的成绩。像省话剧团的两任支书刘厚恩、凌瑞祥，两任副团长王建华、樊小琐、省博物馆的考古专家唐文元、贵阳拉丝厂厂长田正元、矿灯厂子弟学校校长张建国、贵大艺术学院戏剧系主任陶江、贵州省剧协主席张玉龙、武警文工团副团长李军、贵阳电视台主持人王丹、石涛、刘伟德、省市交通广播电台主持人修世江、向琪、上海戏剧学院教授舒蓉、华东师大教授赵柳英、广西电视台主持人蒙涛、农丹、中央电视台制片人张增祥、广东省文化厅、广电厅厅长闫宪奇等都是她的学生。这些人有的做了领导，有的改了行，彻底离开了文艺工作，但当年的学习仍然是他们成功的基础。

这些学生许多已经年逾60，早已退休，却至今念念不忘当年那段学习生活，念念不忘宋老师的谆谆教诲，宋老师的家经常是他们聚会的场所。每到这时总是他们最欢乐的时刻，也是宋可兼最欣慰最兴奋的时刻。她会像小孩子一样和大家一起欢呼，为他们的成就而高兴，为大家的聚会而庆贺。当然也为燃烧自己，照亮别人而欣慰。

宋可兼1960年入党，1988年离休，却一直没有停止工作，至今仍在为教学忙碌着，为照亮别人继续燃烧着自己。

在教学的间隙中她还在话剧舞台上扮演过《妇女代表》中的翠兰、《龙须沟》中的二春、《千万不要忘记》中的姚玉娟、《西藏枪声》中的曲贞、《迟开的花朵》中的贺佳、《日出》中的李太太、《吝啬鬼》中的玛丽亚、《霓虹灯下的哨兵》中的曲曼丽、《如此孝顺》中的孙子、《死环》中的伊达、《四渡赤水》中的黄腊丁、《鲁迅与瞿秋白》中的杨之华等数十个角色。导演过《英雄小八路》、《战斗的青春》、《马兰花》、《少年热线》、《第十二夜》、《仲夏夜之梦》、《皇帝的耳朵》、《审婚》、《精灵家族》等剧目。并在《失落的梦》、《黄金高原》、《黑山汉子》、《天宫行》、《杨虎城的最后岁月》、《误区》等多部集电视剧中担任角色。

她是中国戏剧家协会会员、中国话剧研究会会员、贵州省戏剧家协会会员、贵州省老艺术家委员会会员。

沈　敏

做个没有教龄的教师也快乐

沈　敏

编者按：沈敏，1935 年 8 月 7 日生于苏州，1956 年毕业于上海戏剧学院表演系，来贵州后在省话剧团担任演员和台词教师。曾出演过《日出》中的顾八奶奶、《槐树庄》中的郭大娘、《白卷先生》中的教育局长、《南海长城》中的钟阿婆、《四渡赤水》中的王夫人、《千万不要忘记》中的岳母等，在话剧舞台上塑造了大小100个左右的艺术形象，还在《还债记》、《试用》、《春夜》等电视剧中担任过角色。下文是沈敏的自述。

在戏剧学院毕业后，为支援西南建设，便来到了贵州省话剧团。由于工作需要，几乎在从事演员工作的同时，就开始了教学工作。当时自己才二十一二岁，面对那么多的学生，其中有的学生不过比我小两三岁，心中确实有些胆怯！而且自己是学表演的，能教好书吗？当我第一次踏入教室后，面对那一双双渴求知识的眼睛，那一个个热情、真挚的笑容，很快我的心情也松弛了下来，消除了紧张。

话剧团办过四期演员训练班都是我任台词教师，同学们都非常尊重我这个年纪不大的小老师，很快我和他（她）们的关系处得很好，有时就像朋友一样，我也下定决心一定要把教学搞好。虽然我不是学表演师资的，但在学校里就特别喜欢台词（语言）这门课，很快我就喜爱上了教学，根据学生的具体情况着手自己编教材进行正规的教学，这也从此奠定了我开始语言教学的道路。

教学中，有许许多多叫我难忘的事情，叫我终身受益的事情。记得那是国家遭受三年自然灾害的困难时期，我还兼任生活老师，有的同学一个月的饭菜票几天就吃完了，怎么办呢？我就决定饭菜票由我管理三天一发，就是一天吃完了也不会影响太大，差那么一顿两顿也好办。但不免有的同学就发牢骚了，有位同学说："等我当爷爷的时候，我孙孙要吃饭，我就说去向沈老师领饭菜票去，噢，不，我都当爷爷了，沈老师那时候就是老祖太了！"我听了以后一点不生气，反而觉得有趣！好玩！因为我们的师生关系就是这样"和谐"、"融洽"……而我这个"老祖太"的雅号，从此也就叫开了。但也有担惊受怕的时候，有的同学深夜未归，老师们都着急，我们就摸黑赶到这位同学家，证实了这位同学确实是在自己家里，我们才放心的回到团里。记得有段日子，每天老师们要带着学生去农场劳动，农场的房子太少，我们就尽量把学生安排在房子里住下，老师们就住在猪圈的上面，虽然卫生条件差些，还常听到猪叫，但我们觉得很高兴，因为做了老师应该做的事。那时候，学习抓得很紧，我自己还在演出，同学们也开始担任了一些大大小小的角色，我们经常是早早化好妆，穿好服装，在后台的楼上上课，等谁要上场的时候，剧务就会提前来叫准备，学习时同学们是那样的聚精会神，站在舞台上演出时又是那样的容光焕发，我在同学们的身上也学到了许多好的品质，这也就是剧团培养演员的特点吧！边演出，边训练，学到的东西马上付诸实践，那样取得的学习效果是很大很大的！学生中有些女同学怕自己发胖，当时我也较为偏胖。于是在清晨我就领着她们跑步，从话剧团大门出发，上省府路，绕小十字、大十字再跑回话剧团，每次跑完虽然是气喘吁吁，但都是哈哈大笑，大家开心极了，在学习上我是老师，但在生活中，我和她们就像姐妹一样。在教学中，还有一点我的感受很深，也很受教育。当时班上有位男同学长得干干瘦瘦的，有点灵气，但老是爱动，停不下来，上课时总是找别人讲话，闹哄哄的，叫人很头疼，我都有点烦他了，我就很气的说了一句“你再在课上说话，我要找块胶布把你的嘴封起来！”没想到，第二天，这位同学自己带了一圈黑胶布来，很认真的对我说：“沈老师，我就是爱讲话，管不住自己，让你生气了，你就把我的嘴封起来吧！该我读东西的时候就撕开，读完了又封上，好吗？”这“好吗”两个字说得那么柔和，那么诚挚，仿佛眼眶里还闪着泪光……我一下子凝住了，我感动得不知道说什么好，我觉得我在课上说的话是不是太过激了？是否已经伤害了他？而他反而是那样的真挚、纯真……在以后，我又发现他在朗诵时很有爆发力，而且对集体的事情又是那么热心地去做……我觉得他是那么的可爱，我不应该烦他，而应更好的爱护他……这位同学后来表现确实很好，在表演上很有才华，组织能力也很强，现在长得又高又胖，有了自己美满的家庭，是我们省话剧团的中坚力量！为此，我觉得要当好一个老师，要教好课，必须要多多发现学生的优点，这是最主要的，要和学生建立起正常、良好的交流、互动……有位优秀教师曾经说过："一个好学生是夸出来的，而不是骂出来的。"这话一点不假，我认为，作为老师都应该铭记在心的。

应该说，我是在话剧团打下了教学基础的，是话剧团给了我这个机会，让我除了演戏，还会教书。这以后，我的教学领域扩大了，教学范围也增多了，不少业余单位也来找我，我开始在一些大中院校任课，在多种训练班执教，培养了许多业余艺术人才，他们当中不少人最终也走上了专业工作岗位，直至后来到贵州大学艺术学院任教，教学情况也更趋于规范化、系统化了。我从上海来到贵阳，风风雨雨五十年，尤其在后阶段基本上在从事教学，有时为了教学，还放弃了不少的演出机会，这对我一点不感到后悔！能够让更多的优秀者去从事表演工作，更好地开拓和发展贵州省的戏剧事业，新闻事业等……这是我发自心底的愿望！

有人问我："你是个没有教龄的教师啊！（因为我是演员编制）这样辛苦的在艺术园地里耕耘，你值得吗？你不后悔吗？"我的回答是："我觉得值！因为在我的学生中，有的已是国内外著名的演员，主持人，优秀教师等……有的已走上各种领导岗位，有的已为人父母，有的还在读书学习，……我感到无比的幸福，觉得无怨无悔！而且体会到了在教学中的种种甜蜜的回忆！……

在去年我 70 岁生日的那天，有那么多学生一口口一声声的叫我："沈老师！沈妈妈！沈奶奶！……"我哭了！一种满足，充实，幸福的暖流涌遍了我的全身！

人们说："教师是阳光下最美好的职业！"一点不错，虽然我是个没有教龄的教师，但是我开心！我快乐！因为我已感受到了一个教师的美好！自豪！

李秀花

离不开唱了一生的豫剧舞台

戴亚雄

贵阳市豫剧团主要演员李秀花，多年来扮演了各类角色，不论是正旦还是小旦、花旦、闺门旦、还是婆旦，塑造的人物性格都给人留下了较深的印象。尤其是她那粗犷而清脆的唱腔，一张口就带有浓厚的地方剧特色。由于她音域较宽，音色较美，演唱的基本功扎实，在1960年贵阳市青年演员会演时，李秀花扮演传统剧《陈三两》中的主角陈三两，以声情并茂、句句动听的唱段，受到了一致好评，并获演员二等奖。有人称李秀花是"铁嗓子"，确实有些道理。

李秀花自幼酷爱戏曲艺术，12岁进科班学戏。1950年在开封拜豫剧名角杨金玉为师，苦学苦练，颇有长进。不久，全国掀起了抗美援朝的热潮，著名豫剧艺术家常香玉为捐献飞机而到各地义演。在开封公演豫剧名剧《花木兰》时，李秀花不但观赏了常香玉的表演艺术，大饱其眼福，还有幸参加了该剧演出，配演剧中只一句话的木力一角。特别是常派粗犷而明亮的唱腔，更使李秀花着了迷。她崇敬之心变成了决心，她决心沿着豫剧大师常香玉的路子走下去。

之后，李秀花随剧团赴山东济南、聊城、泰安一带演出，在《桃花庵》、《法门寺》、《青铜山》、《赶花船》、《五风岭》等古装戏里担任主角，表演技巧有很大提高。这一时期，李秀花的演唱大量吸收了其他剧种的优点，如山东梆子等，取人所长，补己之短，使其唱腔流畅自然，韵味更加明显。李秀花坚持继承、发展、创新的艺术之路，逐渐形成自己的演唱风格。

谁知天有不测风云，人有旦夕祸福。就在李秀花在舞台上实践最多的时候，不知什么原因，她的嗓子忽然"回声"，大嗓（即本嗓）一下子失音了。这对一位戏剧演员来说，无疑是致命的打击。失去了为人民服务的条件，等于失去了演员的第二生命，李秀花痛苦极了。这时，李秀花遇见一些好心人，有的劝其改"行"，有的劝其改"嗓"。但她始终热爱自己的事业，毅然接受了"改嗓"的建议。从此以后，李秀花早起就顺着墙角河沟喊嗓子，平时随着板胡吊嗓子，一年、两年，喊呀，练呀！也不知多少日日夜夜过去了。功夫不负苦心人，李秀花坚持改嗓练唱，音量渐渐出来了，由低到高，由窄到宽，终于练就了一条独具特色的嗓子，从此，她又活跃在豫剧舞台之上。

1959年，李秀花入黔来到贵阳市豫剧团，因其嗓子好，头三天打炮戏《王金斗借粮》、《茶瓶计》、《红娘》的演出，给广大观众留下了很好印象。在党的关怀培育下，李秀花如鱼得水，演唱技巧得到了更大发挥，走出了一条新的戏路。李秀花在古装豫剧《陈三两》中的一段唱，这段唱是陈三两被诬告以后，其弟贪赃受贿，不认亲姐，陈三两又悲又愤，唱得有怨有恨，有声有色，十分感人。如“忘了姐姐难苦情”一段：“听此言好似万把钢刀刺我心，冷汗淋淋怀抱冰，大堂上分明他是陶哥儿，昧良心不认我断绝手足情。说什么我兄弟把官坐，说什么有辱祖先门庭。分明他贪赃受了贿，分明他恩将仇报绝人情……”

这段豫剧西调二八板，唱法上是采用了豫剧名角崔兰田的。李秀花依据自己的嗓子条件，以人物为出发点，整个唱段情深意切，错落有方。特别是“陶哥儿你把良心丧”一句，准确表达了人物此时此地的心理活动，观众也会为之而痛骂负心之人。

另外，李秀花在《穆桂英下山》一剧中扮演英姿飒爽的穆桂英。第一场“射猎习武”板一起内唱“风和日暖艳阳天”，清脆而激烈的锣鼓声，把观众带到了崇山峻岭的穆柯寨，展现了一派奇丽风光，而穆桂英巾帼英雄的形象也随之出现在观众面前。

李秀花不但塑造正面人物形象，同时也能把喜剧人物唱得流畅而俏皮，符合角色要求。如她在豫剧传统喜剧《抬花轿》中扮演直爽泼辣，热情善良的周凤莲。她坐在花轿上的一大段唱，句句字字情景交融，有味有趣，开始是喇叭调，“花轿起动”的重句，加上“咳”声的拖腔，形和声统一和拍，给人一种轻快、俏皮的感觉。

李秀花以演唱表现人物是多方面的，在传统戏《刘公案》中，她扮演形似潘金莲的许翠萍，豫剧也称之为旦。其中有一段“假哭灵堂”的唱腔，暴露了人物丑恶的灵魂，性格十分鲜明。如：“许翠萍在灵堂笑盈盈，想起了奴表兄他叫杨洪。那晚害张录针下丧了命。拔掉俺二人眼中钉，从此后俺二人不离形影，郎有才女有貌同过一生。哎哟哟，我的表哥呀，好似弹三弦，拉二翁、拉琵琶、抓古筝、撕绫罗、打恭盅、小孩叫娘头一声，表兄啊，你咋说话怎么中听。”这段唱腔把许翠萍的内心世界刻画得入情入理，入木三分。

当然，李秀花也善于运用豫剧唱腔表现当代人物，她在现代豫剧《朝阳沟》中扮演栓保娘这一角色，唱法上吸收了别人的长处，又经过合理调整，使唱段更加自然流畅，听来更有一股乡土味。又如“为改变穷山沟咱各显本领”一段：“银环儿你不要瞎操心，咱这每年都是好收成。棉花白，白生生，萝卜青，青凌凌。麦子个个饱盈盈，白菜长的磁丁丁。”这段流水快板把栓保娘这个农村妇女的性格表现得活灵活现，十分到位。

在现代豫剧《划线》中，李秀花又扮演了一个有着私心杂念的郑大娘，唱腔是她自己设计的，采用了豫东祥福混合调，欢快跳跃，别致有情，再如郑大娘的一段唱：“桃李花开三月天，麦苗肥壮兆丰年。根治海河除水患，万户千家笑开颜，盐碱窝变成了麦子地，蛤蟆坑开出了高产田……”这段豫东混合腔每次演唱都有滋有味，令观众叫好。

李秀花 1963 年曾同其他人集体拜尚小云为师，现为中国戏剧家协会贵州分会会员，贵阳市剧协顾问。中国民族音乐集成《豫剧在全国》还专题介绍她的唱腔艺术。退休后的李秀花，人闲心不闲，在她心中继承和吸收各大剧种流派的唱腔艺术特点，丰富豫剧唱腔仍然是一个美好的梦，永远美好的梦。

豫剧是群众喜爱的剧种之一，尤其是那自然豪放，动听感人的唱腔，有着强烈的艺术感染力。李秀花感觉能为其艺术事业贡献力量，是值得庆幸的事情。李秀花用她那一段段声声入耳的唱腔刻画出的一个个生动感人的人物形象，将长久留在观众的心里。

蓝日礼

国家一级舞台美术设计师

浩卿　也江

一

1937年11月，日本侵略者轰炸空袭大上海，大批的平民百姓倒在血泊之中。在躲过劫难的人群中有一对夫妻，其中妻子即将临产。就在这个月10日这一天，浦江畔自来火街一座居民楼的三层阁楼上，一个男孩在战乱的硝烟中来到了人世，他就是蓝日礼，日后成长为贵州省话剧团的著名舞台美术设计师。

1946年蓝日礼在上海读小学三年级时，转学到了福佑路青华小学。他和小伙伴们课余经常溜进附近的大世界游乐场，躲在舞台侧幕观看各种演出。虽然听不懂唱词，但舞台上的设计和戏剧氛围，以及后台演员们的化妆造型，给他幼小的心灵留下了深刻的印象。以后，一位邻居老伯和一位远房大姐喜他乖巧聪明有礼貌，又经常带他去观看越剧、沪剧。耳濡目染，小小少年也成了戏迷。节假日，他把积蓄起来的零用钱用来买戏票。尹桂芳、竺水招、袁雪芬、范瑞娟、陆锦花、徐玉兰、王文娟……这些名角的演出以及越剧、沪剧的舞台布景、灯光渲染、服饰造型等熏陶了他，对他后来的戏剧美学观的形成产生了一定的影响。

蓝日礼从小除了喜欢看戏外还喜欢看小人书，并模仿绘画。1951年他考取了上海行知艺术学校美术部，该校是上海当时惟一的艺术专科学校。1953年校系调整，蓝日礼进入中央戏剧学院华东分院。二年级时，他与5位同学通过考试进入上海儿童艺术剧院，转行从事舞台美术，从此与舞美结下了不解之缘。他在上海儿艺参与了《小白兔》、《大灰狼》、《祖国的园地》等多部大戏和一些大型歌舞的演出，在实践中丰富了舞台美术的知识。任德耀院长和胡冠时等老师的舞美设计理念，以及专业知识的运用对他产生了潜移默化的影响。1955年儿艺选派一批年轻人通过考试进入上海戏剧学院舞美系深造，蓝日礼业务成绩突出，直接插入舞美系本科二年级学习。

蓝日礼的绘画基本功扎实，素描、速写、彩画都得到老师们的首肯，他还被系里指派去上海工人文化宫美术组任教。此外，系里组织同学们到市里戏曲团体搞美术设计。芳华越剧团演出的《信陵君》风靡上海滩，蓝日礼和同学们所作的舞美设计和服装设计颇受好评。他在学习期间主攻舞台设计，此外，对人物造型、服装、化妆、绘景等艺术行当也着实下了一番功夫，这些都为他日后的事业夯实了基本功和理论基础。

20 世纪 50 年代各地文艺团体蒸蒸日上，急需人才。1958 年毕业前夕，儿艺领导同蓝日礼谈话，说到欠发达的贵州舞美人才奇缺。21 岁的蓝日礼毫不犹豫响应号召——到祖国最需要的地方去，贡献自己的青春年华！于是，他告别家人，告别繁华的大上海，拎着父亲从旧货市场买来的一只旧皮箱，踏上了奔赴贵州的旅程。从此，黔中大地也就成了他的第二故乡，他在这方热土上无怨无悔，辛勤耕耘，一干就是一辈子！

二

蓝日礼到达贵州先是分配到刚成立的贵州电影制片厂，但该厂条件简陋，仅能拍摄些记录片，日后也就夭折了。1959 年 7 月，他调入人才济济的贵州省话剧团，其中舞美设计队伍也很强，时有设计 5 人，木工装置绘景 14 人，道具 3 人，灯光 5 人，音响 2 人，服装 2 人，化妆 4 人，总共 30 余人。老队长范里，上戏来的胡浩卿，中央美院来的陈维楹，中戏来的欧阳劳等等，都很有造诣。

蓝日礼具有较为扎实的专业基础，除了舞美设计，在绘画、服装设计、化妆造型等方面也都在行，到了话剧团，有了用武之地，他很快就适应了工作。在以后的日子里，他工作勤恳，专业设计上构图严谨，布局合理，强调绘画性，与导演配合默契。那些年，他和同仁们设计了《雷雨》、《保尔·柯察金》、《千万不要忘记》、《渔人之家》、《抓壮丁》、《文成公主》、《东进序曲》、《南海长城》、《建设时期游击队》等。此外，他设计了花灯剧《七妹与蛇郎》、《红管家》、《鸢飞鱼跃》以及评剧《黄浦江的激流》等。1963 年设计的《霓虹灯下的哨兵》在贵阳市河滨剧场连演 3 个月，场场满座。这个时期，蓝日礼的业务水平有了很大的提高。除本职工作外，他还历任团里的共青团支部书记，连续被评为全省文化系统和省话剧团的五好职工、五好青年、先进工作者。

“文革”浩劫，蓝日礼受到不公正待遇，背着莫须有的罪名，被遣送到偏远山区劳动改造。经过其哥姐等家人向省有关方面反映申诉，终于在1971年上半年得以澄清。回团后，他很快投入到《夜海战歌》、《枫树湾》等剧的舞美设计和演出中。1975年他为本团创作的《云顶山》作美术设计，该剧是省话第一次进京参加话剧调演的剧目，受到各界的好评。

紧接着，他作为主要设计的剧目有《四渡赤水》、《白卷先生》、《基督山恩仇记》、《魂牵万里》、《如此孝顺》、《鲁迅与瞿秋白》。1982年他以《建设时期游击队》、《四渡赤水》、《鲁迅与瞿秋白》3剧的设计图参加第一届全国舞台美术展。

20世纪80至90年代，蓝日礼相继设计了《春光惹人醉》、《飞吧，海燕》、《十五的月亮》、《红军坟》、《小院春秋》、《故乡人》、《二月天》、《母亲河》等。其中本省创作剧目《故乡人》、《二月天》被邀进京演出，获中宣部、文化部颁发的优秀演出奖。《二月天》的设计图1991年被选送国际布拉格舞美展展出。《母亲河》一剧1994年参加西南地区话剧调演获编剧、导演、演员、舞美等多项优秀奖。蓝日礼获优秀舞美设计奖。

除舞台美术外，蓝日礼还涉足影视美术工作。1984年他与峨影厂著名导演李亚林合作电视剧《最后一百天》，此后又参加了省内多部电视剧的美术工作。如《茅台酒的传说》、《失落的梦》、《要钱的官》、《贵州道上》、《铸魂》、《和平门》、《小桥流水》、《省城轶事》等共计十数部40余集。这些电视剧多部获省内外奖项。电视剧的美工劳动量很大，需要采景、绘设计图、参与绘制和搬运道具、布置景点、确定服装色彩与款式，还要随场跟拍，没有相当的体力和吃苦精神是不行的。

近些年来，蓝日礼还为舞剧《夜郎新传》，京剧《水西遗恨》，话剧《燃烧的河》等作设计。他力求新意，追求地域特色，并在舞台的布局、色调的运用、视象的选择等方面考虑中国百姓的审美情趣，走民族化的道路。

三

通过近半个世纪的生活积累和舞台实践，蓝日礼掌握了较为丰富的创作手段，积累了相当的经验。舞台美术设计是大有学问的，优秀的设计师无不在其中表现出一定创作个性。而个性又源于生活，源于独到的见解。蓝日礼特别注意生活的体验，留心于多彩贵州原生态的文化，尤其是独特的民族民间艺术。苗族的吊脚楼，侗族的鼓楼，布依族的石板建筑，以及贵州的蜡染，少数民族的服饰等等，或古朴凝重，或素雅清新，或夸张怪诞，他都尽收眼底，铭记在心。各地的自然地貌、风土人情、节日庆典、婚嫁习俗等，他都留意观察，积存脑海。他利用一切机会——巡回演出、体验生活、下乡工作，甚至被下放农村劳动，做个有心人，掏出随身携带的小本或写生，或记录，经年累月，他拥有了大量丰富的创作素材。他对生活的原型不断地进行分析、比较、研究、综合、升华，将形象思维与抽象思维结合起来，熔铸到自己的创作之中，从而取得了累累硕果。

下面我们试以几出戏剖析其创作设计意图：

《建设时期游击队》、《云顶山》、《四渡赤水》故事都发生在贵州，剧情生活化。既要表现出地域特色，又不能照搬生活。舞美设计简洁明快，虚实相间，以局部表现整体，留给观众想象的余地，且在舞台上显示出黔山贵水的雄奇和秀美。

《二月天》一剧由蓝日礼和胡浩卿共同担任舞美设计。剧情描写一布依山寨为改变落后愚昧状态，在怒与爱、压抑与萌动、失望与希望的交织之中呼唤春天的到来。设计者在构思中，以寻求原始生命中质朴的情趣、野性的神秘，丰厚深沉的大山精神形象作为起点，吸收了贵州傩文化的精髓。舞台上一组平台上几根立柱，其上附有粗犷神秘的图腾和面具，造型以少胜多，言简意赅。1990年10月21日《中国青年报》载文评论，题为《让戏剧活化石重放异彩》，其中说，该戏“把古老的傩戏的表现手法成功地运用至现代话剧的舞台美术设计创作中，得到了话剧界和傩戏研究者们的高度赞扬”。“把古老的表现手法与现代的话剧艺术浑然融化，有机结合，达到了震撼人心的效果。”

儿童舞剧《夜郎新传》的主题表现的是古夜郎国与汉王朝及波斯等异域相互学习、共同借鉴，共创美好家园、和谐世界。这一主题给舞美工作者提供了一个愉悦明快、神奇有趣的儿童天地。其设计构思则以假定性、抽象性、图案性为主，突出天真烂漫的儿童情趣。色彩基调明亮，物体景片均采用夸张变形手法。一组错落有序的平台，背景是色彩缤纷的崇山峻岭，飞流直下的画幕。舞台上部悬挂高低参差的玻璃钢云片，中部是树藤与花叶编制的秋千。灯光映照之下，一个晶莹剔透、五光十色的山野环境，加强了多层次的舞台空间。再加之弓形的假台口，日月星辰和太阳公、月亮姑娘变形的组合，构成了故事发生的环境。当大幕拉开，观众立即被深深吸引住了。

《母亲河》的设计以一组可以推动变化的不规则平台为主。三大块立体石雕块面，每场以不同组合构成了不同的场景。天幕采用绘制手法，表现了贵州奇山秀水。剧中发生在法国的两场戏，则采用巴黎圣母院的轮廓造型，画龙点睛，恰到好处。舞台上方采用了布幔装饰，每场有所变动，以表现剧中人物在文革前后的心理变化。该剧设计恢宏大气，舞台造型画面优美，感染力强。

近50年来，蓝日礼共独立和参与了100多个戏的舞台设计，以及数十个戏的服装设计。其设计的剧种包括话剧、京剧、歌剧、舞剧、地方戏曲、电视剧及大型晚会等。他始终追求和思考既具有中国民族特色，也含有个人表达意蕴和人性的设计风格与样式。他认为，在日新月异、瞬息万变的当今时代，自然要广采博纳，吸收各个国家的先进文化，更要继承和弘扬中华民族的传统文化。他希望后来者不断地挖掘、探索、继承与创新，使明天戏剧园地里的舞台美术之花开放得更加绚丽多彩！

蓝日礼被评为国家一级舞台美术设计师，先后担任过贵州省舞台美术学会理事、秘书长。现任贵州省舞美学会会长、贵州省戏剧家协会常务理事，中国舞台美术学会常务理事。

（卞哲　整理）

周惠成

“戏痴”的舞台生涯

段春林

2000 年夏，电视连续剧《金三角风云》正在缅甸紧锣密鼓地拍摄，该剧的导演是电影《黄河绝恋》的执行导演王学伟。这天下午，天气燥热，今天要拍摄黑白两道人物短兵相接，舞厅打斗的戏，拍摄现场已布好了舞厅的景，其他有戏没戏的演员都在不打眼处拣个地方落座看拍戏。王导演最后检查了一遍拍摄现场，确认各项准备工作已经就绪和准确到位之后，在一张椅子上坐下，发出号令——“开始”！等候在现场的演员立即动起手来，打斗动作设计得十分好看，演员也打得十分逼真，配上乒乓作响的音响效果，真看得人眼花瞭乱，喘不过气来。只见剧中人物、国民党师长的副官被逼到了二楼楼梯口，前面又有人挡住了去路，“副官”迅速扫了一眼左右，毫不迟疑，一个高翻从二米多高的楼梯口翻下。“啊”！边上看拍戏的演员失声惊叫起来，王导演也惊得“噌”地一下站起身。这是个原先没有安排的动作，完全是演员的临场即兴发挥。王导演大步走过去，拉着早已稳稳落地的“副官”的手说：“周老师，没什么事吧？”“没事！”“副官”咧嘴一笑，轻轻松松走进已经停止打斗的演员中间。王导演擦擦额上沁出的汗珠回到原位，重新发出指令，场上又热热闹闹地打斗起来。“高翻”这个高难动作，对于年轻人来说应该是必须掌握的表演技巧，但这个演员已经不年轻了，才引起现场如此的躁动，他，便是贵阳市著名评剧演员周惠成，是年62岁。

1938年8月，周惠成出生在天津一个梨园家庭，母亲周翠兰是天津著名评剧演员，为孩子今后能有出息，母亲给他取名“惠成”。惠成也的确不辜负母亲厚望，4岁即开始练功，耗腿、筋斗是他每天的必修功课，白天耗腿不够，晚上睡觉还用绳子将腿吊起来。练筋斗时在腿上绑上沙袋，每天往里增沙。4岁的孩子，鸿蒙未开，便受这等罪，哪一个做母亲的不心疼？看到惠成呲牙咧嘴的模样，母亲心里的疼真是无法言状，但她只能咬着牙、狠着心地看着，毕竟，她也是这么走过来的呀。

在严格的训练下，惠成7岁就登台，8岁即正式演出，开始了他几十年风风雨雨的舞台生涯。

1949年11月，中国人民解放军兵不血刃，轻取了贵阳这座山城，惠成结束了他走南闯北流动演出的生活，在贵阳定居下来。作为一名演员，他牢记着“要得人前显贵，必在人后受罪”这句古训。这句戏班老板用来激励学员刻苦练功的话，相当于现在“勤劳致富”之类的口号，其道理浅显明了，在旧戏班中的确产生着极大的作用。惠成成天迷恋着练功，每天凌晨5点半起身，在河滨公园临河喊一小时嗓，练一小时功，9点回团排戏，12时又接着练，练功成了他生活的主要内容。其实这种完全不顾自身体力、精力和承受力的练法并不科学，果然，惠成由于休息不好，练功时犯困，一阵迷糊“扑通”一声掉进河里，冬天冰冷刺骨的河水使他一激凌清醒过来，好在年轻、身体棒，落汤鸡似地回家，居然啥事没有，连咳嗽都没有咳一声，不过，倒是给惠成下了一道“清醒剂”。功夫不负有心人，经过两个月的喊嗓，嗓子出来了，即改行唱花脸。

惠成最大的特点是善于用心，用脑琢磨戏，力求表演的角色性格鲜明，形象丰满。1956年，惠成随团到成都演出《铡美案》，在戏中扮演主角包拯，为表现包拯欲将大事化小，用补偿的方法劝说秦香莲罢诉，而又有悖其“刚正不阿”法旨的复杂心理，惠成在戏中对角色作了如下处理：当他唱完“这样的官司怎样断，倒叫我老包两为难”两句唱词后，包拯指拈胡须，踩着节奏迟缓的锣鼓点慢慢走，表现他内心进行的复杂思考，当走到台口，他一转身，猛抬头看到了公堂上高悬的“公正廉明”的牌匾，他停驻片刻，将胡须猛地向上一掀，转过身来面对观众，摘下头上的乌纱帽……生动地表现了包拯在经过激烈的思想斗争之后，最终作出维护王法尊严、不惜丢官的决心。这个动作是连京剧都没有的，惠成塑造了一个有血有肉的包拯，真实可信地反映了包拯当时的复杂心理，包公也不是神，也有畏惧皇权的私心。他将包拯的人物形象塑造得十分丰满、真实，赢得了满场喝彩。第三天，成都市好几家照相馆将他的剧照放大在橱窗当街展出，被成都观众誉为“活包公”。这年，惠成18岁。

1957年，由于众所周知的原因，反右派运动在全国轰轰烈烈地展开，惠成因为勤于练功，勤于思考，在剧团冒了个尖，被以其走白专道路打成贵阳市文化系统的小右派。别人上北京学戏，他却只能老老实实呆在家里干些杂活，虽然也参加演戏，但主角是上不了了，只能演配角，酷爱演戏的惠成似乎并不在乎，只要有戏演，叫干啥就干啥。也许是惠成还比较听话的缘故，一次团里排评剧《钟离剑》，让他饰演一号人物钟泉。惠成对角色反复琢磨，反复推敲，借用了京剧赐安的武老生及铜锤花脸风格刻画人物，把个钟离老人演得活灵活现，很受观众欢迎。戏一谢幕，惠成照例担着桶给大伙挑洗脸水……

1959 年，惠成被宣布摘去右派帽子，过上了几年安稳的生活。

生活稳定了，戏也有得演了，惠成也更加勤奋了，似乎要拽回几年中耗去的光阴。20 世纪 60 年代初，惠成在评剧《红珊瑚》里饰演麻副官，用惠成的话来说，这个戏有点单调，纯粹是话剧加唱，惠成平常看电影很欣赏电影演员项堃的表演，在戏曲中模仿项堃的某些表演，又试着将传统的戏曲表演技巧运用到现代戏里去，两相结合，运用自如。尤其是 1962 年，团里排演评剧《江姐》，惠成饰反面角色徐鹏飞，如何表现徐鹏飞的反动气质和残暴性格，惠成琢磨开了。喜欢看电影的惠成想起了电影《攻克柏林》中希特勒的表演，希特勒在一个镜头中缰直着两眼，咬牙切齿的面部表情就像党卫军的一条狼狗，他对此印象很深。惠成将这个表情运用到了徐鹏飞的身上，在审讯江姐的戏中，徐鹏飞的台词是："你们的共产主义已经过时了，马克思死了多少年了？恩格斯死了多少年了？"江姐义正词严地说："可是还有斯大林，还有毛泽东，听到他们的名字，你们就会发抖！"徐鹏飞面对观众在椅子上颓然坐下，一脸麻木，以表现徐内心的空虚，最后徐从椅子上站起来，脸上出现了希特勒的表情，两手撑在桌上，围桌子转圈，就像一头饥饿的困兽，将特务头子徐鹏飞的凶恶、残忍的反动本质刻画得入木三分。

20 世纪 60 年代初的几年间，经过中央"八字方针"的调整，国民经济很快得到了恢复，文艺界也出现欣欣向荣的景象，舞台上佳作不断。这期间，惠成铆足了劲的演戏，他饰演《野火春风斗古城》中的敌伪司令高大成，突出运用刀销亮像以表演高的残暴，该戏连演 76 场而不衰。在扮演《第二个春天》的政委冯涛时，他得到电影《停战以后》中张平表演的启发，成功地塑造了共产党领导干部的高大形象。在《社长的女儿》中饰演社长一角，唱腔运用了《回盃记》中张廷秀的唱法，由[慢二六]转[快二六]到[垛板]，体现了教育儿女时的殷殷之情。其他如《黄浦江的激流》、《椰林怒火》、《苦菜花》、《三打白骨精》等戏，他都承担了重要角色，不管是演哪个角色，他都会认真读剧本，细心体会人物性格，然后反复琢磨，运用适当的手、眼、身、法表演技巧，塑造出丰满的、令人可信的人物形象，均获得极大的成功。

就在惠成全身心投入舞台艺术创作、演技愈加炉火纯青之际，一场更大的灾难在中国大地上降临，“文化大革命”的风暴迅速从全国刮进贵阳这个小小的山城。曾经被划过右派的惠成注定在劫难逃，他首先被作为“翻案右派”揪出，被开过无数次大大小小的批斗会。批斗归批斗，戏还得让他演，在《海港》中，惠成饰演高师傅，因将人物演得栩栩如生，真实可信，赢得观众的热烈掌声。谁知下来便挨斗，罪名是盖过一号人物，抢了一号人物的戏，第二天上台便不敢使劲，下来后依然挨斗，罪名为“消极抵抗”，这也不是，那也不是，惠成一时竟无所适从，不知如何是好，只有唯唯诺诺，夹着尾巴过日子。一次在剧团门口当街批斗他时，一个身穿军装的解放军分开人群，挤到他面前，握住他的手说：“我看过你的戏，是个好演员，不要灰心，有错就改，观众记得你。”惠成自运动开始以来，可谓受过不少委屈，但从未掉过眼泪，解放军的一席话，竟启开了惠成感情的闸门，眼泪“哗”地一下夺眶而出，待模糊的泪眼再次清晰，解放军不知何时已消失在人群中。这席话使惠成增强了信心，在过后的日子里，他不灰心、不气馁，尽量以实际行动来证实自己对党的忠诚。终于，惠成安然度过寒冬，迎来粉碎“四人帮”后的灿烂阳光。

进入新时期，惠成更加精神振奋，决心甩开膀子在戏曲舞台上大干一番。1978 年，在天津拜名伶厉惠良为师。为博采众长，提高自己的表演技巧，由省京剧团马骏骅牵线，惠成正式拜在京剧泰斗袁世海的门下。那是 20 世纪 80 年代中期，全国政协会议召开，同时在“富连成”戏班学过戏的马骏骅与袁世海在人民大会堂见面，适逢惠成也在北京，马骏骅将惠成叫到大会堂，将惠成介绍给了袁世海，惠成诚恳地表达了拜袁为师的心愿。袁世海与惠成另约了时间，见面后惠成使了几个身段，唱了几句唱段，便显出了他扎实的功底，袁世海当即表态，答应收他为徒，正式照了拜师照。

惠成拜了老师，不仅学习老师的艺术，重要的是学习老师的戏德、老师的精神，在这方面，惠成深有体会。1987 年冬天，惠成代表贵阳市文化系统到北京接袁世海到贵阳，那天气候恶劣，天气寒冷，下着大雪，惠成裹紧大衣仍觉寒气逼人，当他来到袁世海位于三里屯的家，叩开院门时，院里的场景使他不由倒吸了一口冷气，老师一身单衣正在练功，惠成立刻来了兴致，他放下手里的物件说：“我来陪您！”立即脱去衣服陪老师练了起来，就在这天，老师又教会了他《芦花荡》中张飞的戏。这件事对惠成的触动很大，老师已经是一个名满中华的大牌明星了，且已上了岁数，但人虽老却练功不止，彰显了其活到老、学到老、练到老的敬业精神。老师十分爱护惠成，艺术上严要求，技艺上大到如何塑造人物，小到如何捋耳毛子，如何讲究手指的里外变化，均不厌其烦、不厌其细地教授。老师说：“看戏时，比你强的要看，不如你的也要看，不是看别人的短处，多看别人的长处，不论是主要角色和次要角色，正面人物和反面人物都要认真去演，一般角色更不能轻视，演戏要有戏德，要想演好戏，必须先学会做人。”老师的这些教诲，惠成一一记在心上，也成为惠成艺术道路上的指向标。

思想境界的提高，使惠成在艺术上有了更大的飞跃。1995

年，贵州省第四届杜鹃书会决赛在省电视台演播厅举行，惠成与妻子王晓堂、青年演员于少亭合作的小品《中秋月圆》参加了决赛，惠成扮演一个不负责任而受到良心谴责的父亲，三人在探望失足儿子时的激情表演使观众倍受感染，观众席此起彼伏的抽泣声，是对他们表演成功的充分肯定，这个节目力克群雄，获得了惟一的一等奖。

在《息烽英烈》这出戏中，惠成饰演特务头子周养浩，接到本子后，他仔细琢磨角色，在戏中既要表现周养浩的阴险、狡猾，又不能抢正面人物的戏，故舞台上的动作宜收而不宜放。他决定充分运用眼睛，做到眼睛有戏。在一场戏中，他背过身去一下摔了杯子，突然一回脸，露出了两眼凶光。舞台边的工作人员都吃了一惊，下来说："周老师，你的眼睛好吓人呀，真像个特务头子。"惠成笑了笑，没有过多言语，他知道，面对观众的褒奖，虚心才是一个艺术家应该具有的品质。2003 年，在"贵州省老艺术家委员会"成立大会上，惠成和著名京剧表演艺术家李鸿韵、卢晓玉同台表演独幕京剧《风雨林家》，惠成在剧中扮演老大妈的儿子，举手投足之间，充分展现了角色的匪气、邪气，将人物表演得出神入化，演出获得极大成功。

几年前，惠成从贵阳市评剧团业务副团长的职务上退了下来，但钟爱艺术的他，却仍然没有闲着，外地许多剧组点名邀他参与拍戏，近些年来，他参与了电影《徐霞客传奇》、电视剧《要钱的官》、《王若飞》、《遵义会议》、《杨虎城的最后岁月》等 70 多部影视剧的拍摄，从一个评剧演员变成了银屏演员，体验和实践了不同艺术品种的表现技巧。惠成痴迷戏剧表演艺术，和他的老师一样，将"活到老、学到老、练到老"作为自己的艺术准则。他认为，选定了这行为职业，就注定要终生吃苦受累，也只有累，只有苦，活着才有滋有味，才能开心顺气。

罗江禹

贵州花灯艺术之星

辛　成

在戏剧艺术的百花园里，贵州花灯剧以其浓郁的地域特色和艺术光彩独具一格。其优美动听的曲调、琅琅上口的唱词、载歌载舞的表演形式和戏剧手法，生动地演绎了诸多感人的历史故事、优美的民间传说，也浓墨重彩地描绘了一幕幕现实风云，因而深受黔中大地各族群众的喜爱，也得到省外广大观众的欢迎和专家的好评。众多的花灯剧艺术工作者为之呕心沥血，献出了他们的青春年华乃至毕生精力。其中，国家一级演员、著名花灯艺术家、中国戏剧家协会会员罗江禹则是一位突出的代表者。

面对两张录取通知书

罗江禹祖籍四川省合江县，1940 年出生于贵州省毕节县，两岁时随父母来到贵阳市郊风光秀丽的花溪河畔定居。花溪原名花仡佬，现在的美名则是一位耕读出身名叫罗浮仙的饱学之士更改的，他就是罗江禹的父亲。小江禹 5 岁就读于花溪小学，1957 年从花溪中学(现恢复原名清华中学)毕业，年仅 17 岁时即以优异成绩考上了贵阳师范学院(今贵州师范大学)中文系。她本可按部就班享受完高等教育后步入另一番人生旅程，但她却毅然放弃了上大学的机会，踏上了艰辛的艺术人生之路。原来，此前她在音乐老师的鼓励和带领下报考了贵州省花灯剧团，由于演唱和表演成绩优秀，免于复试当即被剧团录取。一张大学录取通知书和一张剧团录取通知书同时摆在了花季少女面前，何去何从？开明的父母由女儿自行抉择，小江禹把两份关系到自己人生道路的通知书左看右看，最终，自幼对文艺表演的浓烈兴趣，促使她选择了艺术道路，一往前行地走到今天。

贵州省花灯剧团是罗江禹高中毕业头一年即 1956 年成立的，急需人才。而 20 世纪 50 年代初，十岁左右的罗江禹就是当地解放军文工团忠实的小观众。文工团排练和演出的《白毛女》、《刘胡兰》、《夫妻识字》、《小放牛》等节目，以及秧歌、腰鼓和各种缤纷舞蹈，她闻讯后，只要是课余，立即前往津津有味地观看，并在一旁模仿哼唱和比试动作。她是学校文体活动的积极分子，早年的清华中学提出了“智、德、体、群、美”全面发展的教育方针，一流的教学水平外文体活动也开展得有声有色，闻名全省。罗江禹上中学后，课余曾在学校排演的歌剧《刘胡兰》选场和《采茶扑蝶》、《五个女儿》等歌舞节目中，以及歌咏活动中担当主要角色，自由体操等体育运动中也有她矫健的身影。所有这些都影响和奠定了她以后的艺术人生道路。

甫刚成立的贵州省花灯剧团在整个国家欣欣向荣的大环境中蒸蒸日上。罗江禹也正值生命的春天，进入剧团后如鱼得水。她虚心地向老艺人学习传统花灯的唱、做、念、舞，并与同伴们切磋，苦练这一艺术门类的基本功。她向京、川、评、越等各种戏曲的老师学习传统戏曲的表演程式和技巧，借以丰富花灯表演艺术。她饶有兴味地阅读文艺作品和表演方面的文章，借以提高自己理论素养。她虽然有着天赋的嗓音和学生时代就显示出来的表演灵气，但毕竟不是自幼就接受专业训练，17 岁的年纪在戏剧舞台上做功的灵活和柔软不如孩提从师的小演员。于是，她就凭着一股韧劲，黎明即起，坚持压腿、下腰、喊嗓、练嗓……经过三个月的突击训练和排练，花灯剧团团长罗坚即率领她和同伴们赴铜仁地区开始了演出实践。

往事悠悠，而今已年过花甲的罗江禹还记得近半个世纪前的演出情景。她和同伴们背行李、扛道具，上山下乡，走村串寨。当年许多乡村尚不通公路，就步行跋涉；没有电灯，就用汽灯照明。田间地头、晒坝庭院作舞台，绿水青山、竹篱茅舍当背景。艰苦的生活和演出条件，磨练了他们的意志；农民群众对花灯艺术的热烈欢迎，坚定了他们敬业的决心。当年，她以两出传统小戏中的角色——《拜年》中的干妹子和《打鸟》中的毛妹仔首次登台亮相，把两个活泼可爱的农村小姑娘表演得十分生动。这算得上是她的处女作。

罗江禹的豆蔻年华是在贵州省花灯剧团的创业阶段度过的，她的艺术人生从一开始就扎根于深厚的民间艺术土壤。“艰难困苦，玉汝于成。”对逝去的青春年华和最初的人生抉择，她无怨无悔。1960年刚满20岁不久的她光荣地加入了中国共产党，对自己更是高标准、严要求，不忘自己是名党的文艺工作者，用实际行动忠实地实践入党誓言。

扮演数十个角色倾注心血

罗江禹从艺数十年，出演了40余出花灯剧（节）目，大多数是担纲主要角色。她的演出足迹遍及黔中山水，并走出省外，在大小剧目中塑造了众多生动的艺术形象，深受广大观众喜爱，也得到省内外领导和专家的首肯及好评。

从她进团的次年即1958年，到“文化大革命”浩劫前夕的1965年，她先后主演了《拜年》、《打鸟》、《幺妹上学》、《打舅娘》、《妇女矿工排》、《红花遍地开》、《七妹与蛇郎》、《哑姑泉》、《平凡的岗位》、《三里湾》、《丰收之后》、《女飞行员》、《刘胡兰》、《劈山曲》等剧。“文化大革命”期间，她奉命主演了移植的样板戏《红灯记》、《杜鹃山》等剧。“文化大革命”后，她除了主演重新复排的《七妹与蛇郎》、《哑姑泉》、《平凡的岗位》等大戏外，还在新排的《救救她》、《岗哨》、《甜蜜的事业》、《典型人家》等多部戏中担任主角。这些剧中的主人公和重要角色，年龄不同，职业有别，身份相差，性格各异，罗江禹凭借其艺术功底和刻苦琢磨，虚心讨教，反复实践，将之一个个塑造得有血有肉，栩栩如生。

《七妹与蛇郎》是贵州花灯剧团最有地方特色的优秀保留大戏之一，也是罗江禹的代表作品之一。在剧中，她十分成功地塑造了美丽聪明、纯朴善良的七妹的形象。她的唱腔清甜婉转，表演质朴自然。该剧从1960年首演，历数百场而屡演不衰，其曲调被中国唱片公司灌制，广为传唱。1978年复排再度上演，票房效应不减当年。1987年10月，该剧参加了中国首届艺术节四川分会场演出，广受好评，并作为花灯剧的剧种代表作被收入《中国大百科全书》。有道是“十年磨一剑”，《七妹与蛇郎》一剧被罗江禹和她的同伴们前后磨了近二十年，终于使这部戏达到了炉火纯青的高度。

《哑姑泉》是罗江禹的又一部代表作。她扮演的剧中的主角甜姑属文武花旦，要求演员唱、念、做、舞的功夫一应俱全方能胜任。由于她的刻苦努力，出色地塑造了甜姑的形象。此剧1961年在贵阳市首演时，连续爆满四十余场，不少观众为购票而通宵排队，盛况空前。1978年复排上演，依旧受到热烈欢迎。

《打舅娘》是部独具风格，艺术质量颇高的花灯剧。罗江禹在剧中成功地扮演了泼辣干练、嘴快心善的吴阁女。在这部戏中，她发挥了嗓音高亢甜美的优势和对丝弦灯调风格的准确把握，形成了她自己独特的声腔韵味。在表演上，她对角色的塑造该用什么行当，反复琢磨：彩旦？青衣？……似乎都不理想。她苦思苦索，并向同行征求意见，最后她想到戏剧理论中的一个原理：表演的核心在于塑造鲜活的人物性格。于是决定：不依套路演行当，而要演“人”！她揣摩人物的性格特征、心理状态，运用花灯的传统舞蹈动作去表现“舅娘”吴阁女内柔外刚、泼辣干练的个性。比如，当吴阁女得知外甥张小三上门来看望自己时，很是高兴。按一般程式，只消三言两语问答后便可开门迎客。但她特意加了一段“梳妆”，借以渲染人物喜悦的心情。在质朴优美、地方色彩浓郁的铜仁丝弦灯音乐的伴奏下，采用了“风摆柳”、“野鸡步”、“羞扇”、“快上步”等富于性格特征的舞蹈动作：转身、抬步、掸衣、换鞋、耸肩、抖袖等，淋漓尽致地将人物内心活动展现于舞台。她还使用写意手法，用传统的花扇、手帕道具作身段。当唱到“杨木梳子放油光”时，扇子即刻变成了梳理人物一束青丝的梳子；唱道“前面梳刘海”时，扇子又马上变作察容审貌的明镜……新颖别致，富于变化，赋旧程式以新生命，一切为刻画塑造人物服务。1964年京剧表演艺术大师尚小云观看后，很是赞赏，认为罗江禹的表演属尚派风格，愿收之为徒，并亲笔作画赠送之，以资鼓励。该剧片断还曾为李先念、李井泉等高层领导演出，广受好评。

《平凡的岗位》系从著名的同名评剧改编，歌颂环卫工人崇高的敬业精神。原剧的主人公康进系男角。改编为花灯剧时，特意为罗江禹的出演而改为女支书康英。该剧1964年赴成都参加西南地区话剧、地方戏会演，荣获优秀演出奖。文化部将之调到北京演出，刘少奇主席亲切接见了剧组人员，万里、王震、周扬、林默涵等中央领导同志也亲临观看。文化部又将该剧推荐到武汉、郑州、西安、延安、南京、九江、重庆等地演出，所到之处深受观众欢迎。人民日报、北京日报、陕西日报、四川日报、重庆日报等媒体纷纷发表评论文章，对该剧和罗江禹在剧中的表演给予高度评价。

罗江禹在花灯剧舞台上成功地塑造了众多的各色人物，不管戏份的多少，她都倾注了大量的心血和汗水，精心打磨。她的表演功底，除了刻苦的艺术实践，还在于好学不倦。除了读书提高素养，她还虚心向民间艺人和其他剧种的老前辈求教；她尽可能地深入生活，到环卫工人中同他们一起挑粪、扫大街，下到餐馆端盘洗碗，去到农村挥镰割稻……艺术家是靠艺术作品安身立命和向社会说话的。戏品是靠人品支撑的。德和艺是相辅相成的。数十年的辛勤付出，终于成就了贵州花灯剧领域中这位德艺双馨的艺术家。

从花灯剧艺术舞台退下来后，年过半百的罗江禹还应邀参加了《二月天》、《黄齐生与王若飞》、《周恩来在贵阳》等多部电视剧的演出。在拍摄现场，她从不以名演员自居，自称是名新兵。每句台词、每个镜头都一丝不苟，被剧组人员誉为“最佳合作者”。

从事编导及行政工作和艺术教育不遗余力

20世纪80年代，根据工作的需要，罗江禹将其主要精力转到编导以及行政领导和艺术教育等方面。为此，她也付出辛勤的劳动，不遗余力。

1978年，罗江禹即担任贵州花灯剧团副团长，主管业务工作，以后又兼任党支部书记、艺委会主任。1987年兼任贵州省艺术学校副校长。1993年当选为贵州省文联副主席。此外，她还先后担任省戏剧家协会副主席等社会职务。这些工作和职务都让她不得不耗费大量的时间和精力，但她并不热衷于一官半职，对出头露面的应酬更无兴趣。她始终倾心于花灯艺术事业。

1984年，她主持参与了大型花灯剧《唐二传奇》的创作并任导演之一。该剧于次年为庆祝遵义会议召开50周年献演，颇获成功，伍修权、童小鹏、陈沂、张世珠等领导同志观看后题词祝贺。此后，她作为主创、编排、策划、统筹及领导创作的重头节目还有《花灯联唱》(1989年获全省首届花灯电视大赛专业组一等奖)、花灯歌舞《踩新台》(同前二等奖)、大型花灯剧《乌江云·巴山雨》(1993年参加全国地方戏曲交流演出，获南方片7个奖项)，以及花灯歌舞《迎红军》、花灯小戏《十字坡》、《小香的心愿》等。其中，她在《乌江云·巴山雨》一剧中直接领导音乐创作，从选素材、定主题，总体结构布局，到舞台体现实施都力求完美。事后，她又总结创作体会，撰写了论文《析花灯剧〈乌江云·巴山雨〉中江云的音乐形象》，得到中央戏剧学院副院长、教授何炳珠，表演系主任、教授梁伯龙等专家的首肯。2002年，她与钟声、张孝先合作创作了大型花灯剧《月照枫林渡》，演出后获省内外专家一致肯定，次年被定为参加在西安举行的第七届中国艺术节献演剧目，并获第三届中国戏剧文学奖银奖。

在艺术教育方面，从1987年到1992年，罗江禹全面主持了贵州省艺术学校(现贵州大学艺术学院)八七级花灯表演专业五年制教学大纲的制定和全面实施。其中包括大纲的讨论定稿，各科目教程安排及实施过程中的调整、教学研究、传统剧目的整理改编、新剧目的创作、学生的艺术实践及思想教育等。她还亲自授课，主讲的课程有：花灯声腔（女班）、花灯表演及台词、花灯剧目等。每周课时最少 12 节，多达 21 节。独立编写了剧目课教材 8 万多字。

以往花灯团学员的培养，大都是采取以团代班的培训方法，沿袭旧时师傅带徒弟的路子，由老演员一招一式言传身教，边演边学，基本上没有什么成套的教材。罗江禹主持开办的却是正规的“贵州省艺术学校花灯中专班”。40 多名学生是从 800 多名考生中筛选出来的。经过正规学习后不仅要具备一定的花灯专业技艺，而且德智体美各方面都要达到合格的中专生水平。这在贵州花灯艺术教育史上是没有先例的。为此，罗江禹和剧团及学校承担任教工作的同志们兵分两路，一路前往北京、武汉，一路前往上海、安徽等艺术教育较早的地方取经，学习求取京昆班、沪剧班、淮剧班、黄梅戏班的教学大纲，回来后参照舞蹈、京剧、黔剧等艺术的教学方案，结合花灯艺术的特点，并广泛征求各方面的意见，最终编写出了自己的教学大纲及实施方案。这是一项开创性的工作，经费匮乏，人力物力十分有限，个中的艰辛一言难尽。甘为花灯艺术育新人，换得黔中艺坛尽芳菲。罗江禹和她的同事们为之付出的大量心血在贵州艺术教育史上留下了可资记载的一笔。

学而不倦　勤于笔耕　低调为人

罗江禹经常慨叹自己读书太少，知识底蕴不深厚。其实这正是一名文艺工作者好学不倦，孜孜以求，不断奋斗的真实心态。她早年高中毕业后虽然放弃了继续深造的机会，但在承担繁忙的演出任务之余，稍有时间即不断的自我“充电”，涉及各种艺术理论。1981 年 9 月至 1982 年 7 月，她以优异成绩考入上海戏剧学院戏曲导演专业进修一年，更是如饥似渴地学习有关知识。

多年来，罗江禹将学得知识结合艺术实践，融会贯通，撰写和发表了十多篇有相当见解的论文，如《我在创造角色中的点滴体会》、《二十八年来花灯剧的回顾》、《从〈灯班传奇〉的演出谈花灯艺术风格的探索》、《从〈高加索灰阑记〉中所得到的启示》、《加强我省艺术表演团体体制改革的力度》、《谈花灯剧〈唐二传奇〉的艺术风格》、《析花灯剧〈乌江云·巴山雨〉中江云的音乐形象》、《地灯、台灯及台灯的三个灯调系统》等。仅浏览这些题目，就可看出作者对事业的执著。其中写于1996年的《地灯、台灯及台灯的三个灯调系统》一文，系关于贵州花灯的学习笔记，长达15 000多字，参考了大量资料，足见其刻苦精神。此外，罗江禹还为花灯艺术教学编写了不少教材。既有成功的艺术实践，又有丰富的艺术理论，这在贵州省文艺工作者队伍中，特别是老艺术家中是不多见的。

“我信奉一句名言：‘生活的理想，就是为了理想的生活。’”

“30余年来，我养成了一种习惯：一读剧本就全神贯注，一听到音乐和锣鼓就兴奋，一进入排练就动情，一上舞台就有高度的舞台信念。”

“如果把人的一生比做琴弦，我便将自己紧紧地绷在贵州花灯这把琴体上，几十年来，生活之弓磨练着它，它将毫不吝惜地奏完生命的乐章。”

以上是罗江禹1992年发表在一家刊物上的《艺徒随笔》一文中的几段话。

言为心声，罗江禹从艺数十年，在她少女时代就选定的人生道路上奋力前行，矢志不渝，为贵州的花灯艺术事业，特别是花灯剧的建设，作出了卓有成效的贡献。为此，她获得了不少奖项和荣誉，先后当选为贵州省政协委员、省人大代表，1991年获国务院颁发的政府特殊津贴，但她却将补发的1 500元津贴捐给了剧团学员班。按照世俗的观点，她是功成名就了，但在荣誉和待遇面前，她始终显得很低调。她在上述文章中曾写道：“个人经济利益，不该我拿的一分不拿，该我拿而拿不到的，也用不着牢骚满腹……挣钱是为了生活，生活是为了理想与追求。”她还写道：“被铜臭腐蚀的灵魂，其人生价值等于零。”听其言，观其行，罗江禹是以行动实践着她的人生理念的。

艺而优则仕。在我们这样一个“官本位”相当盛行的社会，罗江禹却有着自己的人生信条。1978 年她被上级确定为剧团领导以后，苦恼了很长一段时期。她觉得自己能当个好演员，而当不了好领导。当她走进剧场，陡然发现没有了多年来属于自己的演员岗位，闻不到油彩的芬芳……忽然间，对舞台产生了揪心的眷恋——那也是她早年放弃进高校而选定的人生舞台啊！背地里她不止一次地哭泣过……惟有对艺术事业执著追求的人，才会有这样的心境。

1987 年，她接受了在复排的《七妹与蛇郎》中仍旧扮演七妹的任务，并参加中国首届艺术节西南分会场（成都）的演出。那次出场，也就是她告别花灯剧舞台的最后一次演出了。虽然她的演技早已成熟，唱腔也还声情并茂，扮相和身段也因从未发福而“远观尚可”，但这时她的年纪毕竟已经四十七八了，而重新登台扮演的却是 18 岁的少女。她不得不感叹“流水落花春去也”！热心的观众则投书报刊说：“两鬓堆霜的罗婆婆由于后继乏人而不得不披挂上阵。”恰好也就在她接受上述演出任务时，还同时接到另一项任务：组织五年制花灯表演人材的招生与教学工作。于是，她在告别演出后，将对事业的执著追求化作一腔真挚的爱，倾注在后来人的身上。学生们都知道，他们的罗老师“眼眶太浅”，特别容易流泪。这些娃娃第一次汇报演出前的一夜，罗老师难以入眠。演出开始后，看到自己的心血没有白费，她又流下了激动兴奋的热泪……“我对树木花草的根须有一种崇敬之情，根须把摄取的水分、营养送给花朵，而自己却默默地安然地深藏于泥土之中……人，好比一滴水，只有将自己溶进事业的海洋中，方能显出存在的价值。”罗江禹如是说。

不事张扬，低调为人，淡泊名利，尽力而为——这些宝贵的品质在罗江禹的身上体现得十分明显。早些年评尖子演员、一级演员，以及评定工资待遇等等，她从来没有主动伸过手。当选省戏剧家协会副主席、省文联副主席，并非她刻意追求。1959 年她才 19 岁时就被确定为贵州省政协第二届政协委员，可谓年少得志，这样荣誉那样头衔，她从来没有炫耀于人。作为颇有名气的女演员，她并非像一些人所误解的那样有着骄娇二气。在父母面前她是孝顺女儿，嘘寒问暖，侍奉汤药；在丈夫和儿女面前她是贤妻良母，相夫教子，操持家务；有了孙辈，她又是慈祥的奶奶。现今她的小外孙在四川音乐学院附中就读，她和老伴经常前往照料孙儿的饮食起居。她说自己本来就是一个十分平凡的女人，如果说在事业上有些成就，也不过是恪守本职，尽力为之罢了。回首往事，她真诚自白：自己谈不上是什么名人。是的，人生惟其自视平平淡淡才是真！

岁月无情人有情，早年舞台上的青春靓丽的“七妹”、“甜姑”而今在现实生活中已是年过花甲的奶奶辈了，但心态依旧年轻平和。她与其老伴——我省另一位老艺术家、著名话剧演员、导演赵谦，相携相伴，相濡以沫，过着温馨从容的晚年生活。自然，她也一直在关注着自己一生钟爱的艺术事业。

卢小玉

精雕细刻见光彩

杨　高

古语说："石之大者为山，石之美者为玉。"

在贵州这个"山国"里，岩石可以说是浩如烟海，玉石却寥若晨星。即使真是一块玉石料子，由于工匠的刀功有粗有细，成品后的价值也有天壤之别。这里，我要讲述的是贵州文艺园地里，一块历经雕琢而在省内外放出光彩的小小玉石。她，就是贵州省京剧团的优秀表演艺术家卢小玉。

她是贵阳人

卢小玉，祖籍广东中山，本人出生于贵阳山城。据她老母亲回忆，小玉问世的时间是1941年农历腊月初十，降生的地点在朝阳桥头原贵阳三中附近的简陋产房里。那里原是一座庙宇，后改装成贵阳医学院附属医院。

20世纪40年代初的贵州山区，交通闭塞，民生凋敝。然而，省城贵阳的京剧舞台却分外红火。由于地处抗日大后方，许多名角陆续来这里展露才艺。大十字附近的几个戏园子经常是丝弦鸣奏，喝彩声起伏。

卢小玉的父亲卢寿椿，原在武汉市水电公司当职员。平时酷爱京剧艺术，主攻梅派，扮相嗓子俱佳，唱做造诣亦相当厚实。工作之余，经常粉墨登场参加票房演出，颇受新闻记者和各界观众赞赏，与南铁生、朱啸秋合称武汉京剧票界的“三大名旦”。后来他正式“下海”，成为专业演员，组建自己的戏班，在西南各城市领衔巡回演出。在桂林期间，卢寿椿曾与著名戏剧家田汉、欧阳予倩有过交往。他们对这位精通韵律又知书达礼的艺人留下了良好印象。

卢小玉在贵阳“土生”，却没有在贵州“土长”。她从小跟随父母在戏班里“滚”。在那黑暗的岁月里，为了糊口，为了躲战乱，戏班不得不经常流动。颠簸的汽车，崎岖的山路，在她幼小的心灵上刻下深深的烙印。小家伙明知学艺苦，却悄悄地爱上了京剧这一行。每到一个地方，安顿了住处，她就往戏院跑。大人们练唱，她就在一旁好奇地跟着学。每天从早到晚，小嘴里数的尽是锣鼓点子，哼的也全是西皮、二黄。看见大哥哥、大姐姐们练功，幼小瘦弱的她跟在后面一招一式地模仿，什么下腰啦，劈叉啦，毯子功，把子功啦，常常练得“一脸土，满身灰”。戏班里排练新剧目时，她总是在一旁留心观察，第二天就邀集几个小朋友到家里，拉起窗帘当大幕，搬动桌椅做道具，照样走排一遍。父亲母亲见女儿这样爱戏，就有意识地指点她、培植她。

四五岁时，小玉就开始粉墨登场了。在陈佩卿（陈少卿之父）主演的京剧《西游记》里客串了一个娃娃生。由于个子太小，还是由大人背上台去呢！稚嫩的面容，乖巧的表演，赢得了满堂彩。后来，在昆明、南宁，她白天上小学，放了学赶紧做作业，晚上就赶到后台妆扮起来。在大人的指点下，先后客串《三娘教子》里的薛义、《锁麟囊》里的麟儿。这个编外的小演员，虽然不拿工资，演起来却格外专注。大人们看在眼里，喜在心里，都说：“小玉日后可是个好苗子啊！”

1949 年底，红太阳驱散了乌云，解放军的红旗插遍了祖国南方大地。卢寿椿带领的戏班子，告别了颠沛流离的“跑码头”生活，被收编为云南驻军的京剧队，后来又充实扩编为广西人民京剧团。身为团长的卢寿椿成为部队首长的座上宾。他的爱女卢小玉唱着“解放区的天”，参加了文艺界欢庆解放的腰鼓队，还经常听解放军指战员讲战斗故事。新社会，艺人们的社会地位提高了，从小钟爱京剧的卢小玉学艺的欲望更强烈了。

1953 年，正当新中国开始进行第一个五年计划时，不满 12 岁的卢小玉加入了广西人民京剧团，作为小学员正式投身到京剧艺术事业中。从那时起，这株艺苑新苗，在老前辈艺人的指教和熏陶下，经受了南国烈日和海风的磨炼，在舞台上茁壮成长起来，成了一颗崭露头角的“希望之星”。

吃“杂粮”长大的

说起来，卢小玉学艺的基本条件是相当差的：一没有个头，只有一米五几。扮演古代的“窈窕淑女”，这个身量实在欠缺；二没有嗓音。刚进剧团时，只有本嗓，憋了半天，也喊不出高音来。京剧的“四功”里，唱功一向居首位，所以京剧艺人管嗓音叫“本钱”。她学的是旦角，没有嘹亮圆润的小嗓（即“假嗓”），就没法拿下大段成套的西皮、二黄唱腔，连“及格”都达不到；三没有文化。她学艺早，剧团又处于流动状态。只读了小学三年级的她，要从事京剧这门博大精深的艺术，难度是可想而知的；四没有机会进戏曲学校。她长年累月跟随大人在小城镇演出，既得不到系统的专业训练，更得不到名家的指点，入门还算容易，可是提高却成了大问题。

不向困难低头，不向命运屈服！年少好胜的卢小玉牢记长辈们的教导：“勤能补拙”“要想人前显贵，就得背地受罪”，以勤学苦练来弥补自己的“先天不足”，以付出更多的辛劳去追赶并超过同龄伙伴们的进程。个头小，她就苦练基本功，在唱念做打上下苦功夫，在手势、眼神、身段、台步上悉心揣摩，刻意打造乖巧而精灵的舞台形象。嗓音差，她就用老艺人教给的“吃生鸡蛋”的偏方进行调理，并在剧团协理员的帮助下，每天早晚借助西洋乐器“萨克斯”面对大海坚持吊嗓。苍天不负有心人。经过长年累月的不懈练习，终于掌握了运用丹田气发声的要领，吊出了又亮又甜的小嗓，找回了这个“吃戏饭”必不可少的看家本钱。文化低，她就利用排戏、演戏之外的业余时间，在剧团组织的文化班里一笔一划、一字一句地学习生字、生词。通过背戏词了解历史地理知识。身处海南岛，没有机会进戏曲学校，甚至没有机会到北方的大城市、大剧团里去感受京剧氛围，她就因地制宜，就近向本剧团的那些有真本事、见过大世面的“能人”虚心讨教，并在他们登台演出时躲在侧幕边留神观看，把他们的唱腔、身段一一牢记心上。就这样，小玉通过“讨戏”“偷戏”的办法，人不知鬼不觉地把身边主要演员的许多特长悄悄移植到自己身上了。在南海京剧团，她先后向应邀前来挑大梁的上海知名演员张俊秋学会了《贵妃醉酒》、《春香闹学》，向二路花旦路云学会了《拾玉镯》，向武生张友方学会了《悦来店》，向中国戏曲学校的毕业生许湘生学会了《打焦赞》。在后台，她常常趁着化好妆等候出场或演出间隙的时间，不耻下问，向跑龙套的老演员和管理服装、道具的老师傅讨教京剧流派特色和舞台表演要领。

小玉在老父亲卢寿椿的启示下，认准了这样一个理儿：一个青年人在发育期间，不能专捡大米白面、鸡鸭鱼肉，要多吃些杂粮粗菜，身体才长得壮实，演员学艺也同样是这样。平时，为了充实自己在艺术上的“营养”，她什么都看，什么都演。除了京剧，她还注意观摩话剧、电影和地方戏曲，从中汲取有益的东西揉到自己的行当里，融化到自己的角色中。她说：各门艺术是相通的，艺多不压身嘛！这样使她日后不单会按照规矩表演程式，而且能够通过眉宇和形体表现剧中人物的内心世界，也为她在大量的现代剧目中创造不同的人物形象，提供有利的条件，扎下坚实的基础。平时，剧团里排练节目，她这个“新秀”不摆“谱儿”，不怕“丢份儿”，尽量争取多上台，扮演各种行当的群众角色。不管是粗活儿、细活儿，词多的活儿、词少的活儿，无论什么宫女、丫环、门子、武士、车夫，她都勇于承担，而且演得一丝不苟，为争装什么像什么。这样的日积月累，使她扎下了坚实的基本功底，不仅擅长演本行当——青衣、花旦，而且成长一个人见人爱的“多面手”。日后，卢小玉学了《雅观楼》中李存孝（武小生），在《闹天宫》里反串了哪吒（武生），一个个光彩照人，给观众带来意外惊喜。她在《劈山救母》中扮演沉香的耍斧、耍剑，更是博得满堂喝彩。还有，她在现代戏《育新人》中扮演的农村老太太，在现代戏《梅花案》中扮演的女特务，均活灵活现，至今为人们津津乐道。

寻师求艺

1958年10月，广州军区所属的南海京剧团，为了支援大西南的文化建设，奉命进入贵州山区，改称贵州省京剧团。全团人马整装北上，先乘火车到黔南歇脚，省文化局派了 10 辆大卡车，把他们从都匀一路风尘浩浩荡荡地接进了还没有通铁路的贵阳山城。就这样，正值豆蔻年华的卢小玉，和父母一道，又随团回到了她的出生地。

16 岁的卢小玉在贵阳定居，心情自然挺高兴。这里，京剧是最大的剧种。在这个公办的省级剧团，学艺的条件要比海南岛强得多。

命运总是青睐“乖孩子”。20 世纪 60 年代第一春，贵州省京剧团为了培植这株正在茁壮成长的新苗，破格送她到北京参加了中国戏曲研究院举办的全国戏曲表演研究班。这个研究班的阵容空前强大，京剧大师梅兰芳亲自担任班主任，学员里大部分是各种剧种的名角，如京剧的关肃霜、童芷苓，豫剧的常香玉，汉剧的陈伯华，川剧的刘成基，广东粤剧的红线女，上海越剧的袁雪芬和山西蒲剧的王秀兰等，惟独贵州来的卢小玉年纪最小，名气最小，个头也最小，是一个稚嫩而幸运的“小不点儿”。一来到这个顶级的戏曲研究班，如同乡下妹走进金銮宝殿，真是“大开眼界，大长见识”啊！好学上进的卢小玉珍惜这个“天赐良机”，如饥似渴地听呀、记呀，恨不得长出四只耳朵、两双手。在课堂上，她和老大姐、老大哥们一起聆听了梅兰芳、荀慧生、俞振飞等著名京剧艺术家的亲口讲授，并且近距离观看了他们的示范表演。在她纯真的心灵深处铭记下大师们传授的艺术真谛：“演戏，不单要演程式，还要刻画出剧中人的思想感情”；“当一名演员，不但要功夫精湛，还要有高尚的道德品行。”在走廊，在住地，小玉不知疲劳地向同班的知名演员频频讨教他们的拿手剧目，其中有汉剧演员陈伯华的《断桥》，蒲剧演员王秀兰的《卖水》，京剧演员谢锐青的《秋江》等。面对山区小师妹的真诚渴求，学长们自然是“知无不言，倾囊相授”了。在学习期间，除了表演艺术上的“饱餐”，还有两件事是卢小玉终生难忘的。

一是，她在一次观看演出前，经人介绍到后台见到了仰慕已久的梅兰芳。梅大师握着小玉的手，亲切地勉励她："珍惜时光，刻苦学艺，为贵州山区人民服务。"二是，在北京庆祝"五一"的游园联欢会上，朱德总司令观看了她和李雅兰（北京市戏曲学校优秀毕业生）合演的《姑嫂比剑》。她看到慈祥的朱老总，坐在前排，看得聚精会神，还不住地点头赞许呢！

参加北京的戏曲艺术研究班，是卢小玉学艺道路上的第一个里程碑。然而，学习期限毕竟太短促了。课堂上学到的知识，有待消化；大师们的教导，需要在今后的成长中去实践去运用。回到贵州，一个现实的课题摆在小玉面前：自己吃了许多"杂粮"（海南岛），基本功扎实了；也吃了点"细粮"（北京），有了一定的艺术造诣，今后的道路朝哪个方向奔？不能见啥唱啥演啥，总该归路归派了。京剧流派五彩纷呈，老父亲当年学的是梅派，自个儿主攻哪一派呢？

当时，四小名旦之一张君秋的唱腔开始盛行。他那高亢委婉的韵味，很受戏迷欢迎，也使年轻的卢小玉心向往之。她根据自己气力足、嗓音亮的特长，立志走张派的戏路子。

学张，志向定了，可是跟谁学呢？贵州是山区，梨园界没有正宗的张派名家，本剧团也不可能送她专程到北京拜师学艺。思来想去，还是因简就陋，请个"唱师傅"到家里自学吧！"唱"师傅，就是唱片和唱机。20 世纪 50 年代末，国家正处在困难时期，一个普通演员每月区区 40～50 元工资，只能勉强填饱肚皮，哪里还能添置这样的"奢侈品"呢？老父亲见爱女学艺心切，一狠心卖了自己积存多年的"行头"，从百货大楼捧回来电动留声机和几乎所有张君秋的密纹唱片。小玉像着了迷似的，每天从早到晚守在唱机旁反复聆听学唱，加上其他演员的指点，终于悟出了张君秋真假嗓结合的发音诀窍，掌握了高亢、清新、婉转的张派唱腔特色。第二年，在贵阳和省内各地巡演时，卢小玉拿出了张君秋的两个代表剧目

《玉堂春》和《状元媒》。许多戏迷争相观看，大家称赞小玉“学得像”，大段唱腔“张味十足”；同时也一针见血地指出：“水平一般，还停留在模仿上。”怎么回事呢？小玉冥思苦索，不得其解。后来，经过长辈指点，她茅塞顿开，终于领悟到：张君秋是男旦，最大的亮点是唱腔优美动听，而在做戏方面则相形见绌。自己是一个坤旦，在唱腔韵味上应当大力继承，而在表演上则不能照搬，要根据自己的性别、年龄特征和自己对剧情的理解，努力刻画出剧中人的内心世界。不久之后，人们欣喜地发现：小玉扮演的苏三演“活”了。只见她身穿罪衣罪裙，在都察院大堂追诉往事时，不仅导板、原板、流水板、二六板组成套经典唱腔唱得丝丝入扣、荡气回肠，而且通过目光和手势，细腻地表现出一个沦落风尘的女子对昔日情人的怀念和对富商、刁妇、赃官的憎恶，达到了“听得过瘾，看着有戏”的艺术效果。由于卢小玉在演出中不断进行“精加工”，使得《玉堂春》成了她青年时代最“火”的一出戏。这出戏，20 世纪 80 年代在贵阳演过，在北京城里的长安、吉祥两大戏院也演过，可以说是“久演不衰”了。

和《玉堂春》相比，《状元媒》演得少一些。能当上主演，也事出有因。原先，贵州省京剧团老演员刘映华擅演此剧，小玉只在其中跑跑宫女。这个宫女没闲着，她在跑过场过程中，留心观察，把主人公柴郡主的身段、台词和方位一一默记在心里。一次，海报贴出去了，可惜这位老演员临时生病上不了台，剧团团长急得团团转，无奈中要求小玉“试一试”。结果出人意料，“救场如救火”的卢小玉硬是从头至尾顶下来了，而且唱做俱佳。凭着她的青春活力和平日积累的功力，出人意料地把这段柴郡主追求美好姻缘的故事演绎得绘声绘色。台下的观众对这次“换角”不但没有怨气，反而庆幸贵州菊坛又出了一颗新星。

人生的机缘有时是可遇不可求的。卢小玉想拜“四小名旦”之一的张君秋没拜上，却拜上了张君秋的前辈、“四大名旦”之一的尚小云。20世纪60年代初，18岁的卢小玉，经过省文化部门的举荐，前往西安向著名京剧艺术家尚小云行了拜师礼，正式进入“尚门弟子”的行列。尚先生一向注重戏曲教育，早年曾举办“荣春社”培育了杨荣环、景荣庆等一批“荣”字辈的优秀演员。新中国成立之后，他长驻西安边演出边教学，为培育西部边远地区的戏曲新苗倾注了心血。在西安，小玉得到了尚老的亲自指点和“尚门高足”孙明珠的悉心辅导，学习了最富特色的尚派剧目——《失子惊疯》、《双阳公主》。尚老先生严谨认真的治学精神和英武刚劲的表演风格，为卢小玉的学艺生涯树立了真切的表率，使这个贵州山妹子的艺术探索“更上一层楼”。由于小玉勤奋、悟性高，加上有武功底子，在五个月的学习阶段里，初步掌握了尚派精髓，深受尚老的喜爱和器重。1962年底，尚小云率领爱子尚长荣来贵阳传艺时，点名要卢小玉给自己当“助教”，在云岩宾馆辅导新招收的尚门弟子。在河滨剧场所举行的系列示范演出中，尚小云又“钦点”爱徒卢小玉给自己配演“二旦”。《失子惊疯》一剧，尚小云扮演主母胡氏，要小玉扮演丫环寿春。这可是平时由他的儿子尚长麟担任的次要角色啊！在《梁红玉》一剧中，尚小云扮演巾帼英雄梁红玉，要小玉扮演妹妹黛云。当演到了梁红玉决定去见名将韩世忠时，由黛云陪同喜滋滋地下场，师徒俩的身段、台步一模一样，达到了惟妙惟肖的地步。台下的观众见到这般情景，都不禁兴奋地鼓起掌来。

由于尚派剧目有限，卢小玉日后主演的“尚戏”不算多，只是“偶尔露峥嵘”而已。1984年秋天，贵州人民广播电台曾请卢小玉在省京乐队伴奏下录制了一段《双阳公主》。这是尚小云向国庆十周年献礼的新创剧目，也是她晚年的代表作。在西安，小玉向尚先生学过这出戏，后来又在贵阳找来录音反复聆听揣摩。“抖丝缰催动了桃花战马”这一大段西皮唱腔，抒发了双阳公主追赶狄青途中的急切心情。行腔以刚为主，刚中有柔。慢板的拖腔韵味醇厚，流水板时疾时缓，更是起伏跌宕。这段精彩唱段播放后，使本省戏迷观众再次领略了卢小玉“学啥像啥”的才华。

卢小玉出道早，成名也早。早在20世纪60年代中叶，年方三十出头的她就已在剧团里挑大梁了。在公演的海报上，经常可以看到由她领衔主演的大轴压台戏，如《玉堂春》、《状元媒》、《白蛇传》、《穆桂英大破天门阵》、《红娘》等，小玉年富力强，又有扎实的功底和严谨的台风，在观众中赢得了良好的口碑。许多“玉迷”是冲着她的名字买票进剧场的。当时，全国盛行京剧现代戏，这一形势，又给了小玉提供了新的用武之地。那一时期，贵州省京剧团排演的现代剧目，绝大部分“女一号”都派给她主演。如描述当年红军与劳苦百姓血肉情谊的《通天关》、《红军坟》，赞美水族打虎女英雄的《护秋狩猎》，歌颂社会主义新人新风的《向阳商店》、《社长的女儿》，还有展现越南人民抗美救国斗争的《南方来信》、《凤姐》等。这些新戏，没有样板可循，排演时间又很紧迫。面对这一副副重担，她迎难而上，锐意进取，在保持京剧特色的前提下，大胆揉进电影、话剧的表演方法，所以她塑造的细妹、潘英、继红、阿霞等艺术形象，都具有一定的光彩。

正当卢小玉在艺术上日趋成熟的时候，史无前例的大动乱开始了。这个在新中国成长起来的京剧新秀首当其冲，被无端扣上“小黑线人物”“年轻的三名三高”等政治帽子，演出机会被剥夺了，资料、唱片、剧照被没收了。“文化大革命”十年，正是卢小玉艺术生命力最旺盛的十年，也是她饱受歧视、饱尝辛酸的十年。她要求演戏，造反派头目却勒令她“靠边站”。在一次宣布现代京剧《红灯记》中铁梅的扮演者名单时，她竟被排为E角，也就是第四名候补者。在政治上的迫害和生活上的挫折面前，要强好胜的卢小玉几乎心力交瘁了。曾一度患了神经性综合征，在贵阳市第一人民医院住院治疗。身体垮了，心还是热的，对京剧艺术追求并没有泯灭。在病床上，她默默地复习自己学过的传统戏和现代戏，生怕前辈教给自己的“玩艺”撂生了，相信这些技艺日后总会派上用场的。

听说别人在排练厅排“样板戏”，她就抱病赶去，默默地在旁边记下主角的唱腔和身段。后来，人们意外地发现这个长期“靠边站”的“闲人”，竟然从头至尾相当完美地主演了《红灯记》中的铁梅和《杜鹃山》中的柯湘，不禁惊叹：“真是压不垮、挤不扁的卢小玉啊！”

打倒“四人帮”以后，阵阵清风吹散了贵州高原上空的阴霾，广大观众渴望看到长期遭到禁锢的优秀京剧剧目。这时，在省城的京剧舞台上，出现了青黄不接的局面：老演员年迈体衰，气力不济，青年演员又过于稚嫩，一时顶不上来。于是，自幼功底扎实，又在艺苑里长期刻意追求的卢小玉便脱颖而出了。在乍暖还寒时节，北京梨园界刚一“解禁”，卢小玉闻讯跃跃欲试，在老父亲卢寿椿的指点下和贵州省京剧团同事的协助下，恢复演出了传统经典名剧《玉堂春》，从“起解”“会审”到“监会”“团圆”，一气呵成，风采不减当年。接着，卢小玉一鼓作气，在新编历史剧《杨门女将》、《红灯照》和《春草闯堂》里，先后扮演了年少气盛的杨文广、英勇果敢的田小雁和聪慧泼辣的春草姑娘，这些艺术形象一个个被她刻画得活灵活现，栩栩如生。在连日客满的人民剧场，赢得一声声赞扬、一阵阵掌声。在省内外的巡回演出中，卢小玉还在《穆桂英大破天门阵》中身扎靠旗，挥舞银枪，表现了刀马旦的过硬功夫；在《白蛇传》“金山寺”一折加演了近几年舞台上少见的高难技艺——“打出手”，难怪兴义和湖南的戏迷们观看以后高呼“过瘾”，连声赞叹：“难得！”“难得！”

玉钏一曲响京华

梨园界有句行话：“艺无止境”。

经历二十多年的拼搏，卢小玉的人缘和戏缘节节上升。然而，她没有满足于在剧团“挂头牌”，在省内外观众中“小有名气”的现状，心中暗自鼓劲：要开辟新的艺术领域，向更高的艺术境界攀登。

经过深思熟虑，她决定：根据自己的条件，在学张学尚的基础上，走青衣、花旦并重的路子，主攻声腔委婉、表演开放的荀（慧生）派艺术。

荀慧生，艺名“白牡丹”。在“四大名旦”中，与梅兰芳、程砚秋、尚小云齐名。他塑造的众多民间少女和闺阁少妇形象，脍炙人口，享有盛誉。

1982年，刚刚年满40岁的卢小玉投拜贵州省艺术学校老教师新萍秋为师。这件新闻，在全省文艺界引起震动。有人钦佩她“四十拜师”的进取精神，有人却大惑不解：“凭着你卢小玉的艺术造诣，完全可以当师傅，你为何偏要伏首屈就，拜在一个名气比自己尚差一些的老艺人门下呢？”其实，小玉此举，并非一时冲动，心中自有“小九九”。她觉得，自己的基本功虽然扎实，但是表演缺乏特色，戏路子虽然宽，但是“宽而不精”，今后应向专深方向发展。自己拜师，不是往脸上贴金，而是要学到真玩艺儿。新萍秋老师早年曾在中华戏曲学校毕业，见多识广，得过名家的教诲。20世纪40、50年代在上海和贵阳演出过许多正宗荀派戏，曾走红一时。如今，她因年老体弱不能登台，过去长期积累的知识和阅历，还是很宝贵的。俗话说：“能者为师”，何必舍近求远呢？事实证明，卢小玉这关键的一步棋走对了，她得到了实惠，开启了后半生的辉煌业绩。

新萍秋和卢小玉，这是一对并不般配却是真诚合作的师徒。一个求艺若渴，一个倾囊相授。卢小玉每周定时登门求教，回家后认真复习、揣摩、消化、巩固。新萍秋对这位高足敬爱有加，使出浑身解数，把自己肚子装的荀派技艺，千方百计移植到年富力强的卢小玉身上。两年来，小玉从“新师父”那里，完整而系统地学到荀慧生的四出代表剧目《勘玉钏》、《红娘》、《荀灌娘》、《红楼二尤》。处于艺术成熟期的卢小玉在学艺过程中，不是死板机械地模仿、照搬，而是根据自己的条件和自己的理解，创造性地吸收师父讲授的内容，做到“触类旁道”“举一反三”，结果收到了“青出于蓝而胜于蓝”的效果。在卢小玉学到的荀派剧目中，最光彩、最实惠的要算《勘玉钏》了。

早在海南岛当学员时，卢小玉就特别喜爱《勘玉钏》这出戏。曾在戏里扮演过“二旦”鸾英，并且向往日后自己也能站在舞台中间当一回主演。没想到，二十多年后这个愿望在自己的故乡变成了现实。《勘玉钏》又名《诓妻嫁妹》，是一出悲喜交集、妙趣横生的传统大戏，很好看，也很难演。主要演员需要“一赶二”，前半部先演惨遭屈辱的闺阁女俞素秋，系青衣应工，以唱做为主；后半部再演天真率直的少女韩玉姐，系花旦应工，以风趣的京白为主。卢小玉为这出戏倾注了全部心血，集中展示了30年积累的艺术功力。贵州省京剧团在20世纪80年代中叶，重点推出了卢小玉领衔主演的荀派名剧《勘玉钏》，并安排了齐整的配演阵容，如童康饰演的张少莲，郭欣荣饰演的江海，李根祥饰演的韩臣，方福利饰演的陈智，可谓“珠联璧合”。在贵阳上演后，一炮打响。戏迷观众们惊异地发现，多日不见的卢小玉又呈现了崭新的艺术光彩，沉寂一时的贵州剧坛又站立起一位正宗地道的荀门英才。她前后场饰演的两个女性，性格炯异却又恰如其分，俞素秋的大段二黄唱腔，低回婉转，沁人肺腑；韩玉姐见义勇为的气质和俏皮诙谐的念白，又常常引起观众的哄堂大笑，剧场效果真是出奇地好。

有句古话：“吉人自有天相”。正当《勘玉钏》演得正火，卢小玉渴望得到名家指点，使这出名剧再上一个档次的时候，一个“特大喜讯”传来，她心目中的偶像、著名京剧表演艺术家童芷苓到贵阳来了。

童芷苓，自幼天资聪慧，勤学苦练，深得“通天教主”王瑶卿器重，后拜荀慧生为师，悉获“荀派”艺术真传。早在20世纪40年代，在上海滩就已大红大紫。更可贵的是：她在艺术上有自己的追求，勇于创新改良。此番应邀来贵阳传艺，同行的还有来自上海京剧团的名丑孙正阳和名小生黄正勤。对这位仰慕已久的大艺术家，卢小玉自告奋勇参与接待工作，像女儿对待慈母照料得无微不至。老人年过花甲，腿脚不利索，小玉经常在身边搀扶；老人吃不惯宾馆的伙食，小玉每天在家里和母亲一起调制可口的饭菜，不辞辛苦地趁热送到住地。童芷苓从心里喜爱这个天赋好，艺术上肯上进，性格又温柔体贴的晚辈，收下她为正式弟子，利用排戏演出以外的空隙时间，私下多次向她面授机宜，告诉她当年荀先生编演《勘玉钏》的思路和要点，并结合俞素秋和韩玉姐这两个人物的特质，指导她如何充分发挥"荀派"爽朗俏丽的唱腔特色，并巧妙地揉进"梅派"典雅端庄和"程派"细腻委婉的行腔特点。童老师还语重心长地告诫她：一个有出息的艺术家，应该不拘成规，不能满足于"学得像"，而要运用传统技法，吸取一些现代艺术的表演手段，努力刻画剧中人物的性格特征。也就是：技术要为演绎剧情服务，而不能成为限制演员创造角色的绳索和枷锁。在此期间，卢小玉认真观摩了童芷苓示范演出的《勘玉钏》和其他荀派名剧《红娘》、《红楼二尤》，还有童老师解放前创编的、久不露演的拿手剧目《大劈棺》。面对台上光彩的人物，耳听似曾相识而又略胜一筹的唱腔韵味，卢小玉心领神会，以老师为榜样，和自己的表演相对照，在很多细微处找到了差距，吸收了宝贵的艺术营养。

时光荏苒，童芷苓在贵阳停留的时光毕竟太短促了。她对新徒卢小玉断断续续的言传身教，只能是"画龙点睛"。分手时，师徒二人都感觉相见恨晚，希望"有朝一日再重逢"。

同样是卢小玉主演的《勘玉钏》，经历前后两位师傅的打造，精度和亮度逐步提升。如果说，新萍秋的功绩在于搭架子、塑毛坯，那么童芷苓的贡献则是抛光和润色。

1985 年底，卢小玉和贵州省京剧团的同事一道，按照童芷苓的戏路子，趁热打铁，对《勘玉钏》从头至尾进行了"精加工"，并在上半部末尾俞素秋含恨自尽前，加上了一大段声情并茂的反二黄慢板唱腔。这是荀慧生原创本和全国其他荀派传人演出本中所没有的。这一改动，使剧中两位主人公形象更加充实，收到了“有悲有喜，亦庄亦谐”的艺术效果。

手中有了《勘玉钏》这张王牌，贵州省京剧团年轻的党支书、团长们，腰杆直了，胆子壮了，不禁跃跃欲试。过去，他们只敢率团巡演邻近省份的中小城市，如今，这些“夜郎国”的“优伶”们树雄心，立壮志，要闯一闯北方大都会，还要杀到京剧的大本营北京去。

1986 年，是贵州省京剧团历史上最辉煌的一年。这一年，以卢小玉、周百穗领衔的贵州京剧演出团一行 60 人，采取“自带行李，住宿后台”的穷办法，出征远行，在两个月里，演出四十四场。先后走过长沙、武汉、济南、烟台、大连、天津、北京等地。他们所到之处，人们最初对这个来自山区的剧团并没抱多大期望，可是看过戏之后，却连连发出惊叹：“真想不到贵州竟然有这样的好角、好戏！”

在武汉，一些老戏迷惊呼：“当年的小卢寿椿又回来啦！”“小卢赛过老卢，青出于蓝而胜于蓝啊！”在长江航运公司甚至出现了数千人冒雨送别的壮丽场面。

在天津，一向苛刻的观众，进场前还怀疑：“贵州的京戏，我能听得懂吗？”演出结束后，他们被感动了、征服了，相继涌到台口要求签名，谢幕长达 20 分钟。一些行家还作出了这样中肯的评价：“贵州的卢小玉，虽然在北方没有知名度，可是按照她的功力，应该和荀派名家宋长荣、孙毓敏属于一个档次。”

在北京，贵州省京剧团在长安、吉祥两大戏院连演七场，场场客满。每当尾声响起，常响起雷动的掌声，热情的首都观众发出内心的呼声：“卢小玉的戏，盖了！”“万万没料到，真是大山里藏珍宝啊！”

6 月 20 日，首场演出谢幕后，中共北京市委宣传部长李筠对全体演员说：“我代表北京市委和首都观众感谢你们！”已故荀派创始人荀慧生的夫人张伟君亲自到后台看望卢小玉，称赞她"把握住了荀派的表演风格，不愧是荀门高足、童芷苓的门生"。荀先生的女儿和传人荀令莱在一旁也感慨地说："看了小玉的戏，很精彩，也有新意，感觉自己落后了……"中国戏剧家协会特地为贵州省京剧团赴京演出召开盛大的座谈会。全国剧协副主席郭汉城当场题字："声沸京华"，原中国京剧院院长、著名剧作家马少波即席赋诗："贵州自古多芳芝，争向京城竞瑞枝；叶茂根深香溢远，日新月异展天姿。"

荀派传人、京剧表演艺术家、北京市戏曲学校校长孙毓敏，观看了《勘玉钏》之后，胸中激情荡漾，久久无法平静，于是连夜挥笔撰写了一篇观感，题目是：《"边陲杜鹃"给我们的启示》，交给《北京晚报》发表。文中写道："看卢小玉的戏，我像发现一颗新的明珠一样感到无比欢欣。我坐在观众席上认真地记录着，越记越多……她在这部喜剧中，一人连饰二角，唱是唱，做是做，很见水平……看卢小玉的口形，听着那又娟又嗲的荀味念白，像谁啊？哦，像童芷苓老师。卢小玉的修改之处，均是童老师的创新建树。老戏新演，就是应该这样进行。"

1986 年 7 月 2 日，是卢小玉一生中最光彩最难忘的日子。这一天，为纪念中国共产党成立 65 周年，中央顾问委员会举办京剧晚会，点名邀请正在京城唱响走红的贵州省京剧团演出尚派名剧《福寿镜》中"失子惊疯"一折和荀派名剧《勘玉钏》全本。演出地点定在全国人民瞩目向往的中南海怀仁堂。卢小玉的心像开了花一样，不禁想到：自己身为主演，不仅进了京，而且进了怀仁堂，这份殊荣，是连做梦也想不到啊！谢幕之后，革命老前辈宋任穷、李德生、黄镇、荣高棠和贵州的老省长苏钢健步登上舞台，亲切会见了卢小玉、周百穗，并合影留念。他们连声称赞这两个"山妹子"演好了，并表扬从长征路上赶来的贵州省京剧团，具有"勇于拼搏的胆魄，艰苦奋斗的精神"。

在采访这段光荣历程时，卢小玉还向笔者透露了他们“北京之行”的两段“余波”。

一是，荀夫人张伟君在北京看过卢小玉的《勘玉钏》后，写信给上海的童芷苓，称赞她教得好。童接信后又兴奋又惭愧。兴奋的是，自己对荀派名剧的创新，通过卢小玉的表演，在北京得到荀夫人和各界行家的首肯；惭愧的是，自己在贵阳停留的时间太短了，没教给小玉多少东西。于是，特意叫卢小玉赶到上海来，在自己家里住了 20 多天，亲授了童芷苓根据荀派名剧《红楼二尤》创新改编的新戏《尤三姐》。回来后，贵州省京剧团立即把这出戏排出来，在贵阳公演。卢小玉还在贵州省京剧界纪念徽班进京二百周年活动中，在云岩剧场演出过其中最精彩的“闹酒”一折。

二是，卢小玉在北京前往荀府拜访时，荀夫人珍爱她的才华，承诺第二年亲自去贵阳，准备向小玉传授已绝响多年的荀派名剧《钗头凤》。令人遗憾的是未能成行。就在卢小玉在童府学戏快结束时，突然从北京传来张伟君去世的噩耗。小玉立即打点行装，带着自己感恩的情怀，也带着童老师的谆谆嘱托，前往北京吊丧，在“师奶”灵前，献上贵州荀门再传弟子的一片敬意。

谈起《勘玉钏》的演出成功，卢小玉认为，除了新萍秋、童芷苓两位师父的传授，还凝聚了其他许多前辈艺术家的心血。她说：“这把火是‘众人拾柴’点燃起来的。”

有一次，她率团去四川省自贡市巡回演出，听说这里住着一位老艺人，叫白玉侬，早年在南京曾经是“小荀慧生”许翰英的“二旦”，通晓荀派艺术的来龙去脉。卢小玉如获至宝，立即前往登门求教。老人向小玉讲述了许多荀派的掌故，还向她指点了一些《勘玉钏》表演要领。剧团在自贡停留五天，小玉到白家去了四个上午。功夫不负有心人。日后，当她演到俞素秋被骗奸后路遇真心相爱的未婚夫张少莲时，按照白玉侬的指点，双目现出绝望的神情，如痴如梦，台下观众受到感染，禁不住叫起好来。

一些著名表演艺术家来贵阳演出时，卢小玉总是贪婪地前往观摩，从中吸取有用的营养成分，如关肃霜演出的《白蛇传》，小玉发现她扮演的白素贞"背上有戏"；又如吴素秋演出的《红娘》，小玉感觉她的眼神和腰姿挺好看。卢小玉都把这些"心得"借过来，点点滴滴揉化到自己塑造的俞素秋、韩玉姐身上。

常言道："十年磨一戏"。卢小玉为《勘玉钏》这出戏呕心沥血，历经 12 载还要多啊！由她领衔主演的《勘玉钏》，红遍大半个中国，演出达二百多场。这个高记录，在全国梨园界并不多见，在全省戏曲团体中更处于遥遥领先的地位。

台前幕后"品"字当先

做人，须讲人品；做戏，须讲戏品。这个"品"字，对演艺界人士来说，是灵魂，也是试金石。

从 20 世纪 80 年代开始，随着政治上的成熟和业务上的成长，卢小玉获得了一系列荣誉和褒奖。请看，下列简明履历表：

1984 年光荣加入中国共产党；同年被任命为剧团业务团长；

1985 年荣获全国"边陲优秀儿女"银质奖章；

1992 年荣获国务院颁发的"政府特殊津贴"；

1994 年被评为国家一级演员。

在此期间，在她头上陆续增添了一连串引人注目的光环：中国戏剧家协会会员，贵州戏剧家协会常务理事，贵州省政协第四届至第七届委员。

近 20 年来，卢小玉的名字和形象也多次出现在新闻媒体上，贵州日报、贵阳日报先后发表过赞扬她艺德的文章《名角的风格》（杨高撰文）、《京剧流淌在生命中》（赵红薇撰文），贵州人民广播电台播送过介绍她成长历程的录音报道《精雕细刻见光彩》（杨高、宋顺英采制），贵州电视台两次邀请她参加春节晚会，先后粉墨登场，演出新编京剧《小放牛》(与记者杨高合作)和神话戏曲小品《兔儿爷下凡》(与喜剧演员卜小贵、黔剧演员崔燕鹏、川剧演员邹兴亚合作)。

“名人”卢小玉频频曝光,长辈、同事、邻居在祝贺之余也有几分顾虑,担心她在盛名之下会“翘尾巴”、“耍大牌”。经过暗中观察,人们欣喜地发现:卢小玉还是原先那个卢小玉。名气大了,架子没有大;功力长了,脾气没见长。她始终保持低调,为人处世兢兢业业,演戏从艺认认真真。口说无凭,有以下实例为证:

——打倒“四人帮”,京剧苑地开始复苏,剧团里人人跃跃欲试,都想捞个主要角色演演。卢小玉受剧团派遣,到北京向中国京剧院学习了新编历史剧《红灯照》。回到贵阳,在安排角色时,她从全局出发,推荐另外一名青年演员主演“女一号”林黑娘,自己主动要求饰演次要角色田小雁。此前,二人曾因小事闹过别扭,平时见面互不讲话。“林黑娘”见小玉不计前嫌,虚怀举贤让台,并耐心地教给自己所学到的唱腔、身段,深受感动。从此,二人和好如初,在这出新戏里配合很默契。

——卢小玉得了“边陲优秀儿女”银奖,从北京领来了奖章、奖证和奖金。奖章和奖状,她珍藏起来。三百元奖金当时是个可观的数目,她却一分钱也没留,一半捐赠给省青少年福利基金会,另一半捐赠给培育自己成长的贵州省京剧团。当时,她家生活并不宽裕,老父亲和自己合看一台九吋的黑白电视机,住房里没有一件时尚的家具。

——卢小玉是贵州京剧界名声显赫的“大青衣”,可是当配角却是她的“家常便饭”。在上海大世界游乐园演出时,因为老旦演员生病,她在《红灯记》里扮演过李奶奶,在《沙家浜》里扮演过沙奶奶。她还乐意给青年演员当“绿叶”,为本团的青年演员姚萍在《宇宙锋》里配演过哑奴,为贵阳市京剧团的青年演员张晓虹在《望江亭》里配演过白道姑。对那些初登舞台、唱做都相当生涩的票友也是既教又帮,还不惜屈身为他们当助演。贵阳市南明区医院的陈友平主演《小宴》中的吕布，“卢老师”给他配演貂蝉，省送变电工程处的许茂芳主演《望江亭》中的谭记儿，“卢老师”给她配演白士中。当记者问起其中的缘由，卢小玉的回答是：“我从来没把自己当角儿。过去老前辈提携过我，如今我也要努力提携年轻人。”

——一次，剧团到湖南益阳巡回演出。演出前，衣着朴素的卢小玉见大幕撕破了一个角，立即找来针线缝补起来，后来又和男同志一起搬道具装台。剧场经理以为她是勤杂工，等开演之后，意外地发现这个“勤杂工”变成了容光焕发的“第一主角”，不禁大吃一惊，连声感叹：“这样的角儿太少见了！”

——在天津举行的中国京剧艺术节，贵州省京剧团编演的《水西遗恨》参赛。身为“艺术指导”的卢小玉在后台一会儿给青年演员姚萍、赵露霞说戏，叮咛再三；一会儿给演职员们送开水，递手巾，忙得不亦乐乎。有人跟卢小玉开玩笑：“你这位老师简直成了‘跟包’的啦！”小玉不以为然，说：“要是能争个程长庚奖，也是咱大家的光荣嘛！”

——贵阳几位京剧爱好者发起组织了西南票友艺术节，邀请卢小玉担任“后台总管”，这是个吃力不讨好的苦差事。小玉尽心尽力，任劳任怨，每天背着自己的化妆用具，到后台为一个个旦角票友涂脂抹粉，插花包头。五天里她天天到场，风雨无阻，每天从中午 11 时忙碌到晚上 11 时，两条腿都累得浮肿了。主办者问她为什么这般拼命干时，卢小玉的回答是：“我爱京剧，也爱演京剧的人。为了京剧的普及，我什么都舍得奉献出来！”

有句格言：“细微处见真情”。这些琐细的小事，让我们看到了幕后台下的卢小玉，一个更加真切全面的卢小玉。

几分遗憾　几分欣慰

卢小玉于 1999 年退休了。伴随着新世纪的到来，她的艺术生涯步入了“收官”阶段。

从艺50年来，卢小玉从一只“丑小鸭”成长为“白天鹅”，从贵州高原飞进了中南海；从一块普通的石头被雕琢成精美工艺品，她的技艺水准得到了本行当最高层权威的首肯和赞赏。

回首往事，她衷心感谢贵州这片生她养她的热土，感谢培育她成长成才的尚小云、童芷苓、新萍秋等上百位知名和不知名的“园丁”，感谢她的老团长马利云、老鼓师唐凤鸣、老琴师姚宝兴和老前辈聂玉凌、郭蔚山、诸效兰等父老乡亲们。

在梳理、盘点自己的从艺历程时，卢小玉在欣慰之余，内心还有些辛酸处。归纳起来，是四个“没有”：

一、没有自己的原创代表剧目。主要原因是手上没有适合的剧本，主管部门也没有相应的规划措施。她很羡慕同城同行的曹剑文、侯丹梅，由于贵阳市文化局的支持，新戏一出接一出。

二、没赶上央视京剧大奖赛和梅花奖、梅兰芳金奖的选拔。有的是年龄超过，有的是缺乏必要的声援，使这些展示才华的机会一一从身边滑过去了。稍稍得到安慰的是：在她的亲授下，大弟子姚萍两次参加京剧电视大奖赛，都荣获了荧屏奖。特别是梅派名剧《宇宙锋》，由于融进了童芷苓和她本人的独特艺术处理，还在北京的复赛评委会上引起过一阵轰动呢！

三、没能举办一次告别舞台的专场演出。本世纪初，一些专家学者曾向贵州省文化厅建议，举行一次卢小玉从艺50周年的纪念演出活动，没有得到回应。后来，由原贵州省广播电视厅厅长、京剧票友杨德政出面，拉来一笔赞助款，倡议组织一次卢小玉优秀剧目专场演出。虽经几番努力，也因种种困难，最终付诸东流了。

四、甚至没有一份正规完整的录像资料。卢小玉主演的《勘玉钏》，在本省艺苑中堪称精品。省文化厅曾自行录过一次，质量过于粗糙，“丑不忍睹”。后来，贵州电视台为了宣传本省艺术佳作，准备运用现代技术设备，免费录制全剧，向全省播放并与兄弟台交流。谁料，因一些原因，卢小玉和贵州省京剧团渴望已久的录像“泡汤”了。

其实，这些缺憾并非小玉无能，实在是她时运不济和文化环境欠佳所致。小玉把这些“终身憾事”深深埋在心里，从没有指责谁。当别人提起来，她往往淡然一笑，用“谋事在人，成事在天”这句格言来作开脱。

卢小玉退休后，人离开了京剧团，心却始终依恋着京剧事业。她走下了彩灯耀眼、鼓乐喧天的大舞台，没有感到孤单、失落，而是怀揣那颗钟爱京剧的痴心，意气风发地走进广阔的社会，走近了广大的市民。

由于过去忙碌惯了，退休后的卢小玉，不愿待在家里坐享清福。为了普及京剧、传播京剧，她每周的日程常安排得满满的。

在贵州大学艺术学院，这位只有初小文化的艺术家，昂首登上了高等学府的讲台。面对那些热衷于狂歌劲舞的表演系大学生，卢老师以令人信服的表达才能，向他们展示了祖国戏曲宝库的精华。她一边讲述，一边示范表演，做到了“虚实结合”“声情并茂”，并且语重心长地告诫学子们：“多学多练点，京剧的唱念做打是上等补品，以后你们排话剧、演电视剧都能帮上大忙的。”

在贵阳市老年活动中心，在云岩区教育局老年艺校，卢小玉定期与一批头发花白的老奶奶聚会。她们来自社会各个行业，有工人、教师、医生、编辑、营业员、机房干部。平时喜爱京剧，也想学唱几段，怎奈不得要领，哼不出个韵味来。卢小玉和这些“门外婆”们名为师生，情同姐妹，在艺术层面上却有天渊之别。她在简陋的课堂上不怕“丢份”，不厌其烦地一丝不苟地教了一遍又一遍，把自己肚子里装的经典唱段，如梅派《四郎探母》、尚派的《双阳公主》、荀派的《红娘》、《金玉奴》、张派的《女起解》、《望江亭》、《状元媒》，恨不得一股脑地一一灌输给这些刚入门的老学生们。这些老婆婆、老奶奶上的是业余学校，却能得到名家亲授，内心十分满足，也十分敬佩。每当卢小玉进行示范演出时,小剧场前几排往往挤满了前来观摩助兴的忠诚信徒。演出一落幕,“卢丝”们便手执鲜花蜂拥到台上,把“卢老师”围了个水泄不通。狭窄的舞台上,问候声、欢笑声响成一片。此情此景,常使卢小玉激动不已,有时甚至难以自持,她说:“这种来自平民的信任感和幸福感,是过去当演员时感受不到的。”据不完全统计,在省城的各个京剧票房,卢小玉教过老、中、青三代业余门生多达二百余人。她用心血培植的桃李,装点了黔岭梨园的秀色。

京剧,是一条历史的长河。卢小玉 4 岁登台,如今 60 多岁,在这条长河中,已经劈波斩浪、奋力游弋了整整 60 个春秋。进入 21 世纪,以京剧为“第二生命”的她,尽管形单影只,且身居斗室,仍然执著忘情地续写着自己的“艺术人生”,还不时迸发出火花。

作为京剧界的优秀代表,她被推选为贵州省老艺术家委员会的副主席。在一次庆祝“七一”的纪念活动中,小玉粉墨登场,在简陋的小舞台上,和两位老戏人李鸿韵、周惠成,合演了新编现代京剧《山林人家》(犹学忠编剧,孙奎平改编,孙仲、井立民导演),人们有幸重睹芳华,不禁发出“枯木逢春”的赞语。

贵州省京剧团的优秀青年演员马英琪,步入中年后,敬慕卢小玉的艺术和艺德,从歌厅回到菊坛,投拜在卢小玉门下,再一次演绎了 24 年前卢小玉“四十拜师”的佳话。小马出身梨园世家,扮相、嗓音、身材条件都不错。她决心刻苦学艺,接过卢小玉手中的接力棒,重振省京剧团昔日的辉煌。目前,在卢小玉的亲授下,由马英琪领衔的青年版《勘玉钏》,正在紧锣密鼓地排练中……

来自黔东南苗族侗族自治州首府凯里的苗族小朋友龙汉雯,年方 7 岁,出自平民家庭,对于京剧知识几乎是“一张白纸”。经过“卢奶奶”的精心传授,刻意打磨,并且亲手化妆包装,奇迹出现了:这个山里娃,到郑州参加全国大赛,一曲荀派《红娘》的“南梆子”唱段,以俊美的扮相和规范的行腔、身段,征服了众多京剧行家,荣获了“中国少儿戏曲小梅花”的“金花奖”称号。随后，卢小玉又带着这个年纪最小的爱徒，参加了贵州电视台的春节晚会，通过彩色荧屏，向家乡的父老乡亲汇报了她们的教学成绩。第二年，另一名凯里小朋友杨希，经过卢老师的悉心辅导和精心加工，步龙汉雯姐姐的后尘，以《红娘》中的“四平调”唱段，又在常州荣获了“中国少儿戏曲小梅花”的银奖，真是“好事成双”啊！

这一金一银，蕴含着卢小玉独具的热心和匠心。同行们看过两名小徒弟的精彩表演，欣喜地赞扬她“出手不凡”，能把“矿石”点化成金杯银盏，在一张张“白纸”上描绘出美丽的图画。喜爱京腔京韵的贵州百姓，从这两株新苗身上看到了当年“小卢小玉”成长的影子，并且衷心期望新世纪在这个多彩的山国里多涌现几位“卢小玉”。

2006 年 4 月于青云山下

周百穗

贵州芳芝

傅汝吉

几年前，周百穗随她所在的贵州省京剧团晋京成功地演出《乾坤福寿镜》、《双阳公主》和《昭君出塞》等传统剧目后，在中国剧协组织召开的“贵州省京剧团演出座谈会”上，著名剧作家马少波即席题词赞誉演员周百穗：贵州自古多芳芝/争向京城竞瑞枝/叶茂根深香溢远/日新月异展天姿。

一、情系百姓

周百穗是个名角，出身于京剧梨园世家，母亲周素兰即是贵州京剧舞台上响当当的名角，父亲周少轩（已故）也是贵州省京剧团的著名老生，她从小耳濡目染京剧艺术的行腔套路，5 岁登台，演娃娃生，11 岁考入贵州艺校京剧班，受到严格的制式教育，15 岁有幸到西安拜中国四大名旦之一的尚小云为师，经尚先生耳提面命，剧艺飚升；17 岁又有幸到上海向昆曲大师朱传茗及梅派名师魏莲芳、杨婉农先生学戏，使她在青少年时代练就了一身过硬的旦角童子功，在舞台上塑造了《勘玉钏》中的俞素秋，《乾坤福寿镜》中前胡氏、后寿春，《贵妃醉酒》中杨玉环、《昭君出塞》中的王昭君、《杨门女将》中的穆桂英、《白蛇传》中的白素贞、《霸王别姬》中的虞姬和《红灯记》中的铁梅、《智取威虎山》中的小常宝、《杜鹃山》中的柯湘、《白毛女》中的喜儿等不同性格、不同风格的众多角色，给广大观众留下了深刻印象，成长为有水平、有佳绩、有贡献、有影响力、有知名度的国家一级演员。被选为贵州省政协第八届和第九届委员、常委。

有票友这样形容周百穗：未见其人，先闻其名，再闻其声，甚是闻名。1991 年 7 月，贵州遭遇特大水灾，周百穗参加了文化厅组织的赈灾义演活动。一个秋雨淅沥的晚上，到郊区一家工厂演出，那里条件十分简陋，演出场就是一座简易会场，灯光暗淡，加之风雨声的干扰，会场里秩序也不怎么好，有的演员草草上妆即坐下来候场。可是周百穗却是从她满满的一箱行头中取出所需衣物和化妆品，在昏昏的灯光下，对着镜子细细地描，认真地画，一身整齐漂亮的戏装穿戴得体体面面之后，便走到后台外面“依依呀呀”地喊嗓子，那认真劲就像要登一个大舞台演出似的。她演完一则《贵妃醉酒》的古装戏后，接着又更换现代装上场演《智斗》中的阿庆嫂，两次出场都赢得观众热烈的掌声。

1999年冬天，省文化厅组织一支综合文艺队伍送文化下乡。一次，汽车进不了演出场地，演出的服装和道具得自己从停车点搬到演出场，约有600米的距离。周百穗穿着厚厚的军大衣，嘴里哈着气，肩上背着包，手里还拖着一只大箱子，吃力地在小道上行走。我问："你带这么多服装呀？来，给我一件！""这大包是杨老师的，帮她搭把手。"她说的杨老师是魔术演员，节目多，道具多，一个人又背又提，再走那么六百米小路，是够呛的，所以周百穗主动帮她搭把手。看起来是件小事，可按他们梨园里的规矩，像她这样的名角，可是配有几个帮手的啊，管衣箱的，管生活的，那真是衣来伸手就行了，哪能去为别人拖大箱子呢？

二、尚派高徒

周百穗是个幸运儿，11岁考入艺校学戏后，十分刻苦，成绩名列前茅，很受老师偏爱。15岁时，被学校选送到西安向尚小云先生学戏。她说："在先生身边近一年的时间里，实实在在的奠定了我一生艺术事业的基础。在那些日子里，每天除了学唱和念之外的时间，便全部都用来练功，上午、下午、晚上一天三遍，从不间断。"

一次上文化课，教室里少了周百穗，老师便派学生去找。结果在屋顶的平台上发现她穿着被汗水浸透了的大靠，靠在墙边睡着了。来到教室里，受到语文老师一阵好批。她深知，在尚先生身边学艺的机会难得，必须惜时如金，必须自我严格要求、严格训练，才能把尚派艺术"文武唱做并重"的难度突破，才能学好尚派戏。每天她比太阳还起得早，当第一缕曙光抹亮天边之时，周百穗已练得热汗烧身了。那天的误课确属累得睡着了。尚先生知道这件"误课”的事以后，用和缓的口气说：“小百穗昨天误了文化课，老师的批评是对的。但是，我希望大家要向她学习，学习她这种苦练的精神，抓紧时间自觉练功。现在，小百穗的圆场和水袖工进步很大，这是怎么来的，是每天用汗水换来的。”

一天，先生又一次给他们说《失子惊疯》这出戏，一位即将作单个表演的外省学员忘了几个关键的水袖动作，悄悄暗示周百穗提示她一下。这一短促的小动作，被正在专心授课的师父发现了，狠狠地训斥了她俩几句之后，便气呼呼地回屋去了。这可难为了周百穗呀，心想，我们虽有几个小动作，也没跑戏，也没走神呀？再说，也是那位同学引起的呀。直到先生又一次把这个“误会”弄清后，对周百穗的宽容心胸有了进一步的了解，对她的学业先人一步也作了肯定，更喜欢、更信赖“这位来自贵州的小百穗”了。后来，师父在秦腔演出班传授《昭君出塞》就带上小百穗，师父讲解、说戏，然后就由小百穗作示范，学生们跟着她一招一式地学。坐在椅子上，手捧着茶壶的师父脸上露出满意的笑容。当她要汇报演出尚派艺术的代表剧目《昭君出塞》之前，小个头的百惠还没有适合的行头，师父便叫师娘从自家的衣箱里取出自己演出这出戏专用的服装和斗篷，由师娘亲手按小百穗量身改制。当师父看到小百穗穿上这身得体的服装，又成功地完成了汇报演出之后，轻轻地对她说：“作为一个演员，平时生活里可以将就，但是，在舞台上必须讲究。”这一“将就”和一“讲究”的谆谆教导，深深地铭刻在小百穗的心间，几十年认真地实践，本文前面提到的，在赈灾义演中，她那种“讲究”的态度，在此找到了注脚。

1960 年 11 月 8 日，这是周百穗艺术生涯中难忘的日子。这天下午，师父正式收她作徒弟。周百穗先向师父行拜师礼，然后站在师父左侧照了拜师相。师父欣然挥毫画了一幅兰花，在上款写下“百岁贤契惠存”六个苍劲的字。师父还在送给周百穗的一个本子扉页上，落下师父的蝇头小楷：“艺无止境，学无止境，种瓜得瓜，种豆得豆。”在门徒们就要登程之前，师父叫家里的人为她们每人烙了八个馍饼，并叮嘱：路上买不到东西吃的时候，可以填填肚子。一桢兰花，几十年来，鼓励着周百穗战胜多少苦寒冰霜；一个笔记本，记下周百穗从艺途中几多酸甜苦辣；一段题词，让周百穗用心血和诚挚耕耘出许多银豆金花；八个馍饼，几十年来一直温暖着她的心。1967 年元月初，尚先生来贵州艺校举办尚派艺术培训班，师徒久别重逢，千言万语叙不尽两年多来的离情别意。周百穗不仅向师父请教一系列高难度的问题，而且仍然跟在师父身边，为师父讲授的尚派代表作《昭君出塞》和《失子惊疯》作示范表演。

三、京都出彩

党的十一届三中全会之后，被誉为“国粹”的京剧艺术迎来了新时代的春天。1986 年 7 月，贵州省京剧团有幸赴京演出荀派名剧《勘玉钏》、尚派名剧《失子惊疯》等剧目。周百穗尤为感到荣幸的是她担纲主演的尚派剧目《失子惊疯》，7 月 2 日被特邀进中南海给中央首长和中直机关演出，党和国家领导人宋任穷等观看了演出，并上台与他们握手合影。她的这几出拿手好戏，录制成碟后，于 1991 年在中央电视台参加“全国中青年京剧演出电视大赛”，荣膺荧屏奖。1995 年，这出戏梅开二度，在京获全国中老年戏曲汇演的“牡丹奖”。之后，她的事迹便入编《世界华人文学界名人录》、《中国当代艺术家传集》、《中华英模大典》、《当代戏曲表演艺术家名录》，而且被聘为“尚小云艺术研究会”的委员。2000 年元月，周百穗应邀再次带上《失子惊疯》晋京纪念荀慧生、尚小云诞生 100 周年观摩演出和学术讨论，朱镕基总理观看了她的演出，并与她合影。北京市艺术研究所副所长葛献鋌说：“没想到尚小云先生还有这种水平的弟子在贵州。”

自中央电视台 11 频道推出“名段欣赏”栏目之后，周百穗的

《失子惊疯》、《昭君出塞》、《双阳公主》等片段为全省率先闯入这个栏目。2003 年 1 月 25 日、26 日连续两天六次在该频道播出，她那深厚的唱腔功底、水袖的精湛技巧，再现了尚派艺术的独特韵味和魅力。同年 6 月 28 日、29 日，在广大观众要求下，再重播 6 次，在全国引起了一定的轰动。省内外多家新闻媒体报道了这个消息。

时年周百穗已是 60 岁的人了，但是从她的精神面貌上看，一点不像六旬老人，她常常借参加政协各种会议的机会，为振兴贵州京剧呐喊，她还应邀到烟台、深圳、广州、上海等地传授尚派剧艺，而且是一个人独来独往，可见她精力之充沛，为京剧的繁荣，为传授尚派艺术，她真是呕心沥血，满腔热情啊。

周百穗对国粹京剧的挚爱，可用两句流行歌词来比喻：问世间情为何物，直叫人生死相许。

余重骏

为所热爱的事业奋斗

傅汝吉

近40多年来，贵州文艺舞台上一直活跃着一个人，他主业是黔剧演员，客串小戏、小品、拍电影、电视，曾在京、沪、杭的大舞台一展风采，也常在工矿农村的台子上频频登场，成功地塑造了近百个不同经历、不同性格的艺术形象。这个人就是贵州省黔剧团的国家一级演员、政府特殊津贴获得者、共产党员余重骏。

从贵阳黔剧团起步一步一步走向黔剧的辉煌

余重骏自幼受喜爱戏曲艺术的父母亲所影响，常随父母到戏园子玩，但是他不像其他孩子那样在座席上嘻闹蹓打，而是认认真真观看台上的演出，不时还跟着比比划划，哼哼唱唱，似乎在他的心田里早早就注入了艺术的细胞。十岁那年，他穿上戏袍，有板有眼地在贵阳市合群小学的晚会上清唱《苏三起解》，老师的夸奖，同学们的掌声，使小小的余重骏滋生了当演员的梦想。他不顾家长的反对，常常偷偷地到离家不远的桂伯铸家去看文琴戏（黔剧的前身）前辈包净文、罗小梅等的打坐唱，渐渐地便成了这个业余剧团里最小的成员，并且得到这些前辈们的真传。在他十五岁的心里，学校里那些味同嚼蜡的数理化，哪有多姿多彩的琴声戏曲好玩啊。1958 年贵阳市黔剧团成立，在那几位文琴老前辈的推荐下，他顺利地考进了这个剧团，从此走上戏剧艺术的“不归路”。

在市黔剧团，他与其他新考入的小演员一起过着严格的生活，受着规范的训练。由于他的悟性好，勤学、好问，故而得到老师的偏爱和用心培养，在几十个小学员中，余重骏学得快、练得勤、记得牢，并能在《鱼郎与蚌姑》和《借亲配》等传统剧目中担任有名有姓、有说有唱的角色，为他后来在多部大型黔剧中担纲奠定了坚实的基础。1958 年，以贵阳市黔剧团为基础，组建了贵州省黔剧团，他顺理成章地成了这个省级艺术团的一员。难怪，在众多场合，余重骏不无骄傲地卖起他的资格：“我是市、省两个剧团的元老。”

大型黔剧《秦娘美》是贵州省黔剧团的成名之作，也可以说是刘玉珍、余重骏、吴家林等一批后来称为黔剧之星的成名之作。余重骏的名字和他那圆圆的脸堂、大大的眼睛、高高的鼻子，伴着剧中的“坏人”——心狠手辣的地主银宜的生动形象，从此走进千家万户，“朱郎家象蚂蟆毛都没有，你跟他吃尽苦哪天才出头?”他的这代表唱段让观众耳熟能唱。当时，在贵州，“银宜”几乎成了余重骏的别名。40多年后的今天，一些长点年纪的观众见了他还亲切地称呼他“银宜哥”。

1959年黔剧《秦娘美》奉调进京演出，使黔剧这个新剧种在首都舞台被领导、专家、观众所认识、所肯定，对余重骏塑造的反面角色银宜也留下了深刻的印象。当时的外交部长陈毅元帅看完演出后，高兴地上台接见全体演员，他握着余重骏的手问：“你今年多大了?”余重骏回答：“17!”陈老总说：“17岁的娃娃能演地主，演得好！演得好！国务院请你们吃饭。”梅兰芳在《大众剧场报》上撰文称“演银宜的余重骏才十七岁，把无恶不作的地主刻画得淋漓尽致。”著名戏剧家欧阳予倩也发表文章赞扬：“扮银宜的演员才17岁，学戏时间不过两年，但他能够恰如其分地表达角色的性格和感情，十分难得。”1961年，黔剧《秦娘美》被上海海燕电影制片厂搬上银幕，余重骏扮演的地主银宜同样给全国的电影观众留下了深刻印象。

余重骏因《秦娘美》一剧成名，似乎定下了他演反派角色的戏路，并得到广大观众的认可。打那以后，《洪湖赤卫队》中的彭霸天、《人民办案》中的老地主、《海岛女民兵》中的刘阿泰、《山乡风云》中的刘七爷、《杜鹃山》中的毒蛇胆、《女游击队长》中的肖子张，以及传统曲目《太白醉酒》中的高力士、《老爷世家》的老爷、《奢香夫人》中的查克龙等等一串反面角色都让余重骏演得得心应手，入木三分。

舞台上卓越的艺术成就，加之艺德不凡，所以，早在1997年，他就以过硬的条件获得国家一级演员的职称，获得了国务院颁发的特殊津贴，并且成为共产党的一员。

从贵阳“小舞台”转轨一个个小戏小品贻笑城乡

余重骏在舞台上是个痴迷者，在台下却是个“和和嗨”。在台上一进入角色，即进入忘我的境界。一字一音、一式一招、一眼一板，绝不含糊。他牢记并极力效仿前辈艺人的信条：“看我非我，我看我，我也非我，妆谁像谁，谁妆谁，谁即像谁。”他常说：一个人如果一生都在为他所热爱的事业而奋斗，无论结果如何，他都无怨无悔。所以，从艺四十五年来，他没有一天不在为自己所钟爱的艺术事业而忙碌，没有一天不在探索和创新中追寻新的闪光点，总想把美好的艺术形象和健康的精神食粮送给广大观众。

国家的改革开放政策，使文化艺术产生了多元化的内涵，特别是电视的普及，让人们对艺术的选择有了充分的自由度，戏剧舞台出现了暂时的萧条。面对不景气的戏剧市场，加之剧团经费不足，剧团经受着新的挑战，尽管同行中有人改行、有人下海、有人提前赋闲在家，余重骏不为所动，对艺术仍是一往情深。此时余重骏的儿子办起了一个“十姐妹”纸巾厂，两上弟弟也在省城的钢材市场撑起了一片天地，只要老余愿意下海，什么“老董”、“老总”的头衔任他挂。然而，他总是说：“我是吃了秤砣铁了心的，这一辈子除了演戏，还是演戏。”这几乎成了老余自我鼓励的口号。他与几位铁心同仁商量，打算组建一个自筹资金、独立核算、自负盈亏的民办喜剧团，并且拟出了具体方案，写出了书面报告。这个设想在当时的文艺界可谓石破天惊。尽管主客观上的一些条件尚不具备，使这个创想未能实现，但说明老余的心思是死死拴在“艺术”这架战车上的。他后来自勉说：我想吃“螃蟹”总比怕“螃蟹”的人强呀。一计不成，他又出一招，他瞄准了贵阳市川剧团卜小贵等有识之士拉起的“喜剧小舞台”，并积极加盟，卜小贵得此黄金搭档，更加如鱼得水,余重骏将自己熟练掌握的缠绵、婉转的黔剧理念与诙谐、幽默的方言滑稽戏作了科学的嫁接。功夫不负苦心人,他又获得了成功。20世纪的80年代到90年代初,他在“贵阳小舞台”上与笑星卜小贵等合作,成功地推出了方言滑稽剧《爱的幺二三》、《爱的错位》、《光脚板外交官》等剧目,让贵阳观众耳目一新,为之击节叫好,有的剧目演出百场不衰,老余在剧中塑造了一个个大大有别于《秦娘美》中银宜的喜剧形象,得到了观众的认同。“小舞台”在省城很是大爆了几年。余重骏从大剧目转轨向“小舞台”获得成功后,他有一点深刻的体会:艺术必须适应市场的需要,节目必须对准观众的胃口。

闲不住,赖不住寂寞,这是余重骏的特性。1992年之后,余重骏又以经济人的方式,组织了一支演出小分队,自筹资金,自谋路子,把戏曲、歌舞、曲艺、杂技溶进一台演出中,到当时市场比较活跃的广东沿海城市寻找演出市场。无论是剧场、歌厅、广场、酒楼,只要合法,只要有人看的地方,他们都敢闯,有时一天要串几个演出点。吃着便宜的盒饭、睡着廉价的旅店、坐上拥挤的公共汽车、受尽路人的冷眼,他和他的队员们无所顾忌,就这样,每年为黔剧团完成一半以上的规定场次,队员们用辛苦也换来了可观的收入,学到了不少经验。

这个多能的小分队从广东闯荡归来后,立即成为省文化厅“送文化下乡”的骨干力量,从1994年到2000年,七年内,在文化厅的组织下,他们到了全省2/3的县份和这些县份的主要乡镇演出。余重骏在这些年的下乡演出中,看到广大农村观众特别喜欢看小品,于是他又将身心投入到演小品上。他在小品《路口》中塑造的牛黄,这是个被“钱”扭曲了的农民形象,认钱不认人,认钱不认法,他把这个角色演得绘声绘色,在近200场的演出中,场场来彩,一场9分钟的戏,他可以把观众搞笑十几次。此外,他还塑造了《空位子》中的解放军军官、《邻居》中的知识分子、《手术刀》中的医生等正面形象，进一步拓宽了自己的戏路。1998 年贵州省黔剧团被省里评为“三下乡先进单位”，受到省委宣传部、省文化厅、省文明办等十一个领导机关的联合表彰，这个荣誉凝结着余重骏和团里许多老、中、青演员的心血和汗水。

“老骥自知夕阳短，不用扬鞭自奋蹄”。余重骏常用这段格言勉励自己。虽是“花甲”之人，然而他不言老、不服老，他在舞台上的小戏、小品搭档和生活中的朋友几乎都是年轻人。他带着这些年轻人努力完成每年团里规定的演出场次之外，还带着他们挖掘整理贵州古老的傩戏文化遗产。1990 年至 1992 年期间，在省文化厅、省剧协的组织下，他把精力投入到傩戏艺术研究上，他们自筹资金、自制道具、自费下乡采风，试探着排演了《搬师娘》、《撮太吉》、《古城会》等傩戏传统剧目。并带上这些剧目参加了在广州举办的“中华羊城博览会”。后来他个人又被邀请参加韩国的国际戏剧节，并在戏剧节上介绍、演出了傩戏节目。

在完成正常的业务演出任务之外，他被邀请参加了《追踪告密者》、《王若飞》、《长征》、《税务与你同行》等电视剧和电影的摄制，在剧中担任了几个不同性格、不同身份的角色。无论镜头多少，无论台词多少，他总是认真对待。电视剧《长征》导演和主演唐国强夸他“老将出马，一个顶仨，一次入镜，使我们省钱省事。”

从悲痛中振作起来继续为艺术贡献余热

讲起余重骏的艺术人生，必然要提及他身后那位鼎力支撑他的家庭、支持他的艺术事业的夫人、省黔剧团国家二级演员祝嘉丽。

余重骏与祝嘉丽虽不曾两小无猜，倒可称得上青梅竹马。他俩十六岁就在一个剧团共事，后来结为伉俪，共同渡过了少年、青年、中年和壮年时代，在舞台上常常是夫唱妻随，在生活中常常是出双入对。相依相伴40多年，为了事业、为了家庭、为了孩子，他们饱尝了创业和建家的无数艰辛，也品尝了成功之喜和天伦之乐。可是，天有不测风云，1999年底，一家老少11口人高高兴兴地赴广西南宁参加他们的爱女余朵的婚礼后，一场惨绝人寰的车祸夺走了祝嘉丽和年仅8个月的孙儿余安迪的生命，余重骏和另外两个亲人也身负重伤。手、腿、腰多处受重伤的余重骏躺在南宁一家医院的病床上，他问天问地，他哭爹喊娘，“为什么这悲惨会落到我头上?”“为什么要开快车?”“祝嘉丽啊我们不能没有你呀！我不能离开你呀!”然而爱妻爱孙已是人死不能复生，留给老余的只是无尽的回忆、无尽的惆怅。

在医生和护士的呵护下，经120天的救治，余重骏伤愈出院回到了贵阳。在亲友的陪伴下，当他走到家门口时，他对这道熟悉的门，深情的门，爱妻曾千万次地在此迎送过他的门，望而却步，他不敢跨越这道已失去女主人的门，他那双大而圆的眼睛被泪水淹没了。是啊，身体上的伤治好了，而这心灵上的伤何时才能治愈？每天早起，他在爱妻的遗像前上三炷香，口中念念有词。此后在相当长一段时间的每天早上，他会在亡妻的遗像前深情地默诵：人的一生如此行色匆匆/天上人间/生死爱人/从此再没有红颜知己/已无长歌相和/落日楼头/人生不会永远是雨季/只要坚持下去/总有阳光照耀。……

是的，人生的旅途不可能永远在雨与泥中跋涉，必须勇敢地面对事实，畅想未来，化悲痛为力量，抓紧有限的时间，为观众多演一些戏，多送一些欢乐，多培养几个年轻人，这才是对亡妻的最好慰藉。他说，爱酒的人解愁“唯有杜康”，而我解愁惟有演戏。不久黔剧团排演大型剧目《秦娘美的后代》，给他安排了一个重要角色——补仁，他抹去伤心的泪，抖擞起精神，又走上了久违了的舞台，再次成功地塑造了这个“小人物”的形象，有人在报上写文章评价：“余重骏从悲痛中走出来，正在抓紧有限的时间出成绩，这才是妻子应该看到的，这才是熟悉他的观众们所盼望的。”最近，他在黔剧《贞女》中扮演了个“小人物”——保长，台词不多，出场也不多，但他一丝不苟，丝丝入扣，一出场就产生了强烈的视角冲击力。他说：给年轻演员当绿叶，值得！从舞台下来后，他带上他的几位年轻搭档罗代兵、陈林、朱宏、潘小文、井然、角红、姜雪梅、赵小勇等，排演了反映医院情况的小品《一把刀》、反映农村靠科学致富的小品《今晚不谈那个》、《只谈牛的故事》等参加文化厅和一些部门组织的下乡演出，把个人的痛苦深藏在心底，把欢笑送到农村、送到工厂。黔剧团的老创作员张林为他量身创作了一个黔剧小戏《陈毅在花溪》，反映陈毅元帅当年在贵州的一个趣事，余重骏演陈老总。那一板一眼的四川话，那一招一式的大官样，那一闪一亮的大眼睛，把陈老总活泼、诙谐的性格充分表现出来了。由此调起了老余想演陈毅的胃口，他希望有机会在一部大戏中再次扮演陈毅。

前不久，省委宣传部组织了一次“名人名戏进大学”活动，余重骏有幸带上《秦娘美》的一折戏，与老搭档刘玉珍一起把 40 年前的得意之作再次展现在当代大学生面前，如今的“老银宜”尽管已是花甲之人所演，但不减当年 17 岁时所演的“小银宜”的风采，别开生面的大学生们报以热情的掌声，有的说：从来未听说我们贵州有这么好的地方戏。在校园里，出现了观众围上来找他们签名的感人场面。

去年，余重骏光荣退休了，本想静下来梳理一下自己 45 年来的艺术成果，打算举办一场《余重骏小戏小品专场》演出。可是，身不由己啊。省群众艺术馆王丰飞馆长写了一个小剧叫《情在山寨外》，特请老余当导演，他试探着把这个小剧打造出来，参加文化部 2002 年在广州举办的“《全国第十一届群星杯小戏小品比赛》”，夺得了金奖，他荣获了导演金奖。“贵州巨日影视公司”办了一个表演培训班，直接为这个公司的电视剧目培养演员，老余受聘到此上课，他不拘泥于课本，而是示范性的授课，分析角色，示范角色，边讲边作示范表演，很受学员欢迎。慧眼独到的巨日公司老总罗大胜，经过历史的了解和现实的观察，认为该公司的艺术总监非余重骏莫属，于是正式给他下了聘书。

现在余重骏已坐到“贵州巨日影视公司”艺术总监的位子，开始了新的探索。2005 年，该公司自筹巨资拍摄了我国第一部夜郎题材的 24 集电视连续剧《夜郎王》，余重骏担任副导演，并扮演剧中一个很有分量的角色——案相翁愚，该剧现正在进行后期剪接，不久将在中央电视台 8 频道播出。

在 2004 年 7 月至 8 月，他还受贵州省剧协的选派，与省内一批著名演员，赴法国与当地的艺术家联袂演出现代情景戏《爱情与婚姻》，先后在巴黎、里昂、瑟堡、沙隆等城市演出十五场，让法国观众感受到原汁原味的中国戏剧魅力。

最后，让我引用聂莹记者在《贵阳日报》上发表的文章中的一段话作本文的结语吧。“他说他年逾花甲，许多人都以为他冒老，因为你无法把他与‘花甲’这两个字连在一起。他的思维方式，他热情开朗的性格、他充沛的精力，他不懈追求的精神，还有他充满活力的体魄，都在表达着一个生命鲜活的状态。”

2006 年 4 月三稿

李嘉琪

居高声自远　非是藉秋风

蔡　葵

走进李嘉琪家，屋内挂有著名书法家邵华泽书赠的条幅——“居高声自远，非是藉秋风”，这是唐人虞世南托物寓情的一首咏蝉诗，寓意立身品格高洁的人，居高而能致远。书者是原人民日报社社长、中华新闻工作者协会主席，是嘉琪相知近廿年的良师益友。

书赠此条幅，是前辈对他的期望。

嘉琪是省文化厅副厅长，正厅级巡视员。现在退休了，文化艺术界许多老同志便邀他加入贵州省老艺术家委员会，遂又增选为该会副主席。这并非因为他的官职和有较强的组织能力，而是其自身确实是一位艺术家。

他是国家二级舞台美术师。中国戏剧家协会会员，中国舞台美术学会会员，中国演出管理家协会会员，中国莎士比亚研究会会员。曾兼任贵州省文联副主席、省群文学会会长和省杂技家协会主席，是位专家型的领军人物。

一

嘉琪，1944 年 3 月 28 日出生在一个书香门第，祖籍湖南长沙。父亲李昌焘教授，毕业于湖南雅礼大学。母亲黄家翊，中共党员，曾就读于长沙周南女校，艺师科毕业，是革命老前辈徐特立的学生，擅长书画。抗战时期躲避战乱，举家迁徙到贵阳。

1960 年嘉琪十六岁，在贵阳八中念高一，品学兼优，因有文体活动的广泛爱好，被选为学生会文体委员。就在这一年，一个人生的机遇，确立了他终身从事文艺工作的未来。那是四月底五月初，周恩来总理出访东南亚之前，到贵阳与人民群众共度“五一”节，并深入工厂、农村、商店和文化单位视察。时任贵阳市文化局副局长、曾在重庆“新华日报”工作的总理老部下杨惠琳，汇报时谈及拟成立一个新的文艺团体——贵阳市文工团，得到总理的首肯和支持。于是，决定从市属各中学及剧团选拔培养一批文艺新生力量。这时正值暑期，还在工厂参加辅导文体活动的嘉琪接到通知，到文化局面试。三天后，即被送到北京中国青年艺术剧院学习。

几十名花季少年，一个个心花怒放、朝气蓬勃地登上了北上的列车，来到日夜思念和向往的首都，带着五彩斑斓的理想，迈入了国家级艺术院团的大门。他们无忧无虑、天真烂漫、精力旺盛、积极向上，憧憬着将来学成返乡，在桑梓文艺舞台上脱颖而出，崭露头角。在欢乐而紧张的学习之余，学子们办起了反映学习生活的墙报，嘉琪自然是积极分子，他自幼受母亲的影响，有绘画天赋，在版面上负责的插图总是让人耳目一新，不仅受到同学们称赞，还引起教师的关注。

但是，道路是坎坷而曲折的。当时我国遭受三年自然灾害，又与友好邻邦苏联关系紧张，在国际国内形势及天灾人祸大气候影响下，刚刚开锣尚未开张的贵阳市文工团，时运不佳，被迫下马了。这无疑是一声晴天霹雳，顷刻间把孩子们击懵了。这批从偏远山区远道而来，尚沉浸在兴奋与喜悦里的少年学子，无奈地又奉命打道回程，中止了学习。可喜的是，命运之神偏爱了嘉琪，由于墙报上的一幅图画被老师看中，"青艺"破例地把他留了下来，改学舞台美术。从此，他与舞台美术结下了不解之缘。

嘉琪师从毛金刚、周正、盛锡珊等名家。在老师的提携培养下，他参加了该院话剧《文成公主》、《红色风暴》、《长缨在手》等经典剧目的舞美绘制。通过老师将理论和实际相结合的启蒙教学，使他一入门就站到了一个高起点上，较为全面地认识了舞台美术，苦练了基本功。在这里，他切身接受着国家级院团艺术气氛的熏陶和感染，耳濡目染着众多著名艺术家们精彩的艺术表演和美伦美奂的舞美设计，不断升华着艺术思维和艺术境界，焕发着艺术激情，增长着艺术知识，为从事这门艺术奠定了扎实的基础。

1960年底学习结业返筑，嘉琪被分配到贵阳市评剧团舞美队工作。在剧团的实践中，他感悟到各种艺术门类之间虽说有着相通之处，但毕竟门道不同，在京学到的话剧那种写实的幻觉布景，与戏剧舞台美术大相径庭，有着根本上的区别。戏剧所采用的非封闭式舞台及固有的传统演出模式，以及在虚拟的环境里灯、服、道、效、化集于演员一身，让程式化的表演在空间自由发挥等，让嘉琪感到既新鲜又茫然，一时竟手足无措，心理上产生很大负担。面对工作实际，他只有沉下心来，谦虚谨慎，勤奋学习，努力从思维方法上进行转化。实践告诉他，冰冻三尺，非一日之寒，面对博大精深的传统戏曲，仅有工作热情是远远不够的，必须抱以科学态度，尽快熟悉戏曲演出与舞台，认识角色与演出空间，才能循序渐进地适应工作需要，逐步有所作为，有所建树。于是他踏踏实实，一步一个脚印地向戏曲传统表现手法学习，从搬布景、学装置中去认识舞台空间；从读剧本看演出分析人物中去探究表现手法。对自己的艺术实践，嘉琪多次谈到施霖冠、范里等老前辈的教诲，以及省市剧团舞美同行对他的帮助。如他设计评剧《啼笑姻缘》时，恰逢省话剧团的王呐导演来评剧团交流学习，嘉琪就主动征求意见，王导演既肯定了设计中沈凤喜的戏码牌点了题，又指出艺术如何追求人物性格的内在美，如何把传统戏剧的程式融入现代题材中，就使嘉琪受益颇深。经过两年的实践与磨合，他在设计与体现上苦下功夫，并做了一些话剧和戏曲相借鉴、相结合的大胆尝试，在舞台实践上取得了一点初步成功的喜悦。

1962 年 1 月，嘉琪被送到上海人民艺术剧院学馆舞美班学习两年，又在上海戏剧学院听课，师从赵凤翔、杜时象、朱士场、崔可迪等我国著名舞美专家，于 1964 年 2 月毕业。这两年，他不仅系统地学习了理论知识，还通过教学示范，强化了实际技能，直接参加了《枯木逢春》、《霓虹灯下的哨兵》、《茶花女》、《第二个春天》、《杜鹃山》、《中锋在黎明前死去》、《团圆之后》等大型话剧、戏剧的实习设计及舞美绘制。这些戏，多是由我国著名戏剧家黄佐临、杨村彬、罗毅之、凌琯如等执导，艺术要求很高。朱士场结合教学，安排嘉琪协助参加了舞美绘制，受益匪浅。当时上海杂技团首次赴欧洲九国访问演出（那时文艺演出团体出访极少），上海市文化局聘请著名舞台美术家负责此项工作。杜时象接受任务后，带着嘉琪历时半年，高质量高水平地完成了任务，受到上海市文化局和剧院领导的表扬，杜时象对他的工作十分满意。通过学习深造，嘉琪深刻地理解和掌握了从设计制图装置，到灯、服、道、效、化等方面的技能，真正懂得了什么是舞台美术，怎样才能做好一个舞台美术家，从而强化了自己的艺术理论，提高了艺术素质。

1964年，嘉琪学习毕业回到贵阳。是年4月，贵阳市评剧团根据市环境卫生管理站党支部书记王治国的先进事迹，准备创作一出大型剧目《平凡的岗位》。年仅20岁，正是踌躇满志、英姿勃发的嘉琪，全身心地投入到了剧目的创作实践。从剧本酝酿之初，他就每天与创作人员一起，深入东山环管站，和工人同吃、同住、同劳动，长达半年之久。遵照"源于生活，高于生活"的创作规律，他晚上参加劳动，白天写生画图构思设计。经过无数次征求意见，修改完善，终于搬上舞台，取得了很好的舞台效果，使这部作品在艺术上获得了巨大成功。嘉琪的舞美设计和这出戏，曾多次荣获省、市各种奖项。舞台设计同剧本一起，由贵州人民出版社出版发行（1982年该剧设计还被选送参加了北京首届中国舞美展）。

此后，嘉琪在一大批自创剧目《王若飞》、《向命运挑战》、《杜鹃》、《京江怒涛》、《忠诚卫士》、《龙飞凤落》等舞美设计上，都取得了让世人瞩目的艺术效果，受到各方人士的赞誉和好评。

1965年至1977年，他先后又被派往中国评剧院、空政话剧团、上海舞台幻灯绘制班、上海杂技团出国演出团、中国京剧院舞美队等文艺院团学习或协助工作，从而进一步开阔了眼界，增长了见识，拓展了业务范围，丰富了业务技能。1986年，在朱士场老师指导下，他为莎翁名著《维洛那二绅士》移植的同名荒诞川剧担任舞美设计和参与绘制。观众看到，舞台上意大利建筑风格的弧形框架，使整个表演空间形成不停变幻的若干个不同的环境，忽而是典雅的厅堂，忽而变成美丽的庄园，忽而又出现写意的楼宇……一个个场景都使人耳目一新、妙不可言，达到了魔幻似的艺术效果。这出戏大胆采用了西方的抽象主义绘画手法，积木式的几何形体，加上鲜艳的色块，与我国民族民间的意趣有机地结合在一起，跨越时空，表达出了一种既雍容华贵，又通俗明快的艺术审美观，使得这部名著在舞美设计上推陈出新，魅力无穷，被专家誉为“中西文化碰撞的产物”。1989年，这出戏参加了首届上海国际舞台美术节展出，引起较大反响，莎士比亚研究专家和学者特来收集索取资料，嘉琪因此也成为中国莎士比亚研究会会员。

舞台美术，在舞美工作者眼中，不仅仅是为表演而存在的，同时又是充满着无限生机的芳草地。嘉琪勤奋好学，广闻博记。他的聪明在于不落俗套，敢于创新，具有丰富的想像力和创造力。舞美设计不比其他画种，可以随心所欲，横涂竖抹地去“写形”“达意”，这一点他把握得颇有分寸，恰到好处。自然的手笔是最大的手笔，“天人合一”的境界是嘉琪追求的境界。他胸存豪气，笔底生花。那支为现代剧、古装戏、话剧、歌舞剧、诗剧等舞美设计挥洒的笔，寄托了他丰富的感情。数十年来，先后参加过一百五十多出大小剧目舞台设计，独立设计也达九十多出。他的《龙飞凤落》、《杜鹃》、《杨乃武与小白菜》等剧的设计，均蟾宫摘桂，荣获奖项。并参加全国及省、市各种规格的舞美设计展览。至于在天幕幻灯制作技术上的创新，更是为业内同行们所推崇。除了评剧团外，省黔剧团、省歌舞团、市文工团、市歌舞剧团、市京剧团、市川剧团等文艺演出团体，都曾请他担任舞美设计或幻灯片制作，可谓声名远播，享誉全省。“天地有大美而无言”，嘉琪就是要再造一个“大美”，以美的形式把剧情渲染得情景交融，引人入胜。力求在有限的舞台空间内，绘制出无限的舞台环境，让广大观众得到更多更美的艺术享受。为了升华自己的艺术思维，把实践上升为理论进行研究，他曾写过一篇《传统的离异·现代意识·戏剧》的论文，受到一些专家的首肯。认为他对戏剧改革这一课题进行了积极的探索，他被列入《中国舞台美术家名鉴》和《中国当代青年名人大辞典》。

二

早在六十年代，李嘉琪就曾被贵阳市委市政府授予“五好职工”。1971 年他 27 岁时，便担任贵阳市评剧团舞美队副队长和舞台监督，1981 年晋升队长，1982 年被任命为团长，1983 年加入中国共产党，1984 年调贵阳市文化局担任艺术科长，继而又被提拔为分管群众文化的副局长、常务副局长(正处级)，当选为贵阳市群众文化学会会长。

角色的转换，使嘉琪施展艺术才干的舞台和视野不断拓宽。他胸怀全局，从分管工作的角度，跳出剧团舞台的小天地，走向无所不包、无所不在的群众文化广阔天地。在不断开展的丰富多彩的群众性文化艺术活动中，以敏锐的目光和开拓创新精神，寻觅着一个个宣传贵阳、宣传贵州的契机和机会。

1991 年秋，圆明园人潮如涌，这里正在举行北京百乐艺术节。嘉琪率队赴京，捷足先登，占据了大门至二宫门的最佳位置。大会统一写好的简介牌一律放在展演点出口处。为了提高贵阳知名度，他当机立断，把贵阳的简介牌挪到大门口，使“贵阳市傩文化展演团”一进门就一目了然。而去抬这两百公斤重的牌子，他却伤了腰和腿。这次活动他和大家一起，吃了二十多天盒饭，有几天病了，整天吃不下东西，仍四处奔忙，无论怎么劝，也劝不住。至今回忆起来，同志们还感叹不已。短短半年，展演团先后参加了三项全国性的大型活动，获得首届中国民族文化博览会组织奖，受到中央电视台及二十多家报刊图文并茂的报道。

1993 年，嘉琪接受了贵州电视台“元宵晚会”舞台设计的工作。这场晚会，明星荟萃，阵容强大。特邀央视主播李修平和广东电视台的程潜等做晚会主持人，邀请了韦唯、宋祖英、蔡国庆、马兰、那英、李羚、李金斗、郭达、葛优、谢园、朱德荣、红豆等众多国内一流演员演出。演出场地安排在可容六千多观众的贵州体育馆，并要首次在上星时间现场直播。把舞台节目搬上电视屏幕，虽然已有多年历史，但多是安排在剧院或观众有限的演播厅内，在如此之大的场面进行，全国都很罕见。当时央视同志知道了，也捏了一把汗，说弄不好就会出现"穿帮"，把晚会弄砸了。而嘉琪凭借多年的舞美实践经验，却不动声色，成竹在胸，准确地把握了导演意图和整台节目的格调，反复琢磨，精心构思，终于拿出了一套高标准的完整可行的设计方案。

鉴于体育馆内空间极大，灯光条件差，他在舞美设计上，没有拘泥于通常的局部雕琢，而是突出重心，采取大写意的表现手法。除了矩形的主台和一块半圆形的副台外，全无其他杂乱的线条；九个直径三米的巨型灯笼，不仅烘托了元宵节的气氛，还为演员提供了多处进出支点，使得舞台色彩分明、和谐，恰到好处。尤其是二百四十多平方米的台面全部采用镭射玻璃砖铺设，流光闪烁，辉煌豪华，大气磅礴，这在国内尚属首次，它的使用提高了整个舞台的照明度，让全场观众视线集中，演员舞台感觉良好。著名演员李金斗、郭达、李羚等一进场就感慨地说："这个舞台设计独具匠心，是花了心血的，在全国也堪称一流。"整个舞台气势恢宏，别致新颖，形式上保持了传统民族艺术的整体性，造型上又不缺少现代意识的流动感，从梯形的大舞台到圆形的小舞台，都为演员提供了立体的表演空间，也为观众带来情景的无限遐想。新闻媒体称"这台晚会的成功，除了有强大的演员阵容和灯光音响外，最大的成功莫过于舞台设计。看了这台晚会，真让人如同进入了一个美丽的神话境界。"央视同志说"这几乎相当于中央电视台一次中型春节晚会"，历年春节晚会的总录音师曾文洛和剧务主任于志超说："这种热烈的气氛，是中央电视台春节晚会也难以遇到的。"全国几乎所有省以上电视台都来信、来电话予以祝贺，并表示应当重新评估贵州的艺术实力。这台晚会的总导演王艾杰，还专门写了一篇对舞台设计的评论《舞台与电视》，高度评价了嘉琪独具匠心的舞美设计，认为这次晚会的成功，在很大程度上，是依托和受益舞台设计的成功，并说这次成功，将载入贵州广播电视事业发展的史册。参加这次演出的不少演员后来也成了嘉琪的好友，十年后郭达还送了一套自己的小品光盘给他表示友好，而正是在和这些文艺界人士的交往中，嘉琪找到了更多学习借鉴的机会。

1993 年 8 月，我省举办“93 中国黄果树山水风光游暨中国国际名酒节”，嘉琪受命参加策划、设计、编导工作。这“两节”是由国家旅游局和贵州省人民政府联合举办的，参加“两节”开幕式的有国务院副总理钱其琛，全国人大副委员长李沛瑶和国家机关有关部门及兄弟省市区负责同志，国内外知名人士、实业家等以及来自 20 多个国家和地区的客商、贵宾。俄罗斯和哈萨克斯坦驻华大使罗高寿、阿乌埃佐夫及日本朋友小林进、清宫五郎也应邀参加。开幕式表演中心设在贵阳市人民广场，总长 400 来米，南北两侧搭建 220 米长的 7 个观礼台，中间为主表演区，供游行队伍进行表演。主宾台、两侧观礼台和背景台共有4 800个座位。游行队伍从主会场东端邮电大楼前的国酒门出发，终点到达紫林庵，全线路长约三公里。嘉琪作为开幕式游行表演总策划，采用蜡染彩柱、大型壁画、45 个大气球、上千盆鲜花，600 名少年儿童手持彩球，组成色彩斑斓的画面。游行队伍近4 000人，由 400 名中学生组成鼓号队，有“贵州腾飞”、“经济之光”、“民族情韵”、“艺术繁花”等 27 辆彩车。以 100 面蜡染旗和 100 支进山号开道。布依板凳舞、高坡芦笙舞、新场花鼓舞等七个民族表演方队。加上贵妃醉酒、武松酒醉打虎、李白酒后作诗等戏剧造型彩车，情绪热烈、欢快，富有情趣。游行表演 93 分钟，线路游行 2 小时，以腾龙飞舞压轴，十条精美彩龙，穿梭翻卷飞舞，鼓曲喧天，鞭炮齐鸣，几千只彩球腾空而起，天空色彩斑斓。整个表演活动达到了健与美和力与美的结合，给人以美的享受和催人奋进的精神力量。省、市政府在“两节”总结表彰会上，评价道："开幕式气势恢宏，喜庆热烈，特色突出。其规模之大，规格之高，涉及面之广，参与人数之多，影响之远是前所未有的。"

20 世纪 80 年代末和 90 年代初，嘉琪还担任了贵州省青年联合会三、四、五届副秘书长，参与和担负了不少社会活动。贵阳市和省里相继举办的不少大型艺术活动都和他分不开，如"花溪之夏艺术节"、"首届贵州青少年联欢节"、"贵阳民族民间艺术风情展"、"贵州省第八届运动会开幕式"等等。这些活动的组织策划和舞美设计，多出自于他的手笔。特别是 1997 年"5·28"新机场通航庆典，在原方案被否定后，嘉琪被省里点名担负庆典设计。他用两个多月的时间，集策划、设计、导演、组织于一身，圆满地完成了任务，受到了包括领导在内的社会各界的好评。

三

1994 年，嘉琪奉命调任贵州省文化厅副厅长。来到新的工作岗位，他站到了一个更高的支点上。

1999 年 10 月 1 日，是新中国 50 华诞。庆祝活动的组织机构，由省领导和有关部门负责同志组成，嘉琪被增补为省城贵阳庆祝活动领导小组成员，并担任领导小组筹委会常务副主任兼办公室主任，主持日常工作。办公室下设宣传出版、文艺演出、展览、青年志愿者工作等 6 个部门，均要由他综合协调与安排，可谓艰巨而具体。从当年 1 月前期准备到 11 月召开总结表彰会，出版庆祝活动纪念画册，历时近一年。其间特别是组织全省庆祝大会、文艺演出、举办国庆之夜活动和负责赴京参加首都国庆游行彩车设计工作，他都付出了许多心血，不负众望，圆满完成了任务。

自从调到省文化厅，嘉琪虽然主要分管文物工作，但他仍然继续发挥着自己的特长，时时注意把本职工作与舞台美术和群众文化有机地结合起来，相互促进，互为补充，相得益彰。他对我省傩戏有着浓厚的兴趣，认真研究过傩文化，曾著有题为《神奇的贵州傩面具》一文，在《人民日报·海外版》发表，论述了我省傩戏的起源，并感叹傩面具多姿多彩，尽妍极态的神奇之功和丰富迷人的内容。他对奇石的收藏也情有独钟，认为奇石无语、丑极、美极、可爱之极，含天地造化的灵性，融知识、趣味与艺术为一体。为了保护石资源，特别是其中的古脊椎动物和人类化石、生物化石的保护，他把奇石放在文化的角度广为宣传。在几次傩文化展演中，将奇石和被称之为"戏剧活化石"的傩戏一并推出，让二者巧妙地结合在一起，让人们感受到一种古朴、典雅、神秘、幽深的艺术之美。

在省文化厅工作了10年，嘉琪在分管的文物工作中政绩斐然。他是国际博物馆学会会员、中国博物馆学会理事。为了掌握全省文物情况，提出保护措施，他跑遍了全省所有市县及不少乡镇村寨。他主编的《贵州省志·文物志》，全书工程浩大，一百六十五万余字，堪称一部反映贵州文物半个世纪以来工作的结晶。贵州省政府和挪威王国合建的贵州生态博物馆，也是在他分管文物工作期间建成的。这项工程开我国生态博物馆之先河，在海内外影响十分深远。他相继策划、组织、参加的马来西亚民间艺术节、法国、瑞士民间艺术节等大型国际文化艺术活动都产生了较大的社会影响。为保护和宣传非物质文化遗产，他组织侗歌演唱组参加了挪威富尔德国际文化节，在北欧国家产生极大影响，他为美国佛罗里达州萨达索塔市艺术剧院和遵义杂技团合排的音乐剧《一个美丽的传说》设计的舞台美术得到观众的赞许，剧院总监波登深情地说"我为有这样的朋友而自豪，我爱他，爱中国文化，我感觉我的血液里流有中国的文化"。为此波登先生曾三次率百余人组团到贵州作文化交流。

嘉琪是一个勤于工作，长于思索，善于总结的人。他在工作之余，忙里抽暇，一直笔耕不辍。曾著有《政策宽，剧团活》、《用特色文化，促进经济发展》、《原真性与傩文化研究》、《石与石文化》、《城乡建设与文物保护的关系》、《旅游开发与文化遗产保护思考》、《生态博物馆——传统与现代的结合》、《侗族鼓楼与花桥·序》、《博物馆的社区教育·序》等等。作为一个文化官员，他的价值正在于从文化的意义上，去提高我们文化事业的整体水平，站在大文化的高度，以适应改革开放的时代需要。

事业上的成功与家庭的和谐密不可分。嘉琪有一个温馨的三口之家，妻子倪妙群，是贵阳市一个部门的领导干部，也曾经在地方剧团和大军区文工团从事过一段文化工作。对文化艺术工作他（她）俩有着共同的爱好。嘉琪说这方面对他帮助不小。

2005 年，嘉琪退休了，但他并未停止工作，除担任省旅游局乡村旅游专家顾问外，还担任省饮食文化研究会副会长，省老年书画研究会副会长，现在又应老艺术家们邀请，乐滋滋地加入省老艺术家委员会，他说“参加老艺委的活动，是要真心回报艺术家们对我过去工作的支持，是表示对老艺术家的尊敬和感谢，要多为他们办些事”。生命不止，奋斗不息，他仍在不懈地继续奉献着余热。

杨高

与黔中艺苑共荣辱

白劳

1959年9月,正值中华人民共和国成立10周年前夕。

一个爽朗敦厚的小伙子,从新落成的北京火车站,登上了南下的列车。

荷包里,揣着北京大学的纪念章和中国人民大学新闻系的毕业证书;行装中,装着昨天刚从前门大街买来的戏剧书籍:《京剧剧目初探》、《中国戏剧史长编》、《京剧丛刊汇编》、《川剧喜剧选》、《看戏散笔》……

向南走,第一次跨越黄河、长江;再向西行,映入眼帘的高山越来越多。22 岁的他,就这样踏上了人生的旅程。时代的车轮,正把他推向一个神秘而荒僻的地方——贵州。他立志,要像苏联的保尔·柯察金志愿到西伯利亚筑路那样,把美好的青春奉献给尚待开发的山区新闻园地;他期望,像早年的田汉、吴祖光驰骋梨园那样,当一名出类拔萃的文艺记者。

他,就是"首届全国百佳新闻工作者"、被誉为"艺苑挚友"的贵州省知名文艺编导杨高。

超级戏迷

杨高,学名杨桐年,1936 年 10 月出生在燕山脚下、渤海之滨的小山村。他从幼小就在地主家庭里,承受了"礼义廉耻""忠孝仁爱"的传统礼教。12 岁时,随父母迁居北平,又受到了故都诗书、戏曲等传统文化的熏陶。北京解放后,这个刚启蒙的孩子,看到了天安门前升起的第一面五星红旗,成为首都第一批少先队员。新北京的新气象,使他向往新闻记者的职业。1955 年秋天,历经寒窗苦读,从北京一中毕业,在"百里挑一"的严酷竞争中,考取了北京大学中文系新闻专业。

从少年时代起,繁重的学业——演算数学习题、背诵英语单词和严格的家教——一不准读武侠小说,二不准看言情电影,并没有剥夺他的课余爱好。一台老式收音机,一本上海出版的《大戏考》,促使他和戏曲结下了不解之缘。

当时,北京的广播电台经常播送京剧唱片。他一边聆听,一边翻看戏考里的唱词,很快就入门了。上百位京剧名家,每人有自己的拿手唱段，每段又有独特的风采韵味，常令这个刚走进大城市的初中学生听得如醉如痴，仿佛走进了一座辉煌的艺术宫殿。在这些名家中，他最崇拜的是：唱花旦的梅兰芳，唱老生的马连良和唱花脸的金少山。这些名伶名角灌制的成套经典唱片，如《霸王别姬》（梅兰芳与杨小楼合作，共十二段）、《玉堂春》（梅兰芳与鲍吉祥、律佩芳合作，共六段）、《武家坡》（马连良与王玉蓉合作，共十二段）、《打龙袍》（金少山与李多奎、姜妙香、肖长华合作，共十段），听起来特别过瘾，可以说是“百听不厌”。还有一些稀有的唱片，如“四大名旦”梅兰芳、程砚秋、尚小云、荀慧生合作的《四五花洞》，“厉家五虎”厉慧良、厉慧敏、厉慧兰、厉慧君、厉慧森合作的《岳母刺字》，电台每隔很久才播放一次。这个“小戏迷”天天盼呀、盼呀，简直到了“朝思暮想”的地步。听着听着，京剧里各个行当的代表人物，他们的拿手剧目和演唱特色，他都了如指掌，甚至烂熟于胸；京剧里的各种板式，什么西皮、二黄啦，什么导板、原板、二六、南梆子、四平调啦，也都能辨别清楚，并和语文、算术一道，统统装进肚子里。

不久，随着科技的进步，电台又兴起了“现场转播”。没有钱的戏迷可以坐在家里收听当晚名角在剧场里的演出实况。小杨高当然是“现场转播”的忠实听众了。白天，他注意浏览《新民报》上刊登的广告，晚上赶紧做完作业，就守在收音机旁“候场”。他听得很投入，甚至到了“旁若无人”的程度。有一次，电台转播中国京剧院叶盛兰、杜近芳合演的《柳荫记》，梁祝的真挚友情深深地感染了他的心灵。当演到楼台诀别一场时，悲凉的唱腔和幽怨的音乐，竟使这个初中生哽咽难忍，悄悄地流下热泪。他还爱听轻松滑稽的丑角戏。特别是《野猪林》里孙盛武扮演的高衙内，《凤还巢》里李四广扮演的程雪雁，到精彩处，他居然会笑出声来。稍大点，这个戏迷学生还是“痼疾难改”。1957 年，马连良、谭富英、奚啸伯、李和曾、尚小云、张君秋、肖长华、马富禄等名角在中山公园音乐堂联袂演出《四郎探母》，戏票早被抢购一空。他在北大校园听说电台要进行现场转播，感到这个千载难逢的时机决不能错过，于是，下午下了课来不及吃饭，就急冲冲从西郊中关村乘公共汽车赶回右安门家中。结果，当晚的戏瘾是过足了，却因为晚自习"逃课"，挨了老父亲一顿剋，还被警告"下不为例"。

后来，他感觉"只闻其声，未见其人"，心里欠欠的，总想亲眼瞧一瞧名角实地演出的"庐山真面目"。于是，便用爸妈给的零花钱，悄悄地去戏院买票看戏。一开始，是去长安戏院看李宗义、云燕铭演的"星期天日场"，楼座角落里的票价只要三角钱。渐渐地，他眼光高了，胃口也大了，便把零钱攒起来，以每场四元的高价，去看中国京剧院的"四大头牌"——李（少春）袁（世海）叶（盛兰）杜（近芳）或北京京剧院的"四大头牌"——马（连良）谭（富英）裘（盛戎）张（君秋）的联袂演出。

考进北大后，杨高上的是中文系新闻专业。按常理，本应该在名师的指点下，多阅读些中外文学名著。可是，由于戏迷心窍，他在前三年里，许多宝贵的时光都耗费在戏曲上面了。那时，在学生会下面，有一个学生社团，叫"北大学生京剧社"。二十余名酷爱京剧的同学每周定时聚会在大课堂里学戏、排戏。未名湖畔，博雅塔下，常留下他们聊戏、评戏的身影；亭中林间常传出他纵喉高唱的旋律。他刚参加京剧社时，只能跑一跑龙套，在《空城计》里演过老军，在《春秋配》里演过乳娘。到了二、三年级，便上升为主力了。先后在《打城隍》里主演过城隍，在《乌盆记》里主演过张别古，同学们戏称他为"北大名丑"。

北大的学生，大多是高材生，记忆力好，模仿能力强，学起戏来效率也特别高。1958 年，中国京剧院创作排演了现代京剧《白毛女》，北大京剧社的学子们闻风而动，立即着手"克隆"。他们带着笔记本和录音机，前往人民剧场边看边记边录。杨高分到的角色是地主黄世仁。在剧场里他便专注地观察袁世海的表情、动作和走位，用文字和符号快速记录下来。回到学校后，就连夜复习，和其他戏友相互切磋，并实地走排。这样，在中国京剧院公演一个月后，北大学生京剧社便赶在全国其他专业剧团之前，在燕园大礼堂隆重推出了精心仿制的新剧《白毛女》。校长陆平在首演后，上台接见了全体演员，还握着杨高的手称赞："你们几个反派人物演得挺好！"后来，为了贯彻"文艺为工农兵服务"的方针，这帮戏迷学子们还开赴中关村中国科学院工地，在冰天雪地里义演一场，受到了一些科学家和上千名建筑工人的欢迎。

这里，还要说一说杨高在学生时代，在一个特别的场地上进行的一次特别的演出。"大跃进"年代，在举国瞩目的北京十三陵水库工地上，他和全班同学挑灯夜战，肩挑泥土往来穿梭。休息的号声响起了，各路劳动大军席地而坐，一再高喊："北大京剧社的，来一个！"这时，杨高忍着极度的疲惫，拍了拍身上的泥土，站起身来和同年级的赵晓义即兴演唱了一段《女起解》。他扮演的苏三，头上包扎的是劳动时用来擦汗的彩色毛巾，挑担用的垫肩加上一串钥匙链表示刑枷。杨高胖乎乎的体型，颤悠悠的假嗓，配上"崇公道"的苏北口音，逗得全工地的观众前仰后合，把全身的酸疼丢得一干二净。这一场面，有人用相机拍摄下来，并把这幅"剧照"作为插页，收进一部北京出版社编印的纪实专辑里。

在大学的最后一年，杨高随同全专业的师生，奉命合并至中国人民大学新闻系，主要精力用作补课和实习，爱好京剧的势头暂时压下了。临毕业前，北大的戏友们又聚会了一次。听说杨高听从党的召唤，志愿到祖国需要的贵州去。昔日的亲密搭档们语重心长地勉励他："去吧！当个好记者。咱们京剧社这几年没有白折腾。你到了贵州，再把那儿的京剧折腾起来！"

为"土特产"呐喊

来到贵阳山城，遵照杨高本人的意愿，省委宣传部和省人事局把这名北京来的高材生，定岗在全省最大的新闻媒体——贵州日报社，实现了“专业对口”。

当上见习记者，杨高的主要任务是练习基本功，并没有过早地涉足文艺圈。只是在憋闷得难受时，偶尔在报社的楼道里喊上一嗓子：“一马离了西凉界……”

按照当时培养人才的模式，报社编委会先安排他到镇宁自治县布依族聚居的扩堡乡当一年农民，又到黔南记者站从事农村采访一年。这些革命化的措施，使这个北京来的“书生”，认真体验了“一穷二白”的省情，并收到了“劳其筋骨，苦其心志”的功效。

天遂人愿。1963 年，贵州日报社实行大改革。为了提高报道质量，精选十来名年富力强的业务骨干，开始设立专业记者。由他们分兵把口，采写各个行业的重点稿件。经历了两年锤炼和考察的杨高，荣幸地成了贵州日报历史上第一个文艺记者。由于当时全省只有这一张报纸，采访文艺圈的记者寥寥无几，广播电台的个别同行也先后半途转业了。所以，按照目前时尚的提法，杨高可算是我省从业最早、资历最深的“娱记”了。

当上了正规的文艺记者，风华正茂的杨高激情满怀。他知道，这是领导器重自己，也是实现自己抱负的开端。于是，暗自下定决心，一定要珍惜这个岗位，在贵州这片热土上干出个名堂来。为了激励自己、鞭策自己，他在日记本上写下这样的座右铭：“自强自律自勉，尽心尽力尽责”和“贵州百姓共甘苦，与黔中艺苑共荣辱”。

那时，他是个“单身汉”，吃住都在报社大院里，精力格外充沛。每天，他凭借一支笔、一个采访本和一辆破旧的公用自行车，马不停蹄地走访省、市文化局，省、市群众艺术馆以及京、川、评、越、豫、黔剧、花灯、杂技、曲艺等十余个专业文艺团体。白天四处采访，晚上坐在办公室里整理笔记，阅读相关资料。不久，他对省城的演艺界现状有了一个初步估价：在贵阳这个边远的中等城市里，南北剧种杂陈，剧目老化，多是“复制品”；演出水平参差不齐，有时还夹杂一股“土气”和“小家子气”。

同时他也欣喜地发现:经历了国民经济的困难岁月之后,贵州艺苑正在复苏。在万马齐瘖的表层背后,正涌动着股股热流;在漫山遍野的绿草丛中,正孕育着朵朵花苞。其中,最耀眼的亮点,出自贵阳市小十字的富水剧场。过去,一向名不见经传的贵阳市评剧团,在“演革命戏,做革命人”的高潮中,创作排演了一出反映城市清洁工人劳动生活的新戏《平凡的岗位》。

看过彩排之后,杨高眼前一亮,精神一振,凭着他的新闻嗅觉和戏曲知识,预感到这是一条“大鱼”。论题材,它以北京市著名劳动模范时传祥和贵阳市环境卫生管理站优秀党支部书记王治国为原型,歌颂的是新时代的英雄人物。编导们敢于把全社会公认为最苦最脏最没地位的掏粪工人,堂堂正正地搬上文艺舞台,乃是中国戏剧史上破天荒的壮举。论剧作,这出戏围绕两种劳动观的冲突展开矛盾,剧情起伏跌宕,妙趣横生,并不亚于中国评剧院的《夺印》、《向阳商店》。论创作过程,这出戏排演前,编剧和全体演员肩扛行装,深入到贵阳市环境卫生管理站,参加了一至四个月的挑粪劳动,熟悉了清洁工人的日常起居和内心思想感情,符合“艺术来源于生活”的创作准则。论演员阵容,刘毓澄扮演的党支书康进,周志英扮演的老工人耿志忠,李代忠扮演的知识青年魏安和杨仲元扮演的反派人物刘母,组成“一颗菜”“一盘棋”,其表演水准,与评剧最发达的北京、东北相比,也可属于“准一流”之列。

那时节,杨高几乎成了贵州日报社向贵阳市评剧团的特派记者。他先后采访了剧团党政负责人、编剧、主要演员以及协助他们编戏排戏的环管站工人师傅,掌握了大量的第一手素材。于1965年春季全省革命现代戏会演期间,在贵州日报上相继推出了头版头条、座谈纪要、综合述评和专题报道《一出好戏的诞生》。《平凡的岗位》一炮打响,在文艺界和社会上引起强烈的反响。

后来,省委宣传部和省文化局又决定将这出评剧改编成富有地方特色的花灯剧，由花灯艺术家罗江禹领衔，贵州省花灯剧团众多精英组成演出团，开赴成都参加西南地区话剧、地方戏会演。这回，杨高以真实的“特派记者”身份，随团采访演出盛况，并向兄弟省市介绍相关背景情况。这出戏在会演期间好评如潮，成都市的清洁工人观看后也倍受感动。

“贵州出了个《平凡的岗位》!”这一喜讯不胫而走。它的美名不仅远播大西南，还引起了全国文化戏剧界的关注。西南会演后，中央文化部趁热打铁，指派贵州省花灯剧团带着《平凡的岗位》晋京向刘少奇主席、周恩来总理和首都文艺界汇报，并到武汉、西安、郑州、南京及重庆、延安、九江、芜湖等十余座大中城市巡回演出。所到之处，成千上万名观众共同的反响是：“感谢贵州的文艺工作者，给我们上了一堂生动形象的劳动教育课。”

杨高以自己的赤诚心灵，宣传报道贵州的艺苑新花。他对《平凡的岗位》的支持，可以说是“一往情深”“矢志不移”的。在“文革”期间，这出公认的好戏，被打成“为中国最大的走资派刘少奇歌功颂德的大毒草”，省市文化界某些造反派头目摇旗鼓噪，给这出戏罗织出一大串莫须有的罪名。在“红色恐怖”的严酷氛围中，杨高不顾个人安危，前往已陷于瘫痪的贵阳市评剧团，分别探访了屡遭批判斗争、长期被软禁在斗室里“闭门思过”的编剧袁家浚和主演刘毓澄，一再抚慰他们“真金不怕火炼”“纵然乌云密布，总会重见天日”。

直到 1984 年，当《平凡的岗位》早已获得平反，并且逐渐淡出人们的视野时，杨高利用在贵州人民广播电台编排春节文艺节目的机会，特地走进磁带库房，翻出当年贵阳市评剧团演出的实况录音，亲手拂去上面的灰土，安排在大年初二晚上播放，使这首“清洁工人的赞歌”在尘封近 20 年后，再次回荡在贵州大地的上空。

20 世纪 70 年代后期，祸国殃民的“四人帮”垮台了，春回神州大地，荒芜已久的贵州艺苑也呈现出勃勃生机。作为电台文艺编辑的杨高跃跃欲试，密切地关注贵州省剧坛的喜人动向。很快，贵州省黔剧团创作演出的大型新编历史剧《奢香夫人》，像一株乌蒙山上的杜鹃花，颤巍巍地闯入了他的视野。一次在河滨剧场观摩彩排之后，他的内心出现了多年来少有的激动，以致夜不能寐。在冥蒙中，他清醒地意识到：又一出好戏诞生了！年轻的黔剧，继《秦娘美》之后，又将竖起第二座里程碑。

杨高坚信自己的判断是准确的，因为：(一)这出戏塑造了一位聪慧果敢、深明大义的少数民族首领形象，在中国戏曲舞台上应属创举。在过去的传统剧目里，由于剧作者的大汉民族主义观念作祟，剧中的少数民族头领，不是青面獠牙的魔王，如《挑滑车》中的金兀术，就是儿女情长的平庸之辈，如《四郎探母》中的肖太后。奢香在舞台上一亮相，自然显得光彩照人，别开生面。(二)优秀青年演员崔燕鹏饰演的水西女王，既有领主的威仪和风范，又有普通彝家年轻女子的直爽和淳厚，演得不温不火，很有分寸。(三)在剧中，贵州两位艺术家——秦枫的作曲和范里的舞美设计，展现了大手笔，渲染了民族特色和地域风尚，为主要人物增光添彩，完全可以立足于国内民族戏曲之林而毫不逊色。

带着这种喜悦心情，杨高像当年报道《平凡的岗位》那样，又投入了紧张而艰苦的采录工作。几经周折，他在相宝山一幢简陋的居民楼里，寻觅到了《奢香夫人》的编剧俞百巍。这位解放前在香港加入中国共产党，并曾担任南昌特委书记的老革命战士，这位在戏剧、文学方面著述颇丰的才子，在相当长的历史时期内，由于所谓“历史问题”，被主管部门打入“另册”，控制使用。在他撰写的许多作品上，无权署名，只能写“集体创作”。省电台记者的突然造访，使长期蜗居在家中的俞百巍喜出望外。他向杨高推心置腹地讲述了十年前在乌蒙山区寻访水西古驿道的创作历程，还透露了自己在构思《奢香夫人》过程中的一些艺术创意和艺术探索。杨高根据这次促膝长谈，写成专稿《乌蒙古道谱华章》，在《贵阳晚报》发表。一时间，俞百巍这位埋没已久的剧作家，又以他本来的面目出现在公众面前。

随后，杨高又前往贵州省黔剧团宿舍，走访了奢香的扮演者崔燕鹏。请她畅谈了自己的成长历程和对奢香这个人物的理解，以及在唱、念、做、舞等方面的艺术处理。不久，省电台在《文艺园地》栏目中，隆重推出了杨高和录音师傅共同制作的大型专题报道《为黔剧〈奢香夫人〉喝彩》。在长达一个小时的广播节目中，他们以现场实况精彩片断为骨架，穿插播讲了该剧的历史背景、剧作者和主要演员近况以及对这出戏的赏析评价，为广大观众提供了一份丰盛的“文化大餐”。

国庆40周年之际，由省委、省政府精心打造的黔剧《奢香夫人》作为地方戏的精品，应邀晋京参加献礼会演，荣获了创作一等奖和演出一等奖。中国唱片社还为崔燕鹏录制了《奢香夫人》的精彩唱段，发行到国内外。

杨高庆幸自己能通过文字和电波，在黔剧《奢香夫人》的崛起过程中起了推波助澜的作用，并准备日后多为这个本土的新剧种出些力。1987年，已经调到贵州电视台担任文艺编导的他，在筹办“茅酒之乡春光媚”春节晚会时，有意设计展露一段黔剧唱段。因为缺乏新的优秀剧目，他久久渴望的“第三个里程碑”未见问世，杨高只好请崔燕鹏重新披挂奢香的盛装，在彩灯闪烁的荧屏上，纵喉高唱一曲声情并茂的“扬调”：“临行为何心意慌？想是初次去远方。卷裙走马路八千，频频回首望家乡。”算是这位老文艺记者在无奈的形势下，所表达的对黔剧的一片心意吧！

托出“金凤凰”

运动员渴望金牌，演员渴望金奖。作为文艺编导的杨高，何尝不想拿一个金光闪闪的全国最高奖呢？

然而，面对现实，谈何容易啊！贵州，由于底子薄，投入少，在以往的全国文艺比赛中，似乎和“最高奖”缺乏缘分，选手们往往乘兴而去，带回来的却大多是安慰性质的“鼓励奖”。“冲金夺银”几乎成了贵州演艺人员神圣而遥远的奢望。记得20世纪80年代初，贵阳五中的音乐教师王跃珍，参加全国青年歌手电视大赛，得了一个铜奖（三等奖），竟使得处于低谷的贵州文艺界欢呼雀跃，轰动好一阵子咧！

1984年，杨高在贵州人民广播电台当文艺编辑时，曾经邀请陈光余当编导，主持录制过一个反映侗家少年进行科学实验的广播剧《蘑菇的故事》。本来无心栽花，却在首届全国少儿广播剧评比中，意外地得了一等奖的第一名，在这个新开垦的艺术园地里爆了一个小小的冷门。到了电视台，他仍然“野心勃勃”，总憋了一股劲，想在够规格的全国大赛里，为他的“第二故乡”拿回一个含金量充足一些的奖项。

机会来了。1987年中央电视台和全国剧协为振兴京剧事业，决定联袂举办全国青年京剧演员电视大赛。选手由各省（区）电视台选送，这就给杨高提供了一个施展身手的平台。

这次大赛，是新中国成立以来全国京剧精英的首次大检阅、大较量。全国各地的京剧新秀跃跃欲试，报名者达一千余人。可以说，竞赛是激烈的，淘汰是残酷的。贵州地处西南山区，属于京剧欠发达地区，要想捞个名次，确实有点难啊！

为了打好这一仗，杨高向北京电视台的同行请教（此前，该台曾举办过全市性的比赛，相当于本次大赛的预演），得到一个“诀窍”，即参赛演员在规定的15分钟里，要充分做足功夫，尽可能融进多种艺术元素。为了打好这一仗，杨高作为贵州赛区的主办者，陪同本省的京剧名家李鸿韵、孙正华、朱美英、卢小玉、韩桂林等，不辞辛劳，不远千里，前往各地区选才。他们西至乌蒙山麓的毕节，东至锦江河畔的铜仁。每到一地，老艺术家们对青年演员又帮又教，既严格评选，也奉献良策。为了打好这一仗，杨高还邀请本部门富有实践经验的李怀亮担任切换导演，并和摄像师傅一起共同商讨，如何运用现有设备，争取获得最佳的声像效果。

这次全国京剧精英大会，通过播放录像进行的复赛，是个关键环节。选手一旦进入决赛，不得金奖也得银奖，如同进了“保险箱”。杨高带着12名贵州选手的录像带进京参加复赛评选时，心里忐忑不安。那几天，是在战战兢兢中度过的。

贵州省京剧团青年演员杨嘉陵，参加的是花脸组的比赛，参赛剧目是裘派名剧《探阴山》片断。起初，由全国京剧名家和电视编导组成的评委会，对这个来自贵州山区的无名小辈没有放在眼里。可是，当北京走红的杨燕毅和裘派创始人裘盛戎之子裘少戎相继平平而过之后，最后亮相的杨嘉陵竟在复赛现场引起了轰动。高亢嘹亮的唱腔，坚毅沉稳的气度，使评委们禁不住振奋起来，纷纷交头接耳地问：“哪儿来的？哪个师父教的？”刚才还充满唉声叹气的会场简直像是“炸了窝”。结果，“黑马”杨嘉陵以最高分名列复赛第一名。山东选送的方荣翔的大弟子宋长林名列第二，天津的后起之秀、当今在菊坛大红大紫的孟广禄名列第三，来自上海、曾在戏曲电视剧《狸猫换太子》中扮演包公的唐文元名列第四。北京的“名净”竟然全部落马了。

杨嘉陵之所以出线，并非“撞大运”，也没有“做手脚”。究其原因，主要是他本人具有良好的素质。作为选送单位的贵州电视台和主办者杨高，也尽到了自己的职责。他们在竞赛规则范围内，采取了“录音摄像两步走”的办法，先带嘉陵在贵州人民广播电台的大播室内录了音，保住了他“裘味十足”的唱腔音响。随后在贵州电视台演播厅录像时，编导们针对嘉陵个头较矮、脸型较瘦的弱点，在镜头、景别上作了相应处理，使荧屏上的包公比舞台上的包公更加威风、饱满。

令人遗憾的是，初登大雅之堂的“黑马”杨嘉陵在中央电视台的决赛直播现场，由于过度紧张而表现严重失常，从复赛的第一名降到了决赛的第四名，仅得了个优秀表演奖，即银奖。杨高苦心策划的冲金战略，迎头遭遇了挫折。

幸好，随后出场的贵阳市京剧团的新秀侯丹梅很争气，不仅昂首挺进了决赛，最后还拿到了最佳表演奖，即金奖。小丹梅夺金，虽然是名至实归，中间也经历了一波三折。她出身于梨园世家，文武兼备。既是中国戏曲学院的高材生，也得过云南京剧名家关肃霜的真传，有"小关"的美称。当北京传来即将举行全国京剧大赛的消息时，她因为胸腔积水正在住院治疗。由于参赛心切，这位争强好胜的姑娘没等病情痊愈，就从医院跑出来，参加了杨高和贵阳市文化局副局长韩桂林召集的赛前动员会。随后穿起练功服在云岩剧场的舞台上突击苦练硬功，力争在短期内，把自己的技艺调整到最佳状态。杨高特别示意丹梅，要报最拿手的剧目，亮出最高超的文武功底。她和父母、长辈们共同磋商后，选定关派代表剧目《铁弓缘》的两个精彩片断，并进行巧妙串联。前半段"送别"，饰陈秀英，青衣应工，以唱做为主。后半段"歼仇"，改扮王富刚，以武打为主。复赛开始后，全国旦角人才辈出，竞争比花脸行当要激烈得多。作为复赛评委之一的杨高，发现一些北京的专家评委有偏心，悄悄给自己的弟子、本团的演员和本门派的后继者故意打高分，便紧急应付，联合一些不发达地区的同行采取"自救互助行动"，给本省的"第一号种子"适当提高分数。这一"非常"措施收到了成效，侯丹梅原先估计可以排在前二十名左右，结果以第九名的成绩，与上海的史敏、河北的李胜素、天津的刘桂娟等携手跨进了决赛圈。

自古好事多磨。正当侯丹梅在贵阳加紧备战，准备晋京参加决赛的关键时刻，杨高听到一个令人揪心的消息，这姑娘在一次外出时，意外出了车祸，脸部遭划伤，目前情绪急转直下。他赶忙自备礼品，代表主办单位，在老伴的陪同下，前往六广门附近的侯家，向正在卧床养伤的"爱将"表示亲切慰问。经过紧急处置和悉心诊治，丹梅幸无大碍，也没有破相，按时到首都参加了决赛的角逐。

在中央电视台演播大厅，12名脱颖而出进入决赛的青年花旦犹如群芳竞妍。22岁的小丹梅带着家乡父老的嘱托，在全国亿万翘首以盼的电视观众前，以昂扬饱满的精神状态，出色完成了《铁弓缘》的演出任务。前半部，她唱得满工满调，如泣如诉；后半部，天真少女改装成英武小将，起霸、翻身、劈叉、朝天蹬和靠旗出手等高难动作干净、利落，征服了以张君秋为首的评委班子，直播现场的观众席里接二连三地爆发出喝彩声。虽然有一个掉枪的小失误，仍然以高分跻身前六名，成为贵州省京剧界第一位全国金奖获得者。

第二年，中央电视台和全国剧协在京剧大赛成功举办后，再接再励，决定在西湖之滨举办全国越剧青年演员电视大赛。正沉浸在夺金喜悦之中的杨高此时却陷入进退两难的境地。他知道，这又是一次参加全国竞赛的良机，本不该错过。然而，贵州只有一个小越剧团，演出水平只能算作全国三流，和长江三角洲的新秀名伶相角逐，好比“鸡蛋撞石头”，后果可想而知。据悉，在全国位居二流的，具有相当实力的西安、武汉、重庆越剧团，已相继知难而退。许多人推测，由于实力悬殊，这回贵阳市越剧团的演员只能是“坐山观虎斗”了。

杨高是个“主战派”。他认为：“咱们省虽说实力不济，在全国大赛中当不上红花，当个绿叶也有收获嘛！”于是，他作为贵州赛区的主办者，主动邀约贵阳市文化局局长何霞辉，步行到贵阳市越剧团团部，在一间狭小的办公室里开了一间简朴的动员会。随后，采取公开竞争的方式，“矮子里面拔将军”，推选出代表贵州参赛的三名青年演员，即花旦李珊、小生彭新玉和小丑陶卉。

对于此次参加越剧大赛，杨高表现得很“低调”。他嘴上一再宣称“重在参与，不敢奢求”，心里却不“安分”，仍然企望在劣势中有所作为。他从调查研究入手，阅读有关越剧史料，并向贵阳市越剧团老演员们请教越剧现状，得到一个有参考价值的重要信息：越剧历来由女演员担纲，以表演才子佳人著称，所以在行当上出现了严重畸形——小生和花旦群星闪烁，百花盛开。老生、老旦则是凤毛麟角，青黄不接。特别是丑角，女孩子都不愿意演，各剧团出现了“奇缺”的局面。杨高暗自沉吟：按照古代兵书上“避实就虚”的战策，贵州要想在杭州有所突破，只能主攻冷门，惟一的希望就寄托在小学员陶卉身上了。

陶卉是个苗家女，进团只有两年，当时还不满 20 岁。这姑娘平时练功挺刻苦，表演也有些灵气。可是，她从来没有当过主角，在剧团里只是个跑跑串场的“小龙套”。杨高向贵阳市越剧团建议，给这株“小苗苗”多施加点压力，给她安排一出有难度、有竞争力，按照目前陶卉的条件可以拿下来的剧目。黄团长和几位副团长商讨后，认为最合适的戏码当属《小和尚下山》。然而，这出“独角戏”，本团没人会演。于是，他们便白手起家，采取“三合一”的办法来补救。导演由她的老师、昔日贵阳市评剧团擅长丑行的张继林担任，剧本向贵州省黔剧团演员、过去曾在上海进修过昆曲《双下山》的袁德兴借用，唱腔音乐则请本团的乐队指挥徐栖鹏谱写并组织伴奏班子。

在突击排练过程中，杨高欣喜地发现，“丑乖丑乖”的“小卉卉”，表现出超常的狠劲和韧劲。在众多长辈的抬爱之下，她立即进入角色，技艺进步很快。由于连日过度劳累，体力消耗几乎透支。在一次录像间隙，这个“小和尚”竟然穿着道袍，躺在演播厅的地毯上睡着了。电视台的叔叔、阿姨们生怕她感冒，赶忙找来大衣盖在她身上。

和京剧大赛一样，全国越剧电视大赛的复赛也是关键。当杨高携带录像登上莫干山时，面对的是由袁雪芬、尹桂芳、付全香这些越剧界最高权威艺术家组成的评委会。经过认真评比，来自越剧大本营——上海、浙江、江苏的选手果然实力强劲，占据了绝对优势，连越剧故乡的邻近省份、被称为“第二世界”的福建、江西、安徽也相形见绌，选送去的本省精英几乎全军覆没。出人意料的是，在复赛的最后一天，来自西南山区的贵州电视台竟放出一匹“黑马”，一个名不见经传的苗族学员陶卉，以俊俏的扮相、灵巧的身段和符合规范的唱念，赢得全体评委的同声赞扬。这名贵州的“小和尚”在同场竞技竞艺中，连续战胜了来自南京、福州和浙江的五名“小和尚”，以丑角组的最好成绩成了最后一名出线者。陶卉，这个连贵阳的越剧观众都很少知道的名字，一夜之间便在越剧的故乡传开了。

1998 年 10 月，以杨高为领队的贵州越剧演出团到达杭州，参加全国越剧电视大赛。这是除华东地区以外，惟一一支参加决赛的队伍。

“山妹子”陶卉第一次出远门。矮小的个头，黝黑的面容，朴素的衣衫，没有丝毫的“演员风度”。她走在杭州街头，当地人几乎个个报以惊疑的目光：“她，贵州人？来当主演的？”甚至怀疑：“苗族唱的越剧，我们江浙人能听得懂吗？”

面对这种种非议，杨高告诉小卉：不要急于分辨，台上才见真功夫。要以实际行动展现贵州山区戏曲工作者的风貌。

每天清晨六点刚过，陶卉就悄悄起床，独自走到杭州剧院旁，面对着墨蓝色的玻璃幕墙练功、默戏……五遍……十遍。由于名额有限，导演张继林没有来，杨高就在一旁充当“陪练”，有时他故意站在远处暗地进行“监督”。当然，学过《新闻摄影》课的他，少不了要给自己麾下的女将，顺便拍上几张备战的照片。

自古以来，和尚都是“无发”的。为了使陶卉在决赛中更具竞争力，杨高和副领队黄秀卿策划了一个“杀招”：动员陶卉剃发。苗家女一向珍惜自己的秀发。小卉经过开导，为了自己钟爱的越剧事业，为了自己在荧屏上有一个更完美的艺术形象，硬是含着热泪恳请女理发师剃掉了下半截头发……

杨高长期当记者，在参赛前诸多准备事项中，没有忘记投注宣传舆论的砝码。当他听说，中央电视台要直播决赛实况，现场主持人刘璐就住在同一宾馆时，立即以同行身份前往拜访，向她提供了“苗家女唱越剧”“为艺术剃秀发”的新闻背景材料。刘璐听了如获至宝，一一记在采访本上……

决赛开始了。陶卉的对手叫陈依娜。这位清秀、高挑的舟山姑娘，是上海越剧院号称“越剧丑角皇后”张小巧的得意弟子，也是华东地区公认的最优秀的青年丑角新秀。可喜的是，“初生牛犊”陶卉不信邪，不胆怯，面对强劲的竞争者和中央电视台的几台摄像机，自始至终发挥得很流畅，表情天真，身手矫捷，活脱脱刻画出一个自幼身入空门的少年向往自由幸福生活的心态和神态。加上一些戏外的因素(如陶卉剃了发)，扮相更加男性化，“小和尚”的形象更加光生俊俏了。又如主持人刘璐在直播现场对陶卉进行了破格即兴采访，使评委和观众对这位“苗家山妹子”平添了浓厚的兴趣。这样，在最后统计成绩时，尽管当地的评委给陈依娜加了高分，陶卉仍以微弱优势，夺得了丑角组的冠军和金奖，爆出了越剧历史上最大的冷门。贵州的另外两名青年新秀李珊、彭新玉也获得了“荧屏奖”。

贵州的“小和尚”横空出世，三名参赛选手全部获奖，像一股清风注入风平浪静的越剧苑地。著名越剧表演艺术家付全香在和杨高交谈中高兴地说：“昨天我看了演出，激动得一夜未眠。贵州那么边远，却培养了这么好的苗苗。越剧这株80年的老树在三千里以外的山区开了新花。”

小陶卉夺金得大奖的喜讯传到贵州山区，家乡的父老更是笑逐颜开。白发苍苍的省剧协主席武光瑞立即给贵州演出团拍发了贺电，小卉父母所居住的莲花坡宿舍，午夜里响起了爆竹声……

几分耕耘，几分收获。在短短两年里，杨高和他的伙伴们，锐意进取，执著追求，运用手中的电视工具，先后为自己的“第二故乡”推出两名“金凤凰”、一名“银狮熊”，使昔日不出名的本土演员，频频荣登神州剧坛的大雅之堂。贵州艺苑的喜人秀气，引起了国内知名专家的瞩目。中央电视台专门从事戏曲报道的高级资深编导莫宣惊叹：“贵州历来文化落后，近几年剧坛却是新人辈出。京剧大赛出了个侯丹梅，越剧大赛又出了个陶卉。看来，大有‘急起直追，后来居上’的势头！”中国戏曲学院长期从事戏曲教育的老院长朱文相也多次表白：“我的祖籍是贵州开阳。喜见家乡戏曲振兴，比谁都高兴。今后一定为培养贵州戏曲新苗，使出更多的力气！”

赞花，也育花

杨高是学新闻的。在北大燕园，他上的第一课就开宗明义：“新闻——新近发生的事实的报道。”

到贵州从事文艺报道以后，他谨遵师教，按照省市文化主管部门提供的新闻线索，通过报纸和广播，及时而忠实地宣传了我省艺苑开放的“艺术之花”。除了上述评剧、花灯剧《平凡的岗位》、黔剧《奢香夫人》之外，先后为初登舞台的富有地方特色的原创剧目，如京剧《通天关》、话剧《建设时期游击队》、花灯剧《陆大用》、黔剧《把关》、《人民办案》等摇旗呐喊。他聚焦本省文艺园地一些辛勤耕耘成绩卓著的园丁，如青年作家叶辛、京剧名家卢小玉、体育摄影家钟光葵、盲诗人周嘉堤和首次进入巴黎的侗家女歌手们，采写了长篇纪实报告文学，把他们的风貌介绍给省内外广大群众。

然而，到了 20 世纪 80 年代中叶，这位文艺记者，不像过去那样循规蹈矩，非要等待花开了再前去赞赏一番。特别是到了贵州电视台文艺部以后，更是经常越出“先事实，后报道”的界限，独自开创了一条“参与育花，应景推销”的作业流程。谈起来，事出无奈，也可以说是“逼上梁山”吧！

1984年,杨高受命主办贵州人民广播电台的首届春节文艺晚会。春晚的主旋律是:千家共团聚,万众齐欢腾。开心、逗乐的喜剧节目是重头戏。可是,贵州的相声、小品演员数量少、档次又低,靠谁来营造欢乐气氛呢?杨高心想:本地土产缺货,从外地花高价引起又划不来,只能自己找原料速成培育了。找谁呢?他搜肠刮肚,最后想到了贵州省话剧团的陈光余。

陈光余,原籍河北,生长在贵阳。他个头矮小,在俊男高汉林立的省话剧团无法显山露水,只能配演"潘驼背"之类的小角色。然而,这位老兄多才多艺,通晓民风民俗,满脑子都是"鬼点子",地方话说得比普通话还地道。在他清瘦的身躯里,蕴藏着一般演员所不具备的喜剧潜质。

杨高找到"光余兄",邀请他作为嘉宾参加省广播电台的春节晚会,但是有一个前提条件,就是编演一个有地方风味而又能引人发笑的小节目,并且建议他借鉴正在风行的"四川方言诗",用贵阳方言说上一段合辙押韵的顺口溜。至于题材,最好是以一位郊区老农民的口气,说一说农村的新气象。

当初,杨高预计,这只是一个即兴的串场节目。在演播现场,只见陈光余身着便装,从口袋掏出昨晚赶写的、抄在一张小纸片上的新作,题目叫《王二公夸小吃》。刚一开口:"胡萝卜,蜜蜜甜,看到看到要过年……"出人意料,全场竟激起强烈反响。以后,几乎一句一阵笑声,整个大厅火爆得像开了锅似的。于是,在不经意间,我省一个新的曲艺品种诞生了。56岁的老将陈光余星光四射,开始步入了辉煌的晚年演艺生涯。作为创意者和责任编辑的杨高,为这个曲种定名为"贵州方言顺口溜",并安排在电台反复播放实况录音,先后共达二十余次。

后来,他们还免费给贵阳客运段复制了二十多盘,在贵阳开往全国各地的列车上播放给省内外旅客。一时间,贵阳出现了"满城争说王二公"的热潮;"夸小吃"的一些妙语警句,大人小孩争相背诵，几乎成了“新民谣”。

第二年，杨高的工作岗位转到贵州电视台，也把陈光余的“王二公”举荐到荧屏上。在杨高参与主创策划的“美不美，家乡水”“黔岭交响曲”“茅酒之乡春光媚”“春闹龙宫”“荧屏情”等春节晚会上，王二公头戴雷锋帽，身穿对襟衣，频频亮相。他出口成章，字字珠玑，成为录制现场最大的亮点。继“王二公夸小吃”之后，陈光余先后推出自编自演的、由杨高组稿、改稿的《王二公办年货》、《王二公办公司》、《王二公说兔》、《王二公逛电视台》等十余部系列作品。从此，年届花甲的陈光余成了超级大忙人，他集一生心血塑造的“王二公”，成了全省城乡家喻户晓的喜剧人物。中央电视台点名要他的演出录像，许多曲艺爱好者要求当“陈氏弟子”，争当本地区“王二公”的接班人。后来，贵州民族出版社应广大读者要求，将“王二公”的全部作品结集出版。在谈到创作经验时，陈光余除庆幸自己“歪打正着”“老来成器”，还多次真诚表示：“说真的，没有杨高，就没有我的‘王二公’！”

“王二公”的问世，使杨高手中有了一个“宝葫芦”，他办起综艺晚会来，心里踏实多了。然而，只有陈光余这位老笑星，还不能填充我省喜剧演员的缺口。他感到，有必要继续发掘培植中青年喜剧新人。平时他留心明察暗访，在二十几名专业剧团的丑角中反复权衡，最后把目光集中在贵阳市川剧团的卜小贵身上。

卜小贵，祖籍安徽，自幼生长在贵阳，比陈光余小 18 岁。他演戏有灵气，又有些文丑和小生的功底。1987 年，正逢兔年。杨高为本台的春节晚会编写了一个荒诞戏曲小品《兔儿爷下凡》，特地点名卜小贵当主演，把他从川剧团的小舞台请到了电视台的演播大厅。节目播出后，观众反映良好。卜小贵的名字进入了公众视野，从此成为贵州电视台综艺晚会的常客。

第二年夏天，卜小贵到成都，向谐剧创始人王永梭学来一出讽刺黑心商贩的谐剧《棒棒鸡》，要求上贵州电视台的春节晚会。杨高看过他表演之后，感到题材可取，演技也还精彩，但是川味很浓，编排有些牵强、生硬，便告诉小贵，不能照搬，要进行改造。于是，陪同他找到老笑星陈光余，三人共同拟定了改造方案。随后，在陈家的小客厅里，边排边改，进行精加工。最后，这部以《辣子鸡》重新命名的作品，旧貌换新颜，不仅在省台的春晚中大放光彩，而且日后成了卜小贵的拿手剧目，多次在省内外获奖。

后来，杨高作为文艺编导，又为他新发掘的“爱将”卜小贵多次出谋划策，量身订做了几个有亮点有分量的小品。杨高知道，小贵在川剧里学过彩旦，平时很少露演，便在“大山里的春光”春节晚会上，安排他饰演红枫湖边一位开朗诙谐的老妇，并从独山请来一名加拿大籍的“老外”当游客，二人合演了一出《义务导游》。新闻媒体赞扬卜小贵的表演“别开生面”“又上新台阶”。为了多角度地展现他的表演技艺，杨高又安排小贵在“荧屏情”春节晚会中，饰演一个好高骛远的农村青年，到省城报考电视主持人。由于他模仿方言地道，模拟动作逼真，录制现场笑声不断，喝彩声迭起……

就这样，卜小贵在贵阳市文化主管部门的培育下，通过舞台和电视的反复磨炼，终于成长为“筑城笑星”，当上了“劳动模范”和“艺术团团长”。在回顾自己成长历程时，卜小贵列举了许多恩师，还特别提到“杨高老师”，评价说：“这位记者与众不同，他不仅宣传演员，还培养演员咧！”

作为文艺记者，从过去的单纯“赞花”，到后来的参与“育花”，杨高从困境中走出一条明路。陈光余、卜小贵两代笑星的实例，证实他的“越界”并非“违规”，而是“促成”。虽然他多花费了一些心血，对演员和媒体都收到了“双赢”功效。杨高“从赞花到育花”的成功探索事迹，收进了中华全国新闻工作者协会主编的《成才的足迹》一书中。在书中他写道：“一个有出息的新闻记者，既要忠实地报道事实的本来面目，也要以高度的责任感，充当促成事实、变革现实的促进派。一个高明的文艺编导，不要等到金榜题名之时或是花好月圆之夜才去唱赞歌，最好是尽可能早地参与进去，尝一尝创业者的苦辣酸甜，这样培育出的艺术花朵才更鲜艳、更壮美。”

付出真心 帮在实处

杨高，作为一名涉足文艺界的老新闻工作者，崇尚追求的是一个“真”字——除了报道的真实，还要对采访对象付出真情、真诚。

卢振开，原是黔东南自治州岑巩县文化馆馆长。20世纪60年代初，他学习外地“红色背篓”的经验，肩挑“文化担”——内装书籍、乐器等，不辞辛苦，走村串巷，送文化下乡。杨高在贵阳闻讯后，顶着寒风和冻雨，前往㵲阳河畔采访。一夜长谈，二人心心相印，结成了莫逆之交。有关“文化担”的消息和评论在贵州日报刊登后，北京的光明日报全文转载。这位馆长以自己的才能和辛劳，赢得了应有的荣誉。可是在“文革”中，他的业绩成了罪状，受到不应有的冲击。杨高听说后，委托当地记者转达慰问和关切。后来，老卢告老还乡，返回福建省永定县故里，两人仍经常书信往来问寒问暖。那次采访“文化担”之后，彼此从未曾再见面，然而他们的友情竟延续长达40年。

杨高尊重演员，亲近演员，在演艺界结交了许多知心朋友。由于他知根知底，耳目众多，信息又通畅，所以能及时捕捉到有特色的报道。1994年夏天，省话剧团老导演王呐远渡重洋，应邀前往新加坡，指导当地艺员排演了贵州原创的话剧《傩愿》。当杨高听说老王已经凯旋归来，立即登门拜访，并请王老先生站在秀丽的南明河畔，面对摄像机畅谈此次出国的观感收获。随后，他将这段录像安排在《乐在今宵》栏目里播映，使全省文艺界的同行们得以共赏。

过了不久，杨高又得到信息：贵州电视剧制作中心为纪念红军长征五十周年，正在加紧摄制电视连续剧《遵义会议》。老导演赵谦率领大队人马，从湘黔边界的锦屏边走边拍，已经到达遵义，正在实地拍摄中央政治局扩大会议的场面。他闻风而动，立即和摄像师袁天才登上北上的列车，风尘仆仆地赶到遵义会议会址，记录下毛泽东同王明、李德激烈论战的情景，还在院落里采访了久别重逢的老朋友赵谦以及来不及卸妆的周恩来的扮演者刘劲、朱德的扮演者刘怀正。这段独家报道绘声绘色，是平面媒体上无法见到的。杨高特地安排穿插到春节晚会中播放，给贵州电视台的节目荧屏增添了喜庆和光彩。

杨高热爱贵州的文艺事业，不仅关注老艺术家的成就，对新生代也倍加关爱。铜仁京剧团的土家族演员李蕾，是中国戏曲学院培育的第二名女老生。平时，她在当地只演些老师传授的大路唱工戏，如《文昭关》、《空城计》等，表现平平。1991 年全国中青年京剧演员电视大赛开始报名后，杨高认为，李蕾属于“稀有品种”，具有一定的竞争力和冲击力，于是向团长点将，提议给她选择一出有特色的剧目，排演一折当年李少春的拿手好戏《打金砖》。这出戏文武并重，许多男演员都感到吃力，女老生当主演者国内尚属罕见。

李蕾接受任务后，克服了生理的局限，日夜不停地在排练场加班苦练，不仅唱出了李少春的韵味，也拿下了表现刘秀“惊魂”时一连串摔打扑跌的高难度技巧。杨高带着她的录像在北京的复赛中播放后，许多专家评委惊呼“难得”。最后，这个在当地剧团都算不上“拔尖”的李蕾，夺得了这次全国京剧大赛的表演奖，即铜奖。这是铜仁地区戏曲演员建国以来获得的最高荣誉，她本人也荣获“铜仁地区十大杰出青年”称号。

杨高身居贵阳，名声却远播山里山外。他曾经三次应聘担任全国戏曲电视大赛的复赛评委，三次荣获中央电视台和全国剧协授予的优秀戏曲演员“推荐奖”。在这些“上层活动”中，杨高有幸和许多全国著名的戏曲专家朝夕相处，平起平坐，而这些专家正是贵州的中青年演员仰慕已久而无法接近的。杨高就利用自己的“特殊身份”和“特殊机会”，每当参赛录像播放后，常有意识地就近拜访相关的权威人士，征求他们对“贵州小朋友”演出节目的意见。等回省以后，再把这些真知灼见如实转达给长期生长在边远山区的新苗新秀们，当一名“二传手”。为了李蕾的业务成长，他曾向中国京剧院擅长“老生、青衣两门抱”的京剧表演艺术家李慧芳讨教“女孩子唱老生”的诀窍。贵州省京剧团姚萍主演的《宇宙峰》和毕节地区京剧团郑少普主演的《战冀州》播放后，他利用休息时间，分别请戏曲评论家霍大寿和“武生泰斗”王金璐作了精辟点评。贵阳市越剧团青年演员彭新玉学的是“尹派”，渴望见到“尹派”的创始人尹桂芳老人，也很想知道自己学的“尹派”唱腔地道不地道。杨高在复赛现场得知尹桂芳正好在座。这位鼎鼎大名的越剧大师，白发苍苍，手拄拐杖蹒跚走路，已经很衰弱了。他感到机不可失，在录像播放后，专程前往她的住所拜访。问及“贵阳小女孩”的演唱水平，尹大师给了肯定回答和亲切鼓励。日后，彭新玉在贵阳听到杨高转达的“祖师奶”的评价以后，受到很大激励，练功学艺的劲头更足了。

杨高作为文艺编导，深知电视对青年演员的号召力和推动力。他坚守一个信念：甘为人梯携后辈，乐作绿叶映红花；坚持一个作法：凡是全国举行的电视大赛，贵州都要千方百计尽可能参加。宁可自己吃苦受累，也要利用这些平台，使本省青年演员平时练就的功力有个施展的机会。20 世纪 80 年代末和 90 年代初，贵州剧坛戏曲新秀辈出，在全国获奖的中青年演员人数呈猛增态势，甚至超过了周边比较发达的兄弟省、区。据杨高回忆，那几年除上述金银铜奖获得者以外，经过他的手发下去的全国京剧和越剧大赛“荧屏奖”证书，就有二十多人次。他们中间有：贵州省京剧团的姚萍、周百穗、赵露霞，贵阳市京剧团的曹剑文、张晓虹、李爱萍、李芳芳、谭文波，贵阳市越剧团的李珊、彭新玉，安顺地区京剧团的龚文英、卢明艳、蒋兴、赵其琴，毕节地区京剧团的郑少普，铜仁地区民族京剧团的母天云、彭志军、周桂英等。这些“荧屏奖”虽然是全国戏曲电视大赛的最低奖，由于主办单位是中央电视台和全国剧协，属于“国”字号，对于生长在山区的青年戏曲演员来说，可能就是从艺以来获得的屈指可数的最高褒奖了。

自从20世纪50年代末，“首都青年”兼“北大戏迷”杨高志愿来到贵州山区的新闻岗位，已走过四十多个春秋，先后在本省三大主流媒体——贵州日报、贵州人民广播电台和贵州电视台从事文艺报道，在贵州的艺术苑地辛勤耕耘，可谓建树多多，硕果累累。1995年，这位58岁的新闻老兵“双喜临门”：先入选“首届全国百佳新闻工作者”行列。获此殊荣的“百佳”中，从事文艺报道的只有他一人；而后又取得新闻系列教授级的正高职称——高级编辑，在全省的同行中也处于领先地位。贵州省新闻工作者协会和贵州省新闻学会主办的刊物《新闻窗》发表专文，题目是：“他为贵州戏曲事业增辉”。贵州广播电视报刊登记者的专访，称赞他是“屏幕后的‘明星’”。省委副书记王三运、副省长龙超云和省委宣传部长张健登门到他家拜年，文艺界的老朋友王呐、赵谦、孙仲、袁家浚、陈光余、卜小贵、卢小玉及侯丹梅的父母等齐聚一堂，向他祝贺，为他庆功。省文化厅厅长王恒富闻讯后，向媒体和文化界发表谈话：“要振兴贵州文化，不仅要好作家、好演员，还需要杨高这样既热心又懂行的新闻记者。”这一连串突降的荣誉，使他喜出望外，也有几分“受宠若惊”和“诚惶诚恐”。

每当回顾自己的文艺记者生涯，杨高常感叹“生命苦短”，内心总会升起一种“意犹未尽，壮志未酬”的感觉。直面贵州艺苑现状，虽然正在逐步振兴，但是在全国仍处于中下游。在全国的二三百名戏曲梅花奖获得者行列中，贵州只占区区一席；本省新兴的地方剧种黔剧，持续下滑的势头未现转机；富有雄厚底蕴的花灯艺术，尚待充分绽放；他自己退休前曾打算筹办的本省京剧名家大反串、全省民间花灯大展演以及戏曲老艺人艺术遗产的抢救工作，都没有来得及实施……这些，尽管并非个人之过，可是，作为历史的见证人和昔日的拓荒者，他感到心疼，也深表歉意。

这就是杨高。当年朝气勃发的小伙，如今已是古稀垂暮的老人。虽然他的身体日趋衰退，一直处于“亚健康”状态，然而热血尚存，壮志未泯。最近，在庆祝建党八十五周年前夕，老杨又拿起笔杆，重操旧业，为贵州省话剧团、歌舞团、花灯剧团建立五十周年文艺晚会撰写串联词。他表示，愿在有生之年，迎着新世纪的曙光，在老艺术家委员会的旗帜下，当一名“不在编”的文艺记者，再为心爱的贵州艺苑多干些实事、善事。

杜汉杰

不信东风唤不回

杨 高

当今，电视进入千家万户。电视剧导演成了当代艺苑中最时尚最受注目的岗位。

20世纪80年代初，贵州的电视剧呱呱坠地。老导演赵谦一马当先，屡创佳绩。老赵退休后，正当人们惋惜、担忧之际，喜见一批新生代的导演相继崛起。在贵州电视剧制作中心，就有所谓“四大金刚”“五条汉子”之称。这些“荧屏后的骁将”，在困境中锐意精进、奋力跋涉，在贫瘠的土地上育出一个个甘美的果实。

这里介绍的，是他们中间的“大兄长”，以稳健博雅见长的杜汉杰。

一

1942 年 10 月，正当日寇猖狂进攻中国时，杜汉杰出生在贵阳山城。父母给他起了个响亮的名字：汉杰，希望他日后成为“男子汉中的豪杰”，光耀门庭，报效国家。

7 岁时，小汉杰走进甲秀小学校园不久，贵阳就迎来解放的曙光。伴随着“东方红”的时代旋律，他成了一名勤奋用功、知书达礼的好学生。

可以说，少年的杜汉杰是幸运的。他“生在国难中，生在红旗下”，展现在他眼前的，是一片充满光明和希望的新天地。

这孩子从小就“内秀”。虽然生长在军旅世家，却不喜欢舞刀弄枪，而是一门心思爱上了艺术。杜汉杰生来一副醇美浑厚的好嗓子。早在中学时代，他演唱的一首《手挽手》便风靡校园，荣获了贵阳市中学生文艺汇演一等奖。此后，这名出色的校园歌手，在同学们羡慕的目光中，参加了“贵阳市中学生歌舞团”，经常出席一些庆祝集会，每逢节假日还前往农村、工厂和部队进行慰问演出。

对艺术的衷心酷爱，促进了杜汉杰对各艺术门类的执著追求。在贵阳这个方言浓重的环境里，经过刻苦磨炼，他的普通话达到音正调准，经常充当课堂上示范朗诵的“种子选手”；在多动的青春年华里，他能静下心来临摹名家字帖，练出一手娟秀俊美的书法，成了学校里办“宣传栏”和抄“黑板报”的“行家里手”。

早期的艺术实践，培养了杜汉杰的艺术才干，也坚定了他走艺术道路的决心。1965年,他如愿以偿地考进了贵州省艺术专科学校表演系大专班。在班上,他潜心攻读,虚心向教师请教,很快成了“业务尖子”。

然而,天有不测风云。不久,“文革”开始了,一些造反派头目,以“旧军官家庭出身”为由,给杜汉杰这名年仅24岁的学子扣上“反动权威”“三家村‘黑店成员’”等政治帽子。杜汉杰有口难辩,一边接受批判斗争一边复习自己学过的业务课程。他相信,天生我才必有用,日后总会重见天日的。

由于“罪名”无法成立,老“左”们又抓不住新的把柄,只好放杜汉杰一马。贵州艺术专科学校毕业后,这位多才多艺的学生还算幸运,被分配到了遵义地区文工团。

二

遵义地区文工团,是历史名城最大的专业文艺团体。它实力雄厚,艺术门类繁多,所推出的歌剧、歌舞及黔剧、小品等,艺术质量堪称“准一流”,甚至可以和省级剧团媲美。

杜汉杰在这里平地起家,面对他心中热爱的艺术苑地,凭着他一向坚持的敬业意识和求实精神,一干就是近20年。在这些金色的年华里,他像一头“小黄牛”,在排练场上辛勤耕耘,既当演员、导演,又承担教学员、辅导群众文艺的任务。凡是剧团需要的,他都主动地去干,而且一干就力争干出成绩。平时,杜汉杰给人们的印象是:在政治上挺“保守”,不爱唱高调、说空话,在生活中也很“低调”,憨厚沉稳,朴实诚恳。但是,一旦进入排练或演出,他立即容光焕发,全身心投入,或豪放痴狂,或松弛潇洒,爆发出高度的活力和能量。正是这种投入,调动了自己过去积累的素质和功力,使得他所饰演的所有大小角色,个性鲜明,栩栩如生,具有强烈的感染力和可信度。在近二十年的舞台生涯中,他在遵义剧坛纵横驰骋,先后在舞台上塑造了话剧《赤道战鼓》中的莫卡尼亚、话剧《雷雨》中的周朴园、话剧《曙光》中的贺龙、歌剧《货郎与小姐》中的苏尔坦别克、歌剧《草原之歌》中的才达、歌剧《夜半歌声》中的宋丹萍等三十多个有光彩有力度的角色。在这个历史文化名城,享有“小李默然”的美称。

除演戏之外,他还发挥自己的艺术潜质,充当“幕后英雄”。先后为本团导演了《浪子审妻》、《高高九里山》、《战火中的白求恩》、《于无声处》等十一部舞台剧。其中《浪子审妻》、《高高九里山》在全省文艺调演中获得省内外专家好评,并获贵州省文艺调演演出奖。

繁忙的演出,多彩的艺术实践,使杜汉杰陶醉在艺术创作的兴奋之中,同时也激发他强烈的求知欲望和探索欲望。进一步提高文化素质与艺术修养迫在眉睫,就连下乡演出,他的背包里也塞满了多类文艺理论书籍。“苍天不负苦心人”,已至不惑之年的杜汉杰,终于考上了渴望已久的中央戏剧学院导演系进修班。两年间,系统的理论学习和艺术实践使他的艺术素养和艺术能力上升到新的台阶。从北京回到贵州,他决心在戏剧园地里开拓新局面,创建新业绩。

在哪儿“开拓”“创建”呢？原来很多人认为:杜汉杰在历史名城遵义的舞台上,经过长期的拼搏,有了“名导演”“名演员”的头衔,有了“文工团团长”的桂冠,可谓“名位双全”。如今,北京最高戏剧学府“镀金”归来,声望和人事又有所上升,后半辈子完全可以在本地区坐吃老本,稳坐“金交椅”了。然而,杜汉杰考虑的是:自己正当壮年,应以事业和前程为重;人生苦短,要学高空展翅的“鸿鹄”,而不能做屋檐下偷安的“燕雀”。经过审时度势,他敏锐而清醒地意识到:时代在前进,丰富多彩的文化娱乐活动令人眼花缭乱,人们已不再把走进剧场当成惟一的文化生活,剧场艺术正从红火走向萧条。与此同时,随着科技的发展,电视剧凭着先进而广泛的传媒优势，显示出对大众文化生活的影响力和渗透力。于是，1987 年，45 岁的杜汉杰毅然辞去遵义文工团团长的职务，来到刚刚成立的贵州电视剧制作中心担任一名普通的导演。他决心在这个方兴未艾的艺术苑地里，试一试身手，通过自己的努力工作，参与我省电视剧事业的发展进程，为提高我省电视艺术的审美愉悦功能和文化品位作出贡献。

三

贵州的电视剧制作，始于 1980 年。为使电视剧的生产专业化、正规化，1986 年经省委批准，在贵州电视台电视剧部的基础上，升格为贵州电视剧制作中心。

杜汉杰，作为第一批调进电视剧制作中心的导演之一，面对的是重重关山，道道梯坎。

贵州是个穷省，人才、资金、设备都缺乏，和兄弟省区相比较，具有“先天不足”的劣势。加上近年来，电视剧走向市场，生产运行机制发生变化，国家的投入逐年渐少，民间集资筹划拍摄越来越困难，这就给我省电视剧的制作者们提出了更严峻的挑战。

在前半生历经磨难的杜汉杰知道，当一名“弄潮儿”不会是轻而易举的，有志气的拓荒者应该面对困难，征服困难，需要的是“子规夜半犹啼血，不信东风唤不回”的信念，也需要“千淘万漉虽辛苦，吹尽狂沙始到金”的毅力。

“万事开头难”。杜汉杰作为电视剧导演新手，怎样迈出关键性的第一步呢？他决定从大处着眼，小处着手。根据自己的创作经验和生活阅历，他思索着，谋划着：目前的形势下，电视荧屏连接千家万户，要想自己导演的电视剧得到社会的普遍关注，必须捕捉现实生活中大众关注的“社会热点”，提供一个大家都感兴趣的可供饭后茶余细加品评的“热门话题”。杜汉杰明智地把握住了这一电视艺术特色，满腔热忱地执导了他的处女作《怪摊》。

《怪摊》，是一部优秀的短篇小说，具有较强的时代特征和文学品位。原作中英杰，由徐心制、赵谦改编成电视剧本。该剧说的是某大学副教授退休后不甘寂寞，为图个“劳动终日，可得一夜安眠”而摆了个钟表修理摊。这一举动在改革开放初期，令人们大惑不解，校园内闹得个满城风雨。千百年积淀下的封建群体意识与个性选择间正发生深刻的冲突。这个“怪摊”事件作为屏幕艺术给了观众特有的审美信息，带来多层次的思辩信息。杜汉杰在导演处理上，牢牢把握住一条准绳，既要像新闻报道一样清新逼真，又要把人物间富于戏剧性的情感纠葛揭示得生动感人。这种纪实性与戏剧性的融合、叙述与思辩相统一的艺术追求，使电视剧《怪摊》喜获成功。1988年秋末冬初，贵州电视台和中央电视台相继播映。随后，在贵州省首届电视艺术作品评奖中，名列前茅，拿了个单本剧一等奖的第一名。

第一炮打响了。老成持重的杜汉杰并没有喜形于色。他是个艺术构思敏锐，社会责任感强烈的人。在初战告捷之后，又殚精竭虑地思索着“下一个”。他看到:20世纪80年代后期，改革开放的浪潮滚滚而来，价值观道德观正在发生嬗变。面对迅猛发展的生产力和光怪陆离的社会生活，不少人感到困惑和焦灼。电视剧作为艺术媒体，直接关系到亿万民众文化生活和审美导向，所承受的社会监督与公众道义是责无旁贷的。作为电视剧的编导，必须以敏锐的洞察力和高度的社会责任感，通过纷繁复杂的社会现象，用奋发向上的艺术形象去激励人们面对现实;用正确的价值取向端正人生选择。于是杜汉杰与本单位的刘文岚合作创作了电视文学剧本《旋复花》，在我省影视刊物《银屏舞台》发表。随后，贵州电视剧制作中心决定，改名为《铜钱花》，由杜汉杰担任导演拍摄成电视剧。在这部“次女作”中，他在艺术构思上强调:“戏无情不感人，无趣则不动人。”力求通过镜头的运用和人物的行动，着意刻画主人公的苦恼与追求、惶惑与选择,以人物命运的曲折跌宕吸引人,以人物的真情实感打动人。该剧拍成后受到中央电视台的关注,先后在一套黄金时间连续两次播出,并被推荐参加第十届“飞天奖”的评选;在1999年度西南优秀电视作品评选中荣获单本剧二等奖。

杜汉杰生在贵州,长在贵州。用他自己的话说:“我热爱这块生我养我的土地,这里的民族风情、文化习俗、山川河流、苗舞侗歌无不使我感到亲切和美好,强烈地激发我的创作冲动。”1990年,凭着这样的“故乡情结”,他作为导演率领摄制组深入到边远的布依族山寨,投入第三部作品的创作历程,拍摄了由我省剧作家龙方编写的电视剧《二月天》。为了拍出贵州特色,他追求朴实自然的生活状态、粗犷的劳动氛围和纯朴芬芳的泥土气息。通过艺术手段,将剧中曲折的情节、坎坷的人物命运和粗犷古朴的民族特色融为一体,让优美的布依族音乐伴着浓郁的山寨风情流淌于荧屏之上。此剧也受到中央电视台的青睐,并荣获第四届全国少数民族题材影视作品“骏马奖”。

杜汉杰,真不愧是堂堂男子汉。他初涉电视剧园地即出手不凡。在刚起步的三年里,出色地完成了三部力作,而这三部力作都登上了央视的荧屏,都获得了省级以上的金奖和银奖。

随后,他再接再厉,边实践边探索,迅速由“新手”成长为“主将”。在贵州电视中心的统一安排下,在摄像师和制片主任的大力配合下,年过半百的杜汉杰,以充沛的精力和高昂的激情陆续推出一些优秀电视剧作品。其中有原贵州省政协主席龙志毅原著,反映解放大西南斗争史实的《省城轶事》(与张翰合作),荣获全省首届电视艺术作品评比二等奖,以法治教育为题材的《找回春天》,荣获全国公安系统“金剑奖”提名奖。特别是1995年,为纪念红军长征胜利六十周年,曾把青春年华奉献给历史名城遵义的杜汉杰,与赵谦、张翰联袂导演了大型电视连续剧《遵义会议》,成为他电视艺术生涯中最辉煌的篇章。在这个电视剧精品中，杜汉杰倾注了他浓郁的“遵义情愫”，展露了他驾驭重大革命历史题材的功力，为贵州人民争了光，为贵州高原添了彩。《遵义会议》荣获全国精神文明建设“五个一工程奖”和中国电视艺术“飞天奖”，实现了贵州电视剧在全国大奖中零的突破，开创贵州电视剧艺术的新纪元、新天地。

导演，是电视剧摄制组的艺术总指挥。杜汉杰立足本土，紧扣时代脉搏，题材抓得又精又准，对每个情节、每个镜头都“千磨万击”、“精雕细琢”，是一名称职的“国家一级导演”。他在执导过程中，身先士卒，以身作则，任劳任怨，善于团结和调动全体摄制人员，是一名大家信服的“老大哥”、“老黄牛”。

杜汉杰是一位多才多艺的“多面手”。在拍摄电视剧之余，他还不辞辛苦多角度多场合地奉献自己的才艺。由于他既熟悉舞台又精通电视拍摄手段，先后为本省的优秀原创剧目——川剧《红妹》、黔剧《姊妹崖》、话剧《黑山汉子》执导过舞台艺术片。由于他热心、懂行又富有组织能力，先后为安顺电视台策划过春节晚会，为省财政系统策划过欢庆“十六大”的文艺会演。由于他的书法出众，曾为贵州电视剧制作中心题写招牌，为贵州广播电视报题写报头……

走南闯北，忙里忙外，不觉已届花甲。2003 年，按照国家的政策规定，“大兄长”杜汉杰不得不从钟爱的电视导演岗位上退下来。今后贵州的电视剧制作，就得由他的小兄弟们多多操劳了。

虽说赋闲在家，却也闲不下来。杜汉杰和老伴谭先平夫唱妇随，排排节目，当当评委，策划策划晚会，还有他擅长的书法、绘画、摄影、养花……尽管劳累点，却也乐在其中。

在杜汉杰的书房里，高悬着一幅自书中堂：“立身苦被浮名累，涉世无如本色难”。这大概就是我们的杜导对他四十年艺术人生的真切感悟吧！

蔡 葵

从工厂到文坛

傅汝吉

早在20世纪50年代后期和60年代，贵州文坛上就活跃着一个名字——“蔡葵”。他在《工人日报》、《贵州日报》、《贵阳日报》、《山花》、《花溪》、《群众文艺》、《民间文学》、《南风》等报刊上脱颖而出，频频发表诗歌、散文、曲艺、戏剧作品。

他16岁就辍学，考入贵阳矿山机器厂拜师学技，师傅是厂里著名的高级技工吴汉清。由于他脑灵、眼快、手巧、吃苦耐劳，名师出高徒，很快就出师，并带了好几个徒弟，其中一个叫段春林，现为贵州省曲艺家协会副主席兼秘书长。蔡葵这个“工人”资格是货真价实。

工厂火热的生活陶冶了他的文才，17 岁即有诗作变成铅字问世，继而佳作不断，后来入了党，提了干，仍不忘写作。再后来就成为中国曲艺家协会会员、中国群众文化学会会员和贵州省作家协会会员、贵州省电视艺术家协会会员；贵州省电影家协会顾问、贵阳市作家协会理事、贵州省音乐文学学会副会长、省老艺术家委员会副秘书长、省经济文化促进会常务理事兼影视艺术部主任、群众文化副研究员。因此，蔡葵这个“作家”可谓名副其实。

锲而不舍　美梦成真

现代京剧《红灯记》中有一句脍炙人口的唱词：“穷人的孩子早当家”。中国有句民谚：“功夫不负苦心人”。我想用这两句名言来诠释蔡葵刻苦而又心怀壮志的童年及少年。

蔡葵祖籍河南省唐河县，抗日战争动荡时期，1941 年 10 月 26 日出生在战乱逃难途中的广西中渡县石燕坪。朦胧中跟随在抗日伤兵教养院供职的父亲蔡培基辗转南北，抗战胜利后，一家定居在贵州省毕节县。正当他沐浴在阳光下，胸前飘着红领巾的时候，在烟厂当经理和县工商联做领导工作的父亲，被一场冤案打入大牢，支撑十口之家的大树忽然一夜倾倒，一家生活的重担压到了母亲张淑珍的肩上，同时也压到了八个兄妹中身为长子、年仅 11 岁的蔡葵肩上。为了投靠在贵阳市级机关当干部的舅舅，小小年纪的蔡葵便负责全家从毕节向贵阳转移的“前站”工作，在舅舅张业民的关照下，一家九口迁徙到贵阳安家度日。

蔡葵天生一个视书如友，爱书如命的秉性，就读于贵阳市和平路小学五年级的时候，在保证学业成绩全优的前提下，放学后或星期日，他就陪着母亲，挑着蔬菜、水果担子到电影院门口吆喝，还要挑满全家一天的用水。无论做小买卖还是挑水，他总是手不释卷，读《三国》、《水浒》、《西游记》等大部头和各种各样神话书，打仗的小人书，而且能把书中的故事讲述给同学们听，一时间，他成了小伙伴们追逐的小故事王。书中乾坤大，书中学问深，他的作文常常得老师表扬，却又令老师犯疑。一次，语文老师杨淑华出了一道《红领巾》的作文题，他没有按提示去做，而是展开童真的思绪，扬扬洒洒写了一首68行的诗。老师读罢即生疑："这诗是你写的？"蔡葵回答："是啊。"老师还是不信，为了摸个虚实，立马又出一题，把他关在办公室，叫他"一节课交卷"。很快，又是80行诗的卷子交出，老师阅罢喜出望外，从此刮目相看，并被封为班里的墙报委员。

随着作文一次次受宠，随着小诗一次次上墙报，蔡葵读书的兴趣更浓了，写作积极性也更大了。暗暗地做起了"将来当个诗人、作家"的梦。那时，他常到离家不远的相宝山下的棺材井挑水，在等水的时候，常听大人们"款"相宝山上宝镜照妖、宝镜照官、宝镜照吉的故事，他兴致油然而生，写出一首150行的民间叙事诗《相宝山宝镜传奇》，后来这首长诗发表于《筑城乐园》报。

蔡葵带着当诗人、当作家的梦想进入贵阳十中，正当踌躇满志准备升高中，升大学中文系的时候，过早懂事的他，不忍让母亲一人为全家生计而操劳，仅读到初中二年级，不得不依依不舍地离开他心爱的老师和同学，告别充满笑声、歌声和读书声的校园，背着母亲，悄悄考入工厂，走上边工边学的自学之路。从此，他暗暗发誓：走高尔基成才之路，追求另一所《我的大学》。

那个时代的贵阳矿山机器厂是一家响当当的国营大型企业，令许多有志青年向往，蔡葵离开学校后那短暂的失落感很快便消失在轰隆的机器声中。在辛劳了八小时之后，来不及换下油渍斑斑的工作服，又一头扎到书中寻求知识，追逐心中不灭的目标，他坚信，是金子总会闪光，是种子，条件具备自会发芽。时过半年，他被推选为车间工会宣传委员兼墙报主编。一次，车间工会要他为劳动竞赛写一份挑战书，写完后发觉纸上尚余许多空白，眉头一皱，《各路英雄大比武》和《鸡窝飞出金凤凰》两首小诗跃然纸上，在全厂贴出的众多挑、应战书中，惟有他们金工车间这一份独具一格，被下厂采访的一位记者看中，第二天，这两首小诗便在《贵州日报》上登出，蔡葵的名字随着这两首诗而问世，也在全厂传开。可是厂里的领导并不知道这个写诗的“蔡葵”就是他们厂里的先进青工蔡燕农。接下来，他的文学创作劲头倍增，他吟唱《工厂的早晨》，讴歌《厂里路》，欢呼《汽笛叫了》，他赞美《炉前工》、《老车工》、《画线工》、《喷漆工》、《电焊工》、《翻砂工》、《质检员》……1962 年第 5 期《山花》月刊又发表了得意之作——《钉厂牌》，他以无比自豪之情赞美厂里生产的新机器，赞美“中国制造”。诗中写道：新机器出厂了/装配工送行来/脚轻/手快/钉厂牌/“中国制造”/红字抒怀/民族的光彩啊/牌中载……从此，创作势头越发不可收，常有报刊编辑部电话和信函向他约稿，“蔡葵”的名字在厂内叫响，在社会上走红。厂里一位人事干部问他：“你叫蔡燕农呀，为什么又叫蔡葵呢?”“啊，蔡葵是我的笔名。我沐浴在阳光下，葵花朵朵向太阳。”这回答充满了诗意，充满着一个朝气蓬勃的青工对共产党的无限深情。

蔡葵提起“我的大学”时，忘不了矿山厂和省作家协会为他提供的几所课堂。

他的文学才华崭露不久，就被任命为厂里新成立的“钢花艺术团”副秘书长兼创作组组长，并管理资料室上千册书刊，这等于让他生活在一个小小的书海之中，真是如鱼得水，他拼命读呀、记呀、写呀。这段时期发表了曲艺《心红手巧姜志芳》、《姜师傅教徒》、《植树谣》；小戏曲《革新灯》、《揭红榜》；快板剧《周末》；三场歌剧《石花》、三场歌剧《满师那天》(贵州省歌舞团谱曲、执导)等等大量曲艺、戏剧节目，并在工厂排练演出。1964 年，他担任组长的工厂文学创作组，被评为先进集体，派代表赴京出席全国青年文学创作积极分子代表大会，受到周恩来、刘少奇、彭真、郭沫若、陆定一、周扬等党和国家领导人的亲切接见。当别人身上揣着扑克、象棋和酒瓶的时候，当烟囱不冒烟，工厂陷入派性斗争的岁月，他躲在斗室苦苦读书。人们发现，在他的挂包里常装着书本、笔记本和词典三件宝，他如饥似渴地学习、学习、再学习。在回忆起自己的求学之路时，蔡葵称此为第一个课堂。不仅自己勤学，他还组织一批好学上进、有同样兴趣爱好的工友们一起学习，一起切磋创作之道。贵州省作家协会发现矿山厂的工人文学活动开展得有声有色，便为他们设立了一个“流动图书箱”，内有300多本图书，厂里把管好这个图书箱的任务交给了蔡葵，这又让他获得了第二个课堂。一时没有地方存放这批图书，他自告奋勇要求：“放在我的寝室里。”就这样，他的寝室除了栖身的一张床，就是一屋书。他心血来潮，在床头题了个斋名：《书巢》。工作之余乐在书海中游弋觅食。他以马克思研究撰写《资本论》时那种“啃酸果”的钻研精神，孜孜不倦地自修大学中文课程，同时阅读中外名著，作了大量的读书笔记，写了许多读书心得，并且写出了他的代表诗作《工厂散章》、《工厂人物》、《工厂抒情》、《标兵榜》、《生活的哲理》、《蓬勃的年代》、《倘若只要阳光》和《烟囱》、《炉前吟》等。他在《炉前吟》中写道：面对高炉浇铸台/不尽钢水滚滚来/腾烟雾/飞霞彩/我遐想的心扉被敲开……

这期间，他先后考取了中国工运学院，长春电影制片厂电影文学函授学院，《共产党员》刊授党校，早在1985年就经考试合格获得了大专文凭，这是他的第三课堂。后来承蒙组织上关爱，又送他脱产到北京参加全总办的工会干部文学讲习班，得到冯其庸、吴祖光、赵寻、丛维熙、柯岩、蔡其娇等文学大家的教诲，创作了独幕话剧《订货之前》，电影文学剧本《牵牛花》、多幕剧《回师捷渡》、《自力曲》等。从北京学习归来，在他的倡议下，贵州省总工会召开了全省职工文学创作积极分子大会，并创办了大型文学季刊《贵州工人作品选刊》。蔡葵受聘当了四年兼职责任编辑，辅导培养了一大批职工文学爱好者，还参加创办了《贵州工人报》。这是他的第四课堂。他曾约了两个文友，在贵州省委宣传部和贵阳市文化局的支持下，从贵阳出发，经遵义、下赤水、进黎平，跑黔南，过黔西南，沿着红军长征走过的路，去感受革命前辈们的艰辛，去接受革命传统教育，去寻找更加震撼人心的创作源泉，去继续圆童年之梦。

笔耕不止 著作等身

2003 年第 3 期《贵州剧作》，发表了蔡葵新作电视连续剧《地下使命》，立即引起了圈内一些人的重视，省人大副主任李万禄极力向贵阳市委推荐了这个反应中共贵州地下党早期斗争活动的剧本。一日，接贵阳市委常委、宣传部长秦家伦电话，约见有关同志去汇报剧本情况，秦部长当面夸奖蔡葵："你真可谓著作等身啊！"

"著作等身"，这话不假，早在二十多年前，蔡葵的才智和品德就不断被工厂领导发现，不断被群众认可，在父亲冤案彻底平反昭雪后，他很快就入了党，当了干部。无论在工厂当宣传干事、秘书、广播站主编、厂工会副主席，在贵阳市工人文化宫当主任，在贵阳市职工中专当书记，在贵州文化音像出版社任书记、副社长、副总编，工作再忙，会议再多，仍然钟爱他挂包里的"三件宝"，读书不止，笔耕不辍。如果说蔡葵从开始"嚼文咬字"前些年的数百首诗作是花花草草，那么他 1975 年为纪念"遵义会议"30 周年而创作的七场歌剧《刺黎红》、电影文学剧本《山寨火种》，及近年来创作的七集电视连续剧《喋血黎明》、六集电视连续剧《地下使命》、十集电视连续剧《茅台金秋》、儿童电影文学剧本《黄果妹与大瀑布》、《少年邓恩铭》，长篇纪实文学《绝代秘囚张学良》及散文集《群文轨集》（30 万字）、诗集《卡盘上的爱》（116 首诗）、《蔡葵戏剧曲艺选》（28

万字)等等沉甸甸的大部头作品应称之为大树连株啦。

在上述作品中,令蔡葵得意的当然是《山寨火种》和《喋血黎明》。前者,1977年被长春电影制片厂搬上银幕,成为“文革”后,我国文艺复苏的第一部彩色故事片,在国内外发行放映。后者2002年被中央电视台、贵州电视剧制作中心和贵州省文化影视艺术中心联合拍摄,先后在贵州电视台、中央电视台播出。这两个作品的成功,为贵州影视天地的凸起增辉不少。

谈起《山寨火种》的创作艰辛,蔡葵记忆犹新。他在“诗海”里苦渡数年后,思索着艺术的提高与升华,思索着写点什么“大的东西”,因为他特别喜欢看历史题材的电影,而且不仅在长春电影制片厂电影文学函授学院学习,还认认真真地读了许多电影文学剧本和《大众电影》、《电影评介》上的电影知识,于是他把创作重点定在写电影剧本和电视剧本上。

贵州有着光辉的历史,中国革命历史在这里写下了“黎平会议”、“遵义会议”、“四渡赤水”、“娄山关战斗”等豪迈篇章。长于斯,学于斯的蔡葵从涉足文坛之时,就立志要用自己的心和笔去讴歌革命前辈那些可歌可泣的英雄故事,用于教育和鼓励自己及同辈,更希望启迪和教育后人。为了这个目标,乘纪念遵义会议30周年活动之机,他背上简单的行囊和挂包里的“三件宝”,脱离“文革”派性斗争的尘嚣,先后四次深入红军走过的地方,拜谒革命圣地,访问红军战士,查阅文史资料,接受革命洗礼,朝行暮宿,忍饥沐雨,乐此不疲,涉足遵义、黔东南、黔南、黔西南、安顺等几个专州的三十多个县(区),搜集记录了近20万字的宝贵素材。1973年开始动笔,然后数易其稿,写成七场歌剧,时任贵阳市文化局副局长的老红军杨惠琳看后首先给予肯定,并经她命名为《刺黎红》(郑光祥谱曲),由贵阳市市建公司艺术团搬上舞台,演出几场后,受到普遍欢迎,在社会上产生很大影响,继而应贵阳市劳动人民文化宫话剧训练班的要求,蔡葵又试着改成八场话剧,更名为《山寨火种》

（孙飞虎执导）。1973 年 10 月，以同一内容，用七场歌剧和八场话剧两种不同的形式，一起参加贵阳地区文艺调演，并双双获奖，受到省委宣传部部长张世珠的首肯，给蔡葵写了一封热情洋溢的信，并批示送到专业文艺团体演出。此事不胫而走，引起了长春电影制片厂来贵州组稿的专家重视，立即派了编辑和导演姜树森等三人专程来贵阳协商，很快就由贵阳市文化局和贵阳市劳动人民文化宫共同组织，把蔡葵等创作人员接到长影厂，由蔡葵执笔，将话剧《山寨火种》改编为电影文学剧本。

眼看导演电影分镜头剧本都定稿了，马上就要开机拍摄，蔡葵按捺不住满心的喜悦，立即写信向厂领导和市文化局领导报告这个喜讯。要知道，当时全国还没有反映贵州的电影，更没有贵州作者写的电影啊。然而，长影厂内的“左”爷们抛出了另论：“《山寨火种》是给老家伙们评功摆好，为走资派歌功颂德。”这顶帽子一压，谁还敢动？蔡葵心中刚刚燃起的一线曙光，顿时熄灭，他们只得垂头丧气地打马回程。但不管别人怎么说，蔡葵心中有个坚定的信念：写红军长征是“播种机”、“宣传队”的题材不会错，写“干人”在共产党领导下起来打土豪求翻身的故事不会错，讲革命传统不会错。果然，随着“四人帮”的倒台，《山寨火种》终于迎来了云开日出，蔡葵一行又接长影厂通知，再次前往长春，再度修改剧本，1977 年 10 月，一个由贵州人创作，表现贵州故事的电影《山寨火种》（导演刘仲明、副导演徐书田）在全国上映了，1979 年荣获第三届全国电影“百花奖”最佳故事片和最佳编剧等十一个奖项提名。对于这部作品，1980 年 9 月，在贵州省少数民族文学创作会议上得到了高度评价。著名老作家、省文联主席蹇先艾在题为《努力繁荣我省少数民族文学》的报告中，认为《山寨火种》等作品“在少数民族书面文学产生和发展中，产生了一定的影响。”蔡葵自己总结了四个第一：第一部写长征在贵州的故事片；第一部反映布依族的电影；第一部推出贵州演员的电影；第一部问鼎电影百花奖的贵州电影。

在此，我大胆地说句“填补了贵州的电影空白”，也不为过。

毋庸置疑，中央电视台播出的七集电视连续剧《喋血黎明》是蔡葵的第二部得意之作。作家们常用“十年磨一剑”来形容文学创作之艰辛，洽似古人所曰：吟成一句诗，捻断数根须。贵阳二桥公路旁，立有一亭，上书“卢焘将军蒙难处”几个大字，一位在20世纪20年代跟随孙中山先生叱咤风云的老将军，一位衷心拥护中国共产党的盟友，一位在1949年底，当贵阳处于政治“真空”时期，挺身而出，平乱安民、组织民众迎接贵阳解放而壮烈牺牲的英雄卢焘蒙难于此，尽管有关部门修建了一座小小的纪念亭，还把卢焘坟列为贵阳市重点文物保护单位，然而在当今这“匆匆争利，忙忙挣钱”的时候，能记住这位逝者的人有几个？蔡葵每每路过此地，总是久久地注目着那斑驳欲坠、灰尘满布的亭子，几多怀念、几多惆怅、几多无奈！他暗暗下决心：一定要写卢焘，用艺术的形式去缅怀这位先烈，用电视的力量去唤回人们对英雄的崇敬。于是，他走进图书馆、档案馆、文史馆查阅那些尘封的史料；不停地转乘公共汽车去寻访卢焘的亲友和健在的部下，哪怕发现一点蛛丝马迹的线索，不顾吃闭门羹，不顾别人开始的冷漠，还写信向卢焘故乡广西环江县和他远在广州、香港、美国的后人了解情况。经过半年辛勤耕耘，八集电视连续剧《卢焘将军喋血记》终于脱稿，发表在2000年第3～4期合刊的《贵州剧作》上，剧本很快得到省政协王思齐主席首肯，责成政协秘书长洪宗良和文史委员会常务副主任王恒富，通过省文化影视艺术中心贾盛云导演，会同省电视剧制作中心，推荐到中央电视台，报中央重大历史题材影视剧领导小组研究，肯定了剧本。然而困难又来了，需用数百万元的摄制费，咋办？又得到省政协王思齐主席、洪宗良秘书长和省政协常委、香港企业家魏凤英女士的支持，由中央电视台和省政协、中共贵州省委宣传部等单位共同筹资打造这部电视剧。原来的八集《卢焘将军喋血记》更名为七集剧本《喋血黎明》，经三个月的摄制，剪辑后，于2003年4月22

日开始在贵州电视台播出，接着又在中央电视台影视剧频道播出。2004年国庆节期间，贵州电视公共频道又将此剧列入庆祝建国55周年献礼剧目，于国庆黄金周重播，引起社会各界强烈关注，好评如潮，《贵州日报》、《贵阳日报》、《贵州政协报》、《贵州广播电视报》、《贵州民族报》、《贵州都市报》、《贵州工人报》、《文化广角》纷纷发表评论文章，并且荣获了第二届贵州省政府文艺奖。卢焘的儿子，已八十多岁的卢慈仪老先生在广州看了该剧播出后，激动不已，打电话向海外的亲人报告好消息，并购买了VCD光碟寄给他们，后来还专程从广州飞抵贵阳盛宴答谢蔡葵及导演、主要演员。

蔡葵不无感慨地对我说，一部作品的产生，正如十月怀胎，一朝分娩，只有听到婴儿的一声声啼哭、看到婴儿那可爱的样子，孕育的艰辛才化为欣慰的笑容。

老骥伏枥　志在千里

一位古代哲学家这样勉励学子："不积跬步，无以至千里，不积小溪，无以成江河。"过早地步入生活和写作之路的蔡葵深知这话的道理，他在办公桌的玻板下，写下几十年遵循的一句座右铭：勤能补拙。

2001年10月，蔡葵从领导岗位上退下来了，从工作单位退休了。悲观论者认为："老刀不砍刺，老人不管事"；享乐论者认为："离死不远，吃点、玩点、喝点、乐点"；更有牢骚盛者，赋闲之后，这也看不惯，那也不顺眼，整日怨天尤人，不停咒骂"九斤老太"。蔡葵可不是这样，他的态度仍是，乐在书海学知识，甘洒笔墨写春秋。蔡葵退休后的人生观和价值观没有变，不愿白领退休金，坐享其成。他还是不停地学呀，写呀，他的追求一直得到家人的支持。他有个温暖的三口之家，老伴戴作凤毕业于贵州函授学院中文系，同样爱好文学，也是一位机关党员干部，现也退休。她几十年如一日地支持他的工作和写作，尽力做好后勤服务，当好蔡葵作品的第一读者。孝顺的儿子蔡文从小就知道老爸是个读书迷，他们常常同在一盏灯下，一张桌子上各自专心致致地读自己喜爱的书。母子知道，读书写作就是老头子的“嗜好”，他们一如既往地支持他，鼓励他写下去。蔡葵退休后又阅读了大量地方史志方面的书籍，从中悟出点道道，从而把创作定格在贵州现代革命历史题材上，用他娴熟的写剧本和纪实文学的笔法来写“贵州乡土革命题材”，让人们通过读他的作品，看他的电视剧来了解贵州的革命历史故事，认识那些已被一些人忘却了的不该忘却的人和事。

土地革命时期题材，他的电影剧本《山寨火种》早已成功上映，而且现已列为中国经典电影宝库系列，制成 VCD 光盘出版，在全国各地售出、放映。这一时期的第二部作品电视连续剧《地下使命》，讲述贵州地下党创始人林青、秦天真、徐健生、高言志等老革命在党中央领导下，如何与贵州反动势力斗争的精彩故事。该剧已得到贵阳市委的重视，召开了专家讨论会。第三部电视剧《少年邓恩铭》，由贵州省经济文化促进会与邓恩铭家乡荔波县委县政府共同策划，已纳入了工作计划。

抗日战争时期的题材，他于 2002 年 1 月就写了一部纪实文学《绝代秘囚——张学良在大陆最后的日子》，叙述一代爱国将领张学良被囚禁在贵州息烽、开阳、贵阳、桐梓等地七年时间所发生的鲜为人知的故事。在《贵阳日报》连载了半年，他后来又根据读者意见，再次作了修改，已成一部 28 万字的长篇纪实文学，于 2003 年参加贵州省作家协会第一次文学创作招标活动，成为胜出的中标作品，受到较高评价，被贵州人民出版社列为重大历史题材重点选题，按程序上报国家新闻出版署和中央统战部，正待付梓。同时，他还将这部长篇纪实文学，改编成了 20 集电视连续剧《绝代秘囚》。

解放战争时期的题材，他的七集电视连续剧《喋血黎明》早于

2003 年初在央视和地方电视台播映。出版了 VCD 光盘全国发行，全国各大军区都作为解放贵阳的珍贵历史资料予以收藏。最近，又在央视“远程教育”频道播出。

新中国成立初期的题材，十集电视连续剧《茅台金秋》，披露茅台享誉国酒史实，演绎贵州剿匪精彩片段。剧本得到茅台酒厂党委领导的重视，专门召开了两次会议进行讨论，决定投资拍摄，贵州省广播电视局已呈报中央重大历史题材影视剧领导小组审批，并下文成立了摄制组。

“少年的升学美梦破灭了，然而塞翁失马，安知非福。未曾想，工厂却成了‘我的大学’。是师傅在向我传授技能的同时，也向我传授道德人格，是党组织把我培养成才，是广大职工支持着我一步一步前行。我只有不倦地学习，勤奋地工作，努力地写作，才能回报党和人民的如山重恩。”这是 1984 年 6 月，蔡葵出席全国总工会在北京人民大会堂召开的振兴中华全国职工自学成才积极分子表彰大会时，在大会上发言的开场白。就让我引为这篇文章的结束语吧。

贾盛云

贵州电视剧市场运作开拓者

蔡 葵

在当今贵州影视界,贾盛云可谓出类拔萃。他并非科班,半路出家,也不在广播电视系统编制内,却在这方面天马行空,纵横驰骋,运筹帷幄,开拓了一片新的天地,收获了丰硕的成果,被公认为贵州影视界第一个独立制片人。

他是贵州省话剧团演员，然而却是国家一级影视导演。曾先后演出了 11 部电影，导演过近百部(集)电视剧，多次荣获国家及省部级各类奖项，获得贵州省“十佳”电视艺术工作者殊荣。他还是中国电视艺术家协会会员、中国电影家协会会员、省电影家协会顾问。以其独特的经历，写就了他传奇的艺术人生。

一

贾盛云于 1944 年 9 月 4 日，出生在贵州省贵阳市青岩镇，幼年丧父后家境贫困，从小做过放牛娃，赤着脚在山村牛背上度过了童年。后来，多亏哥哥和姐姐相继从部队转业，才把他接到贵阳市，送进学校念书。初中尚未毕业，终因经济拮据而辍学。小小年纪不得不去打零工，帮人挑水、挑煤巴、拉板车。后来遇到企业招工，进了贵阳针织厂当上一名漂染工。

他的姐姐从部队转业到贵州省歌舞团工作，经常带他去看歌舞，看戏剧，看电影，受到了艺术熏陶，渐渐爱上了艺术。15 岁那年，他考上了贵阳市南明区文化馆话剧队，从此开始了他的业余演员生涯。继而 1973 年，他又考取了贵阳市劳动人民文化宫业余话剧培训班。此时，这个话剧培训班正在筹排我省作家蔡葵创作的八场话剧《山寨火种》，贾盛云被导演安排饰演匪副官卜老二。这个角色是剧中反派二号，戏份较重。他较为准确地把握住人物分寸，注重性格刻画，演得活灵活现，给观众留下了深刻印象。在参加贵阳地区文艺调演时，受到好评。1977 年，话剧《山寨火种》被改编成同名电影文学剧本，这是我省作家创作的第一部彩色故事片，由长春电影制片厂投拍。导演刘仲明来贵州遴选演员，在剧作家的推荐下，经一番考核、试镜，贾盛云被选中，仍然饰演剧中匪副官卜老二，使他幸运地涉足影坛，与著名电影表演艺术家方化配戏，脱颖而出。继而，我省为三十周年“国庆”排演献礼剧目，贾盛云又受到贵阳市劳动人民文化宫辅导老师的推荐，贵州省话剧团团长、著名导演王呐伯乐相马，让他在十场话剧《四渡赤水》中试演军事顾问李德，获得成功，旋即被破例选调进入贵州省话剧团，参加了世界名著莫里哀的《吝啬鬼》，以及《未来在召唤》、《任尔东西南北风》、《哥儿们折腾记》等话剧演出。从此，贾盛云改变了人生的轨迹，丑小鸭变成白天鹅，开始了他日后使人刮目相看的艺术人生。

1980 年 8 月，我省作家廖公弦、戴明贤编剧的电影《毕昇》由珠江电影制片厂投拍，贾盛云又被导演于得水选中，饰演大管家范海。这是一个戏份较重的角色，使他在电影界进一步崭露头角。后来他被潇湘电影制片厂长期“借用”，接二连三地出演《姐妹俩》（饰叛徒丁喜）、《海望》（饰飞行员大方）、《秘密金库》（饰大特务马队长）等影片。无论角色大小，他总是较准确地把握住人物性格、命运，注重人物刻画，给人留下了深刻的印象。1987 年，潇湘电影制片厂发现他有导演方面的潜能，推荐他到北京电影学院导演系进修一年，结业后开始跻身导演行列。在出演《一个女人的命运》（饰农会主席）、《喋血黑谷》（饰军统特务汪主任）、《一个女演员的梦》（饰教练杜松）等影片的同时，兼任了副导演。1990 年，著名电影导演凌子风执导故事片《狂》，这是一部反映四川清末社会变革的大片，凌老要贾盛云去当副导演，他不负重望，兢兢业业的工作，保证了艺术质量，受到凌老的褒扬，影片后来获得了国际大奖。至此，先后十一年间，贾盛云参加演出了十一部电影，其中有五部还兼任副导演，实实在在地在电影事业上火了一把。

当时，我国电影界打破了“四人帮”文化专制的桎梏，呈现一派欣欣向荣的景象，不少话剧演员纷纷走上银幕，贵州省话剧团也成就了一大批电影演员。一个个在外边“触电”，于银幕上显现才华后，都先后被电影制片厂选拔而去。于是，便有人说，贾盛云早晚也要远走高飞。是的，确有电影制片厂商想调他，然而，他并未动心。他说，没有贵州父老乡亲的关爱，就没有我贾盛云的今天。金窝银窝不如自己的草窝，我深深地挚爱着这片生我养我的土地。

二

在外闯荡了十余年以后，“鸟倦飞而知还”。贾盛云辞掉了各家电影厂的片约，放弃了在外丰厚的片酬，义无反顾地回到了贵州。这里没有电影制片厂，又是西部老少边穷地区，艺术创作条件较差，丝毫没有动摇他为桑梓影视事业谋求发展的信念和一腔热忱。1985 年，他曾与热衷于创办电影事业的恩师王呐一道，在贵州省文化厅和省电影公司的支持下，着手创办“飞瀑影业公司”，经过一年多的操劳与奔波，终因体制上和经济上的制约，中途流产，未能如愿。但他没有气馁，而是认真总结经验，面对现实，因地制宜，正确处理主观努力和客观条件的辩证关系，采取“借鸡下蛋”和“借梯上楼”的办法，把在创办“飞瀑影业公司”期间，我省剧作家犹学忠创作的电影文学剧本《业余警察》，送到潇湘电影制片厂，与之合作。自己屈居副导演，请恩师王呐和省话剧团的关放等演员出演重要角色。最终完成了这部轻喜剧电影，也算是回来后，报答桑梓的第一分薄礼。当时，广播电视蓬勃发展，电视机走进了千家万户，音像制品作为一个新兴的“朝阳性产业”，异军突起，市场生机盎然，一派繁荣，呈现出广阔的前景。然而，具有超前意识的贾盛云敏锐地发现，音像市场上国产故事片录像带几乎看不到，全是外国电影录像带，而且品种也不多，还打着字幕没有翻译。于是，他感到这是一个十分难得的商机。将这个想法与圈内一些同志商量，却遭到质疑：没听说过拍电视剧，做录像带还能找钱？更有甚者还吹冷风：算了，别想入非非，弄不好把老本搭上，拖一屁股债没法交待？但他却充满信心，看准了的事情，毫不动摇。1986 年，在省电影家协会和贵州东方音像公司支持下，找到昆明市前卫轧钢厂投资五万元，由三家联合摄制，自己执导了第一部电视剧《死亡舞会》(上下集)。这是描写某观光旅游团被台风困在孤岛上，群众自发办案的一个新鲜的故事，娱乐性很强。当摄制完成后，制作成录像带，投放到音像市场，收到了预想不到的效果。没有设计封面，也没有进行宣传，每盒定价 150 元，共计制作4 800多盒，竟被抢购一空。不仅收回了投资成本，还成倍的获得了可观的盈利，淘到了文化市场上的第一桶金。在当时贵州电视剧制作全是“政府行为”，由领导部门审定选题，国家投资，只重“政绩”，重社会效益，不讲经济效益，不用收回成本的体制下，这部电视剧，被贵州影视界视为市场运作的成功范例。贾盛云也被称为贵州拍摄电视剧商业片第一个吃螃蟹的人。

接着，贾盛云紧紧地抓住这个时代赋予的机遇，一鼓作气，继续以省电影家协会、贵州东方音像公司名义，与昆明前卫艺术中心、福建音像出版社等单位联合，又摄制了《疯狂的报复》、《丽人消魂》、《玉手神偷》等电视剧，开创了贵州影视界走向市场，不用“国家经费”拍摄影视故事片的先河。

三

在市场经济大潮的冲击下，贾盛云目睹自己赖以栖身的艺术团体话剧舞台日渐冷落，十分忧虑。通过冷静的思考，进行了周密的市场调研，他抓住电视艺术异军突起的时代机遇，在省文化厅和省广播电视厅的支持下，以贵州省话剧团为依托，独立创建了“贵州省文化影视艺术中心”。

这个影视艺术中心不要国家编制和经费，仅靠贵州省话剧团拨给的一间办公室就开始工作，两块牌子一套人马，对内属于省话剧团中层机构，对外具有独立法人地位，独立开展业务。创业之初，贾盛云审时度势，从抓行业专题片起步，先后与贵州煤气工程建设指挥部、贵阳市煤气公司、贵州现代通讯发展公司、贵州省公安厅交通警察大队、贵州省城乡建设环境保护厅、贵州东方音像出版公司等机关、企事业单位合作，担任导演，摄制了《煤气带来家家乐》、《你会使用程控电话吗?》、《交通战争启示录》等行业专题片。在这些专题片的创作中，贾盛云摒弃了一些文化商人做专题片只图赚钱，不讲艺术质量的陋习，以艺术家的风范和良知，非常注重艺术品位。聘请省内知名作家执笔撰写剧本，讲究艺术构思和戏剧结构，当成艺术作品来做。如《煤气带来家家乐》，有故事、有人物、有诗情、有哲理，以富有诗意的语言和生动的情节，形象地描绘了贵阳市建设煤气工程的艰辛，并用巧妙的艺术手法介绍了煤气使用常识。《交通战争启示录》通过具有典型意义的几起交通事故，采取电视报告文学手法，以纪实性、资料性、警示性教育了广大群众。这段时期，他还抓了旅游风光片《天宫行》的摄制，同样以故事和人物贯穿全剧，展示了贵州喀斯特地貌特有的、神奇壮丽、气势磅礴的溶洞奇观，具有较强的艺术感染力。1994 年，我省作家王蔚华创作了十四集电视连续剧《黄齐生与王若飞》，聘请上海电影制片厂导演赵焕章任总导演，由贾盛云和我省著名导演赵谦联合执导，为我省第一次荣获了全国精神文明建设“五个一工程奖”。

贵州省文化影视艺术中心，从筹拍行业专题片到筹拍电视连续剧，现已历经十多年时间，摄制了电视剧近百部(集)，为贵州省话剧团拓宽了业务范围，争取了许多的荣誉。贾盛云作为影视艺术中心法人，在业务上不仅是每部剧的导演，而且还是义不容辞的“制片人”，必须负责摄制经费的筹集。在地处西部欠发达地区的贵州，资金短缺往往是制约电视艺术创作的一大难题。而贾盛云总是知难而进，以坚忍不拔、百折不回的毅力，一步一个脚印地走了过来。为了筹拍反映我省步入全国产金大省，歌颂地质部门黄金勘探开采的电视连续剧《黄金高原》，他和编剧王蔚华一起，绞尽脑汁，千方百计地筹集拍摄经费，并和主创人员们十余次往返黔西南州，跋山涉水、风餐露宿，吃尽苦头，圆满完成了摄制任务，使该剧荣获贵州省第一届电视艺术作品奖，由省人民政府授予“鹰盾”杯，同时又获省精神文明建设“五个一工程”优秀作品奖。1998年，为了配合第十五届国际麻疯大会在我国召开，著名剧作家唐佩琳写了我国首部以麻风病为主题的电视连续剧《误区》，贾盛云和编剧及主创人员到条件异常艰苦的毕节撒拉区体验生活，与麻疯病人亲近接触，吃住在一起，历时近半年，表现了一个文艺工作者充满爱心的崇高境界和思想情操，该剧在中央电视台播出后，受到国家卫生部和红十字会的高度评价，荣获贵州省人民政府第一届文艺奖。为了打造精品，他还摄制了根据荣获省“五个一工程奖”和全国剧本创作“金孔雀奖”同名话剧改编的电视连续剧《黑山汉子》，受到黔西南州委、州人民政府的欢迎，产生了良好的社会效果。

2003年，贾盛云已近花甲，快到退休年龄，他又导演了我省作家蔡葵创作的精神文明建设“五个一工程”重点剧目，弘扬爱国主义精神的七集电视连续剧《喋血黎明》。开机前夕，他不幸患了眼疾，为了保证拍摄进度和艺术质量，带病工作，一只眼睛蒙着纱布，日以继夜地坚持在现场指挥，最终把这部剧拍成了思想性、艺术性、观赏性俱佳的好作品。贵州电视台播出时，当月收视率名列榜首；中央电视台播出时，荣居当月全国收视率排行榜第九位，荣获了第二届贵州省政府文艺奖。

多年来，贾盛云矢志不渝地立足于贵州电视的艺苑中，辛勤地、默默地耕耘着，结出了累累的硕果，特别是他那种敢为天下先的开拓精神，为贵州电视艺术事业的发展和繁荣，做出了功不可没的特殊贡献。

阿 略

新中国第一代苗族舞蹈家

黄泽桂

一

爱做梦的人才爱跳舞，生活得幸福的人才爱跳舞，舞蹈是一个美丽的人生梦境，这是大家的共识。可是，谁会想到——阿略，我们贵州舞蹈界的杰出代表人物，苗族舞蹈家、国家二级编导，却有一个非常悲惨的少年时代，而且正是在这苦难的少年时代，在一个特殊的民族文化环境中，开始她的舞蹈学习的。

阿略，1934 年出生在台江苗寨一个贫苦农民家庭。六岁时死了父亲，家中生计靠十四岁的大哥和母亲艰难维持。没过多久，为了逃兵役，大哥躲进深山老林，多年杳无音信，阿略的家庭一下子陷入困境。为了生存，八岁的二哥去给人家放牛砍柴，六岁的阿略也被迫去给人打猪草，刮背，捶背，背娃娃……。有道是，屋漏偏遭连夜雨，船破又遇顶头风。第二年，家乡遭遇特大旱灾，母亲只得带着哥哥和她外出逃荒，到镇远、施秉等地去帮人干活，勉强糊口。不久，一个姨爹看他们在外有一顿没一顿太遭罪，又把他们接回家乡，靠妈妈熬更守夜织布到集市上贱卖换点粮食以及哥哥和她上山挖草根野菜来充饥果腹……

就这样，他们一家人在半饥半饱中熬了一年又一年，直到新中国成立后，日子才一天天好了起来。随着穷人的翻身解放，阿略的命运也发生了巨大的变化。

阿略的家乡是有名的踩鼓舞之乡，从古到今就有跳踩鼓舞、唱歌、吹芦笙的文化传统。那里的男子个个会吹芦笙，那里的女子人人会跳舞。据说，这个文化传统的形成与苗族信仰万物有灵，没有民族文字有关。因为，没有文字的民族才会以音乐歌舞的形式传承本民族文化、记录历史、保持传统习惯。阿略从小家庭虽然穷苦，但并不影响她学习本民族的歌舞艺术。加之她天性活泼乐观，苗寨里的姐妹都喜欢她，无论去哪里都爱带着她，白天到山上去摘猪草，晚上就到花房去绣花，大的摇马郎，小的学跳舞，阿略当时只有七八岁，也就跟着她们学跳舞了。据她说，那时她跳舞很入迷，边学跳舞边学打鼓，在家煮饭也拿着筷子在三角顶罐上打鼓点练节奏。几年下来，她的舞艺和鼓技也都十分的纯熟精湛了。姐妹们很赞赏她，平日总喜欢要她打鼓指挥大家跳舞逗乐，她也乐此不疲，终日击鼓唱跳，娱人娱己。从小练就的这身舞艺鼓艺，为她后来登上大雅之堂奠定了很好的基础。可在当时，阿略并不知道这些，她幼小的心灵关注的是另一码子事情。这就是——因银饰盛装之事而引起的自卑和心酸。别看她平时里跳舞、击鼓在众姐妹里是出类拔萃技高一筹，可是节日来临时，在别人大展舞艺的时候她却只有躲在角落里呆呆的看的份。因为，她家穷，没有钱给她做银饰盛装，人家不让她进舞圈，说是：祭祀祖先，祈求来年风调雨顺、五谷丰登是全氏族的事情，全氏族的人都要穿上节日的盛装踩鼓跳舞，讨老祖宗喜欢。你没有盛装冲犯了老祖宗怎么办？跳得再好也不行！因此，节日里阿略只能屈辱地看别人跳舞而在一边偷偷掉泪。

还有一事与贫穷和银饰盛装有关，阿略长大后，人漂亮、性格活泼，唱歌跳舞样样能干，有小伙子看中了她，央人提亲，家中答应了这门亲事。可是正待成亲，妈妈却因置办不起银饰盛装没有陪嫁给她而犯愁。男方家知道此事后，非但不同情，反而嫌弃她家贫穷，硬生生退掉了这门亲事。阿略的自尊心受到严重伤害，她发根说："我再也不嫁人了。"

在苗族社会，银饰盛装是每一个姑娘及其家庭的脸面和尊严，在台江施洞这个著名的银饰之乡，民俗更加如此。在那里，一旦有重要的社交场合，有节日或走亲访友，每一位姑娘都要倾其所有、精心打扮，一家人都围着自己家姑娘梳妆打扮，哪怕花上三四个小时也不嫌麻烦。尤其在三月"姊妹节"这一天，姑娘中有的新衣里外叠穿几层，有的穿金戴银珠光宝气，身上佩带银装饰最多的据说可达 15 公斤，皆是尽其所能，比勤夸富，炫耀女红和富裕，人们喻之为"亮家底"。在那样的环境中，每一位姑娘都不能少有更不能没有银饰盛装，没有盛装就像没有了脸面，也谈不上什么做人尊严了。阿略贫困的家庭不能为她置办花衣和盛装，让阿略为这身衣服遭遇了多次人生难题。（后面还有多次提及）盛装之事让阿略从小就体会到穷人的苦难，体会到人间的不平，这些苦难也坚定了她一辈子热爱新中国、跟着共产党走的决心。

二

1950年，是阿略走上革命道路的第一年，是她的舞蹈才华被发现的第一年，可以说是阿略的幸运年。当时台江施洞刚解放不久，这时，省委派来了一位民族干部到她们那里去挑选几位能歌善舞的苗族姑娘参加西南少数民族观礼文工团，赴北京参加国庆观礼和演出。阿略因人才好，舞又跳得活泼可爱，轻而易举就被选上了。可是，出去要穿盛装啊，去北京没有盛装怎么行？阿略没有盛装，别人也无法可想，于是也就不要她去了，阿略只得含着眼泪回到家中。后来，他们还缺一个人，又想起了阿略，于是，他们找到阿略，告诉她要想出去就去跟别人借衣服穿，解决盛装的问题。阿略非常高兴，回家跟妈妈报告了这好消息，可是没想到妈妈不同意，说没办法给她借到盛装，这么贵重的东西谁借给你？还说去跳舞不会绣花，以后嫁人更没人要了。后来，阿略的两哥哥(大哥回来了)帮着给妈妈做了两晚的工作，大哥又叫媳妇借了绣花衣给阿略，阿略母亲才勉强同意她去，可是银饰还是没有着落，急得阿略心都悬到了嗓子眼了。——银饰盛装、银饰盛装，简直害苦了阿略！好在选人的干部欣赏阿略的舞蹈和人才，说银饰以后再想办法，于是，勉勉强强，阿略总算成行了。这一走，可谓意义重大，从此改变了阿略的命运，奠定了她最终走出大山，登上现代艺术舞台的基础。关于银饰，最后解决得出人意料的容易，就在演出时，同行的姐妹们每人分出一部分银饰给她佩戴，用后归还，这个问题也就解决了。

贵州解放初期，土匪还没有肃清的时候，阿略出行还真不容易，她回忆："我们去北京的消息当时在乡里很是轰动，有土匪造谣说是把姑娘卖了。有的老人害怕了不让自家姑娘去了，我们给老人做工作说:‘当年红军来过我们苗寨,人们都说红军好,共产党爱护苗家,会送我们回来的。’老人思想通了,高高兴兴送我们上路。县长等领导来送我们,派了一个连的解放军把我们从施洞乡送到镇远县城,还在重安江住了一宿。土匪造谣越造越凶,说什么:‘汉人把苗家姑娘抢走了’,扬言要把我们抢回去。那时我们坐的是卡车,上面还有哨兵,在龙里果然遭到土匪袭击,解放军开枪还击,才把土匪赶到山里去了。我们顺利到达贵阳。”

到达贵阳后,省市领导热情的接待她们,还带她们参观学习,她们非常高兴。有一天,她们几个聚集在一起商量:“别人都有名字,我们几个从乡下来,没有名字,怎么办呢?”有人建议:“就像汉族大哥大姐一样,自己给自己取一个名字吧。”于是,她们给阿略取名叫“刘永秀”。

之后,布依族、彝族的代表们也陆陆续续到贵阳进行集训,排练各自的节目,参与最后进行赴京节目演出汇报和人员的筛选压缩,统一组成贵州代表队。因名额有限,阿略又遇到了难题,从家乡来的八个姑娘中只能去五个,原因很简单,没有银衣银帽,阿略又落选了。……时任贵州民委会副主任的欧百川向时任省主席的杨勇作了赴京节目和压缩人员的情况汇报,杨勇听后指示说:“告诉他们,这个姑娘叫她去,我看她跳舞跳得很好嘛,在舞台上笑眯眯的,有解放后苗家人的喜悦。”(这段话是后来领队的干部告诉阿略的)就这样,经过三起三落,阿略最终还是加入了赴京的行列,迈出了人生最关键的一步。

阿略她们和布依族、彝族等民族的代表们带着自己民族的节目,带着几百万贵州少数民族对毛主席的深情,往首都北京出发了。第一站先到重庆西南军区驻地去给刘伯承、邓小平等领导人汇报节目,然后与西藏、云南等省组成了“西南少数民族赴京观礼团”赴北京观礼和演出。邓小平发给他们每人一套黑色的呢衣裤、呢帽,把他们打扮起来。这样他们才正式出发了。

西南少数民族赴京观礼团的团长是时任西南军政委员会副主席兼民委主任的王维舟将军。王团长当时对阿略讲的一席话，让阿略至今记忆犹新。在重庆，在赴京前举行的一次联欢会上，大家唱歌，跳交谊舞，刚出门的阿略不会跳这种舞蹈，她认为很难堪，便躲到桌子底下藏起来。话说来也巧，王团长看到桌下有人，就前来问话："小鬼，你叫什么名字？""我叫刘永秀。"阿略回答说。王团长接着问："这名谁给你取的？"阿略老老实实告诉他："来这里时别人给取的。"他又问了："原来叫什么？""阿略。""那就叫阿略。苗族人为什么要取个汉名？""以前国民党反动派不准用苗名，穿苗衣，那是对少数民族的歧视，现在解放了，各民族一律平等。"王团长补充说。就这样，阿略这一辈子有了用自己本民族名字的自信。

在赴京路上，也顾不上看风景，还有一件大事让阿略们这一伙小姐妹茶饭不思，夜不能寐。这事情就是：唱什么歌给毛主席听呢？民间飞歌的曲调倒是现存的，姑娘们谁都会唱，可说什么话呢？"我们又聚集在一起商量拿什么歌献给毛主席。说到这事，我们非常着急啊。有一个聪明的姑娘提议：'我们自己编歌吧，没有文化不要紧，把心中的话唱出来就好。'于是，你一句，我一句，我们熬了几个通宵，编了一首颂歌《想念毛主席》，说出了我们当时最想说的话——'我们等了又等，等了十四年，十五年到了（红军长征路过苗寨算起）我们的救星，父亲毛主席来了，他来叫我们奋起，我们就聚集在一起，跟着毛主席走。我们有吃有穿，变得白白胖胖，像泉水一样清清爽爽，像珠子一样明明亮亮'。这首歌，是我们从心底发出的声音，也是我们苗家姐妹的誓言。"阿略如是说。

到了北京后，国庆节那天，她们先到观礼台看别人的表演，然后，下了观礼台参加到少数民族方阵接受毛主席检阅。10 月 3 日，"西南少数民族赴京观礼团"去了怀仁堂给毛主席等中央领导人作献礼演出，毛主席看完演出后很激动，当天写下了和柳亚子的那首著名词作《浣溪沙》，"一唱雄鸡天下白，万方乐奏有于阗"。当时各族代表还给毛主席敬献了自己民族的服装，阿略她们敬献了苗衣和围腰。毛主席回赠了她们每人一套呢衣服，还有一些药品。后来毛主席让他们去参观了棉纺厂，参观了军舰，并坐军舰去看日出。坐军舰看日出时阿略触景生情，发出自己的感慨。她这感慨一下子逗笑了大家："我以为太阳是从山里出来的，没想到是从海里出来的。"——这次去北京让阿略这个从未走出过大山的乡下姑娘大开眼界，知道山外的世界多么广大，知道了首都北京是多么的庄严雄伟，知道了什么是现代生活，她把一路上看见的一些见闻请人写信告诉家里人："火车长得像一条街。""轮船是白天晚上都走路的，机器推着走，不用划桨。""我们天天睡弹簧床，它软得像我们的谷草堆。""外面的世界简直太大了，九天九夜我们才从上海到重庆，又走了两天我们才回到贵阳。"

回到贵阳，观礼团给省领导作了汇报演出，又接受领导派遣，到各医院慰问和土匪打仗受伤的解放军伤病员。后来，党又给她们下达了一项重要的政治任务，回到家乡开展宣传工作，告诉苗乡侗寨的父老乡亲她们在北京的所见所闻和体会到的一切，让乡亲们了解我们的国家，了解我们的党，了解我们的领袖毛主席。"我们出去的八个姑娘整整齐齐回到家乡，用事实击败了土匪造谣说是当地政府把苗族姑娘骗去卖了的谣言。我们在家乡穿着毛主席送给我们的呢制服，一边演出给毛主席表演过的节目，一边宣传毛主席、共产党对我们如何好，还给老百姓展示了我们在北京得到的花布，还把毛主席送给我们的药品拿给生病对症的人用。我们的宣传起到了很好的作用，对当地社会影响很大。"阿略这样描述了这一段时间的工作。

三

北京之行开阔了阿略的视野，也彻底改变了她的人生命运。

她此行给省里有关领导留下了良好印象，让她几个月后就获得了参加工作的机会，走上了用她的舞蹈为人民服务的道路。

1951年3月，她们接到通知，去省里学习。其他姑娘都已结婚，不能成行。只有她和另一位姐妹两人出发再次来到了贵阳。她们先到民族学院学习了一段时间，拿到了贵州民族学院学历证明书——普通政治班毕业，中专学历。后来分配到刚组建的民族文工团。“那时我们自己排节目，自己创作节目，一晚上表演几个节目，又唱又跳，真正是多面手。我们自己排的节目虽然很幼稚，但演出机会还挺多的。经常下乡演出，深入民族地区，宣传党的民族政策，还向当地群众学习，学他们的歌，一上台就唱，学他们的舞，一上台就跳，很受当地群众欢迎，无形中拉近了党和人民群众的联系，使工作顺利开展，真正起到了教育人民，团结人民的作用。”阿略无比自豪的说。

那时，党中央非常重视宣传工作，注意用文艺贴近人民群众，宣传党的政策。在1952年成立的台江苗族自治县，是中国第一个苗族自治县，中央特意派了一个中央民族艺术团到贵州祝贺演出，中国舞蹈之父吴晓邦先生任团长。阿略所在的省民族文工团也跟随中央民族艺术团赴台江、丹寨等地演出。演出完，他们又深入农村，一方面继续宣传党的民族政策，一方面收集民族民间音乐舞蹈，搞艺术创作。三个多月的时间里，他们和中央艺术团的大艺术家们一起共同工作和生活。吴晓邦先生亲自教授大家学习“舞蹈自然法则”，还给大家讲课，讲如何发掘、整理、提高、发展民族民间舞蹈。阿略如饥似渴的学习，收获很大。这一段经历非常重要，对她以后的舞蹈事业发展影响深远。因为，她受到的是中国最好的舞蹈启蒙教育，从中国舞蹈之父吴晓邦老师身上学习到如何收集和创作民间舞蹈，如何用舞蹈来为人民服务。而中央民族艺术团的同志们在数月的深入生活中收获也不小，搞了一台晚会的创作。其中创作了一个苗族舞蹈《婚礼舞》，贵州省的领导及时叫省里演员向北京老师学了下来，后来搬上舞台演出，分配角色时阿略扮演新娘，卯洛扮演新郎。这个舞蹈仿佛是预言了他们俩成为伉俪的未来。

阿略是一个好演员，她不但会跳舞，歌也唱得不错，据说还曾经上台唱过独唱。她模仿力也很强，学什么像什么，全团人都知道，也很叹服她的这一特长。当然她的舞蹈能力还是最好的，她跳舞跳得轻盈、活泼、自然，情感丰富，因而家乡人才给她起了这么一个好听的名字——阿略，苗语就是大蝴蝶的意思，比喻她跳舞像蝴蝶飞舞。加上她人才也漂亮，脸部轮廓分明，笑容甜美，很上装，所以团里排什么节目都喜欢用她，在 20 世纪 50 年代和 60 年代初，几乎什么舞蹈她都上，一到演出就忙得不亦乐乎。她表演的舞蹈作品主要有：苗族舞蹈《芦笙舞》、《婚礼舞》、《欢乐的苗家》、《踩鼓》，彝族舞蹈《酒礼舞》、《阿细跳月》，俤家舞蹈《踩姑娘》，朝鲜族舞蹈《勋章舞》、《扇舞》，藏族舞蹈《洗衣歌》，蒙古族舞蹈《挤奶员》，汉族舞蹈《采茶舞》、《花儿与少年》，舞剧《蔓箩花》（饰剧中地主婆"三百两"）等等。尤其是《蔓箩花》中阿略扮演的"三百两"，简直是一绝，短短一两分钟的舞蹈，却让看过电影的观众念念不忘。后来《蔓箩花》拍成电影，是当时中国第一部电影舞蹈，还获得了国际奖。当电影在全国播放的时候，阿略的"三百两"成了人们街头巷尾最爱议论的角色之一。特别可笑的是，地主婆"三百两"的名称是因为她扮演的地主婆穿戴了近二十斤，三百两（旧式十六两称）的银饰盛装参加氏族的舞蹈来夸耀富贵，没想到，她跳了一会儿就被这一身太重的银饰拖累得累昏了过去。……银饰盛装，银饰盛装，阿略与这银饰盛装真有解不开的因缘。不过这次的意义却与前几次相反，以前是因为没有银饰，"三百两"是因为银饰过多。

阿略是一个好编导。她有土生土长的民间舞蹈家的生活经历，又得到过吴晓邦先生的亲自教诲，使她拥有了一个舞蹈编导的良好基础。特别是1950年参加国庆一周年大典,会聚“怀仁堂”为毛主席、朱总司令、周总理等中央首长演出她们本民族的歌舞,受到中央首长的热烈欢迎的难忘经历,更加坚定了阿略热爱民族艺术、用贵州民族舞蹈为人民服务的决心。那几年,当阿略的舞蹈创作热情正处于高峰期的时候,正好遇到上级派来了新的歌舞团领导冀洲,新领导的到来为歌舞团营造了良好的创作环境,这也是阿略的创作得到支持的重要原因之一。

1956年初,省委决定,将原来的贵州省歌舞剧团一分为二,分成了贵州省歌舞团,贵州省话剧团。上级派来的新领导冀洲任贵州省歌舞团团长。冀洲原是在文化部工作的音乐家,自愿从北京下来支持地方,他十分懂行,到贵州省歌舞团上任后,提出了一整套的办团指导思想和方针:以挖掘、收集、整理、创作、提高、发展贵州民族民间音乐舞蹈为歌舞团的发展方向,并适时地吸收和演出外来优秀文化和节目进行文化交流。这个指导思想经全团上下讨论统一认识后,在省歌舞团掀起了上山下乡,深入民族民间向民族民间学习的热潮。阿略的舞蹈创作就在这热火朝天的气氛中顺利进行。

这时,阿略与苗族芦笙舞者卯洛的爱情也喜结硕果,成为了一对令人羡慕的夫妻,他们两人的结合,使阿略拥有了一个理想的助手,使她的舞蹈创作更加如虎添翼。总之,十分良好的创作环境使阿略、卯洛的创作热情像干柴遇到烈火一样燃烧起来。为此,阿略与卯洛一道长期深入民族民间,以从事收集、整理、创作、提高发展苗族舞蹈文化艺术为己任,特别是把苗族“三鼓一笙”的提高发展作为他们艺术人生的奋斗目标。他们在长期的艺术实践中收集整理和创作了许多有影响的优秀舞蹈作品,一些节目至今还长演不衰:

苗族舞蹈《踩鼓》,整理、创作于1956年,当时为庆祝黔东南、黔南两自治州成立而改编的。到80年代为适应改革开放,又重新加工改造，成为了贵州省歌舞团的传统优秀节目，出省出国必演无疑，几十年来常演常新，几乎就成了贵州省歌舞团的镇团之宝。时至今日，阿略的《踩鼓舞》还被北京来的大编导选中，成为了贵州投巨资倾力打造的大型歌舞晚会《多彩贵州风》惟一保留的传统节目。《踩鼓》曾获得贵州省舞蹈调演一等奖；全国第二届舞蹈比赛三等奖；参加第一、三届中国艺术节演出。

俾家舞蹈《踩姑娘》，1957 年创作。当年，贵州省歌舞团带整台民族歌舞晚会参加全国专业团体歌舞汇演，演出在北京引起了轰动，贵州民族歌舞一下子就在全国打响了。北京各大报纸纷纷报道和评论。《踩姑娘》在演出中更是场场翻场，受到特别的欢迎。汇演会刊用这样的标题——汇演中的"一颗明珠"，进行评论。大会还组织了专门的交流学习。《踩姑娘》成为交流学习的优秀节目，全国二十几个专业团体都来学习，当时在北京舞蹈学校任教的苏联专家也来学习。《踩姑娘》当时在全国着实普及了一阵，经汇演大会挑选组台到"怀仁堂"向毛主席和中央领导汇报演出。后来，中央群众艺术馆推荐，让阿略、卯洛写成一本《踩姑娘》单行本教材书，该书 1958 年由上海文艺出版社出版、新华书店发行。

《欢乐的苗家》苗族大型组舞，1959 年创作。该舞是以贵州各地风格各异的苗族芦笙舞为素材，进行有机的组合后创作而成的大型苗族组舞。《欢乐的苗家》，不用乐队伴奏，自吹自跳，突出自身的绝招，别具一格，很有苗族芦笙舞蹈的代表性。舞蹈开始由阿略、卯洛主创，后又组合团里舞蹈编导大家一起加工改造而成。这一年遇上文化部举行八省、市、区民族歌舞汇演，挑选参加国庆十周年献礼演出节目，贵州是参选的省份之一，文化部指明要苗族、侗族的节目，于是，贵州全力推出苗舞侗歌节目参加汇演。《欢乐苗家》被选中，参加了国庆十周年献礼。在北京演出获得成功，贵州歌舞团再一次在北京打响。……后来《欢乐的苗家》被拍成电影，《人民日报》、《光明日报》都作了报道和评论。《人民日报》在头版评论中写到:“解放前,贵州的苗族舞蹈虽然绚丽多彩,但只在民间进行,尚未搬上舞台演出过。新中国成立以后,苗族舞蹈成了一种专门的表演艺术,才登上正式舞台,使更多的观众得以一睹它的风采。1956 年,全国举行第一届歌舞汇演,贵州歌舞团演出了苗族舞蹈《踩姑娘》,初露头角受到好评。1959 年,文化部举行八省区歌舞汇演,贵州奉献了苗族舞蹈《欢乐苗家》再试身手,又获得了赞扬;该节目被选进了为庆祝建国十周年而拍摄的艺术记录影片《丹凤朝阳》……”。

《铜鼓舞》,铜鼓是苗族“三鼓”之一,历史悠久。苗族民谚说:“那里有苗族那里就有铜鼓。”阿略、卯洛发掘、创作的《铜鼓舞》,参加 1986 年全省舞蹈调演,获得二等奖,还参加第一届中国艺术节演出。

《木鼓舞》是阿略在原生态舞蹈的基础上加工改造的又一个苗族传统节目。“木鼓舞”是苗族“三鼓”之一,是苗族人民祭礼的传统舞蹈。阿略加工改造它时保持放大了它原有的独特舞蹈风格和特点,凸显了苗族舞蹈与众不同的审美趣味,1992 年参加全国少数民族运动会,被誉为“东方迪斯科”。《木鼓舞》还参加了第一、三届中国艺术节演出。1994 年参加文化部中国舞蹈家协会主办,沈阳市人民政府承办的“94 沈阳国际民间舞蹈邀请赛”,获得“金玫瑰”奖(一等奖)。

阿略还创作了苗族儿童舞蹈《苗年乐》,获得第三届全国儿童舞蹈比赛二等奖。苗族双人舞《芦笙情歌》,获得贵州省单、双、三人舞比赛二等奖。

然而,正当阿略的艺术创作实践逐步走向成熟、喜获丰收的时候,“文化大革命”爆发了。十年浩劫,荒废了阿略最珍贵的艺术年华,她们两口子双双被打成“黑帮黑线”。与她一起从家乡出来的著名苗族歌手阿泡被迫害致死,阿略丧失了最好的舞台友伴,最知心的大姐姐。1977 年阿泡得到平反昭雪,阿略写文章在《贵州日报》发表，悼念阿泡，抒发她心中的不平。阿略始终忘不了她的艺术生命是党给的，只要一息尚存，就要为党的文艺事业尽力。1972年，她从乡下搞“斗批改”回来，正值湘黔铁路建成，她以饱满的热情编导了《火车通到苗家寨》舞蹈，来歌颂这一社会主义建设新成就。该节目参加1973年举行的贵州省歌舞汇演，在汇演总结会上，时任省委宣传部副部长的张世珠对该节目提出表扬，视为优秀节目。清除“四人帮”，百花竞开，阿略豪情满怀，为培育民族文艺新葩而辛勤劳动。她与人编导了《打倒“四人帮”》、《红宝书到苗寨》、《山花烂漫》、《阿丹》、《炉火正红》、《彝家婚礼》等具有民族特色的舞蹈，为丰富人民生活作出了新贡献。

四

苗族是一个没有文字的民族，音乐舞蹈歌曲就是苗族的文字，音乐舞蹈歌曲就是苗族的历史。阿略在她的作品中自觉的、充分的继承发展了苗族舞蹈文化，让当时还鲜为人知的苗族舞蹈走出大山走向全国，成为了苗族文化的形象体现，很好的宣传了民族的文化。我们党提倡艺术要“源于生活而高于生活”，在阿略的舞蹈实践中不是口号，不是标签，而是实实在在的行动。从她最有代表性的舞蹈作品《踩姑娘》、《祭祀舞》、《踩鼓舞》中我们可以看到民族文化、生活实际对她舞蹈的影响：

《踩姑娘》就是根据贵州待识别民族 俳家的民间舞蹈和生活习俗整理而成的，表现了 俳家别具一格的爱情方式。生活中，俳家男女青年在花场上相会，一般要先对歌盘诘来历，认定是可以开亲的范围，双方才进一步交流感情——跳芦笙舞，男子跳芦笙舞时常常会故意挑逗他喜欢的姑娘，假装跳舞时站不稳踩姑娘一脚，姑娘当然要回击，追着打他两拳，于是，你踩我的脚，我打你的背，追追打打，很快就打出亲热来，打出爱情来……阿略根据生活的真实，构思出《踩姑娘》的舞蹈，她的编导阐述上这样写到："第一段：对歌，'三根桂花一处栽，哪根成器哪根开，妹是桂花香千里，哥是蜜蜂万里来'。感情真挚、朴实。第二段：对歌之后，男女青年翩翩起舞，进而吐露爱慕之情，热诚而含蓄。第三段：踩姑娘，小伙轻轻的踩，姑娘含情的打，打出情来踩出爱，踩出美满生活来，使舞蹈达到高潮。"——可以看到，该舞来自民间而不同于民间，忠实于生活而高于生活的巧妙构思。

阿略无论怎样出名和显赫，仍然是老老实实的做人，忠忠厚厚的做事。她从来就没有忘记过自己的根本，她与卯洛编导的《苗家祭祀舞》就在舞蹈中寄托着自己对苗族文化之根的深深情愫。他们在舞蹈节目单上这样写道："苗族是一个古老的民族。《祭祀舞》就是根据苗族历史，根据铜鼓壁画和苗族民间刺绣工艺中的人、龙、牛及其动物的形象，进行提炼，创造而编织的历史民俗画。舞蹈展示了在天茫茫、地茫茫的远古时期，苗族祖先在征服大自然的斗争中，令人肃然起敬的开拓力，同时，由于对大自然的敬畏，因而祭天、祭地、祭山、祭水，既表现了对生活的勇敢创造精神，又流露出对美好未来的拳拳热望之心。"——《祭祀舞》就是对苗族民间生活信仰和苗族文化根源的如实反映和浓缩与提炼。

最具代表性的《踩鼓舞》，更是阿略苗族舞蹈文化意识的集中体现。她是台江施洞人，是跳着踩鼓舞长大的，这个舞蹈的创作与她生活的感悟有着水乳交融的联系。这个舞蹈又与让她感触最深的银饰盛装有很大的关系。……在阿略的家乡台江施洞，农历三月十五要过"姊妹节"，节日中要跳踩鼓舞，以舞蹈仪式来祭祀祖先、交结朋友，展示姑娘风采，夸耀家庭富裕。当地苗族对这一节日格外重视，届时，每家的姑娘都要身穿十几二十余斤的银饰盛装到江边河滩上踩着鼓点跳踩鼓舞。凤冠霞佩全身银晃晃的姑娘成百上千的聚集在一起跳舞，在阳光照射下，银衣服饰银光闪烁，产生出一片眩目的银色，好像一个银色的海洋。这是贵州苗族最壮观的生活场景之一。阿略就是根据这一民间习俗编导了舞蹈《踩鼓舞》，充分展示了身着银饰盛装的苗族姑娘从寨子中走出，到踩鼓场展示靓丽风采的生活场景。《踩鼓舞》再现了阿略对家乡的这一人文奇观的感受，也寄托了阿略那说不出又想说的银饰盛装情结，包含着她许多的人生感慨。

对于踩鼓舞，必须要多介绍几句，因为它是阿略的代表作，也是贵州省歌舞团的经典舞蹈。

《踩鼓舞》演出时，击鼓指挥者由阿略自己担任，她的鼓声既是舞蹈的音乐伴奏又是指挥，鼓点变化舞蹈就得变化，鼓点激越舞蹈就激越，是舞蹈的核心部分。阿略的击鼓技术是从小练就的"童子功"，自然无人能比，即使搞音乐的人也无法和她相比，不是节奏难以掌握，而是缺少一种力量、一种气韵、一种语言。阿略的鼓一打起来就令人情绪激昂精神振奋，好比战鼓催春，好比沙场点兵，有气势磅礴、势不可挡的力量。演员们在她鼓点的指挥下，好像接着了冲锋令，好像着了魔，越跳越带劲，越跳越狂放，越跳越洒脱，那一股热情，不单燃烧了演员自己，更加燃烧了观众。

我国著名美学家王朝闻看了阿略的《踩鼓舞》后在文联讲话时说："我看到贵州有很多的艺术品，前几天看到省歌舞团演出的《踩鼓舞》，多优美啊，你（指评论家）对它可以说很多话。有这样好的评论对象，我们的评论不要辜负他们才好。"

20 世纪 50 年代，阿略、卯洛两人精心编排完成了《踩鼓舞》，初演就得到好评。进入 80 年代，改革开放后，中国加大与外界的联系，阿略夫妇经过加工改造，使《踩鼓舞》再一次得到升华完整，给人以更美的享受。1983 年贵州省歌舞团带着《踩鼓舞》到国外进行演出，先后去了巴拿马、委内瑞拉等国家，每到一个国家，《踩鼓舞》都很受欢迎，每到一地，便成为当地媒体追逐的焦点。此后的《踩鼓舞》更是一路高歌，获得过第二届全国舞蹈比赛三等奖，参加过第一届和第三届中国民间艺术节的演出，获得全省舞蹈调演编导一等奖，电视上更是经常进行播放……阿略告诉笔者，这次的《多彩贵州风》重新进行改造，在总导演丁伟的邀请下，已经退休在家的两老又决定重新“出山”，与丁伟导演一道重新打造最新的《踩鼓舞》，两位老人说，他们作为贵州人，作为苗族人，有理由奉献自己的余热，有责任继续宣传自己的民族文化。

阿略这位来自苗族民间的舞蹈家，舞蹈编导，有她特殊的文化优势。可能是由于上天的安排，她的文化背景、知识结构和人生经历，无意中区别于全国大多数舞蹈演员和编导，这使她的舞蹈作品有意无意的形成了独特的个人风格，民族风格。她的舞蹈风格代表了、也突出了我们贵州少数民族省份的民族文化特色和地域特色，客观上为贵州的文化、为贵州的舞蹈事业添加了浓墨重彩的一笔。

阿略是来至舞蹈实践的编导。舞蹈是一个特殊的行业，很讲究实践出真知，用行内的话说是：“好的舞蹈编导，一定曾经是好的舞蹈演员。”那种没有当过好演员的、学舞蹈理论出身的编导，是很难搞出好的作品在这个行业站住脚的。阿略从小跳舞的经历，身经百战的舞蹈演员实践，使她有了作为好编导的扎实基础。

阿略是来自民间的舞蹈编导。我们现在搞创作很提倡“贴近生活，贴近实际，贴近群众”。阿略这位来自人民的舞蹈编导，骨子里就没有想过离开实际，离开生活，离开群众去搞舞蹈创作，与现代一些关注自我、无病呻吟的舞蹈编导很不一样。这又为她的舞蹈创作打下了良好的基础。

阿略在贵州、在全国造成了良好的影响。在外面说到阿略，全国老一辈的舞蹈家几乎没有不知道的。即使不知道她的名字，一提到“三百两”，一提到《踩鼓舞》，无人不知，无人不晓。阿略确实用她的舞蹈宣传了贵州，宣传了贵州苗族。这是她的荣耀，也是我们贵州文化艺术的荣耀。

阿略的杰出表现获得了社会的承认，也获得了社会的丰厚回报。在她的光荣榜上,有许多荣誉让她倍感自豪:应邀参加了国庆一周年和国庆十周年的观礼团;参加“中国人民第三届赴朝慰问团”奔赴朝鲜慰问中国人民志愿军;中华人民共和国第七届全国人民代表大会代表;写入《中国当代文艺界名人录》;写入中国《舞蹈词典》;还出访过巴拿马、委内瑞拉、厄瓜多尔、朝鲜等多个国家;曾担任第五届中国舞蹈家协会理事、贵州省舞蹈家协会副主席、中国少数民族舞蹈学会副会长等等。尤其让阿略感到荣耀的是获得了第七届全国人民代表大会代表到北京参加会议的资格,她拿给笔者看她在会议上的照片,有大报刊登她的照片,有别人与她照的照片,身着银饰盛装的阿略格外令人瞩目,与她照相的代表特别多,她成为了会议的一道靓丽风景。时任贵州省委书记胡锦涛对阿略说:“阿大姐,你给我们贵州提高了知名度!”与她一起参会的副省长冉砚农有感而发,即兴写了几句墨宝送给她:“黔山歌舞一名星,珠光玉佩降会厅,代表惊观竞合影,苗家风情贵州荣。”

阿略的一生是幸运的一生,她曾得到与多位国家领导人近距离接触、一起照相的殊荣。有与毛主席、周总理、朱德总司令、刘少奇、邓小平、华国锋、胡耀邦、江泽民、李鹏、万里、胡锦涛等国家领导人的合影照片。照片上的她大多都穿着苗族银饰盛装,显得特别具有民族风格、格外美丽而突出。说起这身银饰盛装,它完完全全归属于阿略自己,是阿略多年积攒工资下来请银匠精心制作而成的,这身银饰盛装重十几斤,由银帽、银项圈、银衣等组成,花纹细致,工艺精湛。这身迟到的银饰盛装,终于解开了阿略多年的银饰盛装情结,圆了她的银饰之梦、富贵之梦、受人尊重之梦。没有共产党哪有阿略的今天?写到这里,笔者特别想为阿略唱一首歌:“唱支山歌给党听,我把党来比母亲,母亲只生了我的身,党的光辉照我心。”这首歌仿佛就是为阿略这样的苦孩子翻身解放,做了新中国主人的人而量身定作的。

在阿略奔往舞蹈事业的道路上,处处都有爱人卯洛在扶持她、帮助她、支持她。他们的爱情是为生活、好像更是为舞蹈而成就的。平时生活中他们两人总是形影不离，堪称为一对好夫妻；在舞蹈的创作上更是秤不离砣，公不离婆。可以说，在她舞蹈事业的军功章里也有卯洛的一半。卯洛，黄平半山村人，从小爱吹芦笙爱唱歌，学过汉文化，小学毕业，十几岁跟随在贵阳工作的亲戚走出了大山，先到民族学院学习，后分配到贵州民族文工团舞蹈队，与阿略认识，两人同样为苗族同胞，一见如故，后顺利结为伉俪。他俩从20世纪50年代到现在，五十几年来两人共同工作生活，夫唱妇随，形影不离。他们俩年轻时创作了一首诗歌最能代表两人的相互仰慕之情。该诗歌后来收录到四川民族出版社出版的诗歌集《少数民族诗人作品选》中，时至今日，卯洛对这首诗歌还十分偏爱，抑扬顿挫的吟唱了两遍给笔者听，笔者认为，这首诗歌唱出了他们两人的心声，是他们爱情与事业的见证，可以作为文章的结尾：

阿略唱道："爹妈生你这孩子，会吹芦笙会唱歌，芦笙吹得叫人醉，唱歌唱得人迷惑，好像春天鸟闹山，好像蜜蜂颂太阳。四乡八寨比唱歌，有谁能够比过你。"

卯洛唱道："早就知道——，你们寨上样样好，芦笙铜鼓样样齐，爹妈生你这姑娘，绣花跳舞无人比，摆动起来像圆伞（注：比喻百褶裙），绣成花衣像金鸡。四乡八寨比跳舞，有谁能够比过你。"

黄荣丰

竹琴春秋

彭鸿书

1992年6月,时任贵州省曲艺家协会秘书长的吴克明同志,为了留存贵州曲艺老艺人们的艺术资料,指定我把竹琴老艺人黄荣丰的挚着艺术追求,通过电视连续剧的形式写成剧本,以备录制。两个月后,四集电视连续剧本完成之时,却惊闻黄老辞世的消息，感慨之余，曾撰挽联一副以托哀思。今年，黄老辞世已十三周年，检视当年的挽联，黄老的音容笑貌犹在眼前，联曰：

声遏棲霞，是南来绝响。艺源于川，流于昆，成于筑，工书词唱弹腔嗓情。吟来致滇池月小，黔岭云低，曲成几多乌蒙颂。

情萦筑垣，乃西行硕果。术潜于心，敏于思，形于指，寓表赋曲奏韻歌理。诵成步乌江涛急，娄山崔巍，谱为数度夜郎歌。

老艺人黄荣丰不是用文字，而是用疾徐自如，轻敲重击渔鼓蒙皮的手指，用时而激昂、时而铁马金戈疆场驰骋、时而幽怨积深似泣似诉的腔调，写下了他的“竹琴春秋”这支执著的艺术生涯之歌的。这支歌中最引人注目的一节，恐怕是要数被冠以“贵州竹琴”的这个唱段。

“竹琴”是上世纪五六十年代才出现的时髦名称，在我国民间它有个知名度极高的称呼叫做“唱道情”。它在中州大地、江南水乡早已是家喻户晓的了。它使用的乐器是一根小碗般粗细一端蒙上猪肠衣薄膜的通节竹筒，另外附上一副挂了一双碰铃的长条竹简板，在四川人们干脆就叫它“杠子”，贵州民间拟其声而称“慈梆梆”（读四声）。据说元代石子章的杂剧剧本《竹坞听琴》中描述的女道姑郑彩鸾敲击的就是这种“琴”。而见于明确的文字记载的，则是清代乾隆年间成书的弹词词本《珍珠塔》，弹词中的主人公方卿敲击着渔鼓简板唱起道情讽喻他的姑母的情节，至少就说明了清代以前竹琴就已经成型。

清代初年，竹琴传入四川，完全与四川的方言结合，演变成了自成一格的四川竹琴。原先只是演唱一些褒扬忠孝节义的小段子，清光绪以后，才出现了唱“列国”、“三国”故事的既能自成章节又能连裰成篇的长书，形式上多半由一人怀抱渔鼓手执简板的自打自唱，极为简单，演唱的时候以鼻腔闷音来润腔为其声腔特色。从流派上来分，大抵有吸收了四川扬琴唱腔以悠扬婉转著称的“成都派”和唱腔较为平铺直叙，但要求吐字清楚，并且有一个和剧情、曲情毫不相干的拖腔的“川东派”两者之分。黄荣丰宗的是川东派。

1927年,10岁的孤儿黄荣丰为了活命糊口,跟随射洪县金华山的卢道人沿街卖唱乞讨,七八年的云冠道袍生涯中,他为卖而唱,为唱而唱,依葫芦画瓢,逐渐学会了竹琴演唱中必不可少的“报板”、“二流”、“快三流”、“三板”、“平板”、“扑灯蛾”、“四景”、“迭断桥”、“阳调”和“一字”、“三流”、“紧板”的连接转换,以及女腔的“一字”、“阴调”等等曲牌和板腔,他唱则唱矣,却懵懵然不知艺术为何物。

1935年,18岁的大小伙子黄荣丰出现在风光绮丽的昆明,他不是来欣赏滇中的繁花绿树或变幻诡谲的云彩,他是为了寻找一线生机而来。在四川流浪的这些年,他早就耳闻,民国初年四川梁山有过一次上千人的竹琴盛会,产生了驰名全川的“三根半”竹琴圣手。三根半指的是在这次空前绝后的竞赛中以书、词、弹、唱、腔、嗓、情各方面技艺俱佳的孙承德、杜成辉、赵高凤、梁佩然四人,其中梁佩然技艺略逊一筹,只算得半根杠子。说是他们在演唱时,手指拍击竹琴的节奏和音响,能够状物寓情,能敲打出芦苇迎风的婆娑;长江烟波的壮阔浩渺;军旗猎猎的迎风炸响;古战场上两军格斗震天的呐喊;马蹄扣地雷鸣般的声势;刀枪迸溅的火花;或者是疏月淡竹的清幽。甚至还有号称竹琴之王的贾瞎子,能在琴上敲击得出音色分明的五音十二弦。传说虽然深邃而美丽,但黄荣丰从几个师傅的口传心记当中得到了印象始终是个虚幻渺茫的影子,只能做到“咋个逗来咋个卖”。他来昆明只是为换个无人知晓的场地,图个新鲜好卖而已。只是在见到了自己开茶馆又自己坐堂同样是演唱竹琴的陈荣昌以后,他才在追求上有了质的飞跃。陈荣昌不仅能唱《三国》,还能把及时发生的时事新闻现“扭”成词,这种现“扭”现唱的现蒸热卖,不拘章法,甚至在唱词中还夹杂了不少昆明的方言俚语,出奇地留住了越来越多的听客。黄荣丰忽然发现自己的一成不变墨守成规按搬照套多么的不适喔！于是，除开原来就知道的四川曲艺中的金钱板，车车灯、荷叶子等等的唱腔出现在他的竹琴演唱当中之外，甚至京剧、川剧、滇剧的声腔也融汇了进来。在取舍上他本着看“啥子将军打啥子旗号，啥子老汉戴啥子毡帽”的方法来处理情景、人物，在竹琴伴奏的指法上也出现了新意，叩击琴鼓时，演女性赋以轻柔，演文士则赋以稳重，演长者扣以深沉或点弹诙谐，演将军则威严重扣。使琴声和歌唱具有了听客熟悉的戏曲表演的程式的音像模拟音型，唱者因而游刃有余，听着据此而浮想联翩，他因而赢得了更多的听众。1941 年以后，黄荣丰基本上留在了贵阳，他把在昆明得到的那一段心得体会，运用在实践当中，他唱传统，更着意编唱新的曲目，他努力使自己的竹琴艺术贴近人民的生活，吸收了贵阳的花灯、山歌的音调和贵阳民间灵动的生活语言来丰富自己的演唱，唱传统他努力弄懂词与曲的正确含义并改得通晓上口，唱新曲他力求使贵州人听得透彻听得亲切。这样，黄荣丰的竹琴有了晓畅易达、节奏紧凑的变化，改变了拖腔冗长、轻吟曼唱的格局，例如，他的竹琴《拦告》中，包拯有这样一个唱段：

“头一铡铡了王丞相；
二一铡废去了武宣王；
三一铡铡的皇亲并国丈；
四一铡铡的是(哪)包家儿郎……”

原来是使用“慢二流”牌子演唱的，黄荣丰改用“快三流”牌子来演唱，唱词也精炼成了：

“头铡铡了王丞相；
二铡废去了武宣王；
三铡皇亲并国丈；
四铡的包家儿郎……”

板式的变化增强了愤懑情绪的表现力，字数的精炼使唱词进行的节奏有了热烈而紧凑的性格。又如，竹琴《观灯拾子》中，张元秀二老对灯场上火树银花的壮丽景象，有细腻入微见景生情的诉情诉景，有在欢愉中童心毕露的对灯场什景的好奇惊叹，黄荣丰从角色出发，见金钱板学唱金钱板，见车灯学唱车灯的方法来表现，唱段中出现了荷叶、莲湘、花鼓以及京、川、评、越多种戏曲的声口唱腔，极大地丰富了人物形象。如果说《观灯拾子》中的各种戏曲、曲艺声腔的出现只是一种单纯的模仿，那么，在《郗氏醋》、《古城会》、《吊潇湘》、《铡美案》等的核心唱段里，黄却完全引进了滇剧或者京剧唱腔，他为了使戏曲唱腔与竹琴原有的牌子曲不至于对比强烈，让听众听来格格不入，他创造了有板无眼的唱法，只用简板点出板的节奏，完全停止了竹琴的使用，只是在唱段的腔首和腔尾，用竹琴弹出一个急促的小过板，作为过渡来连接下一个唱段或说白，使整段竹琴演唱气氛上融为一体，听来就不是显得生涩，做到了天衣无缝。为了适应新的听众心理和欣赏习惯的变化，全面改变竹琴演唱的缓慢节奏，黄荣丰又创造了新的板式“搭头板”。过去竹琴演唱中不管是七字句还是十字句，运用的曲牌不论是“一字”“二流”“三板”，仅仅是曲牌使用的不同，基本上都是在一板三眼的进程中吟唱两个字或三字的，无论演唱者如何努力，都无法赋于唱腔激昂紧凑的声势。黄荣丰的“搭头板”采用的是一板一眼吟唱两个字或三个字的方法，而且每句前面两个字，规定要在前一句唱腔的“眼”上落音，这种超前半拍的处理，客观上就形成了节奏急骤一句赶一句的声势，给表演者任意发挥创造了条件。这一创造给竹琴处理现代题材作品提供了表现手段，于是，《二女诗夫》、《飞夺泸定桥》、《考神婆》、《库里申科大队长》以及反映贵阳棉纺厂女工在抢险救灾中的无私品质的《火凤凰》等新作品，经过他重新整理，二次度曲，不断地创作出来，使古老的竹琴艺术有了崭新的面貌。

黄荣丰曾去四川重庆作了一次会师访友，重庆的竹琴行家们在听了他的演唱以后，都说从黄的竹琴中已经听不出是什么流派来了，是全新的无门无派的竹琴艺术。这不奇怪，经过了在贵州的长期改进实践，同贵州群众生活结下了不解之缘的黄荣丰竹琴，它得到了贵州山水的灵秀、受到贵州土地的滋养润泽，它已经是名符其实的“贵州竹琴”了。让人惋惜的是黄老的艺术无人继承，已成绝响，引人嗟叹。

刘振南

绝响不绝，回肠九转

马筱英

往事如烟？或说往事并不如烟！其实，都或许是在说：有些往事模糊淡化到终于消失之后，却偏偏又会蓦地里回潮。这卷土重来的潮水会把你卷进自相缠绕的漩涡……

对于原贵阳市曲艺团团长刘振南的至爱亲朋来说，在事隔若干年后的现在，令人感慨系之的仍然是：照他晚年流金铄石，大器终成的发展趋势，人们不能不为他的匆匆离开而惋惜长叹！所谓绝响不绝，回肠九转，是否仅仅就是这种感慨系之的抒发之词呢？我想，回答是否定的，确有绝响不响的旋律和回肠九转的事件！

一

刘振南此生，享年六十有六。他与其他文化人一样，有许多头衔，然而实实在在的身份却只有两个：贵阳市曲艺团团长和贵州省曲艺家协会副主席。前者是他工作到退休之年的单位，后者是他奋斗到停止呼吸的机构。其他的身份也都是由此而派生的。

刘振南生于1926年，属虎。说话不改乡音，四川口音而成都味不足，因为他原籍新津县花园乡，而求学、求职的人生舞台，早年却大都与成都结下不解之缘。37岁前，他的人生如纸舟入海，离乡背井，婚姻变异，际遇沉浮，颠沛流离后终成艺术家、乐人。他1953年考入西南公路工程局政治部文工队，任乐队分队长。1954～1955年，被文工队保荐入四川省歌舞团学手风琴，同时，学习作曲、配器。1956年入川音作曲系作不脱产进修，受业于徐洁石（系主任）、姚以让二先生。那时，他开始探索民乐与西乐混编乐队的路子，配器作业每不遵常法，很得徐、姚二先生赞许。文工队在藏期间，他即留意搜集民间音乐。1958年文工队撤消，他下放工地当工人，并随工程队入黔修筑册三公路，因此有机会接触黔南花灯。1960年全国调演后，他引起了省市文艺表演团体的注意，铁路文工团还通过省委下调令要他，但工程处拒不放行，不仅如此，还因为“历史问题”，连业余宣传组负责人的职务也免去。几经周折，贵阳市曲艺团在1962年才将他调入。

我与刘振南相识于1979年底，是经任岷介绍认识的。我们可谓一见如故，当时我与他谈起对柳敬亭其人其事的相应构思，他也滔滔不绝大谈贵州地方曲种的来龙去脉;当时,他与任岷都正在为《两支银镯》、《找对象》的修改伤脑筋,为《玩虫记》的瓶颈如何冲破犯愁……于是,我们之间的谈话,就越来越认真,从《舌战刀枪宴》的构思谈到了《黔韵平话》的定名,等等等等。住招待所的刘振南,喜欢披件棉衣靠在床头上与人交谈。也还不时来杯小酒,只要花生米下酒即可,一切无非为助谈兴而催生创作灵感。他性格平和,讲话从容不迫,但是观点明确,意向不变,从来不人云亦云。对我印象至深的,是他写完《玩虫记》后,有一次兴之所之地说:"文革中被关牛棚虽然吃苦头,但有一本花灯的曲谱,也还是从破四旧的火焰中抢出来了的!"说这句话的时候,一边喝酒一边笑,眼睛里冒出调皮的火花。这种场面,虽然光阴荏苒往事烟尘,却至今仍然历历在目。更何况,他的老同事王应生,在他写的《艺苑慨叹录》的"缅怀战友刘振南"里,这样记叙:"年轻时就血气方刚,为抗日救国毅然投笔从军,离开四川穷苦家乡,参加青年远征军赴缅甸抗日前线与日本鬼子拼杀,胜利后回国,漂泊在成都街头修理钟表、钢笔谋生糊口,也与爱好文艺的朋友一起组织过人称《火把》剧社的民间剧团到农村场坝巡回送戏上门演出。"在刘振南去世若干年后,我读到这样的文字,由此进一步体会到刘振南的充满使命感和柔中有刚的个性,不由得为之怦然心动,恍然大悟。

当然,此时此地过了知天命之年的刘振南,可能已经对人生苦短有了深切的体验,但他却绝对没有料到:两年后他接任市曲艺团团长的运作流程,没有超过七年,五年后他被选出任贵州省曲艺家协会副主席的工作周期也仍然没有超过八年。因为,到了他真正能为开发贵州地方曲种,保护非物质文明遗产起更大作用的时候,他生命的历程已经步入晚年。

1992 年,是原贵阳市曲艺团团长刘振南自 1962 年调进该团之后的第 30 个年头,也是他从这个团退休后的第五年,岁当壬申,是猴年。这一年的春天与半个世纪前 1943 年的春天巧合:大年初一就立春。所以，这春天的脚步，不快不慢，按部就班，井然有序，正点到达，仿佛预示着这一年的平和与安详！然而，仅仅事隔五天，阳历二月八日阴历正月初五，刘振南生命的节奏却令人意料不到的出现了异常：脑部的一股热流，突然从血管的裂缝中冲决而出，他的离开，大家是如此的猝不及防，令他的至爱亲朋惋惜、感伤以至悲凉！

与遗体告别的仪式，是由王应生牵头，阮居平、马非天、马筱英自动参加共同主持，悼词公推马筱英撰文并朗读。悼词中写道：刘振南 1962 年调市曲艺团后，根据省、市委有关“创造具有贵州地方特色的曲种”的指示，开始了发掘开拓地方曲艺的工作。不久，贵州地方曲艺的代表曲种贵州灯词臻于成熟，《骂鸡》、《红花向阳》等一批作品相继问世，获得各方面的好评，影响所及为整个贵州曲艺的发展奠定了基础。其后在他的组织和带动下，贵州琴书、贵州弹唱、黔韵评话等曲种逐步形成了一个完整的系列，创作、表演和理论研究的队伍也随之形成了一个专业群体。1979 年后贵州曲筹成立，振南同志任委员。由他牵头组织和参与创作的一批作品参加了全国曲艺新作讨论会，从而使贵州地方曲种的影响开始突破省区和西南地区，不仅在全国有了影响，在国际上也开始受到观注。1980 年 1 月 3 日法国巴黎第七大学研究士尼古拉、雷先克来函咨询振南同志有关贵州曲种就是事例之一。1981 年后刘振南同志任市曲艺团团长，由他作曲并参与文学创作的贵州灯词《玩虫记》在中国南方片区曲艺调演中音乐、文学分获全国二等奖，其他贵州曲种的曲目如《两支银镯》、《茅台美酒敬亲人》也纷纷获奖。1983 年振南同志被吸收为中国曲艺家协会会员、84 年贵州曲协成立任副主席，86 年全国新曲书目调演中另一批贵州曲种的作品又在全省和全国范围内获奖，其中黔东南州侗族琵琶弹唱《杨小娥和她的月堂歌》获全国二等奖，标志着贵州地方曲艺在少数民族曲种中取得了新的突破。1987 年后，振南同志自原市曲艺团退休后并未休息，除了曲协的日常工作，组织历届杜鹃书会、编辑贵州曲苑、编辑市曲艺音乐卷等工作外，又开始为建立中国曲艺音乐基础理论和中国曲艺基础理论而收集资料撰文写稿，《中国音乐》和《贵州曲苑》等刊物连续发表了他的有关论文。直到去世前，他仍于腊月年尾不远千里应邀赴天津与有关专家就中国曲艺音乐特别是贵州地方曲艺音乐的理论和实践进行了交流并获得支持。

刘振南同志既是曲艺战线上的马前卒，也是组织家；既是贵州曲艺音乐、中国曲艺音乐卓有建树的专家，也是我省在曲艺文学创作、曲艺理论研究等全方位开拓并取得成果的当然代表。在几十年的创作活动里尽管他在许多作品中并不具名，但是这些名属他人的作品中却都有他呕心沥血的结晶！

二

刘振南在世，为人虽然秉性平和讲情讲义，但只要一涉及作品质量他便一丝不苟和直言不讳，关系到工作事业就务实求真，是非分明。所以，赞成他的、反对他的，从来泾渭分明，毁誉参半。随着他的去世，聚讼纷纭的各种说法，自然化解，而相反，原来被忽略的东西却聚沙成塔，证明它原本不该被忽视，是主流。

例如，他去世后，由贵州曲艺家协会常务理事会落款的悼念他的消息中，最平实扼要的评价，其实就是一句话："刘振南同志长期从事曲艺音乐的创作和研究工作，为创立贵州地方曲种、繁荣和发展贵州曲艺事业贡献了毕生的精力，他的逝世是贵州曲艺事业的一大损失。"

另外，使我于无声处听惊雷的是下面这个事实：中国音乐编辑部对刘振南《有关"曲艺音乐"的基本概念》的说明。原来，1994年，刘振南去世后两年的贵州省曲艺家协会第二次会员代表大会工作报告《团结进取·繁荣曲艺》中提出："1992年，刘振南同志撰写《有关曲艺音乐的基本概念》一文，在《中国音乐》1992 年第 2 期上发表，为我省曲艺理论走向全国开了先例。”对此，以前我一直以为刘振南此文就是他曾在省曲协编的《曲苑》(1990 年 7 月，总第 6 期)发表过的《曲艺音乐特征探索》一文的修改稿，而因此忽略，未曾阅读。此次，为撰稿，四处寻找《有关曲艺音乐的基本概念》一文比较阅读，才由此发现了中国音乐编辑同仁在这篇文章正文的前面加了一个说明，是这样写的：“本文作者刘振南同志，元月初借来京开会之便，像过去每次一样，到编辑部来谈近期拟就的文章内容和未来对曲艺音乐研究与探索的想法。经过交换意见，他决定在春节期间把这篇东西整理出来交我们发表。意外的是，就在他进行工作当中，不幸因脑溢血而与世长辞。刘振南同志三十多年来，在贵阳默默地从事曲艺音乐的艺术实践和理论研究工作，在‘贵州灯词’的创建和‘苗族嘎百福’的挖掘整理方面都有着不可磨灭的奉献；他也是‘中国音乐’的热情支持者与经常撰稿人，对于他的突然逝世，我们十分悲痛和惋惜，谨致数语表示我们对死者的崇高敬意与深切哀思。”

请注意文中“意外的是，就在进行工作当中，不幸因脑溢血而与世长辞”这句话。因为结合王应生在《缅怀战友刘振南》一文中的回忆：“直到一九九二年旧历腊月底的春节前数日，他竟然忘却自己是顽疾缠身的老年病号，兴奋地不远千里赶赴外地，当他从天津返回贵阳，由于是过年的客运高峰，好不容易买了张硬席车票，旅客拥挤，找不到座位，只得拖着病体，硬是站着到了贵阳站。几日会议的疲劳，加上车厢内混浊空气的侵蚀，他差点休克窒息，患了重感冒回到家中，接着又是年节家务繁重的劳累，得不到充分休息。他终于病倒了。”我的结论是，刘的死因不仅因为旅途劳累而感冒，更主要的是他在年初头上几天中是在改稿。由于此稿发于二月号，当然寄出稿件的时间应该在初五前，可见刘的脑溢血，源于病中工作过量，他作为中国曲艺音乐学会常务理事，中国曲艺音乐集成贵阳市卷主编、贵州民族音乐学会顾问和贵州省曲协副主席，他是殚思极虑，尽心竭力，鞠躬尽瘁，以身殉职！同时，两稿比较，变动很大。充分说明，刘振南是为科研获得成果，老骥伏枥而付出了生命的代价。

再从另外一个视点上看，早已调离曲艺团的青年书画家安朝刚，在刘去世后百感交集，曾著文回忆刘振南对创建贵州灯词的贡献，言为心声地说："《唱春花》、《玩虫记》竟成绝响；1992 年 2 月，刘振南在曲坛的凋零落寞中溘然长逝；旋即，贵阳市曲艺团也名实俱亡，于是，贵州曲艺舞台艺术圈里这场最具才情的二十多年热梦，连同其中最微不足道的曲艺舞台美术，全都灰飞烟灭，永劫不返了！"

安朝刚这种哀莫大于心死似的宣泄即反映了他有代表性的曲艺情结，却也可以折射出刘振南"过一把瘾就死"的人格魅力和敬业精神，使人不能不为之动容而掉泪。也正是这位曾经处于贵州曲艺界的圈内现在又在局外的知情者和明白人，介绍了刘振南与贵州灯词：

1959 年，贵阳市曲艺团根据中共贵阳市委的指示，开始实验创作地方曲种——"贵州车灯"。刘振南调入曲艺团后，就决定以这为切入口，进行曲艺音乐的研究，他从四川清音着手，想借此弄清曲艺音乐与一般音乐的联系和区别，最后达到认识曲艺音乐的自身规律。一个"太平年"，就使他把川剧、单弦、郿鄠、扬剧、扬州小曲等的同名曲牌都找来，去比较他们的异同，并特别注意研究其不同之处是如何发展起来的。在这场"比较解剖学"的研究中，刘振南紧抓的是民族民间调式这个中心环节。因为调式是音乐表现里内在规律性的总结，是音乐思维的基础——同是贵州花灯，贵阳与黔南、黔东、黔北相互间都不同，调式就是一个重要因素。

贵州的汉族曲艺只有一个贵州弹词，所谓"贵州车灯"——后来更名为"贵州弹词"——完全是"无中生有"，困难是可以想象的。1959 年的实验为其嚆矢，但那次尝试是完全失败的：表演是袭用四川车灯的程式；音乐，则是贵州花灯原始材料的生搬硬套。刘振南决定不按花灯地域分野的路子去搞，因为那样势必受限于某一地区，既名不副实（“贵州灯词”），也不利于音乐的丰富。他认为，自己的任务不是去发展贵州花灯音乐，而是以贵州各地的花灯音乐为基础来形成贵州的曲艺音乐，这还基于以下的考虑：曲艺表演的一人多角、“跳进跳出”，决定“贵州灯词”的音乐形象必将是变幻不定的；但曲艺大多又是一人演唱的，这又得考虑其音乐的统一性。他的初步构想是：未来的“贵州灯词”的音乐，将以贵阳花灯为核心去吸收全省各地的花灯，并设法把它们在贵阳花灯的基础上统一起来。

于是，在“文化大革命”结束以前的时期，第一批贵州灯词作品陆续问世了，有《骂鸡》（刘振南、唐华改编，刘振南作曲，郝树滋、李桂芬、刘振南、钟丽萍主演）、《红花向阳》（刘振南创作、作曲，钟丽萍、李桂芬主演）。这几个段子当年公演都逾百场以上，对她的花灯味、乡土味、曲艺味，观众和行家都给予了肯定。

但刘振南并不满意，他清楚其中问题不少。第一，音乐方面，他的终极目标是要形成相对稳定的曲牌，这样既有利于形成风味特色，有利于唱歌，更有利于传布推广。这方面，还仅仅是迈出了第一步，其二，表演上，三个本子中的两个演员（即花灯中的“唐二”和“幺妹”），虽然有表有白，有“跳进跳出”，但还带有角色化的痕迹，特别是《红花向阳》里，两个主角的那不好遽然去掉的服装和化妆，他更不满意。这些问题都在冲淡“曲”味，弄不好，有滑向小戏曲的危险。

看到了毛病，也找到了方向，音乐而外，刘振南对贵州灯词的文学（这是受制于曲艺的舞台性的），对表演（主演者的素养条件，“曲艺声乐”，乐队曲艺表演功能的强调），对曲艺舞台美术的运用分寸，都进行了全面思考，目标只有一个：让组成这种新曲种的各部分都净化出“曲”味来。

于是，“文化大革命”以后，第二代贵州灯词出台了。——以

《唱春花》(刘振南改编并作曲,李桂芬、钟丽萍、甘志荣等表演)和《玩虫记》(管远作、杨远承、刘振南创作,刘振南作曲,李桂芬、李箭主演)为标志。《唱春花》在表演上,走唱的特色很突出,音乐上扩大了花灯的吸收范围(黔南、黔东),显示了刘振南音乐处理上的自由娴熟。《玩虫记》里,两个演员身着"唐二"、"幺妹"的花灯服(再合适不过的"中性"表演服),时而跳进,时而跳出,或似跳而非跳,或非跳而实跳,你中有我,我中有你,亦假亦真,又线索清晰。曲艺表演程式已基本成型,第一代灯词里表演法程的生硬稚拙剔除了,角色化的痕迹消失了,"曲"味更为浓厚了。

但是,这种新形式只适于表现喜剧性的农村题材,为了开拓新型曲艺的表现范围,在取得贵州灯词经验的同时,刘振南又同一批立志于地方曲艺实验的同仁合作,创制了贵州琴书(任岷、马非天)、贵州弹唱(叶泽泉、阮居平)、黔韵评话(马筱英、马非天)、贵州顺口溜(任岷)等四种样式。

在这个基础上,刘及其同道们也在理论上进行了自我阐释,他们的主要观点是——

曲艺,是表白体的口头文学。它既不同于戏剧的"代言体",小说的"叙述体",也不是通常界定的代言与叙述的结合,而是所谓的"表白体"——是代言与叙述的化合。这样一来,连曲艺音乐的本质也把握住了,而时下把曲艺音乐划入叙述体的观点,恰恰没有抓准其本质。

贵州灯词的新,还表现在它加重了曲艺表演的视觉成分——除载歌载舞而外,角色跳进时,它不仅仅是"点到而已",常常是点得较深。这是与传统的说唱艺术迥然不同的。

1982 年,全国曲艺调演,贵州灯词、贵州琴书、贵州弹唱都参加了在京的角逐。在调演学术报告会上,批评家王朝闻提出,曲艺是听觉艺术,对调演中一些节目的尝试予以否定,认为这是"歌舞化"、"戏曲化",并以贵州弹唱为例。刘振南就此提出了与王朝闻不同的见解。首先，他说，用听觉艺术来概括全国所有曲艺的特点，是不准确的。接着，他提出了“书场曲艺”和“剧场曲艺”的概念，说曲艺由1948年前的书场演出变成了1949年后的剧场演出，演出方式发生了根本变化，加上观众的欣赏要求，曲艺表演视觉成分的增强，是“势所必然”的；只要紧紧把握住“表白体”的艺术规律，则这种增加只是量的变化，而不会产生质的变化，作品的曲艺味决不会丧失，贵州灯词的实验结果就是明证。

这次调演，文化部授予贵州灯词创作、表演二等奖，这总算是对二十年来探索的一个总结吧。

贵州灯词，以《玩虫记》为标志，一下就达到了它的兴盛顶点。

三

说《玩虫记》是贵州灯词“兴盛顶点”与惋惜其终成“绝响”的都是这位安朝刚。这种把一个曲种的兴衰与这个曲种创建者刘振南的存亡，视为一体的惋惜、感伤乃至悲凉，实际上把这种感受，提升到了“风萧萧兮易水寒，壮士一去兮不复还”的悲壮程度。这种感受和体验，也是贵州曲艺界为开创地方曲种作出贡献的的志同道合者所共有的。这种事出有因，在所必然的道理也决定了只有刘振南才是这个群体的自然而然众所公认的代表。

当然，同时有一个客观事实，也是贵州曲艺界有志之士的共识：在市曲艺团“名实俱亡”前，由曲协牵头的“杜鹃书会”成了发展贵州曲艺，尤其是成了发展贵州地方曲种的主要平台。而且早在1986年首届“杜鹃书会”前两年，全国曲艺新曲书目比赛，随着黔东南侗族琵琶弹唱《扬小娥和她的月堂歌》的分获创作、表演二、三等奖，以刘振南为代表的“贵州地方曲种创研室”的创作群体对贵州地方曲种的开拓逐步转向了我省兄弟民族的曲种，所以从灯词一个曲种成为“绝响”的同时，贵州其他地方曲种，尤其各民族曲种，在不断嬗联的"杜鹃书会"的平台上，得到了展演，似乎出现了一种绝响不绝的趋势。无独有偶，1995 年，笔者在"一声山月笛，林间听杜鹃"一文中，也提出："'杜鹃书会'尚能嬗联否？贵州地方曲种尚有生机否？尤其是中国说唱艺术或者中国曲艺中唱的曲种究竟能否在流行歌曲与荧屏艺术的夹攻中坚持民族的特色、地域的特色而永葆其在国际文化交流中的竞争性？探索者孤独归孤独，应和者哪怕寥如辰星，这杯酒，有骨气的曲艺家，一心要品出个酸甜苦辣麻，一饮而尽一醉方休！"

发展趋势究竟如何呢？

事实是刘振南生前曾经为之呕心沥血的"杜鹃书会"从 1988 到 2005 年嬗联八届。

早在 1982 年，贵州省第一次曲艺创作会议曾从 4 月 27 日到 5 月 3 日，整整开了 7 天。会上，原市曲艺团团长刘振南代表曲筹就省内 8 个地方曲种（其中少数民族曲种 5 个，含布依八音坐唱）的调查和各曲种相关的释文编写首次作了汇报。在与这个会议相隔 23 年之后，兴义布依"八音坐唱"传统曲目《胡喜与南祥》终于在"贵州省第八届杜鹃曲艺节"获一等奖。由亲临比赛现场的中国文联副主席、中国曲艺家协会主席刘兰芳颁发。据贵州广播电视报报道，刘兰芳主席"对少数民族曲艺的发展形势感到非常高兴。"她特别指出"贵州的曲艺事业，应当立足于贵州，突出贵州少数民族的特色"。

四

"杜鹃书会"的成功，再次证明刘振南的"绝响"显然不绝，如果进行量化的统计，自 1986 年起到 2005 年，一届全国新曲书目比赛及八届嬗联的杜鹃书会，共计举办了九次，因此也可以说，确实回肠九转。

曾凤鸣

生命之歌

官 迪

在贵阳中医学院内三病房，一个顽强生命正在与死神殊死搏斗，那是一张苍白的、贴着固定输氧皮管胶布的脸。氧气瓶的观察窗不断地冒着气泡。他的呼吸已极度衰弱，须得人工给氧，以维持其起码的新陈代谢，缓延垂危生命。然而他那瘦弱身子并未躺下，而是半倚靠被，老花镜后仍闪着亮光，一叠稿纸铺在膝头，他在吃力地一字一字书写着，不时咳嗽几声，把一口一口的浓痰吐在床头柜上的小纸袋内。这位自强不息、年近花甲的病人，就是长篇评书《艺海群英》的作者曾凤鸣同志。

医生告诉我，曾老每次住院，总是重病半愈，急于要求出院，他要写作，去完成他的长篇计划，因此一次一次住进医院，病势却一次一次加重。就是这次住院中，他也未能很好休息，背着医护人员，草拟完另一部长篇评书《梅江河畔》的提纲，并在呼吸困难，病况险恶的情况下，断断续续写成了第一、二两章。

对于作家的职衔，多少人趋之若鹜，目的不尽相同，然而一个仅读过一年半书的流浪艺人，能成为一个曲艺作家，并且生命不息，奋笔不止，探索其成功的路以及他的奋进精神，足以启示和激励着人们去创造无穷无尽的物质和精神财富，改变社会和自然的面貌，净化人的心灵。

人生的闪回

在中国数千年的历史上，出身寒微而终成大器者不乏其人，一个旧社会的“下九流”而成为新社会受人尊敬的作家，曾凤鸣走过一条多么曲折坎坷的路。

1924年，曾凤鸣出身在四川省邻水县长安桥一个贫农家里。当他来到人世间，正遇中国历史上罕见的“甲子乙丑大天干”，天府之国赤地千里，地主老财趁机恣意盘剥农民，富商厉贾囤积居奇，倒卖粮食。多少干人离乡背井，流落异乡；饥民暴尸荒野，狼吃狗拖。曾家父母都是老实本分的“泥巴脚杆”，虽然百般疼爱亲生儿子，但绝计无法养活这株幼苗；幼婴落地才几十个小时，还没来得及给他“洗三”，就卖给了当地一个开中药铺的郎中曾子凡。子凡见儿子长得乖觉水灵，盼他长大能昌盛利达，不再像祖父辈一样受人欺凌，人前人后说得起话，便给他取了个吉祥的名字——凤鸣。“雏凤清于老凤声”，寄托了曾老医生的无限期望与厚爱。

命运偏与人作对，曾凤鸣在养父家只读了一年半书，曾家小药铺倒闭了，他也从此失学。为了补偿家庭生计，他当了一个香烟小贩，东市街头西市巷，每天他提篮叫卖。光阴荏苒，岁月如流，后来他学唱川剧，而后改说评书，直到抗战胜利才来贵阳，拜评书老艺人廖沛镛为师，献艺于茶楼酒肆，并在筑城定居下来。

笔耕生涯追溯

“一唱雄鸡天下白”，贵州解放了。贵州山城连日来鞭炮声声，声声皆寄望着这个旧社会受尽凌辱，苦水里泡大的年轻说书人的狂喜，一朝翻身，当家做主人的自豪感不时溢于言表。于是他以说书为武器，参加解放初期一个接一个的运动。省文联领导来找这位年轻人谈话，鼓励他能拿起笔来，当好党的宣传员。曾凤鸣乃试着写了一篇反映禁烟运动的作品，投寄给当时的《贵州文艺》。不久，他的手迹变成了铅字，这简直是一场八级地震！不，是一声催风化雨的春雷，它将催开曲坛一朵朵红花。他激动得彻夜难眠，以后，文联及文化局领导又不断关心、培养他，从帮助他提高文化到借阅马列主义书籍，直到为他修改作品及至组织深入生活。所有这些，加上自己奋发努力，在他长篇成书前，已在省内外刊物发表出版了一百多篇作品，其中有中篇评书《奇儿记》，唱词《妇女组长》、《借秧田》等，成为我省曲坛一位引人注目的作者。

关于《艺海群英》

中国曲艺出版社出版了曾凤鸣的长篇评书《艺海群英》。这是我国第一部写艺人地下斗争的作品，全书 30 万字，讲述中国工农红军长征渡赤水北上时，为了牵制敌人，留下战士游沧海以说书为掩护潜入太平镇，发动各业穷苦艺人和工匠开展游击战争的故事。情节惊险曲折，故事跌宕，引人入胜。中国曲艺家协会主席陶钝看完手稿后十分重视，即指示有关方面从速编辑出版，并邀请曾凤鸣去北戴河定稿。陶老还亲自把这部书推荐给著名评书表演艺术家刘兰芳。去年刘兰芳云南演出途经贵阳小留，特地赶到医院拜会曾先生，计议把《艺海群英》搬上舞台。原定今年三月间向中国曲协呈交录音磁带，但当时曾凤鸣同志病势危重，刘兰芳约定今年春暖花开时再来贵阳。继《岳飞传》后，广大听众将从收音机里，听到刘兰芳说中国工农红军四渡赤水，共产党游击队在赤水河太平镇一带大战国民党匪兵及地方民团，支持红军长征北上抗日的惊险战斗故事。

《艺海群英》的创作酝酿，始于1977年。其时贵阳市文化局组织了一支创作队伍下乡体验生活。沿红军长征在贵州走过的路，他们翻山越岭，穿过赤水山区茂密的楠竹林，拜晤老红军，走访当地群众。在这支作家队伍中，有位年龄最大，拄着一根金竹拐杖的老头，走得气喘吁吁，一步三摇，显得有点力不可支。伴随他的是一位文静的戴深度近视眼镜的中年人，也是举步维艰，他们虽然掉在队伍后面，一路摆谈却显得和谐而从容。

“曾老，你的长篇，与其写艺人血泪史，不如写艺人翻身成长史。”戴眼镜的中年人说。

“对解放前艺人的生活我熟悉，动起笔来顺当些。”曾凤鸣回答。

“创作就得开创，写旧社会艺人凄苦身世的作品已经屡见不鲜了，你能不能写艺人的斗争，与红军四渡赤水的战役挂起钩来，这样去开拓主题。”

这位有真知灼见的中年人，就是广大读者熟悉的著名作家戴明贤。“心有灵犀一点通”，经老戴一点拨，曾老殊觉茅塞顿开，又经过一夜冥思苦想，第二天早晨他便急急唤醒了沉睡中的戴明贤，已觉成竹在胸："想好了，写艺人在党的培养下成长，为党工作，报纸上也曾有这方面的报道……"他给戴明贤初步交谈了创作设想，得到了支持。尔后多次，曾凤鸣不顾老弱多病，展转奔赴黔北黔东，借阅了有关黔北地下党及红军长征的大量文史资料，访问了老红军及当时为红军带路，掩护过红军的老大爷老大娘，内心油然升起对红军、对革命先烈的崇敬。啊！滚滚赤水河，逝者如斯，我们的先辈，为了中华民族的自由解放，不惜抛头颅，洒热血，英雄的业绩，可歌可颂，惊天地泣鬼神。他深感到作为一个文艺工作者，作为一个作家，把先辈的斗争史告诉后来之者，以激励后人继往开来，这是义不容辞的责任。在掌握了第一手资料以后，日以继夜的辛勤的笔耕开始了。

夜的战斗

如果说文化低可以其丰富的阅历和舞台经验而得到一些补偿的话，那么，住房的矛盾又来找曾凤鸣挑战了。我们知道，数学家陈景润是怎样在那烟熏火燎的刀把形斗室里摘取"哥德巴赫猜想"这颗数学皇冠上的明珠；我们同样可以想见，曾凤鸣是如何克服住房困难而完成了这部 30 多万字的长篇著作。

曾老一家三代，原来多少年一直挤在一间 20 平方米的小屋内。不要说创作，就是吃饭睡觉，也成了每天必须想法克服的难题。然而，对于生活的强者，这又算得了什么呢？知情人了解，曾家一到晚上照例是闭门谢客的，不是主人不好客，是不便会客，就连曾凤鸣本人，往往也得回避回避，好让老伴和大姑娘们上床入睡。然后，他才用黑布把光挡住，继而，从屋角搬过吃饭用的小桌，才摆开他的"家当"，一杯浓茶，一包烟，伴他心驰神飞那理想的天国，到深夜，有时直到天明。曾凤鸣晚间若要睡觉，就得现打地铺；

不过他常常是等清晨家人起床后，自己白天再睡，虽然如此，曾凤鸣同志并无怨言，他常说：“国家暂时有困难，应当体谅，要是旧社会，像我这样的老朽，早已经流落长街要饭去罗！”曾凤鸣同志就是在困难的环境中，废寝忘食的写作，终于成了一位受人尊敬的曲艺作家。

满目青山夕照明

感谢党的关怀，曾凤鸣终于分得了一套三间的宽敞住房，儿女已成家立业，他有条件潜心搞创作了。只可惜，由于旧社会的折磨与摧残，10 年浩劫的厄运，30 年舞台及笔耕的辛劳，他已经是病入膏肓，近乎油干灯草尽了，多走几步就气喘不止，写作时间长了还会吐血、晕倒。但他却痛切地说：“我知道自己活在世上的时间不多了，我对不起党，对不起人民，新人没有带起来……”他渴望阳春三月，莺飞草长，到黔东去“下生活”，好尽快完成他 40 万字的以反霸为题材的另一部长篇评书——《梅江河畔》。但是，自然规律是无法抗拒的，不管曾凤鸣怎样珍惜他的剩余时间，也不管我们怀着怎样的惋惜心情，病魔终于夺走了他的生命。这位令人尊敬的老人，留下了未能落篇的遗稿与我们长辞了。

回想曾老的一生，难道不应该引起我们的深思吗？艰难的生命之路，损坏了多少人，但也锻炼出多少坚强的斗士，让我们从曾老身上汲取力量，为人民作出更多的贡献。

任岷

曾是曲坛领军人

蔡葵

任岷曾是中国曲艺家协会理事、中华说唱艺术研究中心常务理事、西南曲联主席、贵州省曲协主席、贵阳市曲艺团副团长。而今故去快六年了。2000 年 6 月 2 日,中国曲协主席团并全体成员在拍来的唁电里,如是说:"……57 年发表作品始,几十年笔耕不辍，创作曲艺戏剧作品百余篇，担任领导职务后，勤奋敬业，特别是他身患癌症，仍创作不少脍炙人口的作品，令人感动。他的逝世是曲艺界的很大损失。”这是组织对他的盖棺定论；对贵州曲坛一代领军人物工作的肯定。也是对这位才华横溢的曲艺、戏剧作家的一生，最简洁明了的艺术总结。

一

任岷于 1939 年 9 月出身世宦之家。祖籍贵州安顺，曾祖父和祖父均为朝廷命官。父亲任可澄，光绪癸卯（1903）中举，次年试授内阁中书。清末民初 1915 年，曾任云贵巡按使，军阀混战时期，出任过云南省省长，1920 年贵州“民九事变”后，一度代理贵州省省长，尔后又出任国民政府摄政内阁教育总长。1931 年辞官返黔修志，主编《贵州通志》。是书工程浩瀚，共计 19 门，171 卷，数千万字。并有《且同亭笔记》、《读史脞录》、《藏山堂诗文词稿》、《永历王墓记》等专著，对贵州政治、文化有过重大贡献。

然而，如此显赫的家庭，并未给任岷带来福荫，反而让其命运多舛。在极左的阶级路线下，背负着“反动官僚”家庭出身的桎梏，长期不得解脱。在遵义四中读书时，也许是良好的遗传基因和书香门第感染，16 岁豆蔻年华的他，按捺不住内心的寂寞，竟然写了一首《在阅览室里》的诗作，投给《贵州日报》，很快就被换成铅字得以发表。有了这篇处女作的问世，使他在文学艺术上产生了浓厚的兴趣，焕发着极大的创作热情，把课余时间全用于舞笔弄墨，不断有诗文见诸报端，渐渐地小有了名气，似乎窥见自我发展前途的曙光，萌生了从事文学艺术创作的志向，一心想报考大学中文系。然而，主观的努力和理想，在无情的客观现实面前，往往是显得苍白和无力的。从遵义四中毕业，虽然成绩优秀，但受家庭成分连累，却失去了继续升学的机会，只能去一所农业中学充当语文教员。他一边为人师表，去教诲那些学了知识，未来还将回到乡村务农的孩子，一边面对严酷的现实，接受着自我改造。业余时间依然不停地写作，痴心不改地做着未来的作家梦。到了史无前例的“文化大革命”，美好的梦境一夜之间化为了泡影。除了不可由自己选择的家庭出身，又平添了一个资产阶级“成名成家”思想严重的“黑秀才”混号，被视为“黑五类”的狗崽子，打入十八层地狱，受到社会歧视和无情的迫害，失去了工作，流落社会做临时工。后来又到贵阳市南明区的几所小学当代课老师，长期受到压抑，抬不起头来。文学艺术创作的道路对他而言，无疑又是走进了一段死胡同。

二

机遇往往是为有准备的人提供的。1974 年，已是 35 岁的任岷，凭着不断发表文艺作品的创作实力，并经严格的考试，被贵阳市曲艺团慧眼识珠，破例录用，跻身到了专业文艺队伍的行列，使命运发生了转机。从此斯人如鱼得水，海阔鱼跃，根据同名长篇小说改编了五幕黔剧《欧阳海之歌》，写了小喜剧《喜事》等作品。特别是不久粉碎了“四人帮”，拨乱反正，中国文艺开始复苏。任岷沐浴着早春的阳光和雨露，似一株具有强大生命的小草，挨过了风霜雨雪的严冬，终于从极左的阶级路线巨石缝里破土而出，厚积薄发地崭露出不尽的才华。他徜徉于明媚的文艺春光里，看到了祖国光明的前景，以发自肺腑的激情，写出了大量人民群众喜闻乐见的文艺作品。这些作品，情绪饱满，催人奋进，充分显示出他在解除思想禁锢后的喜悦和轻松。他是位曲艺创作的全才。不仅写贵州评书、贵州灯词、贵州弹唱、侗族琵琶歌等本土曲种作品，还创作相声、小品、快板书、谐剧、金钱板，涉猎曲种之广，在国内曲艺家中亦属少见。他的作品形式多样，题材广泛，适合舞台演出。其笔下的小学生、知识分子、苗族姑娘、工人、农民、商人、普通市民，个个呼之欲出，性格鲜明，栩栩如生，雅俗共赏。他的发轫之作《找对象》、《划船》、《幸福的会见》等曲艺作品连续在《贵州日报》和《贵州演唱》、《苗岭》等刊物上发表并搬上舞台后，引起了读者和观众的广泛重视，好评如潮。特别是贵州琴书《两只银镯》，在舞台演出并发表在全国性刊物《曲艺》杂志上，更是广受欢迎，还两次在全国获奖。

他的快板书《幸福的会见》，描写了周恩来总理来到贵阳山城，冒雨接见群众的一个场面。作品把"总理爱人民，人民爱总理"的深切感情，表现得十分动人。《小哪吒大闹书记府》则通过有趣的人物纠葛，歌颂了好干部好作风，写得有情有理。他不以情节惊险离奇取悦于人，而是以鲜明生动的人物形象来感化人。如《两只银镯》，塑造了婆媳两代人的鲜活形象，以骨肉情、阶级情深深地扣动着读者与观众的心弦。又如《找对象》，在不长的篇幅里，塑造了四个不同性格人物的生动形象。在创作实践中，任岷始终把塑造人物作为自己的艺术追求，尽量使笔下的艺术形象都独具个性，真实鲜活，典型深刻。

任岷的曲艺作品不仅有鲜明的性格化人物，还有巧妙的创作构思和环环相扣、起伏跌宕的艺术布局。如金钱板《划船》，构思就十分奇巧。通过情节的巧妙安排和生动的形象描绘，使老师傅对教育青年工人的拳拳之情跃然纸上。又如《向你学习》，由于合情合理的喜剧情节，很好地体现了主题，取得了强烈的喜剧效果。

曲艺语言有其独特的表达形式。任岷在这方面的探索中，是十分下功夫的。抓住曲艺通俗明快，诙谐生动的特点，淋漓尽致地予以发挥。他注意到优秀传统曲艺与古代民歌及叙事诗之血缘关系，将古典诗词融会贯通于其中，并把传统曲艺中最具美学价值的东西发掘出来，运用到现代曲艺中去。如方言讽刺诗《其人"现代化"》中对那位"现代化"小青年的描写，就具有传统曲艺通俗明快、诙谐生动的语言特点，看后使人忍俊不禁。又如《两只银镯》，较好地运用古典诗词的对仗、韵律来写唱词，刻画人物，使作品中婆媳俩的一段唱词情酣意切，一咏三叹，荡气回肠，悲而不伤，哀而不怨，让人从婆媳二人痛失亲人的巨大悲痛之中获得向上的力量，相当精彩。他的曲艺作品受到了社会的普遍承认，同时也得到了不少炫目的光环。在全国和省市连续获奖20多个，特别是琵琶弹唱《苗寨木楼有盏灯》，在1990年全国曲艺大赛上荣获了创作奖。

在贵阳市曲艺团从事专业创作期间，任岷不仅为贵州曲艺争得了许多荣誉，还创造了贵州曲艺界的多项第一：第一个获得全国曲艺文艺奖；第一个在中央级曲艺刊物发表作品；第一个入选《中国优秀短篇曲艺作品选》（作品：贵州琴书《两只银镯》）；第一个荣获"金筑文艺奖"……同时他还创办了我国第一家幽默文学报《快乐天使报》，成为贵州获得全国曲艺奖最多和在中央级刊物发表曲艺作品最多的作家，被贵州师范大学等院校聘为客座教授。

三

1989年任岷步入了天命之年。随着阅历的增长，他的作品更加日趋成熟，炉火纯青。这时创作了谐剧《小盼的生日》、《灯油不多了》等篇什，均获巨大成功。在中国第一届谐剧研讨会上，把任岷列为对谐剧艺术有突出贡献的作家。谐剧艺术创始人王永梭先生称赞任岷发展了抒情谐剧。中国艺术学院专家称誉任岷"开谐剧悲剧之先河，对曲艺创作有深远影响。"特别是《灯油不多了》，在中国曲协机关刊物《曲艺》刊登，还配发了评论文章，被著名谐剧表演艺术家凌宗魁先生作为保留节目，在贵州省首届"杜鹃书会"获奖。这部作品塑造了一位可悲可怜、可亲可敬的知识分子形象。在戏的结尾，当何工程师重新拿起设计图，遇到停电时，他点燃只剩下小半盏油的煤油灯，凄然地说道："抓紧时间，灯油不多了。"这个感人肺腑的细节，生动地反映了当代知识分子"春蚕到死丝方尽"的崇高境界。灯油不多了，生命不多了，让我们争分夺秒地献身于事业；

另一方面作者也向社会发出呐喊:“请珍惜这不多的灯油吧!”

正当任岷的事业如日中天,频频把盏品尝成功美酒的时候,不料一片可怕的黑云向他袭来。一个“灯油不多了”的故事,竟然实实在在地出现在他自己的身上——被查出患了鼻炎癌。

然而,这绝症并没有把任岷吓倒。他照样笑对人生,幽默地说道:“阎王爷给我下了请柬,却又不派车来接我。”还说:“只要生命不息,我就创作不止。”以一种幽默豁达、坚韧不屈的态度,继续在曲艺及幽默文学道路上跋涉。他得知贵阳市有一个“癌友联谊会”,喜出望外,积极要求参加,并说:“幽默是剂良药。宣传幽默能够治病,能使人延年益寿。”经常组织曲艺队深入医院,为癌友们慰问演出,鼓励大家和自己一道,与病魔作顽强的抗争。

他带病仍然坚持创作,又写了小品《转转会》、《真功夫》、《月光曲》、朗诵诗《同志,你哪里去了》、相声《主仆之间》等不少脍炙人口的作品。《同志,你哪里去了》通过当今对“同志”这个称谓的淡化,他以人际关系的异变和见义勇为精神,鲜明对照,荡气回肠地呼唤着民族精神和优良传统,呼唤着人间真情,颇有时代气息和艺术感染力。在贵州人民广播电台播出,并在《贵州广播电视报》选登后,社会反响强烈,《贵阳日报》接连发表了几篇为之叫好的评论文章。《主仆之间》以一家亏损企业为特定背景,抓住民主选举和新厂长上任伊始的典型情节,以工厂主人和人民公仆之间的“干群关系”展示矛盾冲突。用四千字左右的一个短小段子,表现了市场经济体制改革中,干群关系是企业兴衰成败的关键这个大题材,达到了“四两拨千斤”的艺术效果。这个作品在《曲艺》杂志 1997 年 10 月推出的《贵州曲艺作品专辑》占了头条位置,以优秀新作向全国推荐。

四

作为贵州省曲艺家协会主席,任岷遵循陈云同志为中国曲协题词“出人，出书，走正路”的教导，深知要繁荣曲艺事业，首先必须抓剧本，抓表演人才。他经常深入基层辅导创作。即使患病后，也是如此。1990 年为了筹备“贵州省杜鹃书会”，他亲自深入到清镇县，一连数日吃住在那里，帮助县文化馆创作出唱本《借药》。其时他病势已很严重，曾三次咯血，但一直坚持彻夜工作，最终使这件作品在是年全省杜鹃书会荣获一等奖，并推荐到《曲艺》杂志刊发。在培养曲艺表演人才方面，他始终不遗余力举荐人才。遵循曲艺界讲究学有所宗，注重“名分”、“辈分”的习俗，当发现贵阳市曲艺团两位演员是说相声的好苗子，便为之牵线介绍，举荐新秀拜北京相声艺术家唐杰忠为师。还发现省武警文工团一位谐剧演员不错，又举荐到谐剧表演艺术家凌宗魁门下为入门弟子，使几位青年技艺突飞猛进，成绩斐然。

任岷善交朋友，择友结谊是他一生最大的快事。他与北京的姜昆、廉春明、笑林、李金斗、唐杰忠，西南的王永梭、凌宗魁、魏明伦等著名艺术家关系甚笃。时任中国曲艺家协会副主席、中华说唱研究中心主任的姜昆，得知任岷身患癌症的消息后，忧心如焚。为了帮助他筹款治病，偕老搭档唐杰忠一块，专程飞抵贵阳市，联袂主持、筹划一个“任岷幽默曲艺小品创作专场晚会”，得到时任贵阳市工人文化宫主任的笔者支持，在“工人剧院”演出。四川的凌宗魁闻讯，积极响应，赶来襄艺助兴。本省的陈光余、卜小贵等众多著名笑星也踊跃加盟，演出了任岷的相声、说唱、谐剧、小品等各类曲艺、戏剧佳作。群英荟萃，异彩纷呈，给人以丰富的艺术享受。两场晚会盛况空前，剧场内外人声鼎沸，争相购票，座无虚席，在山城贵阳产生了极大的轰动效应。专场晚会以后，姜昆等艺术家又接连下工厂演出两场，还在贵阳侨谊酒店举行了联谊致谢宴会。艺术家们在贵阳的几天分文不取，全属友情演出，使任岷十分感动。告别时，他在机场拉着姜昆的手，热泪盈眶，即兴赋诗一首：“天涯何人不知君，优孟风韵传至今，漫漫瑶台多盛会，常系蓬蒿一片心。”姜昆返京后，为了答谢支持这次专场晚会的笔者，特地书写了“幽默”二字的一帧条幅，寄来相赠，以资替任岷深表谢忱。

任岷一生清贫，不幸身患绝症，倍受众多朋友的多方关爱，住遍了贵阳大小医院，还去广州、重庆求治。无论何时，他始终保持着乐观豁达的心态，在夫人刘木兰的悉心护理下，与病魔展开旷日持久的拉锯战。后期因接受化疗，致使双耳严重失聪，买来助听器戴上，仍然精神不倒。与朋友相聚谈论曲艺，依旧谈笑风生，不失幽默。每当病情稍有缓释，他就调侃自己：“我是个坏人，病入膏肓的坏人。阎王爷一再对我‘留命察看’，缓期执行，看来留着还有用处，让我多为人间制造一点儿欢笑。”

1999 年 10 月，任岷又住进了省人民医院。躺在病床上得知省曲协和省群艺馆为笔者编辑一本《蔡葵戏剧曲艺选》，非常兴奋，要来 28 万字的书稿通看了一遍，并捉笔为之写了“序”。说道：“《蔡葵戏剧曲艺选》的结集出版，我很高兴。我有幸看了书稿，看得我心情十分激动，激动之余，不得不说几句心里话……如今在建国五十周年和世纪之交结集这本集子，很有意义。……”看着这篇满纸诚挚的文字，我的双目湿润了，不禁流下了泪水：任岷兄啊，你对事业，对朋友胜于自己生命的一片赤诚，有如你的名字，是屹立余心中的巍巍岷山哟！这年正是他 60 寿辰，也是患病被“留命察看”十年的日子。作家、书法家戴明贤和宦迪赠了一方字屏：“寿比岷山”。然而，良好的祝愿并未挽住他久病缠身、孱弱的生命。翌年 6 月 2 日，这位贵州曲坛一代领军人，像一盏油已枯竭的灯，生命之火熄灭了。宦迪在《贵州日报》发表一篇怀念斯人的文章，题为“岷山不老”。是的，任岷身患绝症后，又为他毕生热爱的曲艺事业顽强地工作，继续奉献了 10 个春秋，直到生命的终结，带着他曾给予人们的阵阵欢笑和幽默走了。而他的艺术作品却是永存的，精神是永存的，诚如“岷山不老”，春风永驻。

郭可诹

一生同音乐事业融为一体

陈志伦　朱澂　毛家乐

郭可诹，又名薛良（1916～1998），中国民主同盟盟员、爱国民主战士；音乐社会活动家，音乐教育家、理论家、艺术家，中国声乐学会副会长。他的一生，是爱国的一生，是同音乐艺术事业融为一体的一生。

20世纪30年代初，他在北平师从欧罗普夫人、米耶，以及李抱忱等名家学习声乐与合唱指挥，从此踏上音乐艺术之路。

日本帝国主义侵略东北、华北，他毅然参加中国共产党直接领导的爱国抗日组织中华民族解放先锋队，把音乐活动与党领导的抗日救国运动紧密联系在一起，直到抗战胜利。抗战期间，大批革命和进步文化人士云集桂林，可诹先生也在其中。他与著名音乐家李凌、赵沨、孙慎、张曙等人一起，积极从事抗日救亡音乐活动，影响遍及邻近省市。他在这一时期的著作和编译的书刊很多，如桂林《新音乐月刊》、《音乐知识》、《铁蹄下的勇士》、《南方吹来的战斗之风》、《民间歌谣的讨论》、《麦克杜威尔与美国音乐》、《名音乐家传》、《西洋音乐史教程》等等。这些著作及编译书刊已被收入《抗战时期桂林文化运动资料丛书》，其中，有的已被桂林八路军办事处旧址收藏为陈列品。可诹先生还参与组织、推动、举办大量抗日救亡群众歌咏活动音乐演奏会，也曾在长沙、昆明和贵阳从事抗日救亡音乐活动。

解放战争时期，可诹先生在党领导的爱国民主运动影响下，在贵阳联络一批进步音乐教师开创了40年代贵阳新音乐运动的新局面。他组织了贵阳青年会音乐研究会及其所属青年会合唱团，并以此为主力，以他所任教的各大中学校为阵地，与国民党的反共、独裁、内战针锋相对，广泛开展以爱国民主为主旋律的新音乐活动。利用演奏会、歌咏比赛和唱片欣赏会等形式，普及音乐知识，使大量进步的、格调较高的歌曲，成为校园流行歌曲，并在社会青年中传唱。可诹先生接纳地下党贵阳"特支"领导的新民主主义青年联盟领导成员朱厚泽等人，进入青年会合唱团及其理事会，进一步掀起爱国民主音乐运动高潮。1949年6月，郭可诹被贵州国民党特务机关逮捕入狱。在狱中，他坚贞不屈，严守秘密，表现了一个爱国民主战士的高风亮节。

郭可诹先生一生从事音乐教育。曾任教于广西艺专、大夏大学、贵阳师院等学校。在这些院校和他组织领导的群众音乐团体中，他以自身在声乐艺术、合唱指挥以及音乐理论等方面的造诣，培育了一大批音乐人才。有的终身从事业余音乐活动，有不少人成为专业音乐工作者。他不愧为一位名副其实的音乐教育家。

解放后，他先后在贵州省歌舞剧团、省音乐工作组、省群众艺术馆担任领导工作，是贵州《苗岭之声》首任主编。在党领导下，他意气风发，为新民主主义时期和社会主义建设初期贵州全新的音乐艺术事业，作出了自己应有的奉献。

郭可诹于 1953 年 2 月加入民盟，当时是我省文艺界民盟小组的负责人之一，与蹇先艾、肖家驹等民盟的老同志一道为活跃民盟文艺界小组的组织生活，组织盟员学习和贯彻党的方针政策，宣传党的统一战线以及组织发展做了许多的工作。1979 年民盟恢复工作以后，郭可诹调入民盟贵州省委从事文秘和宣传工作。在民盟省委工作期间，郭可诹积极协助民盟省委做好各项盟务工作，为民盟省委认真贯彻执行党的十一届三中全会精神和新时期党的爱国统一战线方针政策尽到了自己应尽的职责与义务。

自 80 年代直到病重之前，郭可诹应聘在北京担任《中国音乐》执行副主编达十七年之久，呕心沥血，使之成为享誉国内外的刊物。他在工作之余，不顾高龄，孜孜不倦，潜心音乐学术研究，积极倡导中国音乐理论、中国声乐学派以及中国唱法。他辛勤笔耕，出版了《新音乐手册》、《音乐知识手册》、《民族民间音乐工作指南》、《歌唱的艺术》、《中外歌唱家辞典》、《西洋音乐史教程》，以及多册中外名歌等八十余种著作，成为音乐艺苑芬芳灿烂的花丛。

1991 年，郭可诹担任美国芝加哥中国音乐学术研讨会论文评审委员，应邀赴美。1997 年，美国哈佛大学音乐系聘请郭可诹为访问学者。作为贵州音乐界的老前辈，著名音乐活动家，郭可诹孜孜不倦地在我国音乐事业中奉献了半个多世纪，即使在坎坷艰难的岁月里，仍忘我工作，为贵州文艺事业的繁荣和发展，作出了巨大贡献。

一、搜集、整理民族民间音乐

贵州是个多民族省份，民间艺术十分丰富，郭可诹把挖掘、抢救民间音乐遗产视为一个音乐工作者应尽的职责。1950 年他就下到黎平侗族地区，对侗族音乐进行了搜集、整理和研究，1953 年撰写了《侗家民间音乐的简单介绍》，在《人民音乐》发表，从此侗族音乐在全国音乐界引起极大反响。1959 年，他再次深入侗族地区，对侗族音乐进一步进行探讨，第一次用侗语拼音方案，记录和编辑出版了《正月二月燕子来》侗族民歌集。

花灯，是贵州广大农村最普遍、最丰富的一种汉族民间歌舞艺术，是劳动人民在世代劳动生产生活中所创造出来的艺术。从 1953 年起，郭可诹就着手对花灯的采集和研究，同年秋，由省歌舞剧团熊作华、省音乐工作组陈志伦两位同志深入花灯最活跃的独山、平塘，对花灯进行搜集、整理，送交郭审查后，由省音工组编辑出版了《独山花灯曲集》(研究本)，郭可诹为此书撰写了《贵州花灯的简单介绍》一文。为使人们对花灯的重视，他在文中希望更多的民间艺人、文艺工作者和爱好者共同来进行花灯音乐的采集工作。1954 年郭可诹还亲自带队，组织省歌舞剧团、省音乐工作组部分同志到安顺、普定、水城等地对花灯音乐、舞蹈进行搜集，出版了《贵州花灯曲调》(贵州人民出版社)。1960 年，省委宣传部和省文化局为繁荣花灯艺术事业，组织多方面专家学者，对花灯的剧本、音乐、舞蹈及表演进行全面探讨。其中花灯音乐成为研讨重点，历时半年，最后选编铜仁、独山、安顺、遵义为主的五本研究性资料集子。在这项工作过程中，郭可诹发挥了主要作用，他根据五个地区花灯音乐的特点，写了十万余字的研究性文章，他那种忘我工作的精神，获得同行们的赞赏。1980 年郭可诹根据手边的资料，又精选编辑了《贵州花灯三百首》(除曲调外，还附有过场音乐和打击乐)，由省群众艺术馆、省人民出版社出版发行。

文琴，是我省汉族地区流行的一种坐唱艺术形式，后改革发展为黔剧。1956 年，他编辑出版了《贵州文琴曲调》集，除刊登文琴基本曲牌之外，还写了有关文琴研究性的文字介绍，为我省黔剧事业的发展开了个好头。

郭可诹先生在省群众艺术馆工作期间，先后将搜集的苗族、布依族、彝族及汉族的民歌，汇编成《贵州民间歌曲集》，进行出版介绍。

为提高我省广大音乐工作者对民间音乐的认识，1955 年，他还汇编出版了《学习民间音乐参考资料》，其中选用了吕骥的《学习和继承民间音乐的优秀传统》、马可的《继承民族音乐遗产问题》、焕之的《向民间音乐学习的几点体会》、冼星海的《民歌与中国新兴音乐》等十篇文章。

二、积极开展群众性音乐(歌咏)活动

郭可诹先生极为重视开展群众性音乐(歌咏)活动。他认为歌声可以丰富活跃群众文化生活，给人以欢乐和美的享受，可以陶冶人们情操、激励人们斗气、振奋人们斗志。早在抗日战争时期，他就组织合唱团，大唱抗日救国歌曲。抗战胜利后，他不畏艰险，在贵阳继续组织和领导“青年会”合唱团，由于该团演出了许多进步歌曲和参与进步活动，他于 1949 年初被反动当局抓捕，直至解放后才得以出狱。出狱后，继续组织“青年会”合唱团演出了以《淮海战役组歌》为主要内容的音乐会，庆贺贵州和大西南的解放。1951 年“五一”劳动节，他担任了五千人大合唱的总指挥，经他精心组织、排练，这次演出获得了极大的成功。从 1951 年起，他被任命为贵州省歌舞剧团业务副团长，1953 年又兼任贵州省音乐工作组组长。那段期间，音乐会采取专业与业余相结合，以专业带动业余，以业余促专业的方式进行，因而音乐会举办得十分红火，演唱水平迅速得到提高，促进了群众歌咏活动的广泛开展，同时也培养了一批批业余文艺活动骨干。郭可诹先生既是这项活动的总策划者，又是积极的组织者。这类活动，一年不少于三次。除重大节日举

办音乐会外，还举办纪念聂耳音乐会、冼星海音乐会、春季音乐会、夏季音乐会、红五月音乐会等等，形式各样，名目繁多。

1956 年 8 月，贵州省群众艺术馆成立，省委组织部任命郭可诹为第一副馆长（无馆长），享受高级知识分子待遇。他组织两个合唱团，一个以中小学音乐教师及业余音乐骨干为主的“星海合唱团”，一个由中学生组成的“聂耳合唱团”（后来该团改为“中学生歌舞团”）。同时还成立了一个小型管弦乐队，主要承担伴奏任务。星海合唱团由郭可诹先生亲自指挥和培训。聂耳合唱团请有素养的中学音乐老师指导，郭予以协助，共同研究制定培训方案。这两个团在他的精心培育下，水平得到迅速提高，通过演出，在群众中树立了良好形象，经过几年的艺术实践，约有二十余名团员分别被吸收到省歌舞团、省黔剧团、省杂技团以及市属剧团从事专业艺术工作或考入高级艺术院校深造。

1960 年，天灾人祸，国家处于困难时期，郭可诹仍然任劳任怨地致力于贵州工人艺术团赴京演出的培训、辅导工作。在京演唱的大合唱《苗岭的春天》（张林原词，珈珞改词作曲）获演出创作奖，著名声乐家孟于、郑兴丽、赵章武等还在《人民日报》上发表文章加以赞许。

为扩大艺术视野，进行艺术交流，郭可诹先生在百忙的工作中，邀请我国著名歌唱家郎毓秀教授、著名小提琴家张季石教授来举办独唱、独奏音乐会，这是 20 世纪 50 年代我省解放后首次举办这样的音乐会，对闭塞的贵州来说，无疑是件大好事，这不仅受到音乐界同行们的欢迎，在广大群众中也产生了较大反响。在这次音乐会上，郭可诹亲自登台献艺，演唱了人们熟悉的“在那遥远的地方”，博得了听众的赞赏。

50 年代，郭可诹抓的另一项音乐活动，就是举办唱片音乐欣赏会。他为了提高群众对音乐的欣赏水平，亲自选购了一大批国内外唱片，当时既无先进的音响器材，又无录音设备，只有一台旧的收音机和放唱片机，在这样的条件下，在每周末借中苏友协小礼堂或科协讲座室，系统地介绍国内外名曲（含各种形式的声乐、器乐曲）及音乐家生平事迹。不仅如此，他为使听众对每一个音乐作品进行全面的了解，从而获得完美的艺术享受，他不辞辛劳地编写讲义印发给听众。这一活动，从 1953 年至 1958 年，先后举办了一百八十多场，这一普及性活动，满足了群众的爱好，培养了群众的鉴赏水平，深受广大群众欢迎。

三、推动、扶持音乐创作

繁荣和推动群众歌曲创作，这是郭可诹先生在主持省音乐工作组及省群众艺术馆期间抓的一项常年性工作。在他的领导下，音工组时期就编印了多种音乐资料，如《创作歌曲》、《歌曲选集》、《歌词选辑》等。1956 年省群众艺术馆成立后，经上级批准，郭在原《歌曲选集》基础上，改名《贵州歌声》，办起了贵州第一个公开发行的音乐双月刊。1957 年又将《贵州歌声》改名《苗岭歌声》。刊物除发表创作歌曲外，还有民歌介绍以及翻译歌曲、歌词及音乐常识等，深受广大音乐爱好者欢迎，为基层提供了演唱资料，同时也为我省培养了大批词曲作者。为满足广大音乐爱好者多方面需要，在省人民出版社的配合下，他还先后编印出版了多种单行本歌曲集。如《月儿弯弯像小船》、《红孩子的歌》、《儿童之歌》、《别看我们年纪小》等儿童歌曲集，以及《贵州创作歌曲选》、《革命歌曲六十首》、《工人创作歌曲选》等。这些歌集的出版，郭可诹先生不知付出多少劳动和心血。应该说，他对推动贵州音乐创作是作了不可磨灭的贡献的。

郭先生为帮助作者提高创作水平，一方面向作者进行面对面的辅导，另一方面采取办作曲班形式培训作者。如 1959 年，随省艺术馆辅导组下到遵义铁合金厂办班，其中作曲班由郭负责，在短短的三个多月时间里，利用工人业余时间，就培养了十余名歌曲创作者，创作出了二十多首工人自己的歌曲。在汇报演出过程中，郭又亲临一个节目一个节目的指导。工人们对郭可诹在教学中认真负责的精神，给予了充分肯定。这批歌曲，后来发表在《工人创作歌曲选》中。

在音工组时期，郭可诹还编辑出版了一种不定期的《音乐学习资料》，曾转载了吕骥的《为创作更多更好的群众歌曲而努力》、焕之的《谈歌曲音乐的民族特征》、安波的《歌曲创作的几个基本问题》等文章，起到了提高作者水平的作用。

四、组织各种文艺会演

郭可诹先生在主持艺术馆工作期间，随着形势的发展，工作已远远超越了音乐范畴，实际已涉及到整个群众艺术。除承办文化部门自身的各级文艺会演外，从 1954 年起先后与团省委、省市总工会举办了第一届“贵州省级机关文艺会演大会”和“工人业余文艺观摩会演大会”，从制定会演方案到下基层辅导，从节目的评奖到资料的汇编，一系列工作，他都亲自参与，工作量之大，是前所未有。他那埋头苦干，为参与这一工作的同志们，树立了榜样。

郭可诹先生的艺术生涯，为我们留下了宝贵财富。1979 年元月，经省委宣传部部务会议研究，以省宣干(1979)18 号文批复“关于郭可诹错划为右派分子的改正结论”，为郭可诹先生被错划为右派分子的冤案进行平反，恢复原文艺七级的工资待遇。至此，郭可诹先生蒙受二十余年的冤案，圆满地画上了句号。嗣后，领导根据他的多次要求，调离了省群众艺术馆。不久，他应中国音乐学院李凌院长的邀请，到北京参与编辑《中国音乐》刊物，并任副主编(主编李凌)，才华得到了充分发挥。还值得一提的是，当他 1996 年在北京作大手术后，回到贵阳养病期间，还与原“青年会”合唱团成员组建了“青松合唱团”，他不顾81岁高龄，带着摔伤过的双腿，忍痛骑着自行车来到排练场，亲自帮助该团排练，直到病发住院谢世。这是何等高尚的情操，何等使人敬佩的精神！

1998年11月2日，郭可诹先生在贵阳逝世。他走了，但他大量的音乐遗产，他对音乐事业的敬业精神和高尚品德，将永远活在我们的心中，成为我们学习的榜样。

毛家乐

音符谱写的人生

拓 石　夏宝林

月华如水，澄江似练。黄昏时，我从施秉县一个村寨，乘夜船赶往台江、镇远。

苗家的酒真够劲。临别前，几碗酒落肚，便晕晕乎乎的了。

登上小舟，在依呀撸声中，船沿江徐缓而行，我睁开迷蒙的双眼，但见月挂中天，一江闪闪碎银。远方，浮了一层薄雾轻纱。

行了一程，船家说："快到施洞了。"此时，骤听岸边山寨中传来一阵高亢的苗歌，悠悠扬扬，在群山与清江上回荡。随后，又听见沿岸山寨，传来芦笙中夹着苗家年轻后生与姑娘们的合唱：

苗岭山上百花怒放，
乌江两岸穿上了彩色衣裳，
层层青山满坡牛羊，
排排木筏飘流在清水江上，
……

这支歌，多么地娴熟，是从广播中听过毛家乐(珈珞)改词作曲的《苗岭的春天》。然而，此时的歌声，却来至苗寨的原汁风味。清江、明月，醉人的歌声，此情此景，一幅如诗如画的苗乡风情，令我如痴如醉。

一晃，几十年风雨岁月过去了。但六十年代初，这江水这歌声这月夜，却深深地铭刻在我的心上，如苗乡的酒一样地浓酽，一样的醉人。

毛家乐，1927年生于贵州省大方县。从童年起，他便与自然结了缘，假日总爱上林中游玩，听林中山鸟啼鸣，在溪流河沟中摸鱼，在与自然的交融中他爱上了音乐。读高中时，在学校组织的合唱团中担任团长与指挥。在演出中，他独唱了《黄河颂》。在每天升降旗活动中，指挥全校师生唱国歌。

1948年高中毕业后，毛家乐来到了贵阳，当上了小学教师，执教音乐课。1950～1952年，他在霁云小学任校长。西南人民艺术学院毕业后，又在会文路中心小学担任校长并兼任音乐课教师。在这些日子里，他致力于学校音乐教学，在此期间培养的合唱队在多次比赛中均获贵阳市第一名。一次，学校一个六年级学生叫熊融礼的，音乐天赋较好，被他发现后，经他个别培养，独唱的《二小放牛郎》十分出色，听众深受感动，声泪俱下。于是他苦口婆心地动员孩子的家长，让这个孩子报考上海音乐学院少年班。熊融礼到上海后，经不断深造，本科毕业后终于脱颖而出，成了香港的优秀音乐人才。

20世纪50年代初，“青年会”合唱团为了迎接贵阳解放，组织了《淮海战役组歌》演出，毛家乐担任指挥。演唱活动十分成功，在社会上引起了强烈的反响；1950 年的“五一”劳动节，在六广门体育场开展了一次5 000人大合唱活动，由郭可诹担任总指挥，下设十个分指挥，毛家乐担任了分指挥。那天，尽管骄阳似火，会场上，随着热烈变化的音乐节奏，人群沸腾，他浑身汗湿，激情挥舞着指挥棒，一腔热血化作乐曲的旋律，迎接着新的时代，迎接着祖国的春天！1959 年国庆十周年，他在河滨公园担任“水上音乐会”的合唱指挥。毛家乐毕业于西南人民艺术学院音乐系（理论作曲专业）。经过深造和专业学习，为毛家乐音乐素养奠定了扎实的基础，使他在作曲、指挥、音乐评论及音乐教育等方面都取得了长足进展。

毛家乐是我省《侗族大歌》的开拓者和奠基人之一。他于1957 年参加了《侗族大歌》的采风，并取得了可喜的成就，为发掘这一民族音乐瑰宝，在采集编辑出版《侗族大歌》中作出了贡献。在深入民族山区的日子里，他从采风中收集了大量民间音乐，这对他创作的提高，坚持音乐走群众化与民族化的创作路子，无疑有着重要的意义，这也是他一生镌刻于心，永远难忘的。

以往，世界很多国家对我国民族音乐都不甚了解，认为中国除了单一的独唱，没有多声部的合唱；在国内，不少人也是如此认识。

然而，人们却没有料到，就在贵州黔东南的侗乡，深山藏宝，有着世代相传，原始、古朴、原汁原味，有丰富和声的“侗族大歌”。

近年来，随着改革和对外开放，这一深山的艺术瑰宝——侗族大歌，走出国门，在巴黎和世界其他许多城市演出中，受到各国舆论广泛好评和高度赞誉。

但很少有人知之，在 20 世纪 50 年代，为发掘这一民族的瑰宝，毛家乐和我省许多老一辈音乐家走过的艰辛历程。

1957 年初，乍暖还寒，在我省音乐界前辈肖家驹的亲自带领下，毛家乐、郑寒风、龙庭恩、钱明正一行五人，为发掘这一民族的艺术瑰宝，远程跋涉，深入黔东南民族山区采风，收集、整理“侗族大歌”。

他们前行的第一站，便是黎平县的侗乡——坑洞。从黎平到坑洞需步行25公里，要经过原始森林，山路崎岖，时有毒蛇猛兽出没。虽然路途劳顿，但大家的兴致却很高。肖老因解放前夕曾在反动政权的牢狱中受过酷刑，腿部落下伤疾，走走歇歇，25公里的路，他们竟走了11个小时。

坑洞终于到了。还没来得及喘口气，第二天他们便在深山中的侗乡展开了工作。

侗族大歌——是侗族男女世代相传的多声部合唱。侗家几乎每个寨子都有自己的歌班，少则几人，多则十多人，由德高望重的老歌师组织传授，侗家男女在孩提时，便接受了这种系统的声乐训练。

在侗乡山寨，有的人家设有歌堂供歌班排练、演唱。每当入夜，侗歌的优美歌声，像炽热的火把，点燃了人们的激情，照亮寂静的山林、小路和山溪，在美丽的侗乡的夜空中回荡，犹如一幅充满诗情画意的侗乡风情画。

从乍暖还寒的初春，到炎炎赤日的8月，他们的足迹踏遍黎平县和从江县的纪堂、坑洞、肇兴、龙图、独硐等十多个侗乡村寨。在侗家歌堂中，他们从老歌师、侗家姑娘和小伙子那里，采撷一曲曲朴实而优美古老的侗族大歌。在那些日子，山里没有电灯，还得忍受蚊类日夜的攻击，生活上总是粗茶淡饭，几乎顿顿都是糯米饭，而且常常吃不到蔬菜。

一分耕耘，一分收获，凭着艺术家的执著追求，经过四个多月的艰苦工作，他们终于完成了数百首侗族大歌的采集。再经过半年的整理、编选，《侗族大歌》于1958年得以出版。

人们说，毛家乐的歌曲创作颇有个性和特色：他始终坚持走革命化、大众化和民族化的创作路子。他从1953年开始音乐创作，共发表各种形式的歌曲170多首。绝大多数作品，具有强烈的时代精神，部分作品具有贵州民族民间特色，有的作品曾获奖，受到群众的喜爱，如：大合唱《苗岭的春天》，1961年参加“全国工人文艺汇演”，获优秀演出、创作奖，有专家在《人民日报》发表文章对作者和作品给予了好评。有的地区还将该作品编成歌舞在群众中广为传唱；毛家乐创作的儿童歌曲有的被选作小学、中学音乐教材。

从1957年收集、整理《侗族大歌》开始，毛家乐多年来曾多次深入民间去寻觅艺术的源泉，他曾到镇宁、从江、黎平、威宁、大方、安龙、普定等县记录、整理贵州省侗、苗、布依、彝等少数民族民歌和汉族花灯、民歌200多首，其中100多首曾公开发表或印成内部资料交流。

在戏曲的音乐创作上，多年来，毛家乐也作了大量的探索和有益的尝试，对此作出了宝贵贡献。

1959年，正值汉族花灯进行改革，把花灯民间歌舞艺术与戏剧艺术结合进行创新。毛家乐临时调任省花灯剧团音乐设计组组长，他每天与花灯老艺人和京、川、评、越传统剧的乐师和音乐工作者10多人一起，忘我工作，直到深夜。夜餐是清水白菜汤加上一个窝窝头，就这样每天要干十七八个小时，从早到夜里两点才能就寝。有时刚躺下不久，天便亮了，他们又得骑上自行车急冲冲赶往剧场排练。

一番艰辛不寻常，毛家乐终于与大家一起完成了花灯剧《红管家》、《鸢飞鱼跃》等的音乐设计。剧中，为了表现剧情和人物性格，他进行了大量的创新工作，为创立花灯剧的曲牌和板腔作了很多有益的尝试。为探索花灯音乐的继承和发展，他写下了长篇论文，深得同行的赞许。另外，他还为话剧《山寨人家》配乐。

毛家乐是多面手，长期工作中，他还写下了数十篇有关歌剧、花灯剧、民间音乐、演出活动等方面的评论文章。其中包括三个外国演出团体来贵阳演出的评论文章。

从1956年调到贵州省音协起，直到1979年病退前，他一直是《苗岭歌声》的音乐编辑。干编辑这一行，“为人作嫁”，个中滋味亦苦亦乐。当初省音协仅有3人，肖家驹、龙庭恩、毛家乐。肖家驹是音协主席负责全面工作，龙庭恩负责音协日常事务，毛家乐担任《苗岭歌声》责任编辑。音协人少事多，点多面广，每人都有一大堆干不完的工作。说苦够苦，一人要负责编一本音乐月刊，除了组稿、编稿，还有来稿登记、粘签等一大堆繁琐的事务。每天任务成堆，工作压头，都得加班干。那时，贵州音乐创作力量薄弱，但只要发现有好的苗子和有些基础的作品，毛家乐都尽力扶持，他常下到专、州、县与作者协商，对作品提出修改意见。为更有效利用时间，出差时他还经常带上稿件进行审阅、修改。

为了提高《苗岭歌声》排版质量，毛家乐曾到印刷厂举办音乐培训班，对印刷工人讲解和传授乐理有关知识，这样不但减少了排版差错，提高了排版质量和杂志质量，还普及了音乐知识，受到工人们欢迎。以后，他又到大方、从江、瓮安等县举办音乐作曲培训班，为当地培养音乐人才。

他曾到大方师范学校讲学，在为时一个多月的暑期讲学中，他对学员进行了乐理、视唱、练耳、发声、作曲、指挥和音乐教学法的全面训练。经过培训，学员们的音乐素质提高很快，他因此受到了当地政府和群众的欢迎和好评。

是啊，作为杂志的责任编辑，虽然任务繁重，但为了办好杂志，多出人才，多出成果，他不顾劳累，奋力工作。

作为音乐编辑，“为人作嫁”，虽苦犹甜。这话道出了毛家乐的心声。毛家乐欣慰地看到，多年来他曾辛勤耕耘过的《苗岭歌声》这块沃土，不但办出了特色，而且出了人才，出了成果！当他看到一批又一批优秀人才走进乐坛，成了群众喜爱的音乐家，便由衷地感到播种后收获的喜悦。当他们的歌曲发表在刊物上，传唱大江南北，听见他们的歌曲在广播中播出或是获奖时，他的心仿佛也随着作品的旋律一块跳荡，从中品尝到“为人作嫁”中蕴藏的欢乐。

岁月如歌，数十载春秋匆匆过去。在省委宣传部、省文联的关怀下，老艺术家毛家乐的《苗岭的春天——珈珞歌曲选》终于付梓出版了。从所选出来的五十首创作歌曲中，我们可以清晰地看到作者的创作脉络：他始终坚持着革命化、大众化和民族化的创作道路。其作品充满浓郁的民族风格、抒情色彩和时代精神。

从选出出版的五十首歌曲来看，其歌词选出的题材多样，内容非常广泛（有的还是自己创作），健康向上，体现了他对党、对社会主义祖国，对人民（特别是青少年）以及对家乡大自然的一片深诚爱心。从曲调来看，总体的特点，旋律流畅优美，民族风格浓郁，节奏多变富于动态，忠于歌词的语句逻辑，注重四声平仄，力求字正腔圆，运用作曲技法对歌词的内容的体现，十分贴切、朴实、多彩，恰到好处，词曲结合紧密，起承转合布局精细，结构完整。根据歌词内涵的情景去绘景抒情，他所写的歌曲，易于上口流畅，为演唱进行二度创作提供了良好的基础，展现他在词曲上的深厚功底，在选取民歌作为素材的创作中，他不是原封不动地整句整段地生搬硬套，而是经过学习、研究“消化”，再根据歌词内容选取民歌精华的基础上进行创新，难怪他常说“熟读唐诗三百首，不会吟诗也会吟”的经验之谈，他的五十首歌像五彩缤纷的花束，在阳光下闪亮的露珠，使人非常喜爱，谅我从中选出几朵印象较深的，加以简介：首先是他的代表作《苗岭的春天》，这是由四个乐段组成的大型合唱，歌词在原作的基础上经过他精心的思考作了大量的修改和补充，使四个段落各具特色，第一段颂赞家乡情景，第二段表现建设家乡热情，第三段颂赞党的英明领导，第四段表现颂赞家乡热爱家乡之情，作者凭借自己的慧眼，根据歌词内容的需要选出苗族飞歌的典型音调：将“3 53 5 · 1̇ 5 1̇53 | 1 · 3 5 3 5 | 5 — — |”改为：“1 3 | 5 · 5^{5}6 53 | 1 · 2 3 6 5 | 5 — |”作为主题进行

谱写，四个乐段根据内容，采取变化节奏（3/4、6/8、2/4）和变化演唱形式（男、女声齐唱，复卡农，以及男女声部对应）等手法，使全曲四个乐段互相映衬对比，各具特色，使全曲充分展开推向高潮，把人民群众歌颂党、热爱家乡、建设家乡的情景表现得淋漓尽致，非常感人。这首独具苗族民歌风格的大合唱，可称得上是一首精品，该作品在1961年曾获“全国工人文艺汇演”一等奖，并得到音乐家孟于、郑兴丽、赵章武在《人民日报》发表的音乐评论文章给予高度评价，经中央人民广播电台和贵州人民广播电台多次反复播放后，在群众中广为传唱，还被有些文艺团体编为歌舞节目公开演出。另外值得一提的是，独唱曲《失去的心》，歌词选自《马克思、恩格斯收集的民歌》一书，这首词来自于拿波里民歌，这首独唱曲反映了他的另一种创作风格，他勇于用带有西欧古典音乐风格去谱写，充分体现了他“洋为中用”的创作实践，这首民歌词写得十分精美感人，巧妙地表现了一个失恋者的心态和愿望，我们还发现这首歌与另一首合唱曲《万岁！光辉的遵义会议》在每个乐句的结束音上，都有变化，如合唱的第一乐段、每个乐句的结束音，都终止在1、2、3、5、4五个音上，而《失去的心》在第一乐段的四个乐句上，就终止在3、2、4、5、1上，使每个乐句都很新颖，都显现出作者在作曲上的另一个特色，《失去的心》在前奏、间奏、尾声，都写得十分精美华丽，与歌声密切结合，起到了起、承、转、合的作用，这说明作者在创作中的一大特点。

另外，从《吹来了彩色的风》这首具有苗族民歌风格的作品来看，该曲在前奏中揭示微风飘荡的效果，采取流浪型的旋律为引子，导入歌词内容，将苗歌中典型性音调进行改编和创新发展，对“春天里吹来了绿色的风”，采用起伏不定的波浪型音调描写，继而转下属调分解，变换节奏借以描绘“绿了山林，绿了原野，绿了青春，年青人最爱那欢乐的春天”，表现微风起伏不定的音型贯穿全曲。在二、三乐段中还用断节奏的手法烘托“轻轻地吹吧”等词句。

在合唱中运用属和弦和下属和弦的分解与苗族民歌中主和弦音调及和弦分解，形成强烈的对比，对歌词作了恰当的表现后进入高潮，结束全曲。在他创作的少年儿童歌曲中，《布谷声声春光好》、《森林欢迎我们》、《我们沿着林阴道》、《叔叔歌声从山来》、《牧笛》等歌曲是他的得意之作，算得上少儿歌曲中的精品。这些歌曲以清新流畅的旋律，极富少儿情趣，深受孩子们喜爱，有的曾被选为中、小学音乐教材。这些作品的成功，源于他从1948～1956年的几年间，曾担任过小学校长兼音乐教师，培训过少儿合唱队。如果没有这段与少儿共同生活的经历，是写不出这些真切感人的作品来的。其他如《彝家的琴音和歌声》、《登娄山》、《娄山赞》以及《中国和世界手拉手》、《南方大潮》、《漂动的旋律》等等，这些佳作都写得各具特色，风格各异，在此就不多言了。

这些，都与他长期深入生活、深入民间吸取音乐创作源泉是分不开的，也得力于他厚实的文学与音乐修养。其艺术简历已被载入《中国文艺家传集》、《中国当代文艺界名人录》等多部辞典。

另外，我们从他写音乐评论文章中，也深深感悟到他的人生观、世界观、价值观，以及他为人处事的准则和他对音乐事业，人间真善美的执著追求，表明他是沿着毛主席《在延安文艺座谈会的讲话》精神，从革命化、大众化、民族化道路上走过来的音乐家，值得人们学习和崇敬。

毛家乐兴趣广泛，热爱生活，热爱自然。退休后，他除了对音乐的情趣依然如故，又在花鸟世界中寻寻觅觅，把身心融进了大自然的情与爱中。

他从小时起就很喜欢养鸟，爱一行，专一行，他对鸟的驯养、鸟的辨认以及鸟病的防治，鸟笼制作与鸟笼、鸟杯的鉴赏等等都很精通，被贵阳市中老年花鸟盆景协会聘为顾问。

他对盆景艺术和养花、养鱼也有所研究，并作过园林设计，是省园林学会的会员。病退后，他还受聘于市花木公司和省军区花木场当顾问。

平平淡淡才是真，这话一点也不假。毛家乐的一生，平凡朴实，就像一株草，一滴露水。他对艺术执著追求，从不赶浪潮，追逐时尚，不断从平凡中去挖掘创新，寻求艺术的真、善、美；他始终坚持艺术民族化、大众化，让艺术更贴近生活，贴近人民，并从生活和自然中，吸取音乐创作的灵感和源泉。他淡泊名利"为人作嫁"，热心扶持新秀，培育人才，呕心沥血。

天行健，君子以自强不息。愿《苗岭的春天》永灿！

祝愿毛家乐老人健康长寿！

崔永昌

一颗明亮的艺术之星

汪德荣

我们的老战友，原贵州军区文工团团长、西南军区文工团演员、总政文工团演员指导、福州军区文工团团长崔永昌同志，于2004年11月14日病逝于北京。

我和他曾经共同经历了抗日战争、解放战争和建国初期的艰苦岁月。在冀鲁豫、在一纵队、在十六军、在热河、在大别山都曾并肩战斗。他的去世使我十分悲痛，他给我们留下了许多令人赞叹的辉煌业绩，也留下了一个老八路文艺战士的高洁的品德风范。

他是我们这一辈人中第一个以演员身份被总政文工团调去的人；

他是把贵州布依族民歌《桂花开放幸福来》的歌词整理改编后推向全国，至今仍为广大群众所喜爱的人；

他是以一个主要演员身份（歌剧片《柯山红日》中的杨凡司令员）登上银幕的人；

他是歌声《三套黄牛一套马》较早被灌成唱片在全国发行的人；

他也是以歌唱演员的身份出访过朝鲜和前苏联以及东欧各国的人；

他所领导的福州军区文工团曾在全军文艺汇演中获得若干大奖……

他是一个著名的歌唱家、艺术家、优秀的演员、卓越的部队文艺工作者。

三分天赋七分勤学

崔永昌同志十四岁参军，以一个农村少年来说，文化水平不高，也没有什么艺术底蕴可言，在部队宣传队员中像他这样的小队员并不罕见。但几十年后的今天来看，同时代的伙伴们能达到他这样的艺术成就的人就非常非常的少了。

不可否认，当年的崔永昌也确实具有一些优越的天赋，无论在聪慧颖悟方面、在身体容貌方面都有一些优势，特别是还有一副响亮的嗓音……但是，这些条件也只是一个好演员的基本条件，如果不加上个人的主观努力，在演技上、在歌唱上、在文学创作上要能争取经常担任主要角色、能唱独唱歌曲、能唱和表演京剧、能写歌曲……那是没有可能的。

1940 年初，烽火剧社演出大型话剧《第五纵队》时，分配他扮演敌伪部队参谋长辜英斋的姨太太佩珍，可以说是一次很严峻的考验。在此之前，他这个农家孩子何曾见过反动军官姨太太这种人呢？这较在《雷雨》扮演四凤更为困难，四凤虽然也有难度，但本质上仍是一个贫苦家庭出身的少女，较易于体会，但是佩珍这种妖冶、风骚、贪婪、无耻的荡妇就较难捉摸了，崔永昌却在导演的启发帮助下出色的完成了这个角色，这难道仅仅依靠天赋条件好就能做到吗？当然不是，没有他的刻苦努力，是不可能达到这个效果的。

在京剧旦角行当中青衣是以唱工为主的，崔永昌自幼生在山西长治的农村中，参军以前连看京戏的机会也不多，但是在王曜祖同志耐心辅导一字一句的教唱下，短短时间里他便学会了整出的《打渔杀家》中肖桂英的全部唱、念、做、打，完整的演出了这个戏。此后，又在唐竹修、王书琴同志辅导下，扮演过《风波亭》中的王氏和《法门寺》中的宋巧姣，尤其是宋巧姣这个角色，有一大段西皮慢三眼的唱腔，难度较大，然而崔永昌同志却唱得字正腔圆、荡气回肠，赢得了热烈的掌声。那时我们是在平原分局党校演出，观众中有着相当多的京剧内行，能够得到他们的认可又是多么不容易！！

在话剧方面，崔永昌同志同样以较好的演技创造了许多角色：他长时间反串演女角，却都演得很成功，把不同年龄、不同性格、不同身份的妇女角色表演得淋漓尽致，有血有肉。在《游击队的母亲》一剧中，他扮演一个城市贫苦家庭妇女——金宝，从一个没有什么觉悟的人到一个积极参加抗日活动的人，思想逐步转变的过程掌握得十分恰当，他和扮演母亲的唐竹修同志在台上配合得十分默契；在《重庆风光》一剧中，崔永昌扮演三青团反动头子陈履冰的小老婆宝珠，是一个冒牌大学生，在课堂上一派蛮不讲理、撒娇装痴、胡搅蛮缠的架势，演得活灵活现、惟妙惟肖；在《模范农家》中，他又巧妙的扮演了二儿媳这个台词不多的角色，但他的形体语言深入地刻画了一个年青的农村妇女活泼开朗而又热爱家庭、热爱男人同时又多少有些自私观念的神态。在全剧中他和孙健民同志（扮演婆婆）都是男扮女妆，却和同台的白雪、苏伊、刘兴华这些女同志旗鼓相当，不分上下。

1946年元月，在承德三沟，一纵宣传队演出小话剧《粮食》，崔永昌同志已不再扮演女角，主动争取扮演剧中的民兵队长，在剧中他和村长有一段对白，是假扮八路军大部队的首长讲话，用以恐吓藏在粮仓里偷听的汉奸四和尚，崔永昌同志运用了很高超的声音化妆，完全模仿湖南、江西口音讲下了这段台词，如果乍一听完全是一个老红军的口吻和语调，表现了他在运用语言、声调方面很高的技巧和水平。

这些事实表明，崔永昌同志确实具有表演艺术的天才，同样也说明，他所取得的成就包含着他刻苦学习、勤奋磨砺的不懈努力。

丰富的艺术实践

世界上许多伟大的艺术家的事例证明，他们共同的特点就是对艺术的酷爱和终身如一的坚持艺术实践，正像豫剧表演艺术家常香玉所说："戏比天大！"京剧表演艺术家关肃霜同志在逝世前一天还在舞台上。

崔永昌同志在几十年的生活经历中，最大的特点就是他很重视艺术实践。无论什么环境下他总是去从事一些可能的艺术活动。

抗日战争年代，作为烽火剧社、战友剧社的演员有较多的演出机会，对他以后的演技有着很重要的作用。

解放战争时期，我们一纵宣传队随部队转战、征粮、发动群众，演出相对少得多了，但他发挥了唱歌的长处，总是设法为大家唱些歌曲，及至我们进入华北联大文艺学院演唱学习时，就干脆入了音乐系，向张鲁、李焕之等同志学习民歌演唱，在回到冀鲁豫前线时，崔永昌的嘹亮高亢的陕北民歌《磨刀擦枪》就响遍了阵地上，给浴血奋战的战友们送去了鼓舞。

在此同时，他开始了钻研作曲、写歌词。在大别山那种高度分散、十分艰苦的游击环境下，他还为我写的《大别山就是我们的家》这首歌词谱了曲。

建国之初，在贵州军区文工团四队任指导员，他和钟华（队长）同志共同率领全队深入到花溪、青岩一带采风搜集民族歌舞素材。在奉命下乡、在贵定县马图乡担任乡长期间、在繁重的清匪、征粮、反霸、土改斗争中，他仍然坚持艺术活动，整理了布依族民歌《桂花开放幸福来》的歌词，这首歌在以后的岁月里得以广泛传唱，成了经典。

他在刚刚担任贵州军区文工团团长不久，1952 年就被西南军区战斗文工团调走了。之所以调他，正是由于在当时像他这样坚持艺术实践保持了上台就唱的嘹亮歌喉的老同志实在不多。果然，在西南军区他就以一曲《三套黄牛一套马》等歌曲的演唱一炮打响，随即以一个歌唱演员的身份被调入总政文工团合唱队任副队长。

1953 年他随赴朝慰问团到朝鲜前线作慰问演出，在那里，他细心搜集素材、体验生活，同时与朝鲜人民军的协奏团进行艺术上的交流，丰富、充实、提高了自己。

接着，于 1954 年又随总政文工团出访前苏联和东欧诸国，不仅传播了我军的艺术，也观摩了苏军红旗歌舞团、小白桦歌舞团以及波兰的马祖卡歌舞团、罗马尼亚的红星歌舞团的演出，大大开拓了自己的艺术境界。

50 年代后期，崔永昌调入陈其通同志直接领导下的总政歌剧团研究室。不但任歌剧团艺术指导，对我军歌剧的发展规律进行探索，先后参加了歌剧《两个女红军》和《柯山红日》的编创和导演活动，而且以男主角的身份扮演了《柯山红日》歌剧中的杨凡司令员一角，创造了我军高级干部的银幕形象，对歌剧这种形式的编、导、演各方面都取得第一手的经验，对崔永昌同志来说也是他在艺术实践方面的一次新的开拓，并且取得了很大成功。

崔永昌同志在创作上的成就同样反映了他不懈的艺术实践，他在福建前线海防岛屿的巡回演出的同时，也写出了不少的优秀的歌曲，《我永远为祖国站岗放哨》就是非常成功的一例。

他在离休之后仍然时时未忘艺术活动，而且又投入了书法和绘画的研究，七十年代他为我画的《墨竹》和《牧牛图》，颇有李可染的韵味。

为了丰富他的艺术实践，在六十年代之初，他就节衣缩食购买了一架钢琴。在当时的一个团级干部来说，实在是够奢侈的了，但为了搞音乐、为了歌唱、为了创作他可以不顾家庭生活的困难……

现在，回过头来看，如果没有几十年来对艺术事业的那种执著的追求，如果没有废寝忘食的勤奋努力，如果没有如此丰富的艺术实践，崔永昌就不成为崔永昌了，也许早已改行作其他工作去了……

那我们就会失去了一颗闪亮的明星！

那我们就会感到无限遗憾！

高洁的灵魂

在家庭里、在父母面前，崔永昌是一个懂事的、讨人喜欢的孩子。在参军初期，在赵支队、教七旅烽火剧社里，崔永昌是大家都很喜欢的小八路，同时是一个有才能的小演员。在一定程度上说，这个时期他是处在比较顺利的情况之中。

随着时间的推移，他在艺术事业的道路上逐步成长，在艺术上的专注日益加深，也不可否认带来了另外的一方面，那就是在业务上越是用心用力，在其他方面也必然有所忽略有所放弃。因此，崔永昌在工作中表现出业务上的精明、在生活上的迂阔。

一方面，他热爱工作、敬业、忠于职守、完成任务，有一种不服输、不示弱、不达目的不肯罢休的英雄气概，在工作上，特别是艺术上是优秀的，是备受称赞和表扬的。但另一方面，由于对艺术事业的钟爱和痴迷，精力集中更多一些，而对社会生活、对周围事物的关注相对就少一些，甚至还可能认为那是一些俗务或者琐事，不值得去操心。

在这种情况下，他常常好像不大懂得人情世故，不大善于处理某些关系，也不会照顾自己的生活。形成了这样一种情况：就是尽管他在艺术上有着很突出的成就，而且一贯低调，从不张扬，但许多情况下总有些曲高和寡、落落寡合的感觉。其实，这正是崔永昌同志从小参加革命，保持了纯洁的心灵，不随流俗恶习的表现，这正是他的优点和长处。

几十年来的事实表明：崔永昌同志在全部革命生涯中是光明磊落、坦诚正直、对人真诚热情，不搞阴谋。在生活上是清正廉洁、两袖清风。除了工资和少量的稿费收入之外，他没有什么财产；在社会上没有任何复杂的关系，甚至他从来不会走后门、不会拉关系，七十年代后期他曾想把远在昆明当兵的大女儿调到身边，但是由于种种原因，所以始终未能如愿。

在“文化大革命”那场噩梦中，他仅仅是由于和原总政文化部部长陈其通同志共同工作过而未能逃脱厄运，作为“资产阶级文艺黑线”代表人物被总政文工团第一个“揪”出来。可他始终坚贞不屈，不向邪恶势力低头，保持了一个老共产党员的本色，就是在那样的情况下，他仍然与著名作曲家罗宗贤同志一道创作完成了当时影响较大的歌曲《焦裕禄，俺们的好书记》。70 年代初他被迫下放到江西生产建设兵团，离开了他心爱的文艺工作达数年之久。使他在壮年之际失去了发挥所长的机会，而且，严重的损害了他的身体健康，他晚年心脏病很重，曾两次安放起搏器，甚至正是心脏病夺去了他的生命。直到七十年代中期才得到机会，重新回到文艺岗位：被调任福州军区文工团任团长。

这是一个转机，他被压抑的艺术热情爆发出来，一面带领全体同志深入边海防前线，为部队演出，一面搜集素材进行创作，发掘、培养各种人才，全团工作蒸蒸日上，颇有好评。那个时期他写出了不少作品：《我永远为祖国站岗放哨》（歌曲）就是代表作之一。

然而这个时期也是他生活上十分困难的时期。妻子侯英同志在解放军对台湾广播电台工作，任务繁重经常加班不能天天回家，崔永昌带着两个十岁上下的孩子，又当爹又当妈，又要照顾孩子的吃喝拉撒和功课学习，又要全力搞好团里的工作，真是两头忙两头都要顾。终于在全军第四届文艺汇演中，福州军区文工团以一台来自海防前线的优秀歌舞节目崭露头角，走上了领奖台，才获得了莫大的欣慰！

……

艺术工作是人们都很喜爱的工作，又是十分艰辛的工作，是一种严肃的独立的劳动。她需要千千万万为艺术献身的虔诚者，需要默默的持续的耕耘，把一生奉献给她！

在我们革命队伍中也需要这种深沉的热爱艺术并愿意献身艺术事业的人，他们视艺术为生命，把献身艺术视为人生的最高价值！

我们的前辈在进行艰苦卓绝的民族解放斗争中创造了中华民族优秀文化艺术，这是一个国家、一个民族全部智慧的集中体现。我们应该坚持和继承，发扬这个优秀的文化艺术传统。崔永昌同志正是这壮阔洪流中的一朵浪花！

他以自己的才智为部队文艺、为祖国文艺做出了卓越的贡献。

在他的一生中没有辜负共产党人这个光荣称号。作为60多年前他的入党介绍人，我钦佩他、敬重他！他无愧为一个优秀的党的文艺干部，一名优秀的艺术家！

从贵州这片沃土上走出的在黔山上空升起来的一颗明亮的星！崔永昌同志是值得我们永远记住的。

2005年1月30日　昆明

孙承禧

倾情赞美家乡的歌者

蔡 葵

在当代贵州音乐界，孙承禧占有显著的一席。代表作《我爱贵州》，让几代人耳熟能详，至今传唱了40余年，经久不衰，被省音乐家协会定为“苗岭金曲”，视为贵州原创民族歌曲的经典之作。

孙承禧是新中国培养的第一代大学生。20世纪50年代前期毕业于东北鲁艺（前身为延安鲁迅文艺学院，现为沈阳音乐学院）作曲系。他是中国音乐家协会会员，中国广播电视学会会员；曾任贵州省音协理事，创作委员会委员，音乐传播委员会顾问。毕生从事音乐研究与作曲，创作歌曲200多首，不少作品在中央级刊物发表，由著名歌唱家演唱，并灌制唱片和录制音乐光碟，多次荣获全国及省、市奖项，被誉为"唱出贵州人民心声的民族音乐家"。

一

孙承禧于1931年4月26日，出生在贵阳市的一家名门旺族。其祖辈于清咸丰年间从四川入黔，祖父孙伯高是贵州癸酉科举人，父亲孙仲翔是清光绪三十年甲辰恩科进士（与沈钧儒等同榜），曾任湖南保靖县知县多年。辛亥革命后弃官返乡经商，在贵阳创办"味纯园酱园"，生意兴隆，逐渐形成了一个誉满全省的家族企业。

记得年幼时，孙承禧并不喜欢音乐，初中一次考试，音乐就不及格。后因其叔伯嫂子陈淑萱风琴弹奏很好，又有一个外甥任伯荪在贵阳师院学声乐，受到一些感染，闲暇时跟着唱唱歌，练练琴。念到高中，在音乐课老师刘克智的培养下，逐渐对音乐产生了兴趣，成了学校文艺活动积极分子，被选为文体委员，组织学校歌咏队担任指挥，演唱的歌曲还应省电台邀请，参加合唱歌曲演唱直播。后来，自学乐理知识，尝试着谱写歌曲。大姐孙逸清喜爱文学，常写一点古体诗词，他就拿来谱曲试唱。听到一首苗族民歌音调很美，就把它编成一首器乐曲《苗家姑娘》，在家里一架老式风琴上自娱自乐。高中毕业前夕，为了考试增强记忆，还把世界地理上的美国四十八个州及苏联十六个加盟共和国的名字，编成曲子咏唱。

高考面临人生前途的选择，同班五六个同学邀约赴外地应试，孙承禧到了上海。没想到在音乐学院的考点里，以第二名的优异成绩，被东北鲁迅文艺学院录取。从此离别桑梓和亲人，从四季如春的贵阳来到千里之遥，冰封雪盖的北国哈尔滨，进入神圣而迷人的音乐殿堂，开始了他的人生音乐之旅。

起初他嗓音条件还可以，属于抒情男高音。后来不幸患了肥大性鼻窦炎，失去从事声乐的机会，转学了作曲。东北鲁艺的前身是延安鲁迅文艺学院(解放后以东北鲁艺名义于 1951 年和 1952 年只招生两级，1953 年更名为东北音专)。第一任校长是我国著名作曲家李劫夫，学院聘请特拉赫、鲍斯特列姆、杨体烈、周淑安等一批国内外从事西洋音乐的专家教授和顾梅羹等一批民族民间音乐家任教，师资人才荟萃，教学水平极高。同时继承和发扬"鲁艺"的光荣传统，贯彻"革命化、群众化、民族化"的方针，以歌曲创作、民族器乐演奏和民间音乐研究为特色。培养的学生基础扎实，民族民间音乐功底深厚，工作适应能力强。孙承禧在这里不仅学到了用音乐为人民服务的本领，还树立了他的世界观和人生观，奠定了立志做一名人民音乐家的道路。

1954 年 8 月毕业，孙承禧响应学院号召，到艰苦的地方去。被分配到同学们戏称为"拉骆驼的地方去"——热河省文工团(前身是具有光荣传统的晋察冀文工团)。他在这里创作了处女作——为一个反映现实生活独幕话剧写的插曲《一寸风哟三尺浪》。这个文工团老艺术家多，风气正，作风好。虽然条件简陋，环境异常艰苦，但工作开展得有声有色，风风火火。他们经常深入生活，下基层演出，在牧区与蒙古族兄弟交上了朋友，纯朴的牧民以奶茶、奶酪、全羊席款待大家。孙承禧深受感动，现学蒙语演唱了《草原上升起不落的太阳》，牧民赠送一只"香袋"，他一直珍藏了几十年。

1956 年热河省建制撤销，省文工团的歌舞队并入河北省艺术学院，是年 3 月孙承禧被安排在学校担任作曲课教师，编写了《作曲法》一书。不久省群众艺术馆成立，遂又调任《俱乐部》杂志的音乐编辑，还参与主编内部刊物《歌词》，联系了全国各地的词、曲作者，产生了一些好作品。同时编辑出版了《袖珍歌选》、《茉莉花——河北民歌选》、《儿童歌曲》以及其他歌集，又为河北省文化局编辑了《推荐歌曲》数期，为全国性的《歌曲》月刊编选、推荐过五首河北优秀创作歌曲。当时孙承禧二十五六岁，朝气蓬勃，精力充沛，创作热情高涨，发表了大量作品。由他作词、作曲的《养猪好》，是那个时期的代表作。这首歌曲由中央广播民族乐团女声演唱组演唱，中央人民广播电台《每周一歌》播出后，许多地方电台反复转播。后来在《歌曲》月刊转载，影响面更宽，被评选为1959～1960年"群众喜爱的歌曲"。发表在1959年12期《北京歌声》的抒情歌曲《要会哥哥》，地方特色浓郁，带着一股清新、愉悦、爽朗的气息，轻松风趣，给人以美的享受，受到普遍好评，形成了他音乐创作的第一个高峰期。

二

1960年5月，家乡贵州筹建广播文工团，急需音乐人才，便把他调了回来。然而由于当时三年自然灾害的影响，处于生活困难时期，受到物质条件等诸多方面的限制，建团计划很快又被取消，也就留在贵州人民广播电台担任了音乐编辑。

回到气候宜人的故土，孙承禧感到一草一木十分亲切，全身心地投入到文艺广播工作。他虽然在贵阳土生土长，毕竟离别家乡十余年回来，对本省民族民间音乐感到陌生，特别是从谱面上读起苗族民歌、芦笙曲以及侗族多声部民歌等，总是难以把握住风格特色。于是一种无形的紧迫感和使命感，促使他决心苦下一番功夫。广播电台库存有数以万计的中外古今音乐资料，他沉下心来，夜以继日地泡在资料室，如饥似渴地阅读研究。并利用电台属于新闻媒体的优势，一有机会就深入各地采访，下到地州、县乡采风、录制音乐节目，以咬定青山不放松的敬业精神，搜集音乐素材，发掘宝贵的文化遗产，不断吸取丰富多彩的艺术营养，日积月累地增长着本土民族民间音乐知识，提高了地方音乐的编辑业务水平，还为自己的艺术创作打下了坚实的基础。他编辑了大量群众喜爱的音乐节目。其中专访《笙韵琴声传佳音——介绍东单甘一家》，音乐游记《生活的欢歌——贵州民族风情录》皆由中央人民广播电台播出，颇受好评；文艺广播《家乡水育家乡人——1987年春节文艺广播晚会》获省电台文艺节目评比一等奖。还录制了一些较好的节目，如我省芦笙演奏家东丹甘演奏的芦笙曲；著名苗族歌手阿旺演唱的歌曲；黔东南州歌舞团的芦笙芒筒合奏《丰收的喜悦》；侗笛、芒筒合奏《侗家造林忙》；合唱《清水江，我美丽的家乡》、《铁路修到苗家寨》，《杉林青青》；民乐合奏《“端”节》、《铜鼓曲》等等，不少节目常在中央台播出，有的还灌了唱片。

孙承禧具备着十分热情和严谨的编辑职业道德和职业责任，注意发现新人、新作，扶持音乐创作。一旦发现好的作品，便喜出望外，如同己出，想方设法地进行宣传、推荐，“为他人做嫁衣裳”。兰敬业和聂荣斌的《勘探队员之歌》；韩乐群和黎树燊的《瞻仰毛主席纪念堂》，就是由他选送参加全国推荐新歌的选拔，并在音乐出版物刊用。吴少光、龙延才与冀洲合作的《请看侗寨花盛开》，也是由他推荐到中央台展播，由中国唱片社灌成唱片出版发行。对一些稍有不足的来稿，如《明珠撒满布依寨》、《赤脚“康嘎”人人夸》、《轧钢工人心最红》、《民族团结幸福多》等歌曲，也是经过他修改后广播，在中央和省内出版物发表。由于他业务水平高，德艺双馨，还常受聘参加省、市各种文艺活动评委会，如省第一届少儿歌曲征集，第三届“苗岭之声音乐节”，黔东南州“家乡之声音乐会”等，深受大家尊重和爱戴。

在音乐理论方面，孙承禧也有较高造诣，进行了许多有益的探索与研究。早在河北时，就写过音乐评论《三条石大合唱》，在

1958 年 7 月的河北日报发表。调回贵州后，他又写了《论音乐广播》，在省新闻学会《新闻窗》和沈阳音乐学院学报《乐府新声》发表；写了音乐专题《谈谈芦笙和芒筒》，在贵州台和中央台播出。在下乡深入生活，采访时还写了散文《别有风趣的对歌》，在省音协刊物《苗岭歌声》发表。当他发现著名音乐家朱践耳对我省苗族歌手选唱的曲目有片面性看法，而且对轻音乐的乐队组成等问题有偏颇时，写了一篇题为《也谈轻音乐何处去——并向朱践耳同志请教》的文章，发表在《人民音乐》1983 年第 8 期，阐述了自己的观点，予以反驳，在音乐界引起争鸣，受到普遍认同及支持。1977 年，孙承禧担任了贵州人民广播电台音乐组组长，他坚定不移地贯彻党的文艺方针政策，使音乐广播适应改革开放的需要，为广大听众提供了丰富的精神食粮。第一届"苗岭之声"音乐节，是一次规模较大的活动，他与同志们一起，对节目作出周密安排，按计划及时播出，并与唱片社联系，录制了大量节目，有近 20 首优秀节目被灌成唱片。在开展"轻音乐作品征集"活动中，主管台长和部主任不能参加，他独挡一面，担负起组委会的工作，圆满完成了评选任务。

多年来，孙承禧为贵州文艺广播的建设、发展提出过不少积极的建议和意见。省电台过去对自采的文艺节目用过以后，认为已无保留价值，立即就被消磁。他觉着这样不妥，建议把有价值的节目保存下来，使现在台里收藏了不少珍贵的历史资料。过去电台自采的节目，全部要记者或编辑自己复制合成，他认为这样分散了编辑的主要任务，不仅效率低，还是一种人才资源浪费。得到台领导的支持，成立了复制组，走专业化道路，不仅提高了节目质量，还使采编人员腾出手来，成倍地增加了节目数量，拓展和丰富了节目内容。

三

在音乐创作上，孙承禧的艺术成果更是引人瞩目。作曲家的创作是一种情绪智慧，只有在丰富多彩的生活中感悟生活，酝酿情绪，激发灵感，才能孕育出优美的旋律。他几十年来几乎走遍贵州的山山水水，在下基层采风中，搜集整理了许多本省各民族的歌谣，把生活感受转化为音乐意象，博采天地之灵气，让思想在与之不断碰撞中升华，从而迸发出一个个美妙音符的火花。以自己丰富的艺术手段和娴熟的技巧，创作出了一首首具有浓浓乡情和民族特色的歌曲。如《欢乐的端节》（罗文亮词），是到水族地区采风时，在民歌中孕育成的；《口弦声声》（胥勋和词）的音乐主题，取材于黔西南州册亨县的口弦曲；童声表演唱《数西瓜》（孙承禧词），则是学习运用了汉族花灯诙谐风趣的表现手法，让天真烂漫的孩子们在悠悠自乐中获益。还有《环绕高高的香樟树》（潘俊龄词）、《乌江金竹做芦笙》（叶笛词）、《弹起小琵琶》（阮居平词）等，都是他多次深入到黔东南苗村侗寨后谱写的。孙承禧的创作歌曲柔美、抒情、通俗易唱，具有浓郁的地方特色和民族风格，欣赏他的歌曲能使人感到一种清新甜润的美。童声合唱《侗歌乐》，分别在省、市童声合唱比赛中获奖；歌曲《让春光永驻神州》，在国务院环保委员会"世界环境日"全国性评选中获奖；女声独唱《口弦声声》，在全国"当代农民之歌"征歌中获奖，女声独唱《黄果树瀑布的黄昏》，由上海乐团歌唱家钱曼华演唱，在中国人民解放军《海峡之声》广播电台全国征歌中获奖；女声独唱《贵州溶洞令人醉》，由我省歌手王跃珍演唱，在全国青年歌手电视大奖赛歌手汇报演出中受到好评。以我省国家级风景区"百里杜鹃"而创作的《我爱家乡杜鹃红》（杨宗和词），在省电台"每周一歌"播出，中国音协《歌曲》月刊发表，贵州第三届农村题材作品征歌和西南地区六城市歌手比赛中获奖，由中央民族歌舞团演员龚琳娜（全国青年歌手电视大赛二等奖获得者）演唱，摄制成 MTV 和录制 CD 出版发行。2003 年毕节地区宣传部等五单位下文作为推荐歌曲，在百里杜鹃之乡及各地广泛传唱。孙承禧谱写的原创民族歌曲，赞美家乡的为数很多，还有

《贵州三件宝》、《苗岭欢歌》、《登上雄伟的娄山关》、《神奇的赤水河》、《贵州山水尽风流》、《好一朵美丽的刺藜花》、《美丽的黄果树，可爱的瀑布》……等等，无不倾注了他对贵州风光的眷恋之情。代表作《我爱贵州》（韩乐群词），更是表现了他对桑梓无比热爱的一片赤诚之心。这首歌，是他采用流传很广的安顺山歌《太阳出来照白岩》旋律创作而成，最初创作于 1963 年 10 月，1964 年进行修改。当年秋季，由贵州人民广播电台播出，后由中国唱片公司制作成唱片发行，曾广泛流传于贵州各地并传向全国，至今人们对它还十分喜爱，脱口能唱。几十年来，多次被电视台和电台选入春节联欢晚会以及文艺专题，社会影响十分深远。1991 年 9 月，黔东南驻北京联络处召开一次座谈会，著名影星李雪健应邀出席，当时他刚获得“百花奖”和“金鸡奖”双奖殊荣，在发言时说：“我虽然不是出生在贵州，但青少年是在贵州凯里度过的，那里灵山秀水养育了我，称得上半个贵州人。如今我印象最深的，是在凯里师范附中学唱的一首《我爱贵州》的歌曲。”说罢即兴为大家唱了起来：“我爱贵州，我爱贵州，四季如春暖心头……”把这首歌完整地唱了一遍，使与会者深受感动。1993 年贵州电视台春节文艺晚会，特邀李雪健演唱这首歌曲，他独具匠心，揉进了通俗歌曲的演唱方法，让人耳目一新，产生新的美感，给观念留下深刻的印象。海政歌舞团的周小燕（全国金号角十佳歌手，硕士研究生）也选唱了这首歌，并辑入了她的《好花红》CD 个人专集。2000 年 8 月，贵州大学艺术学院，贵州省音乐家协会和贵州民族音乐研究会，编辑出版五十年原创经典《贵州创作歌曲导读》，将《我爱贵州》选入，作为大学辅导读物。2005 年我省举办“多彩贵州歌曲大赛”，新闻媒体推出“美丽贵州在我心中——征集各个时期歌唱贵州的经典老歌”活动，《我爱贵州》荣登榜首，各家报纸都收到大量推荐这首歌曲的信件，而且还选发了几篇生动感人的推荐信。《贵州商报》以“唱出每个贵州人的心声——《我爱贵州》陪伴他们成长”；《贵州都市报》以“好歌伴我走过特殊岁月——一位知青和一支贵州老歌的故事”的文章，叙述了几位现已50多岁的“老知青”们，回忆当年插队落户时常唱，后来又教子女唱这首歌的感人故事。一位已是省委政策研究室副主任的同志，还把当年手抄这首歌的歌本翻出来回忆，感慨万端，写了一篇文章寄到报社发表。足以说明这首歌在贵州人民心里曾经产生，而且现在和将来还将产生深远的影响。

1990年孙承禧光荣加入了中国共产党，次年5月在贵州人民广播电台的岗位上退休了。但由于工作需要，又被单位返聘留用，然而刚超期服役了一年，就患病住进医院，被确诊为脑腔梗塞，治疗好转后一直在家休养。对于一个毕生从事音乐的人，他仍不想“丢下老师交给的这支笔”，在与病魔顽强抗争的同时，继续进行着音乐创作，不断有新作问世。其中《我回故乡贵阳来》、《小伙一团火，姑娘花一朵》、《侗家乐》等四首，又五次获奖。

2004年金秋10月，东北鲁艺本科一、二届同学相约在北京聚会。召集了来自沈阳、长春、哈尔滨、鞍山、云南、贵州、广州、上海、浙江、福建等地的59人，孙承禧也应邀参加。当年风华正茂的学子，如今都满头飞霜，年长者已是耄耋之年，最小的也年过古稀。这些校友中秦咏诚、谷建芬、雷雨声、白诚仁、王振山、张前、方妙美、柏林、薛金炎都是为世人熟知的著名音乐家。有机会见到过去朝夕相处的同学，一个个春风拂面，亲切的拥抱、紧紧的握手，回忆年轻时代的美好时光，同学情义比亲人还亲。这些为了中国的音乐事业奉献毕生精力的老人们，精神矍铄，老当益壮，相约保重身体，再次重逢。

2006年，由辽宁省文联主办、沈阳音乐学院协办的《音乐生活》杂志，用整整七页的篇幅开辟一个专辑，集中介绍了孙承禧，并选登他的十首创作歌曲，宣传他在音乐的沃土上辛勤耕耘了五十年的丰硕成果。

张秉熊

那灯，依然熠熠闪烁

钟 声

一

初春，乍暖还寒，我又一次来到印江县城。记得，我第一次来到这里，也恰值莺飞草长时节。那时，剧团初建，演职员大多是刚跨出中学校门的年轻人。许是为了锤炼队伍，团领导把全团人马，包括炊事人员，都拉到了这座古朴、宁静的黔东小城集中整训。一边安排有关业务人员向当地民间花灯艺人拜师学艺，一边组织排练演出的同时，还经常参加农村组织的生产劳动。在那个年代，凡是文化人较集中的单位，大都采取这样的方式改造知识分子的“世界观”。人们对于这种传统的、简单的、甚而多少带着一点强制性的改造方式，评说不一。可我却一直认为，它对于我们这一代人的成长，的确曾起到过“洗脑”作用。我们当中的许多人，之所以能自始至终、无怨无悔地为自己所从事的花灯艺术事业奉献青春年华，之所以始终如一地对农村、对农民怀着一种血肉般的亲情感，我想，在很大程度上，是在那个年代，借助那样的锻炼方式奠下的思想基础。那段经历虽然只延续了短短的两个多月，然而却成了我们当中许多人难以抹去的记忆。时光荏苒，弹指间，四十多年过去了，可当年的许多人、许多事却依旧那样清晰，那样亲切地浮现于眼前，仿佛一切都发生在昨天。

故地重游，再来印江，这对于一个岁近暮年的人来说，何只是给感观带来一种甜甜美美的享受，更是人一生中欲求难得的机缘或福分。于是，我怀着迫不及待的心情，在那已然变得陌生的小城里穿街、过巷，四处寻找我们当年共同寄居过的那幢木结构楼房。

春风依旧拂杨柳，故楼踪迹何处寻？变了，一切都变了。当年的那幢楼房，不知什么时候，已被鲜花、绿树以及鳞次栉比的高楼所覆盖。我感到一种难以名状的怅惘。当我漫无目的地朝城外走去的时候，忽然觉得眼前一亮，心潮一下子汹涌起来。那金黄灿烂的油菜花、那涛声依旧的小河、那巍巍屹立的古塔，如图似画的呈现在眼前。啊！是这里！是这里！这里正是我苦苦寻觅的地方，也是这几十年来，常令我梦绕魂牵的所在。我就是在这里，与名噪贵州乐坛的花灯音乐大师张秉熊相遇、相知、相交。那时候的张秉熊还不到而立之年。虎背熊腰，浑身都像充满释放不完的青春活力。也许是他名讳中带“熊”字，加之他体魄健壮，所以，同事们都亲切地叫他“狗熊”。剧团在印江整训期间，几乎每天晚饭后，秉熊都要来到这开满油菜花的田野，或是望着高高的古塔沉思，或是对着涛声阵阵的小河引吭高歌，或是坐在绿茵茵的草地上用香烟盒记录着突然跳动在脑海的崭新音符。而我呢，调来剧团不到半月就随队下乡，身边几乎没有一个可以推心置腹的朋友。为了打发寂寞也常来这里散步。一次又一次与秉熊邂逅，渐渐我们搭上了腔，渐渐我们彼此熟悉，无话不说……我久久地凝望那纵横的阡陌，竭力想从那条狭窄的土路上发现故友当年留下的足迹。这时，从田野的不远处传来一阵歌声。那声音虽然有些苍老，然而曲调却犹如来自天籁，优美、动人。那旋律我愈听愈熟悉，愈听愈觉亲切。最后，我终于想起来了，这不就是秉熊四十多年前为剧团第一台歌舞晚会创作的声乐节目《茶山会》中脍炙人口的唱段？真是无巧不成书。我正当在故地思念故友之时，却听到了他早年的成名之作在乡间传唱。那苍老的歌声似乎具有神奇的牵引力，我不由自主地循歌声传来的方向疾步走去。

一带翠绿的竹林，掩映着一幢粉壁青瓦的楼房。房前，宽敞的院坝里，一个白发苍苍、精神矍铄的老大爷，佝偻着腰，一边继续哼唱着《茶山会》，一边编织着竹篓。贵州人热情、好客，的确不假。老大爷听见来人的脚步声，连忙放下手中的活计，笑容可掬地迎上前，邀我落座。又是倒茶，又是递烟的忙个不停。主人十分健谈，我们从农村的生产生活的巨变，转到了花灯这个话题。当我问及老大爷刚才哼唱的曲调是从哪里学来的时，大爷的回答却令我大惑不解。

“跟我徒弟学的！”

“徒弟？你的徒弟？……”

如果这优美的曲调真的出自《茶山会》，那么一个大名鼎鼎的音乐家，怎么竟成了山村老农的弟子？

老大爷大概看出了溢于我脸上的疑惑，诡诘地笑笑，便一本正经地给我讲述了一个鲜为人知的故事。

老大爷是当地遐迩闻名的灯头。他六岁学灯，十几岁便成了走南闯北的花灯名角。他肚子里到底装了多少花灯调，用当地人的话来形容，叫做“车装不下，马驮不完。”他精通于灯，却从不收徒传灯。直到四十多年前的某一天，他才破例为一个专程从省城来的年轻人敞开了那道严实的师门。这个年轻人就是日后声名远播的花灯音乐大师张秉熊。据说当年张秉熊也是颇费了一点心机才扣开了这扇紧闭的师门。他曾两次拎着老大爷喜欢喝的高粱酒，喜欢抽的叶子烟登门拜师，都被老大爷冷漠的脸色拒之门外。到了第三次登门，秉熊干脆来了个“你不点头，我就不走”。这种僵持的场面从早上一直延续到月上东山，老大爷终被大师的真诚所打动。在答应年轻人的要求的同时，老大爷提了一个条件，要张秉熊学完他的老灯调以后，教他唱一段新灯调。从这天开始，秉熊几乎每天晚上都跟着老大爷挑灯学唱。半个月过去了，老大爷搜肠刮肚地把自己会唱的花灯调全都传给了这个“洋音乐”的弟子。而张秉熊也如约从《茶山会》中抽了一个唱段教会师傅作为临别前的谢师之礼。

老大爷在讲述这段尘封往事的时候，不只一次夸赞秉熊“记性好”、“悟性高”，从来都是“口唱心记”。

提到口唱心记，我不能不承认这是张秉熊一大采风特点。别人采风，在当时录音机还不普及的年代，大多是用笔来记录音符。而张秉熊则与众不同，要么静静地听艺人唱，要么低声跟着艺人唱。一次去黔北采风归来，领导要他出示文字资料。他很认真地回答说：文字资料没有，全都装在肚子里了。为此他曾不止一次受到领导和同行的指责。有人说他是借采风之便游山玩水，有的则说他是态度傲慢，瞧不起民间艺人。任凭别人如何说长道短，秉熊从不正面给人做任何辩解。与秉熊相处长了，我才慢慢了解他这么做的真实意图。用秉熊的话来说，符号是死的，无论什么样的符号都记录不下别人的原汁原味，而人是活的，活人就该有活的办法，只有把别人唱的东西听进去，铭记于心，慢慢咀嚼，细细品味，将其精华溶之于灵魂之后，写出来的东西才不走样、不变味，也才能达到挥毫自如，随心所欲的境界。难怪张秉熊无论写什么作品，哪怕偶尔写一两首群众歌曲，都蕴含着浓浓的花灯味道。

老大爷讲述完这段往事，便十分关切地问起了他“徒弟”的近况。当他听说大师已在几年前驾鹤归西时，不禁黯然神伤，老泪纵横。他仰望苍穹，仿佛在质问不公平的天大爷：“他比我年轻多了，怎么竟让他先我而去？”“真可惜，人才呀，难得的人才！”

是啊！凡是熟悉秉熊的人，无不为之扼腕叹息。从那虎背熊腰的魁伟身影渐行渐远，直到走完他人生的最后历程，年仅六十五岁。这对于一位才华横溢，聪颖过人，造诣极深，成就卓著的音乐家来说，实在是英年早逝！

二

1934 年，当春天的脚步踏绿川西大平原的时候，坐落于大邑县的张家大院迎来了这年的头一桩大喜事：府上添丁了！刚降世的孩子是张氏门中的长房长子，合家上下喜不胜收。盼子心切的张父，在孩子还未出世之前就给他的后继人取好了名字，小名大娃，学名秉熊。孩子满月那天，大宅院张灯结彩，鼓乐齐鸣，前来贺喜的至亲好友络绎不绝。席间，客人们的溢美之词不绝于耳。有人说，这娃娃顶平额宽，浓眉大眼，将来定是一员威震一方的虎将；还有人说，大娃子两耳垂珠，乃大富大贵之相，将来定会富甲西川……可几年以后，人们便惊讶的发现，孩子的志趣爱好似乎是与生俱来的，而长辈们的良好祝愿，殷切期待，只不过是一厢情愿而已。孩提时代的张秉熊，似乎在娘胎里就与音乐结下了不解之缘，还在咿呀学语的时候，就能跟着哄他睡觉的母亲哼唱摇篮曲，到了记事的年龄，对于音乐的敏感就更加明显地表现出来。回荡在田野间的山歌、民谣，茶馆里演唱的清音、道琴，小巷深处盲人们拉的胡琴，戏台子上唱的川戏以及板车夫喊的号子……总之，凡是音乐他都喜欢得入神着迷。常常因为听音乐忘了回家吃饭，忘了去学校上课。为此，少年时代的张秉熊没少挨望子成龙的父亲的严厉训斥。每逢秉熊因听音乐遭到父亲责罚的时候，慈祥的母亲总是会站出来，替孩子解围。母亲的观点是："儿孙自有儿孙路，是成龙上天，还是成蛇钻草，那都是命里注定，是强求不来的。"并未因有此一说就轻易改变自己主张的父亲，为了坚持按自己的想法去塑造孩子，秉熊五岁的时候就被送到了张氏祠堂办的私塾馆读《三字经》、《百家姓》、《千家诗》。到了上新学的年龄又被送到县城最好的中心小学校读书。从小学到中学，秉熊的音乐、语文成绩总是在班里名列第一。而其他的功课，要么不及格，要么成绩平平。此时的张父对孩子的未来完全绝望了。加之时局的变故，家道的中落，他也没有多少心思放在儿子身上了。这样一来，正好给青年时代的张秉熊留出了一个自由选择人生走向的空间。1950年，张秉熊高中毕业，便自作主张报考了当时全川惟一的一所音乐院校——重庆音乐专科学校（四川音乐学院前身），并以优异的专业成绩被录取。

进入高等音乐学府的张秉熊，如鱼得水，如鸟翔空。他那过人的音乐天赋，也因此得到了充分发挥。学习上的刻苦精神，对待艺术的严谨作风，以及他在平时的作业里透出来的灵气，常受到老师的好评，同窗的赞赏。

秉熊学的是作曲专业，可奇怪的是，与他交往最多的却都是器乐和声乐系的同学。他在和这些同学的接触中，像是有意识地偷师学艺。几年下来，他真还是学到了不少本专业以外的知识和技能。器乐系的同学举办周末音乐会差人，他能随便拾起一件管弦乐器凑个数。声乐系组织合唱，声部缺人，他也能像模像样地参与其中喊上几嗓。他的这些表现常被同学们讥为“不务正业”，“万金油”。可秉熊则不以为然，照样我行我素。当时，可能谁也没有料想到，正是这一段“不务正业”的经历，为他日后的作曲、配器积累了丰富的知识，也成就了他与众不同的写作风格。

五载寒窗，转瞬即逝。临近毕业分配的那些日子，许多同学都为自己的去向着急地四处奔走。而此时的张秉熊却平静如常，仿佛即将决定前途命运的大事与他没有任何关系。表面上的镇定并不等于他没有自己的想法，其实他心里早就做好了打算。他是一个很务实的人。他深知，在那“惟成分论”盛行于世的年代，出身不好的人，无论你政治表现多么优秀，也无论你专业成绩多么拔尖，都绝不可能把你分到条件好的地方工作。再者，他也确实想远离故土，去到人才匮乏的边远地区做一名“拓荒者”。有了这种“识时务”的思想准备，自然也就取一种“一切顺其自然”的态度面对现实了。

秉熊的分配，一点没给学校带来麻烦。主管学生分配的老师几乎没有找秉熊谈过一次话，征求过一次意见，就把去向一锤敲定下来。1955 年的秋天，当青城山的枫叶红了的时候，张秉熊和其他几名同学背着简单行囊，踌躇满志地踏上了通往贵州的旅程。临行前，他怀着一种“将士一去不复归”的悲壮情怀，回首望了天府古都一眼，心里暗暗说了声：“再见了，故乡！”便登上了鸣笛催行的列车。此刻，恐怕连张秉熊本人都没有想到，这一别，自己的青春连同生命，都将交给那片对他来说完全陌生的热土。

三

贵州，当时在许多人的心目中，何只是陌生，甚至仍把它视为“充军发配”的蛮荒之地。人们的这种看法并非毫无道理。五十年代初的贵州，的确处于交通闭塞，经济萧条，人才匮乏，百废待兴的落后状态。与毗邻的天府之国相比，确实有着天壤之别。而这些，对于早有思想准备的张秉熊来说，不足为虑。他甚至喜欢挑战艰苦。在他看来，“一穷二白”的地方，就像一页页没有染墨的五线谱纸。他可以在那广阔无垠的“五线”空间里，纵横俾合，任意挥毫，谱写出他所追求的那种让人心旌震荡的音乐。而真正让他担心的倒是那即将面临的工作定位。其实他要求不高，只要能把他分配到一个能发挥业务专长的所在，他也就心满意足。秉熊的这种担心并非杞人忧天。在那个年代，轻视知识，浪费人才的现象，并非罕见。秉熊儿时的两个朋友，就曾遭遇过这种无奈。一个朋友是学医的，分配到了某县机关食堂管营养伙食；另一个是学工的，却分配到了某县百货公司做营业员。秉熊在省人事局招待所等待分配的那些日子，是最折磨人的日子。他几乎每时每刻都在想，假如自己落到这样下场，那该如何面对。每每想到这些，脑子里紧绷那根弦，仿佛随时都有绷断的可能。半个月过去了，通知终于下来了，他被分配到了贵州省歌舞团。此时的张秉熊真是欣喜若狂，忽然间竟觉得自己是天底下最幸运的人。

贵州省歌舞团，是集舞蹈、声乐、歌剧为一体的专业艺术表演团体，也是全省最大、条件最好、倍受省里领导和观众青睐的艺术院团之一。由于贵州是个多民族聚居的省份，所以剧团常年创作、演出的剧(节)目，多以少数民族的形式、题材为主。初来乍到的张秉熊，曾一度被那做工精细、色彩鲜艳的民族服饰耀得眼花缭乱。更为那些风格各异、优美动听的苗、侗、布依等民族的音乐所倾倒。为了尽快熟悉、掌握和运用这些艺术瑰宝，他风尘未净便一头扎进了一个又一个侗村、苗寨。数月的采风，他获得了丰硕的回报。正当他这种冲动质变成一种力量、一种意志，准备撩起衣袖一试身手之时，命运却给他开了一个不小的玩笑。一天，领导带着十分关切的语气找他谈话，说是省委、省政府已上报中央国务院备案，决定成立贵州省第一个职业性花灯剧团，局里准备在省文化系统抽调一批事业心强、业务水平高的业务骨干组成筹备组，经过反复研究、反复筛选，大家一致认为张秉熊是最合适的人选。领导的一席话让张秉熊听得瞠目结舌。此时的秉熊连花灯为何物都一无所知，怎么一下子自己竟成了领导心目中最合适的人选呢？他想不通，也实在有点接受不了这种突如其来的人事变动。在那个年代，想不通也得服从，接受不了也不能说“不”。这是当时的干部们都应该懂得的最起码的常识，也是不由分说，理当遵守的规矩。申诉，在大多的情况下不仅改变不了领导的成命，弄不好还会招来“不服从组织分配”的严重后果。张秉熊虽然踏入社会不久，但其中的厉害，则早有所闻。因此，他连“为什么”三个字涌到了嘴边都没敢吐出口，便默默地挎上简单行囊，挪了这个还没来得及暖热的窝。

四

贵州花灯，历史悠久，源远流长，是贵州城乡百姓喜闻乐见的一种带自娱自乐性质的民间艺术。但由于封建统治阶级一贯地歧视、封杀，到了解放前夕，这一民间艺术形式已濒临于失传的境地。为抢救民族民间优秀文化遗产，当时的贵州省委、省政府，在党的“双百”方针指引下，经过深入、广泛的调查研究，决定在贵州成立第一个省级花灯艺术表演团体。后来人们对于把广场艺术搬上现代化舞台的做法，一直存在质疑。可我则始终认为：历史将会雄辩地证明：当时领导们扶植花灯艺术的举措，不仅无可非议，而且无论从丰富百姓日益增长的文化需求的角度去看，还是从弘扬民族优秀文化的意义上去评价，她都是一大贡献。应该为这些已然远去的领导们竖立一块永垂青史的丰碑，才不失历史的公允。

贵州省花灯剧团筹建小组由文字、音乐、美术、行政等方面的专业人员组成。张秉熊怀着极不情愿、极不愉快的心情，成了这个集体中的一员。1956年的春天，筹备组在贵州省文化局艺术科长张志的带队下，一行十余人，下到了位于黔南的独山县城。他们将根据事先拟就的建团方案，在这里物色一批具有一定花灯表演功底的民间艺人、业余文艺积极分子，作为支撑剧团的梁柱。

贵州花灯，有的人把它分作四路，也有人把它分作五路。这一无聊的争论，一直延续至今，谁也没有作出权威的结论。我可倒认为，无论你把贵州花灯分作几路，独山的花灯都算得上是一路，而且是一"大路"。其风格之独特，其色彩之斑斓，其藏量之丰富，是贵州别的地域的花灯没法攀比的。正因为如此，人们曾把独山县喻为"花灯窝子"。省花灯剧团筹建小组为了发现人才，在当地文化局、文化馆的热心支持、协助下，开始了频繁的观摩活动。这时的张秉熊依然是成天心事重重，少言寡语。工作环境的突变，对这位涉世不深的年轻人的打击实在太大了。他甚至无法想象，延伸在自己脚下的将是一条什么样的路。这天，独山县城关的业余花灯队为省团筹建小组作首场演出。演出的剧目叫《蟒山会》。也许是为了平息一下不安的心情，看演出之前，张秉熊一直不停地抽吸着香烟。旧时的花灯，正式表演之前，都习惯"打台"。在热烈的锣鼓声中，大幕徐徐拉开了。那几乎没有做任何装饰的舞台，那演员们朴实得近乎原始的表演，那一曲曲旋律优美、韵味悠长的唱腔，一下子把张秉熊吸引住了。他愈看愈入神，愈听愈激动。他简直不敢相信，天底下竟有如此美轮美奂的艺术瑰宝埋没在民间的土壤里。这一夜，他失眠了。旋律！旋律！那摇撼心旌带着浓浓乡土味的旋律，彻夜回响在他的耳边。他觉得这是冥冥之中命运的指引，让他在不经意中碰上了他一直追求而又说不清、道不明的那种音乐、那种艺术。忽然间，他竟认为，这次工作的变动是因祸得福，是领导们有意无意赐给自己的一份厚爱。从这以后，他开始认真调整自己的视角和思维，也开始认识到了自己的肤浅。他从跨进大学校门那一刻起，就曾虔诚地拜倒在柴可夫斯基、莫扎特等西方音乐大师脚下，总以为自己在课堂上学到的东西，是无以伦比的世界艺术经典，是自己一辈子也用之不竭的音乐财富。殊不知，这种盲目的满足感竟让自己在不知不觉中疏忽了祖国人文的博大，也忘却了民族历史的厚重。为了尽快补上在课堂上落下的这一课，他痛下决心，觅着头、一门心思地循着花灯的流向，苦苦探寻着这一古老艺术的源头。春去冬来，他一趟又一趟地深入到田间、农舍，寻师访灯。随着这一探索的步步深入，他愈加觉得，贵州花灯，其蕴藏量之丰富，与其把它称之为“花灯窝子”，倒不如把它喻为浩瀚的海洋更为确切。独山之行，可以看作是张秉熊另一种人生的开始。他对花灯艺术的情感已远远超过好奇、喜欢的程度，而是成了他生命中不可或缺的一部分。他曾在给友人的一封信中这样写道：“……寻寻觅觅许多年，没想到竟在有意无意间，与我梦寐以求的那种音乐邂逅。这大概就是人们常说的缘分吧。……为了让天下人都了解她的存在，喜欢上她的艳丽，我发誓要在这人迹罕至的峡谷间，用我一双坚实的脚，为她踩出一条前人未曾走过的路……。”

人的一生，似乎都会出现一段“一顺百顺”的幸福经历。张秉熊也不例外，在独山期间，当他载着以辛勤的劳作换来的花灯音乐第一桶金扬帆远航的同时，他的情感世界，也迎来了明媚的春天。在省团筹建小组里，与张秉熊接触最多，交谈又最投机的是黄存美。也许是缘分所致，两人很快就坠入爱河。黄存美毕业于贵阳师范学院艺术科，是花灯舞蹈造诣颇深的编导。两人的结合，可说是最完美的结合。在事业上，舞蹈需要音乐勾画意境，渲染气氛，提供节奏；而音乐则需要肢体语言去表现作者的意图、作品的内涵。这种相互依存、默契配合、互为补充的搭档关系，为各自专业的提高、完美创造了最优越的条件。在生活上，黄存美是人所公认的贤内助。她除了在日常生活中对秉熊体贴入微，还默默地把家务琐事一肩揽下，为秉熊的创作留下了充足的时间、广阔的空间。完全可以这样认为：没有黄存美甘愿为丈夫的事业做牺牲的精神，也就没有张秉熊在花灯音乐事业上的辉煌。

五

1957年，建团一年有余的贵州省花灯剧团在人员上作了一次大的调整。新上任的团领导，大刀阔斧地把从独山招来的演职员请回原籍的同时，又从贵阳的各中学招收了一批学生。为了展现剧团的崭新面貌，团领导决定集中优势，创作、排练一台花灯歌舞晚会，向省里领导和全省观众汇报。这时，经过长达一年的潜心探索，早已进入蓄势待发状态的张秉熊，一肩承担了这台晚会所有剧（节）目的作曲任务。其中，他与诗人、剧作家孔成宇先生合作的花灯演唱《茶山会》是这台晚会中最为出色的节目之一，也是秉熊一生中最得意的花灯音乐作品。这一节目的音乐和配器他仅用了三天时间一气呵成。《茶山会》不仅在形式、结构、内容上突破了传统的花灯模式，令同行们交口称绝，耳目一新，并以它优美、流畅、灯味浓郁的旋律征服了看惯传统花灯的热心观众。《茶山会》是秉熊跨入花灯音乐领域后的一部处女作，它的成功，不仅为花灯声乐闯出了一条通往美好前景的新路，也为秉熊日后在花灯乐坛的权威地位打下了牢固的基础。

张秉熊是个充满激情、勤奋多产的花灯音乐家。从1956年到1966年的十年间，他以石浪署名的作品多达数以百计。完全可以这么说，自贵州省花灯剧团1956年建团以来，存入资料库的音乐作品，其90％出自他的笔下。其中，《打鸟》、《打菜》、《打舅娘》、《三里湾》、《哑姑娘》、《丰收之后》、《女飞行员》、《平凡的岗位》、《灯班传奇》、《乌江云·巴山雨》……等大小剧（节）目均可称作传世之作。这些艺术精品曾为贵州省花灯剧团昔日的辉煌，起到过“金字招牌”的作用。人们透过这些作品既可以看到秉熊在那坎坷的花灯音乐道路上留下的一串直线前行的坚实足迹，亦可以发现他由摸索到成熟，由成熟进入完美境界的艰辛历程。曾经有位资深的音乐界人士对张秉熊的作品有过这样的评说：“美在与众不同，美在一反常规。”概而言之，也就是说，秉熊的作品都具有独到的强烈风格。这一风格的形成，是经历了无数次挫折之后，主观智慧与客观实践相碰撞所迸发出的耀眼火花。那么，秉熊在哪些方面表现出“与众不同”、“一反常规”呢？我认为，一是“创”二是“怪”。从这两个字说开去，抑或可以让人们窥其一斑。

所谓“创”，从广义上讲，叫创新。在这里，具体所指则是花灯音乐的创腔。众所周知，传统花灯音乐，大都是四言八句，起承转合，一曲一情节，多以三人称的形式唱述所要表达的内容的小调。花灯，从广场搬上现代化舞台，并正式列为一个新生剧种，这本身就是一个从内容到形式的飞跃。这一飞跃给音乐带来的最大难题，就是要用戏剧性音乐去为题材多样、人物众多、情节复杂的剧目服务。而这些却又恰恰是原始花灯音乐的弱项。要填补这一空白，就必须对原有花灯进行改造。用戏剧界的行话说，就叫做“创腔”。对于一个新兴剧种而言，这是一项涉及到一个剧种发展的空间、走向、乃至兴衰成败的系统工程。为了加快这一工程的进度，剧团领导曾聘请了从事京、川、评、越等剧种的音乐工作者共谋良策。大多数人都主张走捷径，沿袭老剧种的做法，分行当行腔，一曲多用、一成不变的模式设计唱腔。这一想法曾以《红管家》一剧作过尝试。其结果，既像“京”，又像“川”，惟独不像灯。不伦不类，四不像。这时，沉默已久的张秉熊提出了一个大胆的想法。他认为，随着时代的进步，戏曲的发展，老剧种的板腔体音乐为了适应现实的要求也在进行戏曲改革。花灯是个新的剧种，完全可以避开这段弯路，创造具有本剧种和时代特色的唱腔。其具体的做法是，按照不同的题材、不同的人物、不同的性格，从原始花灯音乐中选择基调，然后从戏曲、新歌剧音乐中吸取有用于我的行腔手段，按人物、剧情的需要进行发展。令人振奋的是，他这一设想，在以移植剧目《哑姑泉》作实验时，竟一举获得了成功。我认为，其所说的成功，可从如下方面去看：一是从根本上解决了原始花灯音乐缺乏戏剧性这一难题，从而使花灯音乐在戏剧中真正发挥了刻画人物、渲染主题、烘托气氛的艺术功能；二是根据不同剧目、不同人物、不同戏剧环境的需要，对原有花灯音乐的曲式结构做了较大调整，并吸收了大量与花灯音乐属性相近的外来乐汇加以发展。最令人叫绝的是无论他怎么发展，那浓浓的灯味，总是融会在一个个音符音节之间。无怪乎民间的花灯艺人听了秉熊的作品夸赞说“万变不失原汁原味”。而观众则交口称赞新创作的唱腔比旧花灯调更好听，更感人。秉熊所创的唱腔，得到观众和业内人事普遍肯定之后，省内许多花灯音乐工作者都纷纷或是悄然效仿或是公开的借鉴。这对于花灯艺术事业的发展，起到巨大的推动作用。追溯那段历史，实事求是地说，为花灯戏剧音乐开了先河的几个人当中，无论从哪个角度去看，张秉熊都算得上是其中贡献最大的一个。由此看来，剧团的同事们把他称作先驱也好，大师也好，我都认为他受之无愧。

所谓“怪”，是指秉熊的作品常常出现“藐视章法”之嫌。别人常用的东西他偏不采用，而总喜欢别出心裁，独树一帜。例如，一段唱腔中常常出现令人意料外的音程大跳。一段唱腔本来已经很完整地行进到终止，他却偏偏让人意想不到地来上几小节“飞句”，而且每次都运用得恰到好处，给人一种余音绕梁之感。又如，人们普遍认为：黔北的花灯缺乏戏剧性、旋律性，不宜在大型剧目中作为主基调来运用。可秉熊对此一说，偏不服气。在大型花灯剧《灯班传奇》一剧中，他就大胆地选择了黔北的“薅秧歌”作为该剧的核心基调。他把黔东地区的“丝弦”，经过提炼，巧妙地与黔北“薅秧歌”揉为一体，不仅弥补了黔北花灯之不足，而且一丝不减黔北花灯浓郁的地域特色。

此外，秉熊之“怪”，还表现在乐队建设和配器手法方面。剧团成立之初，张秉熊就组建一支这样的乐队，萌发了一种被人视为狂妄的想法。他曾常常在大庭广众之中，口无遮拦地表示：“未来的花灯团乐队，将是一支精悍的、无人可以代替的乐队。”他这么说，也这么做了。他在兼任乐队指挥和队长期间，曾严格要求每一个演奏员必须先跟花灯老艺人学会唱灯。在唱好灯的基础上，利用每天“基训”的时间，通过调整弓法和指法，模拟唱腔的韵味。这种特殊的训练，大约持续了半年之久，果然见到了成效。一支技巧精湛、风格突出的花灯乐队出现在了贵州乐坛上，让人叹服不已。当时，几乎每年都有大专院校弦乐系的大学生分配到剧团工作。这些学院派的演奏员，论个人技巧，堪称一流，可每次参加合奏，都没法与乐队其他队员协调一致。有的大学生，经过了一年多的磨合才慢慢掌握了花灯的演奏风格和技巧。这支由秉熊亲自训练指挥，人员不多，势力雄厚，无人可以替代的乐队，在“文化大革命”前一直在贵州乐坛独领风骚。甚至连周恩来总理视察贵州期间，也曾亲自点名要这支乐队为他伴奏舞会。贵州省花灯剧团乐队，是一支以民乐为主的混合型乐队。由于建制所限，人员不多，致使乐队一直处于声部极不平衡的状态。秉熊在刚开始做配器的时候，曾为此伤透了脑筋。经过反复琢磨，他毅然决然地抛开了在学院学到的那一套西洋配器法，另辟蹊径。具体的做法是：事先做好案头，把自己的设想记录在总谱上，然后把演奏员召集在一起，分声部一个音符、一个乐句地进行口授。配完一段，试奏一段。一经发现自己的处理与想象中的效果不一样，便立即进行调整。直到他满意为止。这样做下来的结果，一是比写完总谱再让队员分头抄分谱节约时间，二是由于他对各种乐器的性能、技法、最佳音域了如指掌，经过声部与声部间的相互调剂，不仅让听众察觉不出声部失衡的痕迹，而且其组合成的丰满度远远超出了一个十余人的小乐队所能达到的效果。一次剧团赴西安演出，某剧团的一位乐队指挥惊讶地说："我一直以为你们是一支庞大的混合乐队，万没有想到只有十余人，真棒！"从那时开始，秉熊一直采取这种做法配器。后来同事们便把这种配器法称之为"张氏配器法"。

秉熊在音乐创作上表现出的种种怪异，在贵州音乐界人所皆知。后来有的人便给他取了一个不雅的外号："怪味葫豆"。我倒认为这一外号并非完全出自贬义。产自重庆的"怪味葫豆"，麻、辣、咸、甜，味味齐全。其味虽怪，却香脆可口，是深受百姓喜好的名特食品。同样，秉熊的作法虽"怪"，却怪出了优美、甜畅的旋律，也怪出了独树一帜的花灯风格。他的许多经典之作，直到今天仍在民间广为传唱。

六

张秉熊是中国共产党党员，是中国音乐家协会会员、贵州省音乐家协会理事、国家一级作曲，在剧团曾一度集艺委会主任、乐队队长、乐队指挥、创作组长于一身，是享受省政府津贴的高级专家。最难能可贵的是，这些令人羡慕的荣誉和地位，并未改变他俭朴、厚道、乐于助人、淡泊名利的品格，也未改变他吃苦耐劳、兢兢业业、精益求精的工作作风。数十年一路走来，他留给人的印象，始终是那样的朴实、随和。五六十年代，剧团的演职员常常自带行李，徒步深入到偏僻山区巡回演出。每遇这样的任务，人们就会发现，背着沉重的行李和演出器材，走在队伍最前面的一定是张秉熊；剧团到达目的地，第一个上前帮扛道具箱，第一个攀上高高的电线杆布线装灯的也是张秉熊。不仅如此，秉熊还是一个多面手，分队演出时，乐队差人，他操乐器；演员队缺角，他粉墨登场。五十年代末，我就曾亲眼见他在独山县的政府礼堂挥舞着花扇跳花灯舞《庆丰收》。他那膀阔腰圆的形体，自然不及专业演员那么帅气，可一招一式却做得十分认真。不知内情的观众，很难辩出他是个客串的“替补演员”。

“哪里需要就往哪里去”。这本来是那个年代喊得最响亮的一句口号，可张秉熊却曾为此付出了他一辈子也未能想透的代价。也许张秉熊过于单纯，他把复杂的社会看成像校园一样简单，以为在学校可以做的事到了单位照样可以做。他尚未具备丰富的阅历来帮助他分辨：单位和学校虽然同是组成社会的细胞，可前者，经历了岁月风尘的洗礼，其构成细胞的分子远比后者要复杂得多。你在校园里可以尽情释放你对工作的热情，可到了工作单位，你的热忱倘若超过了某些人习以为常的“度”，那就是犯忌，甚至是犯了大忌。事情的发展正是如此，正当张秉熊为自己响应了“哪里需要往哪里去”的号召而感到生活无比充实之时，一支支冷箭悄然地射向了他的后背。不知道是什么人，也不知道这些人出自何种目的，在背后散布说：“张秉熊野心勃勃。”“张秉熊的黑手伸得太长。”如果当时张秉熊听了这些带攻击性的言论，立马警觉起来，把自己的热度稍加冷却，或者选择一个适当的场合对自己的所想所为做一点解释，也许这些矛盾也就不至于激化成隐患了。可张秉熊没有这么做，而是用自己一颗善良的心去度他人之腹。在他看来，某些人虽然言语过激一点，但绝非出自恶意，多半是对他尚不了解所生发出的误会。他甚至颇自信地认为：随着时间的推移，人们最终会了解他张秉熊的为人。对于一个厚道的人，怀着这样的良好愿望，是无可厚非的。可事情的发展往往总是不以个人意志为转移，正当张秉熊毫无戒备、满腔热情地继续响应着“哪里需要哪里去”的伟大号召之时，一场更具杀伤力的攻击，正无声无息地朝他袭来。

七

1966年的秋天，对于知识界许多人来说，那是一个不堪回首、令人诅咒的季节。盛夏才将过去，坐落于贵阳市东山之麓的贵州省花灯剧团便刮起了绵绵不断，散发着血腥味儿的秋风秋雨。“史无前例”的隆隆炮声，记不清是从哪天早晨开始，取代了往日的鼓乐之声。某些人按捺已久的“革命激情”，终于有了可以不顾一切，尽情发泄的机会。几乎是一夜之间，大字报、小字报像万箭齐发，直捣张秉熊；一顶顶冠以“反革命”“大地主孝子贤孙”，“反动学术权威”，“潘、孔、张三家村”“乐霸”……种种罪名的帽子，戴在了张秉熊的脑袋上。一向对人从不设防的张秉熊，一下子被这“史无前例”的狂潮吓乱了方寸。“这世道究竟怎么了。”“自己究竟做错了什么了？”昨天还作为组织信得过的人，在北京的怀仁堂指挥乐队为中央首长演出，怎么一下子竟被推到了敌对阵营？还没等张秉熊想明白过来，与他同时遭此厄运的几位老艺术家，已一个接一个关进了比正规监狱还要简陋的“牛棚”。事已至此，张秉熊也不想再费心思去寻求答案。同时也作好了蹲“牛棚”的一切准备。令张秉熊感到意外的是，命运非但没有让他陷身“囹圄”，反而为他网开一面。事后他才明白，之所以当时没被关进“牛棚”，是因为造反派需要人写赞歌。在“当权者”的心目中，惟能担此“历史重任”者，非张秉熊莫属。于是便决定把张秉熊留在“棚外”，在眼睛雪亮的“革命群众”监督下，控制使用。其实，这一决定对张秉熊来说，未必是福。进“牛棚”最多受点皮肉之苦。而留在“棚”外、作为“造反派”们玩弄于手中的一枚棋子，所要面临的种种遭际，将致人于心里滴血。这期间，张秉熊的主要任务就是为“造反派”们的“红色歌舞”、“红色戏剧”谱写音乐。每次接手这类的文字本，秉熊都会感到阵阵锥心刺骨的痛。“这哪里能称作艺术？分明是胡闹，是对圣洁的艺术殿堂的玷污。”可他又不能不写。“掌权者”有言在先：写或不写，是革命和反革命的分水岭。秉熊早在中学时代就积极参加了地下共产党组织的学潮。从那时起，他就站在革命的立场革自己的命，革反动派的命。他当然不愿意在二十年后让人戴上“反革命”的帽子。为了表现自己的立场，秉熊只好把艺术家的良心抛到一边，违心地画起了音符。每写完一个造反节目，秉熊都像一个负罪的基督徒，呆呆地望着天空，默默忏悔。听人说，违心的事做多了会导致人精神崩溃，举止失态。日复一日的精神折磨，秉熊真的变了。白天，他抑郁寡欢，老态龙钟，完全没有了往日的那种潇洒；夜晚，人们常常会见到他独自一人，在尚义路演员大楼前那块不宽的院坝里，彻夜吸着香烟，来回踱步。他在想什么，谁也不知道，我想最让他解不开的只有一个问题，那就是“到底是自己跟不上形势，还是世道变了”？

自古，中医就有“忧郁成疾”之说，近代医学更科学的证实：忧郁是一种无形的致命“杀手”。长达十年的忧郁，不仅彻底摧垮了这位川西汉子的精神世界，也在他的体内埋下了久治不癒的病根。

八

如果说，“拨乱反正”“改革开放”等一系列政策大调整，为艺术的百花园带来了烂漫的春天，那么张秉熊也在这个时候，迎来了他艺术生涯的第二春。重新获得广阔的创作空间的他，虽然体力远不如十年前。他谢了顶，患上了慢性病，消瘦了许多，也显得苍老了许多。可是在工作上却焕发出前所未有的旺盛精力。他在贵州省艺术学校花灯班做了五年兼职教师。除了给花灯的传人们“讲经布道”，还利用课余时间撰写论文，主编《贵州民歌集成》，为团里团外新创剧（节）目作曲。其中值得一提的有两出戏，一出是他与花灯音乐家张启贤联手，并由他配器指挥的地方歌剧（其音乐大部分取材于花灯）《故乡人》。这出戏晋京参赛，荣获了中央文化部颁发的“文华奖”。这是贵州花灯有史以来，惟一一出获此殊荣的剧目。

另一出戏，是由原省文化厅副厅长，作家，剧作家曹雨煤创作的花灯剧《乌江云·巴山雨》。秉熊接手剧本之时，病情已经出现恶化的征兆，连走路都会喘息不止。大概为了减轻一点精神和体力上的负担，他主动邀请了安顺花灯剧团团长，花灯音乐家、国家一级作曲张启贤做他的合作伙伴。两张情趣相投，曾有过多次默契合作。因此，在音乐素材的选择，人物基调的确定，主题音乐如何贯穿，重点唱段的技术处理，以及全剧情绪音乐如何布局等等方面，都能在毫无争议的气氛下一拍即合。两张都是众所周知的快手，总共花了不到一个月的时间就写完了第一稿。让两张始料不及的是，当演员向领导视唱汇报时，主管领导只简短地说了一句话："走得太远了！"言下之意，即全盘否定了两张这次的创作。

全盘否定，这对于一位成名的作曲家来说，未免有点难堪。在张秉熊几十年的作曲生涯里，还从来没有遇到过这样的尴尬。按张秉熊的性格，人们以为他会慷慨陈词为自己的作品讨个公道。哪知这次他一句话也没有说，只是散会以后，由于情绪的激烈波动，他险些休克过去。沉默，整整一个星期一声不吭。到了第八天，秉熊像突然变成了另一个人。他大清早就主动找了张启贤交谈，两人从清晨谈到日落黄昏。第二天秉熊便向剧团领导提出，为了避免干扰准备找个僻静的地方写第二稿。在剧团领导的安排下，当天二张住进了花溪奶牛场招待所。

凡是写过戏剧音乐的人都知道，当作者原有的音乐形象未淡出之时，要用全新的构想、全新的音乐素材去改写同出戏的音乐，其难度要比新写另一部作品大十倍，甚至数十倍。可奇怪的是，二张仅用了二十来天时间，便写完了《乌江云·巴山雨》一剧的唱腔音乐。紧接着，秉熊又一个人躲在花溪水电局招待所，以一个星期时间，写完了"乌"剧音乐的配器。第二次向主管领导视唱汇报，仍在剧团的排练厅进行。听完主要唱段的视唱，从领导到全团演职员，几乎同声叫好。北京的专家组审看了《乌江云·巴山雨》剧组在贵阳的演出，一致同意推荐该剧为第五届中国艺术节的参演剧目。奇巧的是，演出场地竟安排在秉熊的母校——四川音乐学院对面的川剧学校，观看《乌江云·巴山雨》剧组在蓉城的首场演出的观众，川音的师生几乎占了半数。其中不少秉熊的恩师和师兄妹。开演前，场子里十分嘈杂，可当该剧的幕前曲："过了乌江河，海椒叫辣角……"高亢优美地飘出乐池那一刹那，所有观众都被征服了。整个剧场鸦雀无声。随着剧情发展，一段又一段精彩唱段的出现，观众席掀起了一阵又一阵热烈的掌声。甚至坐在前排的评委有的也被音乐感动得忘记了自己的身份，激动地跟着观众鼓起掌来。演出获得极大成功，为贵州省花灯剧创造了一出戏囊括七个优秀奖项的崭新纪录。在这七个奖项中，二张的音乐，秉熊的配器就占了其中的两项。

我认为，《乌江云·巴山雨》的音乐，是秉熊众多作品中最具代表性的一部作品。他几乎倾注了全部的智慧和心血来铸就作品的灵魂，因而更具有永恒的，震撼人心的艺术魅力。同时，《乌江云·巴山雨》的音乐，也是花灯音乐大师张秉熊留给观众的一曲经典绝唱。因为上苍留给他的时日已经不多了。

秉熊终于累倒了！这次犯病，其来势之猛，犹如山倒。他一生最怕看医生，每次犯病，他都拒绝住院。可这次，他连说话的力气都没有了，只好任凭家人的摆布。在医院的抢救室里，当守护他的亲人为医生下的"病危通知"暗暗垂泪之时，张秉熊满脑子想的仍然是他执著追求了一辈子的花灯音乐。这时他已处于弥留状态，说话都感到困难。于是他向医护人员要了一支圆珠笔，一页笔记本纸。用颤抖的手，写下十余行诗句。这是他留给身后的一份"自我总结"。那字里行间，既有欣慰，也有遗憾，既有希冀，也有祝愿。读后，不禁令人潸然泪下。其遗书的大意是：命运安排他与花灯音乐结下不解之缘，他无怨无悔地为花灯奉献了青春年华。令他感到欣慰的是，他曾与同行们共同铸造过花灯的辉煌。今后的路还长，担子更重，只有继续努力，方能让花灯这朵奇葩永保鲜艳。然而使他深感遗憾的是，“水已竭，油已干，心已累，身已残”，再也无力为花灯音乐做奉献，只有等到“来世再结扇帕缘”。

我想，假如真的有来世，人们一定会看到那虎背熊腰的身影，活跃在有“灯”的农会里，田野间；

我想，假如真的有来世，人们也一定会看见大师孜孜不倦的神情，出现在彻夜不灭的灯光下，辛勤地耕耘在“五线”之间。

因为，我了解的秉熊从来就是一个“言必行，行必果”的人。

1999年3月19日，秉熊的人生足迹，永远地定格在了这一天的14时30分。那颗在花灯乐坛闪烁了四十多个春秋的星辰，终于划破长空，陨落了。可怀念他的“灯谜”们都异口同声地告诉我，在那颗星辰陨落的地方，亮起了一盏灯，那灯，依然在花灯乐坛熠熠闪烁！

2006年5月25日　珠海

张中笑

从侗族歌乡走出的音乐家

傅汝吉

2005年的夏天，贵州高原是一个欢歌的季节，从苗寨到侗乡，从韭菜坪最高点到沿河谷底，四乡八岭到处唱响了《多彩贵州》，歌声震撼了黔山秀水，歌声向世人宣布：夜郎当自大，夜郎能自大。在这次万民参与的歌唱大赛中，《黄果树瀑布》是组委会推荐的歌曲之一，这首歌以雄浑而舒缓、奔放而跌宕的美妙旋律，紧紧地牵动着人们的心弦。

带着歌咏大赛产生的激动心情和仰幕之情，我们采访了这首歌的曲作者张中笑先生，他是贵州省群众艺术馆研究馆员（正高职称）、民族音乐学家、教授，现被聘为贵州大学艺术学院民族音乐学硕士生导师。

根在侗乡

侗族大歌被称为天籁之声，它从侗寨飞出，在中央电视台崭露头角，在巴黎音乐殿堂令专家惊呼："清泉闪光的音乐，在世界上也罕见"。此次《多彩贵州》音乐大赛，从江县小黄村的侗族十姊妹一路过关斩将，夺取金黔奖桂冠。

历史的民族民间自然艺术的造化，加之现时丰富多彩的生活激励，使"无人不唱歌，无处不飞歌"的侗乡更加"歌潮澎湃"，"饭养身，歌养心"的谚语更加贴切无误。贵州侗乡出歌手、出歌仙、出音乐家，已是被世人公认的事实，张中笑是众多侗族星中最亮的一颗。

张中笑出生在贵州省天柱县邦洞村，这里地处侗族北部方言区的中心地带，此地浓缩了北部侗族音乐文化的精华，与侗族南部方言区的"侗族大歌"交相辉映的"玩山歌"迎接中笑哇哇堕地，伴着他咿呀学语，还是小小年纪就在这样的音乐摇篮中享受着醉人心扉的美妙歌声，吮吸着植根于侗乡土地中的音乐之"氧"。可以说尚还不知音乐为何物的小中笑那时就迷上音乐了，"因为好玩好听"，多么天真朴直的认识啊。

在邦洞小学，活泼可爱的小中笑引起了音乐老师吴华的偏爱，吴老师教他简谱、拉二胡和打拍子。三下五下，吴老师发现他居然能哼完一首新歌，还能站在全校同学面前有眼有板地指挥大家唱歌。1953 年，张中笑考入天柱县民族中学，幸运之神让中笑在民族中学受到一位更出色的音乐老师周明霞的青睐，周老师给他"开小灶"，教他识五线谱，给他传授中西音乐常识，给他介绍中外音乐名人大师，中笑心中的音乐天地更为宽阔了。他暗暗发誓：走出大山，走向音乐的殿堂。毕业之前，这位恩师为中笑报考音乐学院颇费了几度思量。当年的通讯手段一般都是写信，急事要事就发电报，打电话对山里人来说是个陌生的行为。周老师为他联络了报考西南音乐专科（现四川音乐学院）的相关事宜，高兴的张中笑连连做着美梦：坐在作为音乐伙伴的脚踏风琴前弹奏乐曲，在五线谱纸上的作业成了红分。想象着“我就是从侗乡出来的音乐家”。然而命运之神却在此拐了一个弯，因为邮路遥远，“报名逾期”的消息似一盆凉水泼到了张中笑热辣辣的头上，也泼到了周老师的热心热肠上。周老师深知这位酷爱音乐的侗家少年的认死理个性：“非音乐不读！”几经周折，总算把他送入新建不久的贵州民族学院艺术科音乐班。

招他入学的小提琴老师龚克先生见他音乐感觉好，手指条件也不错，有意收他为徒。没想到这位山嘎子此时真“嘎”起来了：“老师，哪种乐器最难学呀？”耐心的龚克老师一本正经地回答：“西洋乐器中，钢琴最难学。”张中笑果断地说：“那就让我学钢琴吧！”经龚克老师同意，他果然以钢琴为主科，以小提琴为副科，开始了全面的、正规的音乐学习。

步入音乐专科后的张中笑好似一丘久旱初雨的农田，拼命地汲饮着上天降下的甘露。他学了一些作曲常识之后，就急着小试锋芒。一天，一位主修作曲的同学向他推荐一首《青山坡下一条河》的歌词，他便悄悄地为它谱曲。没想到，几经修改，竟然得到了作曲老师傅天满先生的首肯，并推荐到《苗岭歌声》刊物上发表。当他看到自己的处女作在省级音乐刊物上发表之后，他高兴得挺胸挥拳。这支歌，为张中笑后来的成长奠下了第一块基石。在他的要求下，科里同意他主修作曲，兼学钢琴和提琴。

1958 年底至 1959 年初，中笑获得了一次极好的学习机会：到黎平县侗族民间合唱团（黎平侗族艺术团前身）学习。这里云集着侗族音乐的优秀歌手和优秀歌师及侗族乐手。他在后来的一篇回忆文章中这样写道:“走进黎平侗族民间合唱团,犹如跳进一个侗族音乐的海洋之中,尽情地享受着‘海水’的浸泡,让身上的每一根神经,每个细胞都浸透侗族音乐的元素和基因,那是一次难忘的音乐洗礼。”短短几个月的时间里,他拜长者为师,结青年为友,听啊、记啊、问啊、唱啊,求知的口袋,拼命地装进侗族音乐的瑰宝。四十多年后,当他主编《侗族大歌研究五十年》这本重要文献时,他当年所学的笔记再一次派上了用场,同时他执著地重登当年黎平侗族民间合唱团团长杨国仁先生之门进行求教,约请他写了一篇关于“合唱团”的文章——《侗族大歌发展史上的一座丰碑》,可见中笑对这段学习历史及导师之爱之尊的一斑。中笑为这本巨著撰写了《撷芳千里侗乡,研读五十春秋》的文章,实为这本文献的导读之文。

1959 年,他幸运地被选送到中央民族学院艺术系音乐专业继续接受高等学府的深造。在首都北京更为广阔的音乐海洋中,得到我国著名音乐家吴祖强、王也夫、杜鸣心、田联韬、金正平、关也维等导师的真传,使他的音乐视野更加开阔,阅历更加广泛,知识更加丰富,技巧更加提高。此时的张中笑,意识到自己已有了和过去相比截然不同的升华,细细品味自己得天独厚的民族音乐素养,其音乐动机好像含在海绵里的水,只需轻轻一压,它就会汩汩流出。他把几位导师所传授的那些玄妙的音乐理论与自己多年来在基层、在民间的音乐实践结合起来,产生了他在大学里音乐知识的新飞跃。待到毕业时,他放弃了留在京城从事音乐教育或从事音乐创作、工作的机会,主动要求回到了贵州这块民族音乐的热土,先后在贵州省歌舞团和贵州省群众艺术馆从事创作和研究工作,贵州的民族音乐事业向他伸出了“那支上帝之手”,让他的音乐抱负在贵州高原纵情驰骋,取得累累硕果。事实证明了一句名言:放弃意味着获得。

情在山寨

侗族大歌唱道:“难舍难舍真难舍,就像糖蜂难舍花。糖蜂飞过千重岭,生死只为这枝花。”张中笑就像一只飞越千山万水回到贵州民族民间音乐这花丛中来的糖蜂,因为他对生育他、培养他、需要他的这块山地有着深深的依恋之情,他常挂在嘴边的话是:“我是侗家的儿子,我是贵州人,我们不写贵州谁写?我们不唱贵州谁唱?”他对贵州山山水水的情和爱,早在中央民院的音乐习作中,就谱成了令人神往的管弦乐曲《侗寨之夜》、钢琴组曲《啊,清水江》、大合唱《侗寨春歌》等作品,他还应邀为北京电影学院导演系毕业生吴天忍改编的歌剧《秦娘美》作曲。他的作曲理论知识和诸多习作,受到科任老师的肯定,在校园里火了一把,让那些原来看不起贵州的人对他刮目相看了,得出“贵州人聪明”的结论。

贵州省歌舞团有一位管资料的老同志叫赵越,是一位从北京国家级艺术单位,戴着右派帽子,“下放”到贵州来的专家,他发现新分来的这位还穿着学生装的小伙特别勤学,一扎进资料室就是埋头学习半天,便对他产生了怜爱之心,常常根据他的需要,翻出一大堆有关民族音乐的资料、中外名著、名作,特别是云南、广西、贵州的民族音乐作品让他打借条“领回去慢慢学”。张中笑常常挑灯夜读、笔飞字落,他感叹:早年一批有识之士历尽艰辛、翻山越岭、走村串寨搜集整理了那么多东西,我们年轻人为什么不效法老一辈音乐人的“掏金”精神呢?!他下决心走出都市,到山寨去,到少数民族同胞中去,到民族音乐的源头去亲听、亲记、亲问、亲唱,他自己提出的“四亲”原则,成了张中笑40年来献身民族音乐的自律。黎平、从江、榕江、天柱等侗家歌乡成了他的艺术生产基地,那些地方的鼓楼下、花桥上、火塘边常见他与乡亲们同乐的情景;三都、荔波等水族音乐之乡留下了他的足迹;册亨、望谟等地布依族的大小调及独具特色的“勒尤”调，更令中笑如痴如醉；他到威宁、赫章与彝族同胞共享赛马场的欢快和婚礼风情，结识了彝族音乐家李永才和一批原生态的彝家歌手，向他们学习彝族音乐，所学到的东西，在他后来编集出版的《贵州彝族音乐》一书中占了不少分量；他还深入关岭、平坝和黔北等地区的仡佬族村寨，挖掘所剩不多的仡佬族古歌，肉莲花调；他曾多次到水城参加苗族“跳花坡”，认真研究苗族芦笙音乐及舞蹈。在盘县马场滑石板乡他认识了苗族直箫艺人王连兴，这是一个多才多艺的民族民间艺术家，张口就能唱调子，手脚并举奏直箫，《贵州民间艺人小传》一书中有对他的简介，张中笑说他遇到王连兴是找到一位民族音乐的“钟子期”，打开了一座苗族音乐的小仓库。后来他与王连兴建立了深厚友谊，常常与他切磋一些苗族古歌及贵州直箫乐的学问，并对生活极为拮据的王连兴给予力所能及的帮助。当他得知王连兴病重难治之时，他在省艺术馆办公室主任寿天舒的陪同下，专程到滑石板乡王连兴家中探望，给王送去药品及慰问品，然后又多方化缘，将王连兴接到贵阳治疗，同时携妻舒宝琴抓紧对王连兴的直箫曲目进行采录，后来舒宝琴将王连兴吹奏的几十首曲子记录整理，编入《中国民族民间器乐曲集成·贵州卷》中，她还撰写了系列研究文章在全国民族音乐学术研讨会上和省内、外学术刊物上介绍了贵州苗族直箫艺术。王连兴对知音张中笑感激涕零，特将自己一支心爱的、也是生前最后的一支直箫赠予他，以作永久的纪念。

几分耕耘，几分收获。张中笑在贵州的民族山寨中寻访、探索、搜集、整理，让他积累了丰富的贵州民族音乐原生态的第一手素材，不仅促进了他的作曲水平，更提高了他的民族音乐水平，为他后来成长为名副其实的民族音乐学家、一级研究员、艺术学院教授、民族音乐硕士生导师奠定了深厚的根基。他编辑出版了《贵州少数民族音乐》理论专著，专家评价极高，国家权威理论刊物《音乐研究》1992 年第一期上有人撰文称，“该书堪称探寻贵州少数民族音乐艺术宝藏的一把钥匙”。后来，他又主持创办了在全国颇具影响力的文艺期刊《音乐·舞蹈》、《少儿歌舞》等。他 1980 年出任《中国民间歌曲集成·贵州卷》编委兼《侗族分卷》主编，撰写了《贵州侗族民歌述略》及《多声民歌》、《玩山歌》等释文。出任《中国民族民间器乐曲集成·贵州卷》常务副主编，为《综述》的执笔者之一，他根据贵州民间器乐的实际，提出了“歌乐”类的新类别，受到了集成总部专家们的高度评价：“这一学术成果会产生深远的影响，影响到民族音乐学的分类。”他就此而写的论文《歌乐——民族音乐分类中的新成员》被全国艺术科学规划领导小组授予“优秀论文”证书。他还为《中国大百科全书·音乐舞蹈卷》撰写了《布依族音乐》、《水族音乐》(与人合作)等条目；为中央民族大学出版社出版的巨著《中国少数民族传统音乐》撰写了《布依族音乐概论》和《水族音乐概论》，为《中国少数民族艺术词典》撰写了侗、苗、仡佬族音乐条目百余条；他写作的《中国少数民族音乐研究思绪录》发表于权威刊物《中国音乐学》上，产生了重大影响；《中国音乐年鉴》、《人民音乐》等许多重要理论刊物都留下了他的笔迹。他还出了《中笑创作歌曲选》、《乐矿》、《旋律主题及其发展的技法》、《五线谱与简谱对照读法速成》(与舒宝琴合作)等四本书。

我省青年作家李钢音在写张中笑的报告文学《无悔的梦》中称：“张中笑以他诚挚的感情和辛勤的劳作，为国家、民族的伟大文化事业做出了突出的贡献，为人民创造了美，同时也升华了自己的品格，美化了自己的心灵。”海内外一些有影响的辞书，如英国剑桥《国际音乐及音乐家名人录》(第 17 版)及《中国音乐家名录》、《中国当代艺术界名人录》、《中国当代文艺家辞典》、《中国少数民族专家学者辞典》、《中国少数民族名人大辞典》等收录了他的名字和主要事迹。

歌在心中

中国古人有言:情动于衷而形于言,言之不足故嗟叹之;嗟叹之不足故咏歌之。

张中笑有着从音乐中专到音乐本科扎实的科班专业知识,加之丰厚的生活阅历,使他的作曲水平进入到“自然王国”的境界。张中笑刚踏入贵州省歌舞团专业作曲之门,根据学生档案材料介绍,他的作曲学科属上乘,领导有意试试他的业务水平,交了一场“应时”音乐会的音乐主笔任务给他,初试锋芒,夜以继日努力的成果首次得到团领导及同行的认可,让他对未来充满了信心。很快又主笔完成了舞剧《刘英俊》的音乐创作和大型歌剧《人民战士》的音乐创作任务。

镜头摇到1984年初春的一个晚上,张中笑的老搭档,我省著名词作家阮居平带着一首新词来找他,商量着把这词谱上曲子参加省里夏天举行的《贵州好》征歌活动。中笑专注地读了几遍歌词:“穿过高高的云岭,飞向深深的峡谷,像一匹垂天的巨幕,辉映着绚丽的光谱。”他不停的赞赏:“太豪迈了!这就是我们壮观的大瀑布,也是我们勤劳奋进的贵州人啊,我一定倾力将它谱好,争取拿他个大奖。”很快,他便用手在腿上打着节拍,嘴里哼着静谧而激昂的旋律,两人心有灵犀一点通,当即敲定歌的感情处理为“起伏跌宕,气势磅礴”。客人走后,时间已是夜里十一点,按常规应该就寝了,然而张中笑毫无睡意,他的心飞到了黄果树瀑布,眼前是白水湍飞,青山如屏,峡谷森森,响声振耳的壮观景致。只见他稳健地口中念念有音,不一会,七个音符科学有序地搭配着落在纸上,改一遍、两遍、三遍,“成功了”!他迫不及待地唱给他每支歌的第一听众,同是音乐人的爱妻舒宝琴听,夫妻俩满意地笑迎东方的旭日。

《黄果树瀑布》果真夺得了《贵州好》征歌大赛的一等奖。这支歌曲由我省当时的女高音歌手王跃珍在贵州省广播电台演唱，不久省电视台选送王跃珍带上这支歌参加了1985年中央电视台首届青年歌手大奖赛，荣获了三等奖。别小看这个三等奖，那可是全国第四名啊！这是我省在全国性比赛中首次获得这种殊荣，尤其在几亿人瞩目的中央电视台，为此，王跃珍从一位普通的中学音乐教师一夜成了名人、红人。1991年，我省摄制的申报世界自然遗产保护的专题片《啊，黄果树》选用这首歌为主题音乐。1992年，省电视台拍摄的《金话筒世界》节目中，这首歌贯穿始终，有人把这支歌喻为贵州的省歌。这次《多彩贵州》大赛中，这支歌被许多歌手选唱。据《贵州都市报》报道，在非职业组美声唱法复赛的23名选手中，有13名唱的均是这首歌。《贵州商报》载文称《黄果树瀑布》是属于贵州人民的“同一首歌”。在一片好评声中，我们问中笑：“你估计《黄果树瀑布》能不能评上‘多彩贵州’的优秀歌曲？”中笑笑答：“有这么多人爱唱这首歌，又有这么多人爱听这首歌，我和词作者居平都感到很欣慰了，能不能评为优秀歌曲，那就是评委们的事了。”

2000年暮春，张中笑再一次到清水江采风，回到了故乡天柱，看到昔日的穷乡旧貌换新颜，听到了“父老乡亲甜笑中埋着乡音，一声声喊着我的乳名”，与村民们唱起往日的歌，“留住了心，系住了情，久醉不醒”。从而自己作词，谱出一首甜美的、侗味十足的歌——《侗家深情永相随》，歌中唱道：“我从侗乡归，鞭炮声声脆，热情的父老来相送，活泼的孩童身后追，大嫂牵手送出寨，大妈问我几时归……”没有深深的情，那有这亲亲的歌？这歌在《他从侗乡来》——贵州电视台介绍著名侗族音乐家张中笑的MTV光碟中有情有景，非常动人。

张中笑是贵州的赤子，他的情通过多姿多彩的7个音符，深深地爱着这片热土，他创作的数百首歌曲中，绝大多数是贵州恋歌，比如荣获首届国家级“群星”大奖的《园里牡丹伴芍药》(阮居平作词》和获 1990 年首届贵州省政府“文艺奖”一等奖的《拉太阳》(姜琴英、曹继斌作词),以及《盘江情韵》、《黄果飘香》、《国酒礼赞》、《我爱花溪》、《甲秀楼,你多么令人神往》、《织金洞招手迎客来》、《潕阳三峡更奇秀》、《林城情依依》等等,音间曲里浸透着他对贵州山水和各族人民的深爱之情,所以他常说:“好歌都是从心中蹦出来的。”

志在“气”上

张中笑常说,夜郎不要自大,但也不要自卑,不怕缺人才,就怕缺志气。志在“气”之上,方称为志气,否则就成“气志”了。

因为工作关系,他常常在北京、广州、云南、黑龙江、内蒙等地参加音乐工作会或学术交流会。他总是以贵州人而自信,常常通过他的作品,他的论文,他的发言引起与会者的关注,凭才学与魅力将那些人对贵州人的冷眼变成热眼,热眼变成红眼。“没有本事,拿不出作品来,你是北京人、上海人也等于零。”张中笑在他任常务副会长的贵州民族音乐研究会上,在他任主任的省音乐家协会民族音乐委员会上常常这样慷慨陈词,不断鼓励同行们,“多学多干多写,拿出好的作品,拿出好的有真知灼见的文章,别人才会服你,否则到全国会上,你就只能选个边边角角坐起听人家神侃。”

“十年浩劫”之后,小平同志指挥全国唱响了“春天的故事”,万物复苏,艺术界活跃起来了。当时,最让人望而生畏的是论文写作,上个世纪八十年代初,贵州很少有音乐理论文章在全国性刊物上发表,张中笑看中了这个目标,并向着这个目标冲刺。1982 年,他写出了大学毕业之后的第一篇论文——《布依族二声部民歌浅析》。文章在广东省音协的《民族民间音乐》期刊上登出后,立即得到圈内不少专家、学者的肯定和赞扬。不久他就应邀带着这篇文章参加中国音协召开的全国少数民族音乐学术研讨会。文章在会上宣读之后，获得与会者极高评价，并被选入中央音乐学院编辑出版的《民族音乐结构研究论文集》中。不久，他便被吸纳为中国音乐家协会会员，后又被选为中国少数民族音乐学会副会长，中国侗族音乐研究会副会长，为贵州音乐人在全国学术论坛上赢得了席位，成了引人注目的一名贵州音乐家。1987 年，中国“海峡之声”电台以《勤奋、进取、追求——介绍贵州侗族作曲家张中笑》为题向海内外介绍了他的事迹和作品。贵州人民广播电台录制了《心随朗月高·志与秋霜洁》介绍侗族音乐家张中笑的长篇音乐专题向全国播放。

1990 年，张中笑出席在内蒙包头召开的中国少数民族音乐学会，这次会议有一个各省推荐理事的内容。开始由于组织者对贵州不了解，分配的名额有限，张中笑坐不住了，他从座位上站起来要求发言，他一下子列数了十几位长年在贵州基层从事民族音乐工作和音乐研究的民族音乐家的事迹和成果，更赞扬这些同行乐于吃苦，甘守清贫而钟爱民族音乐的精神。他的发言让与会者从交头接耳到洗耳恭听，有的频频点头称是，有的说“真不知道原来贵州藏龙卧虎呢”，结果贵州入选理事的人数由几人增加到十几人，居全国第二位。

现在退而不休的张中笑仍在为 7 个音符忙碌，为繁荣民族音乐忙碌，为宣传贵州忙碌。我们期待着，在第二届、第三届《多彩贵州》歌唱大赛上，仍有张中笑的佳作入选，我们也希望他不断地奉献出新的科研成果。我们更希望他带出几个出色的民族音乐事业的接班人。

陈士英

一个关中汉子的剑胆琴心

韩乐群

《黔岭星空》编辑部的同志约我写一篇介绍陈士英先生的文章，理由很简单：他是你的老友。对于我来说，这似乎也是义不容辞的事，尽管我最近血压偏高，整日昏昏沉沉的，久未提笔，我还是一口答应了。

提起士英，思绪很快飞到了我俩初次会面的场景：那是 1961 年的隆冬季节，我与我团作曲家李惟白先生到高寒山区采风，在彝族民俗学家李永才先生的陪同下，来到了距威宁县城 60 多里的板底。当时是大雪封山，路断人稀，进入大山里成天以洋芋度日，生活十分艰苦。一天傍晚，我们去板底小学记录民歌，此时，小路上走来了一位体态修长、满身风雪的青年。经介绍，才知道他是省音协专职干部陈士英，来黔后虽未谋面，但神交已久，他 1956 年 9 月发表于《群众音乐》上的处女作《杜鹃花》却是我的第一首歌词，今日初识，相与大笑，从此，我们就在一起活动。记忆最为深刻的是一道参加了一次彝家婚礼：雪地里、大棚下、篝火旁、酒礼中，通宵达旦，一直将新娘送上山梁，迎亲的马队渐渐远去……

一晃就是 45 年，时光如水，人生若梦。人称“乐坛三友”的老大——张奇先生已经作古，我俩仍保持着兄弟般的友情，均年过古稀，白发苍苍，不胜感慨系之。

为撰此文，我们作了一次长谈，对着灯光酒影，他自然谈起他的童年。

一

民间流传着一句俗语：“南方的才子北方的将，陕西的黄土埋皇上”，渭河平原是孕育中华古文明的摇篮；已有3 000多年悠久历史的西安古称长安，是我国六大古都之一，先后有十多个王朝在此建都，有着丰厚的人文积淀与优美的自然环境，可谓钟灵毓秀，人杰地灵。1935 年 10 月，士英就诞生在渭南的一个普通农家，姐妹三人，他居老二，家道中常，年景好时还能过上舒心的生活。不幸的是，在他三岁时，生母逝世，随后，继母进门，又增添了姊妹 5 人，对于一个普通农家来说，人口众多，这已不堪重负了。

出于家境的窘迫与农村的习惯，士英少年时即参加劳动，割草、拾粪，里里外外忙个不停，即使这样，也难于缓和家庭的紧张气氛：继母的异样眼光，兄弟间的无端争执，在他幼小的心灵上投下凝重的阴影。对此，他感到恐惧与厌倦。他把目光从室内投向户外，去寻找另外的天地。

渭南平原沃野千里，地势险峻，河渠纵横，交通发达，当年曾是兵家必争之地。历史上战争频频，人口流动变化巨大。基于多种原因，来自鲁豫甘宁的农民、士兵，聚族而居。从而围墙高耸、碉楼林立，有的屯寨俨然是一座小城，形成了各自独立的活动圈，也形成了各具特色的民俗文化点。每到农闲季节，或遇婚丧嫁娶，乞雨祈福，则各种形式的民间文娱活动，争奇斗艳，美不胜收。此时，便成了少年士英的乐园，他摆脱一切束缚，成天地跟着龙灯、舞狮、旱船、高跷的队伍奔跑，从中寻求他儿时的乐趣，也吸取了民间文化的奶汁，而使他终生受益无穷。

士英从小就对各种地方戏剧有着浓厚的兴趣，激越高亢的秦腔，通俗质朴的"迷胡子"(郿鄠戏)，委婉动情的碗碗腔以及从周边省份传入的山西梆子、河南梆子，无不使他如痴如醉。一听到锣鼓声的召唤，他总是揣着馍馍，挤在人流里，挤在人海中，呆呆地看着、听着、笑着、哭着，乐而忘返。

长时期的耳濡目染，潜移默化，加上他对地方戏剧的特有爱好，士英对各种戏剧音乐有着浓厚的感情，他慢慢地听懂了，记住了，拿着乐器，也能有腔有调地吹奏了。最使他难忘，也得益最深的是，学校里有一位曾在地主家当过"锅头娃"的校工，是个无师自通的乐手，他耐心地教导士英，使士英的伴奏技巧又上了一个新的台阶。

戏曲，也成了士英学习历史、铸造心灵的启蒙读物，如《铡美案》、《三结义》、《窦娥冤》、《打金枝》等历史名剧，曾深深地震撼着他的心灵。那些除暴安良、打富济贫的英雄成了他崇拜的偶像，惩恶扬善、扶正祛邪也成为他判断是非的标准与人生的生活准则。士英无不骄傲地、也略带伤感地给我谈起一件儿时往事：小学时，有一位比他大三岁、高班的地主阔少总是无缘无故地欺侮他，当时，他太瘦小，只能默默地忍受，无法反抗。过了几年，有一次，他与弟弟同行，与阔少狭路相逢，阔少故技重施，“旧恨新仇”，涌上心头，他与弟弟“二对一”，大打出手，自然也大获全胜，结果，“我还折断他一支派克金笔！”他苦笑了，并解释道：“这不是什么阶级觉悟，只是自然人的复仇本能；也可以说是陕西人的性格。”

时光慢慢地流逝，士英渐长，结束了农村生活，初中毕业了，带着刚烈如火、柔肠似水的双重性格，走入城市，走进了西北艺术专科学校附属艺术学校的大门，成为音乐科的一名学生。

艺术附高地处南郊兴国寺，浐河蜿蜒东去，西安关兴教寺，翠华山的公路在校门前穿过，校园里有一股泉水，周边是望不到边的麦田桃园和蟠桃园；附高新生住在土塬上边的窑洞里，冬暖夏凉，十分舒适。当时，生活费用全部由学校供给，士英已无后顾之忧，带着激情和理想全身心地投入学习中。

初到学校，开始选修专业课，城市来的同学纷纷选修钢琴、小提琴和管乐，乡下来的见识不多，见什么稀罕就选什么，选乐器时，士英在库房里看到一种四根弦的胡琴，就说：“我选这个！”老师笑了：“这叫四胡。”从此，他和四胡结下了不解之缘，应该说，这种选择，有很大的随意性、偶然性，但对一个来自农村的少年来说，也只能如此了。

学习的课程有十四门，自然十分艰苦紧张，他十分珍惜这来之不易的学习机会。由于各方面表现优异，他很快被选为学生会文体部副部长、班主席和班团支部书记。1955 年冬，又被推举为“西安地区模范团支部书记会议”代表，参与盛会，所有这些，尽管占用了他一定的时间，耗费了不少心力，但也锻炼了他在社会活动方面的组织能力。

第二年，在主科老师的建议下，他由四胡转为钢琴。学习日趋繁重，回家的次数愈来愈少，有几个暑假都干脆把床铺搬进琴旁，或练琴，或赶作其他作业，准备迎接即将临近的毕业考试。

1956年秋，“附高”毕业，因成绩优异，士英顺利地与其他46名同学升入本科继续深造。当然，有此机遇者还不到全部的50%，其余的均分配了其他工作。

金秋季节，正遇“向科学进军”时候，学院掀起了学习高潮。士英踏入人生又一阶梯，踌躇满志地欣赏着校园秋景，筹划着未来美好的前程。次年春，乍暖还寒，“芙蓉池外隐春雷”，打乱了校园的平静。

“反右”开始了！“反击右派分子向党猖狂进攻”的大字报铺天盖地，围剿的对象却是他们的语文老师，因一篇短文《迎风户半开》而获咎。士英反复读了这篇文章，觉得文中无非是“希望讲点民主，不讲假话，要讲真话”，心想：这有什么不妥，值得大惊小怪么？吵吵闹闹，引起轩然大波，叫学生如何上课，如何学习？他对“反右”产生了怀疑情绪，态度也是消极的。恰在此时，校长宣布：“经上级研究决定：艺专分校，成立音专和美专，美术系留守原地不动，音乐系迁至城南小寨……”就这样，一边迁校，一边批判，于8月中旬就迁入新的校址。

原以为，迁入新校，一切将从头开始，殊知，“反右”劲头越来越大。此时，他的挚友党永庵对他说：“看势头，这运动一下子完不了，咱俩也结个社——‘向太阳社’，我写词，你作曲，用歌曲创作以表示我们也投入了反右运动。”于是，他俩的“反右”经常在广播室中播出。

随着运动的深入，“反右”烈火开始燃到学生中，先后被揪出的有工人子弟柴凤鸣，复员军人杨奉国等，还有两个附高同学被宣布为反动学生强制遣送回乡。看着这些，士英的倔强劲上来了，他在一次会上说：“我们党自1921年建立，至今30余年，都是有左反左，有右反右，但我们总要从性质上看准，绝不可瞎嚷瞎哄！”这席话立即引起强烈的反响。别人避之惟恐不及，他却引火烧身，这是性格使然，正气使然，人生的命运也由此决定了。

他招致无情的批判与围攻，大字报、批判会连绵不断地袭来，说他“不识大局”、“阶级觉悟低”、“选他当班主席他不想当，连团支书也卸掉了，这是情绪反常”。“反右”结束，受到留团察看处分，总算逃脱了“右派”的厄运。

对此，他并未气馁，也未消沉，他想尽快地从阴影中走出来。恰好，陕西省文化局来校借用四名学生到三门峡水库区13个县抢救同州梆子，他们走遍黄河两岸，深入民间，了解民情民俗，最后编印了七大本文学资料，为抢救文化遗产作出了自己的贡献。

1958年底，学校组织了一个迎国庆创作组，由教务长带队，四个教师，四个学生组成。士英荣幸地被点名参加，创作大型作品，向建国十周年大庆献礼。

他们向汉中、翻秦岭、走蜀道，迎风冒雪，走乡串寨，后又分组活动。士英被分在镇巴、安康组，主要是搜集红四方面军活动情况及当地民风民俗、音乐资料。通过四个多月的艰辛劳动，创作组在汉中市完成了大合唱《钢铁大巴山》的创作；士英还单独创作了清唱剧《玉姑魂》的音乐文字初稿。可巧的是，在逛书店时发现他和几个同学合作的小歌剧《三更天》，已由音乐出版社出版发行，这意外的喜讯更增添了他心中的喜悦。

总结会上，教务长对他们的创作成果给予充分的肯定，并说参加创作组的几个同学可以免交毕业作品。然而，士英并不满足，便暗下决心，加倍努力，赶写毕业作品。“皇天不负有心人”，毕业前夕，他交出了最好的答卷——三首钢琴曲、一首女声小合唱。

学生生活也由此画上了一个圆满的句号，他没有选择地走向遥远的西南。

二

中国音乐家协会前主席吕骥给士英的题词：“来自秦岭、扎根黔乡”,也许真成了他的人生轨迹。

西北西南,一字之差,远隔千里。对于他来说,贵州,这个遥远而又陌生的地方,成了他大半辈安身立命之所。

1959 年深秋,士英分配到贵州省音协工作,还未熟悉环境,就下到大方县长石公社文工团辅导音乐创作活动,后又参加省委检查团在农村巡视。这些工作,对他是必补的一课。经过半年多的爬山越岭、走村串户,他对贵州有了一个初步的了解。回到贵阳,他就躲进小楼熬更守夜,翻阅本省各族的音乐资料与民间文学资料,从而,在思想感情与生活习惯上慢慢向贵州转化。

在充实自己的同时又要开展工作。当时的音协人力、物力均较匮乏,正好,市文化局派人找他,商谈与市群众艺术馆合办音乐刊物的事,经汇报后,双方一拍即合,确定刊名为《群众歌曲选》,经费两家分摊,业务由士英主持。经过半年的筹备、奔波,新刊物于 1960 年 10 月就面世了,很快就受到作者、读者的欢迎,产生了一定的社会影响。但当时正处在大饿饭年代,经费又紧,纸张又差,办到 1962 年也就走到了尽头,刊物停刊流产了。年终总结时,大家觉得停刊不妥,因此决定省音协独家主办《创作歌选》,此系不定期内刊,仍由士英全面主持编务工作,人员奇缺,收发编校,全由他一人唱独脚戏,甚至印刊用纸也要他一人运送,他只好推着车、驮着纸,将又黑又粗的纸稿送进工厂。这种编辑,既劳心,也劳力,每当大汗淋漓时,他依然裂嘴大笑,总感到虽苦犹荣,他如园丁在开垦一块荒瘠的园地。

十年噩梦,历史的时钟似已停摆,当士英再度编刊时,已跳到 1984 年 7 月。当时,他正被省电台借至遵义钛厂驻筑招待所帮电台审稿改稿,突被省文联召回开会,省文联领导在大会上宣布:“陈士英任《苗岭歌声》副主编。”友人为此祝贺,而他却一脸漠然。他深知:浩劫后,人员变异,职位升迁,人际关系复杂,帮派山头林立,接手刊物,无异于自寻绝境,自投罗网,自找麻烦,面对一个滑坡的刊物，欲起死回生，谈何容易。因此，他不愿收拾残局，拿到办公室的钥匙已过一周，他仍不愿走马上任，不是待价而沽，而是凶险难测……

在省文联几位领导的一再说服下，士英正式接手刊物后，首先研究过去的刊物，发现办刊理念陈旧，审美情趣不高，跟不上时代的发展与读者的需要，因而必须打破老框框，以扭转订户一再“滑坡”的局势；其次是充实编辑力量，调整编辑的格局。经过几个月的艰苦努力，调来了美编、编务和骨干，基本上搭起大干一番的平台；最后，为彻底改变原刊在社会上的形象，以崭新的面貌出现于读者面前，经过一再请示，通过省文联党组审批、省委宣传部备案，决定使用更具青春活力、时代色彩的刊名《春之声》。

1985 年 1 月，《春之声》第一期以全新的面貌问世，立即在读者群中产生了广泛的影响，也得到省内外音乐工作者的热情支持。一分耕耘一分收获，订户随之直线上升，由原来的2 300份按月上扬，提高到10 000份、20 000份一直到 30 万份，直逼全国音乐刊物之首的《歌曲》。订户数是刊物质量优劣的晴雨表，好评如潮是不言而喻的，上至中央主管部门、省委主管领导，下到老山战士，省外读者无不对《春之声》给予崇高的评价，受欢迎的程度已大大超过了我们原来所预期的水平。

要改革必然要创新，要发展，要破除保守势力的传统观念，要影响某些人的既得利益。不同的声音也随之出现了：什么“民族民间的东西不见了”、什么“激扬奋发的革命传统不见了”、什么“本省的作者不见了”……在他们眼里，《春之声》只剩下通俗的流行音乐了。尽管这都是些不实之词，但是在当时的历史条件下，似已铸成了铁案。

性格决定命运，士英的编辑生涯虽然留下了光彩，却也必将过早地结束。这对他个人甚至对社会都不无遗憾，但这也正是他个人魅力的所在。

三

士英是一位闲不住的人，总是“无事找事”。在担任刊物编辑工作的同时，还兼管着音协的群众音乐创作与音乐理论队伍建设的工作。本来，音协应安排专职干部来承担，由于编制太少，人手不齐，士英就当仁不让地承担下来。

当时，他住在省文联后面一座三层的小楼里，上楼左拐靠里的一间十来平米的小房，陈设简单，一桌一椅一柜一床而已。这里成了音乐爱好者的聚散地，俨然是一个小小的音乐沙龙。不同的来客带着不同的问题，士英不厌其烦，总是尽可能的解答，使业余作者满意而去。

来客中有他的老友张奇和市劳动人民文化宫创作组的朋友们。张奇是贵州人民出版社的音乐编辑，部队文工团出身，没有经过专门的音乐理论作曲学习，士英总是不遗余力地帮助他编稿、审稿、改稿，从而顺利地出版了《我们是红色小歌手》、《贵州三十年歌曲选》、《八一战旗火样红》、《苗岭之声歌曲集》等歌曲专集，收到了良好的社会效益与经济效益；在市文化宫《遵义会议放光芒》组歌的创作过程中，他除了逐章逐句的帮助修改作品外，并集中时间帮他们分析作品，讲解、欣赏大量古今中外的大合唱、清唱剧的经典文献，使他们顺利地完成了创作任务，作品经演唱后颇获好评。

士英在校期间专修作曲，对于音乐理论虽有涉及，但仍有“隔行如隔山”之感。为了提高贵州音乐界的理论水平，他即着手组建、培育理论队伍，集中学习马列主义哲学基本著作，并约请有关专家，不定期主办专题讲座，他自己亦参与讲授。经过多年的努力，使我省音乐界的理论水平大大地提高了一步。

粉碎“四人帮”之后，贵州省文联尚未及时恢复，音乐界一片萧条，一切均需从头做起。1979 年他终于回到了刚刚恢复的省音协，驻会副主席肖家驹同志尚未落实政策，仍被“挂起”，其他几位工作人员，有的调走，有的退休，有的下放农村劳动，音协仅他一人，根本无法开展工作。此时，士英不甘寂寞，凭着良心，凭着一点责任感，主动找事来做。他想到初到贵州时，发现肖老翻译的世界音乐文献，如能整理出版，极有价值。于是，他找到肖老，谈及此事，肖老尚心有余悸，害怕出版不成，反受其害。他终于说服了肖老，拿出他记在硬皮笔记本上的译文。士英熬更守夜，用工整的楷书抄写在稿纸上，用了两个月时间，才将此巨大工程完成。厚厚几大本原稿呈交有关领导签批付印，有关领导面有难色：“肖的问题尚未澄清，怎能印刷他的东西？”士英以三寸不烂之舌，引经据典，说服了领导同意批签放行。他又自跑工厂，自编自校，经过几个月的奔波，一本十余万字的《科达伊·佐尔丹及巴托克·贝拉文集》终于面世。肖老捧着这本久经磨难的音乐资料，感慨良多，再三致谢。

《文集》出版后，在省内外音乐院校产生了广泛的影响。不久，四川音乐学院邀请天津音乐学院留美教授许勇三先生来校讲学，内容是论巴托克为民歌配置多声的手法。士英获此消息，兴奋异常，便携带《文集》赴川听课，特地将《文集》赠送给许教授，许获此书，感叹道：“没想到偏远的贵州也有人和我有一样的眼光，都发现了巴托克！”对贵州音协的工作给予很高的评价。

士英对许教授讲学内容很有兴趣，特向他表示：待讲学完毕，可将讲稿带回贵州，编印出书。许教授自然乐意，又在士英的要求下，抄录了 18 份乐谱体例作为附录，更充实了篇幅。士英又开始为此书忙碌，在极端困难的条件下，他四处奔波，找人绘谱，亲自校稿。在付印前，为慎重起见，又赴天津，请许教授亲自校订，经过多少个日日夜夜，一年后，此书出版，正遇上天津音乐学院与天津音协联合召开的国际性“巴托克学术研讨会”，特邀士英参加，他成了研讨会上最受欢迎、最受尊敬的客人之一。

士英这几年总是这样默默无闻地工作着，先后编辑出版音乐资料5集：《外国近现代音乐家文选》、小泽征尔的《指挥生涯——我的游学随笔》、《世界著名小提琴家传略》等，这些资料，在当时特定的历史条件下，对打破文化专制主义的束缚，开阔视野，开展正常的文化交流，吸收世界各国进步文化遗产，都起到了不可估量的作用，自然也受到各方面的重视与欢迎。

士英作曲专业出身，因忠于本职工作，作曲反为副业，尽管如此，仍从上世纪五十年代开始，创作了歌曲150多首，其中有《诉衷情——寄台湾亲友》（王晓焚词）、《我爱花溪》》（韩乐群词）等歌曲获奖；撰写音乐论文、评论、杂文40多篇。1993年，年近花甲，他又满腔热忱地创办了海洋音乐学校，为培养音乐人才倾注了全力。他是一位不知疲倦的人，一位敢担道义、愿奏琴心的人。我俩深交半个世纪，均垂垂老矣！漫写此文，感慨良多，聊以1973年赠诗与此文作结：

渭北多奇士，
先生具侠风。
铁肩担大义，
银键奏深功。
一觉心开朗，
十年道潜通。
潼关殊未远，
昂首盼飞鸿。

2006年5月1日

张人卓

他一生有做不完的大山梦

屈贵州　郭家强

生活造就了他，他也造就了生活。

在贵州，只要一提起仡佬族音乐，民族音乐界的同仁就会立马想到张人卓，想到这位手提袖珍便携式叶子烟杆、身着西装革履的六盘水市第二届文联副主席、第一届音协主席。

如果从他的叶子烟杆所带的几分土气而轻视他，那你就犯了一个不大不小的错误。年青时的张人卓曾以领奏的身份随贵州省黔剧演出团赴北京、上海演出，受到包括周恩来总理在内的中央首长的亲切接见和夸奖。如果从他颇能掌握时机的几分幽默而猜想他油猾狡诈，那你就大错而特错了。凡与他相处过的人，大都会因同他分手而深为惋惜，怅然若有所失。如果从他侃天磕地，尤其是吹起音乐时的那种直言狂放而怀疑他治学松弛散慢，那你就越来越离谱了。他是一位除了要战胜社会环境、家庭和生活的种种困扰和障碍外，还得拼命地守护住自己的挚爱——音乐艺术，并且需要以百折不挠的意志去寻求抵达彼岸的正确通道的勇敢者。

一、“最大的官”

高山苗，水布依，
不高不矮是彝家，
仡佬住在石旮旯。

——水城民谣

在离水城特区蟠龙区向南、向北盘江——当地老百姓称之为归集黄河——方向 40 多公里的地方，有一个仡佬族山寨——仡支。这仡支属肖坪乡管辖，但自西向东的“归集黄河”蜿蜒、横卧在乡所在地和仡支寨中间。自古以来，这里就没有一条通道。从北岸高处远眺仡支，就仿佛置身在天地的尽头。对面常年是云遮雾障，峭壁林立如削，山谷幽深莫测。山谷间除了江水冲激声，再就是风划过没人的野草发出来的呼啸和冷不防山雀的几声打鸣。即便是阳光熙和的日子，走到这里，也会感到有难以言状的虚冷。

据老人们说，建国前，那些抓兵派款的人面对这仡支寨都只得望“山”兴叹而作罢。可是，仡支寨里恰恰埋藏着真正称得上贵州人的仡佬族人民极为珍贵的民间音乐宝藏。

1977 年，乘着强劲的东风，列入国家艺术学科重点规划项目的“十大文艺集成、志书”的编纂工作在全国开展起来。主持《中国民间歌曲集成》贵州省六盘水市分卷编委会工作的张人卓一方面意识到这项工作极其深刻的历史意义，同时又感到这是多年来从事民族民间音乐工作早就盼望的一件大好事情。张人卓，心里盘算：要将全市9 914平方公里区域内的各民族音乐梳理一遍，在经费、人员、器材都不够的情况下，是有一番苦要吃的。他以他惯有的责任感和敏锐的目光选中了大山深处的蟠龙区仡支寨。

蟠龙区领导一听说张人卓要亲赴仡支寨去搞民歌普查和搜录工作，一个个眉头紧锁，大家都不吭声。他们内心佩服这个从市里来的张老师的勇气，可又不相信这样一位文化人能到达仡支。张人卓看出了他们的心思，一面尽力打消他们的顾虑，一面向他们讲述此项工作的深远意义。张人卓的诚恳和坚定终于感动了区里的人，他们答应派几个年青力壮的仡佬族民兵和教师护送他。

第二天天刚亮，张人卓和护送他的人带上水壶、干粮离开了蟠龙。一行人走了 5 个小时，来到了肖坪乡。稍事休息后，他们又向北盘江进发了。肖坪地区属亚热带气候，时值正午，烈日当空，酷热难忍。走出肖坪后不久，路就没有了。大家在一人多高的茅草中穿行，汗水随时把眼睛迷糊住，好在有当地人寻路，大家只得靠着山势慢慢往前移动。许久，他们来到一片原始丛林边，在一株被雷击烧后的偌大古树边看见豺狼的新鲜粪堆，这才明白这里是野兽经常出没的地方，大家不由警觉起来。

又走了很久很久，水喝光了，干粮也吃完了，最后，连仡佬族大妈送给张人卓当柱棍的一根甘蔗也都拿给大家啃完了。谷地里的空气又闷又热，嗓子干得冒烟，好不容易看见了一处绿茵茵的去处，他们想，附近大约有水，于是加快脚步赶过去。走近一看，草丛周围没有什么水源，只是地上有一个牛脚窝似的坑，坑里的水已蒙上了一层薄薄的膜，这不知是好久留下来的陈水了。张人卓和年青人们都知道，喝这种起了膜的水有危险。但实在太渴了，他只好爬在地上，用力吹开层膜，凑在水面上喝起来，一股牛粪和腐烂物的腥臭直冲上来，张人卓打了几个恶心，直想吐，心想，要死就死这一回了。

黄昏时分，他们终于来到盘江边的巨大岩石上。向导说，张老师，要先“喊话”，因为两江对岸的人喊通话之后下到江边也都要走几十分钟。于是就喊起话来。可是，他们“时运不济”，由于天已晚，摆渡人已离开草棚子回寨去了。于是，向导打起火枪来，顿时，砰、砰的巨响在山谷中震荡起来，惊吓得要宿巢的鸟拍着翅膀乱飞。打了许久，对岸还是没有回应。这下，连向导都开始着急起来。

天渐渐黑下来，大家开始感到已陷入进退两难的境地。有人提议下到江边再说，大家一想，也只好如此。于是，一行人连摸带爬下去了，好歹到了江边，却只能看着对岸小船发呆。江流太急，一个连一个的漩涡叫人头晕脑胀，几个民兵都是“旱鸭子”，百般无奈，张人卓壮起胆子下了湍急凶险的北盘江，心想，要死就再死一次了。他跑到很远的上游摸着大石头下了水，一个个的浪头把他推到了对岸，他终于弄到了小船。但是，在这种江水中撑船可不容易，因此，撑回来时反而险些在滩头丢了命：如不是他急中生智抛出船绳，如不是几个民兵及时抓住了船绳，拿张人卓的话讲，我们都已成了他的“生前友好”了。

一群不速之客就这样精疲力竭地在一片狗吠声中进了仡支老寨。寨里人十分惊讶：你们几位同志是从哪里进来的呀！——张人卓心中有种胜利的和劫后余生的喜悦，但头突然胀痛起来，肚子也疼得厉害，全身发软，还来不及和任何人交谈交谈就睡到了支书家的床上。这一睡就是三天。第四天，他感觉好了些，便硬撑起来开始采风。

张人卓与之交谈的第一个人是寨里一位 80 多岁的老人。老人精神很好，对张人卓的到来非常感慨：说张人卓是他 80 多岁见到的第三个从外面进来的“官家”人。第一个是孙中山先生时期的一个保长；第二个是共产党时代的公社书记，张人卓是第三个——是他见到的“最大的官”。采风就在这样热热闹闹的气氛中进行起来。

仡佬族风俗，情歌不能在家里唱。张人卓就跟随青年人到山上、岩畔、草地、田间，一边放牛，一边采访、录音。入夜，他陪着男女青年在坡上、洞边，听他们唱歌，向他们提问、请教。短短几天之中，张人卓的各种仡佬族珍贵民间音乐资料顿时丰富起来，同时，他与仡支寨村民的友情也日益深厚起来。

俗话说：千里搭长棚——没有不散的筵席。临要分别了，仡支寨全寨人来送别。这个场面使张人卓永远不忘：一位名叫李桂花的 70 多岁的仡佬族老太太走到寨口颤巍巍唱着：

“你这个青年人，

好像我们仡佬人。

你屁股还没有坐热和，

今天就要走了，

菩萨保佑你长命百岁，

保佑你一路平安。”

“送客歌”一唱就是整整 10 里！在分界山梁上，寨里青年的火枪齐鸣，每一枪都猛烈地撞击着张人卓那饱经创痛的心。他的眼睛湿润了，这是多么纯朴的人民啊！这是多么真挚的友情！很久很久，他仍无法平静，一和朋友谈起这事，总是说，到这样的山寨去，连牛粪味我也感到分外亲切。

二、梦

1940 年，农历庚辰，张人卓在四川武胜县飞龙场呱呱坠地。龙生龙地，喜得贵子，祖籍黔西，在川为官的父亲大为高兴，于是，便以“人中卓杰”之意给小少爷取了名。

在孩提时代的人卓心眼里，优裕的生活并不能带给他什么，使他如痴如醉的是那些神奇美妙的人世间的一切音响：那幽远深邃

天华曲集》和那把“葫芦二胡”。不摆花架子，不装虚样子，他一指一弓一音地苦练起来，左手指尖起了硬球，右手持弓处起了茧子，“葫芦二胡”活活被练散了架，没有二胡练揉弦？在右手壁上练，走路时在同学肩上练，吃饭时在筷子上练，教室里在笔杆上练，睡觉时在肚皮上练……

小学六年级时，他借到一把真正的龙头二胡。一个假期，他把《刘天华曲集》反反复复拉了无数遍。到后来，弟妹也都能背得下这些曲子了。

凭着这，他成了县里的“名人”。

初中三年，物质生活继续给张人卓留下一片空白。中午，放了学，别人或回家，或在食堂用餐，他却因家远，又无钱在校搭伙，只得强忍饥饿在教室里拉二胡……五分钱一双的水草鞋，来回十几里赤着脚走，只有进学校时才把它穿上。星期天，几十里外挑煤进城卖，累极了，自己编些“挑煤号子”来提神。

生活尽管清苦，但在文艺舞台上，张人卓可是当时县中的头面人物：教师组织的“红星剧团”演出中有他身影；歌剧《白毛女》、《赤叶河》、《王贵与李香香》演出中有他的角色；《花儿与少年》、《鄂尔多斯舞》是他的拿手好戏。总之，张人卓有他自己的充实，有他心灵深处的骄傲。

1958 年，正是中国“大跃进”的年代，张人卓初中毕业了，这个具有艺术张力的勇毅少年以毕节地区艺术类音乐专业考生“状元”的成绩报考了贵州民族学院附中。专业考试时，跃跃欲试的张人卓受到主考吴吉荣老师的赞赏，可是，张榜公布时，因家庭出身，海外关系，他却名落孙山！

他只有掀不去的困惑和苦闷，他隐隐约约感到，自己成了一个社会弃儿，一个没有犯罪的罪人。

在县城里，他和遭受同样命运的几个同学过起了流浪者的生活。

给县粮仓挑米糠，从城里挑到城外，一分钱一挑，糠少人多，一天捞不上几挑，他和伙伴们忍受着双重的压力。每当苦闷极了，他就像背书一样去记吴吉荣老师的嘱咐："学习不能丢，专业不能丢，国家总会需要的。"这样，使心情平静下来，咽着清口水复习功课，练琴，还不时作点"曲子"。

不久，机遇终于叩响了张人卓的门：甘棠农业中学需要一名音乐教师。于是，困顿中的张人卓走上了陌生的教书之路。

又过不久，县里的文艺汇演使甘棠区教师张人卓大出风头。县文化馆馆长盯住了这个年轻人，一场嘴巴官司之后，县委书记李如川把他断给了县文化馆。

1959年，黔西文琴剧团奉省委命令到四川演出，剧团提出要调张人卓，文化馆不干，又是李书记出面，把他断给了剧团。

1959年，是张人卓一生中的机遇之年。这一年，他又因全省黔剧大汇演随黔西文琴剧团到了省城贵阳。在汇演中，他终于被视为一棵难得的"苗子"留在了贵州省黔剧团。

这个黔西放牛娃初到黔剧团之时，也正是贵州黔剧在周总理亲切关怀下的鼎盛时期。在这里，张人卓不仅大开了眼界，在艺术上也有了长足的进步。郭可诹、陈天乐、袁家俊、黄耀庭、秦枫等老师一一接纳了他，在老师们的指引下，他不仅深入到戏剧艺术的丰厚土壤中去吮吸着宝贵营养，而且跟随老师们下乡，为创作大型现代剧《秦娘美》、《张秀眉》等去体验生活，因而懂得了如何把采集到的民歌加工、提炼，将它变成剧情所需的音乐，这样，也就懂得了民族音乐工作的重要意义。他的演奏技艺随着理论认识的飞跃日益有所提高。在理论上，年青的张人卓认识到中国众多的地方戏曲音乐中多种多样的板、腔、调、曲，世界上不朽的音乐杰作，都与本民族的民间音乐血肉相连，任何伟大的音乐作品都不可能是空中楼阁，都决不可能离开民族音乐的沃土。头脑灵光的张人卓像得了真传的弟子，觉得浑身有使不完的力量，他在各方面都准备、等待着。

他等来了预料不到的苦闷。文革中，他深知自己的家庭出身不好，因此，处处谨慎小心。在艺术禁锢、“谈戏变色”的年头，他跟随剧团来到云贵交界的盘县威箐公社搞“斗、批、改”。张人卓暗暗地以“拉、录、钓”来对抗着。用他的话说，“拉”就是神不知、鬼不觉地躲进很远的山上去拉琴，不拉琴，他受不了啊。“录”就是记录民歌。悄悄向当地彝族同胞学歌，悄悄地记下来，整理好——总有一天，“国家总会需要的”，吴吉荣老师的嘱咐鼓励着他。“钓”就是钓鱼。留得三江五湖在，何愁无处下金钩，这似乎也是排遣苦闷的一种方式。

其实，苦闷、忧虑到底在张人卓心中占着主导地位，那年月，除了那些无耻的政治狂人外，又有谁能超脱出来呢？他常常坐在河边想年迈的母亲，想结了婚就当“织女”的妻和幼小的儿女……

机遇又在此时叩响了他的门。原来在省里工作的两位老领导调六盘水市工作，张人卓向他们开口了，两位领导了解这个精明能干的青年，答应了他。这样，为了躲避政治冲击，为了结束夫妻10年分居的生活，他在30出头的1972年7月，来到了神奇古老的六盘水市。

四、辣、甜、神秘

来到六盘水市，张人卓正好在两位老领导手下负责群文工作。命运的巨掌又一把把他推向了民族音乐工作的第一线。

黔剧团的同志们盼他回去，将他的住房空了整8年，他很痛苦，但在六盘水，无论从哪方面讲，他都感到找到了自己人生的坐标，尤其是民族民间音乐在这块神奇邈远的古夜郎土地上散发出的馨香，一开始就使他陶醉了。

盘县14个区，水城10个区，六枝8个区，加起来是32个区，没有一个区没有他的足迹。

“文革”结束后，民族传统节日活动得到恢复，张人卓忙得不亦乐乎，他变成一个“十处打锣九处在”的人物。

在这些活动中，他和许许多多各族民间艺人结下了深深的友谊。每次去拜访双目失明的苗族直箫艺术家王连兴，都要像亲人似地嘘寒问暖。盲艺术家一听张人卓来了，就一定要从头到脚把张人卓亲亲热热摸一遍，另一个苗族芦笙手张文友与他结拜成兄弟，当张人卓听到文友辞世时，亲自上坟去洒扫……。长期以来，在燃烧着的大疙蔸（大树根）火边，他高举起牛角酒与彝家同胞开怀畅饮，叼着叶子烟杆，叭哒叭哒咂个不停，在彝家人热热闹闹的婚礼上，他是被当作亲戚而不是宾客来接待的。人们高兴了就唱起古老、亲切的歌。张人卓的《咂酒歌》就在这种淳厚、真实的生活氛围中孕育出来了。首届“苗岭之声”音乐节没有辜负张人卓的艺术匠心，给了这首由张东辉作词，张人卓作曲的浓郁彝族风情的歌一等奖，中国唱片公司当即决定将《咂酒歌》录制灌唱片，并于1981 年完成录制后全国发行。广大听众说好，专家们评论说，这是彝族风格的“赞歌”。张人卓说要努力去“抠”，要从浩瀚的民歌海洋中去寻找各个地区、各个民族的神韵。这个神韵不仅表现在民间歌曲中，还在民族服饰、绘画、刺绣、舞蹈中展示，所以，张人卓认为，研究民族民间音乐应建立起立体观念。他将这种思想具体地表述在《立体展现与立体反照》、《从水城农民画展看民间姊妹艺术的审美情趣》等论文中。

坎坷的人生之路，多种多样的经历，贴近于基层生活的体验，使张人卓无论在民族音乐的收集、创作、研究等活动上，都打上了他的特有印记。

他大胆而心细，写论文不拘一格，十分注重实例分析，观点多有新奇色彩，研究方法也独具人卓风格。除了上述文章外，1987 年 10 月，他撰写的《仡佬族音乐》被收入《中国少数民族音乐概论》，文章发表，立即引起了专家们的注意。他的《彝族盘歌初探》，以成书于300多年前的《西南彝志》的记述为证，加上现存的彝族“盘歌”的内容形式等特点，提出“彝族盘歌是古老的少数民族曲艺”的观点，引起了各有关方面的关注。不仅如此，他同几位朋友多次将这种具有“独特的风格、独特的语言、独特的音乐、独特的表演形式、头饰、服饰”的彝族“盘歌”推上舞台，进入了城市，并为研究彝族“盘歌”进行了开拓性工作。

在张人卓看来，体会任何一个地区的任何一种民族的音乐，求其神韵，必须用心去品尝。苗家的歌，给人以“辣”味，苗家住在高山，这山喊，那山应，要高声喊。唱歌也要大声唱，是需要，也是习惯，最后，变成了审美心理的历史积淀，在旋律上多变音，这样才传播得开，传播得远。苗家喜烈酒，性格也直率，男人们尤其刚毅，服饰花纹则多由直线构成——也给人以“辣”的感受。布依族则多居水边，村寨毗连，人们说起话来，轻言细语，歌是甜甜的，轻轻地唱。他们的布依姑娘走起路来，衣服下的铜烟盒晃来晃去，也充满“甜”味，他们的糯米酒更甜……彝族的历史充满神秘的色彩，他们的舞蹈有许许多多曲线，他们的民间音乐是充满“神秘”色彩的音乐，这“神秘”就在那多变的旋律曲线中显示出来。

张人卓像当年揣摸《刘天华曲集》一样，细心地去品味它们，分辨它们。由此，他创作了一批又一批各具民族特色的有个性的作品，如《彝山你有多少花》、《咂酒歌》、《好年头》(晓光词)、《晨风送我上学校》(斯信强词)、《晒月亮》等等。

在张人卓看来，彝家歌曲要姓“彝”，苗家歌曲要姓“苗”，无论是创作与研究都不能“张冠李戴”。

1988年，由他主持编辑出版的六盘水市创作歌曲选——《喊山》受到专家和音乐爱好者的普遍赞许。1990年，贵州电视台文艺部王化民老师在审看了歌集之后，从中选出17首，决定摄制电视音乐艺术片——《喊山谣》。在所选的17首歌曲中，张人卓创作的几乎占了一半。

五、尾声

张人卓就是张人卓，当他用自己的勇毅去顽强地和那似乎不可抗拒的命运搏斗时，尤其是在极其困难和困惑的时刻得到了许多良师益友的指引、鼓励，去有目标地进行搏斗时，一种不完全属于他的崭新的生活，就展现在这个僻远山庄长大的孩子的眼前了。

1991 年 6 月，《中国当代文艺群星辞典》收录了他的简历。

中国音乐家协会编撰的《中国音乐家名录》也收列了他的名字。

1988 年 10 月，他获得了文化部、国家民委、全国艺术学科规划领导小组共同颁发的十大文艺集成志书“编纂工作、资料整理”纪念奖。

张人卓现在是中国音乐家协会会员，中国传统音乐学会会员，中国少数民族音乐学会理事。

1992 年 11 月，当他被推选为六盘水市文联副主席后不久，中国音协约请他撰写《仡佬族音乐史》的通知送到了他手中。他犯难了：手边仅有薄薄一本《仡佬族简史》，翻开自己主编的《中国民歌集成·贵州卷·仡佬族分卷》，也只有极为简略的叙述。是退却呢？还是努力前行？不，自己虽说已可含饴弄孙了，但是，童年的梦似乎并未彻底实现。俗话说，“老牛明知夕阳短，不用扬鞭自奋蹄”，只能以此警醒了。

张人卓，这位在民族音乐的沃土上找到了自己人生坐标的顽强者，怀着焦虑、自信的心情，又一次潇洒地走进了大山，他爱大山，他歌唱大山，他一生有做不完的大山梦。

……

后 记

《黔岭星空》——贵州老艺术家剪影第二辑出版了。两辑《黔岭星空》,共介绍了73位贵州现当代老艺术家的艺术生涯及创作实绩。原昆明军区文化部副部长、曾在贵州工作过多年的老同志汪德荣来信称赞我们“做了一件功德无量的善事”。对此,我们不敢自诩,但能为贵州演艺界尽一点绵薄之力,我们确实是感到十分欣慰的!

本书的编辑原则,诸如入编对象,编排顺序等,均与第一辑没有二致,勿需赘述。

本书编委八位成员中,王呐、袁家浚、林钟美、秦枫、杨高、蔡葵六位老艺术家的艺术生涯、创作实绩已先后在书中作了介绍,惟王本忠、龙炘成二位自认为身处演艺之外,婉拒采写。其实就工作经历看,他们当之无愧也是我省老艺术家队伍中的一员。为此,有必要在这里对他们的情况作一简要而客观的介绍,以兹演艺界同仁有更多的了解。

龙炘成同志今年66岁,1963年毕业于贵州大学中文系,当过中学教师、大学教师、《贵州社会科学》文艺学编辑。1988年调《贵州广播电视报》,历任编辑部主任、副总编辑、总编辑直至2000年退休。该同志20世纪50年代开始从事文艺创作,发表过一些小戏、小品,有的曾被搬上舞台,还发表过很多杂文、随笔和文艺论文,有杂文随笔集《红、黄、黑的咏叹》公开出版,有散文集《一束青丝》印行。该同志系中国电视艺术家协会会员,贵州省作家协会会员,还任过贵州省电影家协会副主席,职称为高级编辑。王本忠

（笔名奔众）同志1937年生于遵义，1962年大学毕业后做过大学教师、省委宣传部文艺处干部，1984年调贵州省文联理论研究室专业从事文艺理论的组织、编辑和研究工作，系贵州省作家协会会员，贵州省电视家协会会员；20世纪80年代中期始，历任影视刊物《银屏舞台》执行副主编、文艺理论刊物《今日文坛》主编、省文联文艺理论研究室主任、省文艺理论家协会副主席等职；有近百万字各类文章（其中包括影、视、剧评论）发表，有文艺评论集《编外说文》公开出版，其论文《真实性问题断想》和参与撰写并主编其中"文学"篇章的《贵州社科志》和《贵州文艺志》，均在省级评奖中获奖。在本书编辑过程中，王本忠同志任劳任怨，承担了所有稿件的总纂和编务工作。

本书的出版，深得省的老领导龙志毅、王朝文等同志和有关部门、有关领导的大力支持，在此表示由衷的谢意。

贵州省老艺术家委员会

2006年8月7日

附录一

《黔岭星空》第一辑目录

附录二

贵州省老艺术家委员会
第二届理事会成员

总　顾　问：王朝文
名誉主席：龙志毅
名誉副主席：冀　洲　李鸿韵　孙　仲　吴保安

主　　　席：王　呐
常务副主席：李嘉琪
副　主　席：赵　谦　袁家浚　卢小玉　刘玉珍　阿　旺
林钟美　张桂祥
理　　　事：（以姓氏笔画为序）
王　呐　王本忠　王复砚　井立民　卢小玉
刘玉珍　蓝日礼　卯　洛　冯震兰　龙忻成
阿　旺　汪华琦　邵文艳　肖联铭　李嘉琪
陈建良　陈曼君　杜星初　罗江禹　张志英
张桂祥　杨　高　杨淑懿　林钟美　周惠成
赵　谦　侯鸣凤　袁家浚　秦　枫　唐佩琳
崔燕鹏　姚宝兴　高振北　高曼丽　韩乐群
赖汉培　蔡　葵

秘　书　长：刘玉珍
副秘书长：陈曼君　段春林　崔燕鹏　蔡　葵　陈建良

图书在版编目（CIP）数据

黔岭星空：贵州老艺术家剪影/贵州省老艺术家委员会编.—贵阳：贵州民族出版社，2006.10
ISBN 7－5412－1398－5

Ⅰ.黔...　Ⅱ.贵...　Ⅲ.艺术家—生平事迹—贵州省—现代　Ⅳ.K825.7

中国版本图书馆 CIP 数据核字(2006)第 112145 号

作品名　黔岭星空
编　者　贵州省老艺术家委员会
责任编辑　龙映红
封面设计　王　剑
责任校对　曹永兰
出版发行　贵州民族出版社
地　址　贵州省贵阳市中华北路 289 号
邮　编　550001
印　刷　贵州新华印刷二厂
开　本　850×1168 mm　1/32
字　数　350 千字
印　张　12.25
印　数　1～1 000 册
版　次　2006 年 10 月第 1 版
印　次　2006 年 10 月第 1 次印刷
定　价　30.00 元